U0601527

第八册

莊烈帝崇禎十一年起

清聖祖康熙三年止

明

卷八十六至九十

附編卷一至六

中華書局

明通鑑卷八十六

紀八十六 起著雍攝提格（戊寅），盡屠維單閼（己卯），凡二年。

江西永寧知縣當塗夏燮編輯

莊烈皇帝

崇禎十一年（戊寅、一六三八）

1 春，正月，丁丑，總督洪承疇敗賊于梓潼。

先是承疇援蜀，由沔縣歷寧羌，過七盤、朝天二關，山高道陿，士馬饑疲。歲暮，抵廣元，聞賊已走還陝西，乃率臨洮總兵官曹變蛟邀擊于梓潼，斬首五百餘級，李自成從十八騎潰，圍遁。——十八騎者，劉宗敏、田見秀、李錦、谷可成、張世傑、高一功、張鼐、李過、李雙喜、任繼榮、任繼先、田虎、劉汝魁，其五騎則掌械兒也。

2 戊寅，開福建海禁，通市佐餉。

3 癸未，以玩寇逮四川巡撫王維章及總兵官侯良柱，時不知良柱之已死也。以雲南巡撫傅宗龍代維章。

4 丁亥，裁南京冗官八十九員，以給廩不足故也。

5 是月，詔掌詹事府、禮部尚書林欲楫回部，時姜逢元罷也。

6 二月，甲辰，改河南巡按御史張任學爲總兵官。

任學按河南，見群盜縱橫，諸將縮朒不敢進，乃上疏詆之，自請「易武階，親執干戈，爲國平賊。」上壯之，下吏、兵二部及都察院議，僉以「文吏無改武職者，請仍以監軍御史兼總兵事。」上不從，命授署都督僉事，爲河南總兵官。

河南舊無總兵，左良玉、陳永福並以客兵備援勦，至是特設大將。而麾下無兵，兵部乃撥署鎮許定國兵授之，使參將羅岱爲中軍。岱健將，頗著戰功，任學倚以自強。然所將兵少，不能當賊之什一。

賊渠羅汝才、馬進忠、李萬慶等蹂躪中原，民人據塢壁自保者數十，悉爲賊摧破。踞息縣、光州，礫人投汝水，水爲之赤。時熊文燦方主撫議，匿不以聞。而任學粗疏寡學，冀以此嘗上意，希節鉞耳，實不能一創賊也。

7 下刑部尚書鄭三俊于獄。

初，户部尚書侯恂，坐屯逗事下獄，上欲重譴之，三俊屢諫上，不稱旨，讒者謂恂與三俊皆東林黨也。至是有盜穴工部垣，命按主者罪，三俊亦擬輕典。上積前怒，褫其官，遂下吏。應天府丞徐石麒適在京，上疏力救，忤旨，切責。

8 丙午，御經筵。

尚書楊嗣昌方庇熊文燦主招撫，因于講筵誦孟子「善戰服上刑」語。上咈然，詰之曰：「今天下一統，非戰國兵争比。群盜弄兵潢池，不能即撲滅，奈何爲此言！」嗣昌慚不能對。

乃召翰詹諸臣顧錫疇等二十餘人，問：「保舉考選，孰爲得人？」庶子黄景昉言：「保舉多私，近日考選亦不公。推官成勇、朱天麟，廉能素著，乃不能與清華選。」少詹事黄道周言：「樹人如樹木，須養之數十年。近來人才遠不如古，況摧殘之後，必深加培養。」既復班，又詢之，對曰：「立朝之才，存乎心術；督師之才，存乎形勢。先年督撫不諳形勢，隨流賊奔走，事既不效，輒謂兵餉不足。其實歲給餉已踰千萬，果無冒濫，無侵漁，可養兵四十萬，何煩别籌增兵增餉邪！」

時尚書鄭三俊方下吏，景昉因請宥三俊，上曰：「三俊雖清廉，何濟！」又命諸臣各陳所見。上曰：「言須可行。如故講官姚希孟，竟欲折漕一年，誤矣。」道周聽未審，謂上將寬三俊、念希孟也，遂言：「故輔臣文震孟，一生謇直，未蒙帷蓋恩。天下士生如三俊，歿如震孟、希孟，求其影似，未可多得。上以所對失實，令回奏。再奏再詰，凡道周所建白，未嘗得」一俞旨。

然上自經筵召對後，頗知考選未當；天麟得改官，而三俊以孔貞運揭救，亦旋得釋。

9 三月，戊寅，賀逢聖罷。

逢聖束修砥行，而議論矯僻，嘗力詆高攀龍、左光斗，爲言者所攻。又與同官張至發交善，會皇太子出閣，擇講官，至發擯黃道周不預，楊廷麟等在選中，心不平，上章推讓道周。

初道周進諭德，掌司經局，疏辭，因言已「有三罪、四恥、七不如」，三罪、四恥以自責，七不如則所交游朝野之有學行者。時鄭鄤方下獄論死，而道周疏中有「文章意氣不如鄭鄤」語。至是至發欲尼道周，謀于逢聖，逢聖曰：「道周前譽鄭鄤，可藉爲口實也。」遂代爲繕稾，言「鄤杖母，明旨煌煌。道周自謂不如，安可爲元良輔導！」疏出，時論譁然。逢聖亦不自安，遂致仕去。

10 是月，總兵曹變蛟大破李自成于洮州。

方賊之再入秦也，其渠魁號六隊者，與大天王、混天王、争管王四部連營東犯。混天王、過天星二部以去秋破階州，仍伏階、文間。獨自成自洮州出番地，洪承疇令變蛟偕賀人龍追之，連戰，斬首六千七百有奇。番地乏食，賊多死亡。變蛟轉戰千里，身不解甲者二十七晝夜。餘賊潰入塞，而祖大弼駐洮州不能扼，乃走入岷州及西和禮縣山中。變蛟還剿，賊潛伏不敢出，惟六隊勢猶張，仍出没秦、隴間。

11 夏，四月，辛丑，張獻忠僞降于穀城，熊文燦受之。

先是上命京營副將孫應元討賊，與前鋒營副將周遇吉、京衛營副將黄得功將勁卒萬人，皆驍敢善戰。甫抵豫，破賊于鄭州，再破之密縣，先後斬首千七百級。賊大懼，聞文燦下招降令，多欲就之降。

劉國能者，賊中所號闖塌天者也，與張獻忠有隙，慮爲所并，又數敗于禁軍，乃以是年正月先乞降于隨州，頓首文燦前曰：「愚民陷不義且十載，煩公湔洗更生。願悉衆入軍籍，身隸麾下盡死力。」文燦大喜，慰諭之，署爲守備，國能受約束，無異志。

而獻忠方僞爲官軍旗幟，紿襲南陽城，屯于南關。左良玉、陳洪範敗賊于鄖西，旋師過其境，疑而急詰之。獻忠倉皇走，官軍追及，發兩矢中其肩，良玉復揮刀擊之，面流血，幾被獲，馬馳以免。會京軍又大破賊于舞陽、光、固間，四日奏三捷，斬首二千九百有奇，降其渠馬士秀、杜應金于信陽城下。獻忠勢孤，因襲據穀城以求撫。

時陳洪範以總兵隸文燦麾下，獻忠前以洪範故得免死，事見三年。後亡歸關中爲盜，每飯必祝洪範，數語其下曰：「陳總兵活我。」至是聞洪範在軍，遣間齎重幣獻曰：「獻忠蒙公大恩得不死，公豈忘之邪！願率所部降以自效。」洪範喜，爲告文燦，文燦狃于劉國能之撫，竟受其降。

巡按御史林銘球、分巡副使王瑞枏與左良玉知其僞，謀俟獻忠至而執之，文燦不可，曲徇獻忠請，處其衆數萬（千）〔于〕穀城之四郊。居民洶洶欲竄，知縣阮之鈿菈任，盡心調劑，民稍安，策獻忠必反，以告文燦。時獻忠遣賊將孫可望重賂文燦徑寸之珠十，碧玉長尺餘者二，名姝八。文燦重昵獻忠，惡聞之鈿語。

之鈿乃疏聞于朝，言：「獻忠虎踞邑城，其謀叵測。所要求之地，實兵餉取道咽喉，秦、蜀交會脈絡。今皆爲所據，奸民甘心效用，善良悉爲迫脅。臣守土牧民之官，至無土可守，無民可牧，庫藏殫虛，民產被奪，無賦可徵，名雖縣令，實贅員耳。乃廟堂之上，專主撫議。臣愚妄，謂撫剿二策，可合言，未可分言，致損國威而挫士氣。」時不能用。

獻忠遂益怒，乞十萬人餉于文燦，文燦不能決。賊衆漸出野外行劫，之鈿執之以告其營將，稍置之法；及再告，皆不應，曰：「官司不給餉耳，得餉自止。」由是村民徙亡殆盡，遂掠及闤闠，相距輒挺刃相嚮，日有死者，一城大嚻。監軍僉事張大經奉文燦令來鎮撫，亦不能禁。

12 戊申，張至發罷。

至發嘗詆黄道周，頌温體仁，屢爲言者所攻。內閣中書黄應恩悍戾，至發倚任之，恃勢恣横，頗招權通賄，至發終庇應恩。

會復故總督楊鶴官，許給誥命，應恩當撰文，因其子嗣昌得君，力爲洗雪，忤旨，將加罪。至發擬公疏揭救，同官孔貞運、傅冠曰：「曩許士柔事，吾輩未嘗救，獨救應恩，何也？」至發咈然曰：「公等不救，我自救之。」連上三揭，上不聽，特降諭削應恩籍，嗣昌疏救，亦不聽。

無何，應恩賕請事敗，詞連至發，至發憤甚，連疏請勘。上雖優旨褒答，卒下應恩獄。至發乃自謂當去者三，而未嘗引疾，忽得旨「回籍調理」。時人傳笑，以爲「遵旨患病」云。至發爲府丞時，以清强稱。及入內閣，一切效法體仁，與黄道周諸正人爲難，時論非之。又起家外僚，諸翰林多不服，上亦以其望輕，故因其乞休，即勒之去。三編質實記許士柔事云：「崇禎元年，高攀龍贈官。士柔官翰林，草詔詞送內閣，未給攀龍家。故事，贈官誥敕乃中書職掌；而褒卹諸忠臣者，翰林或爲之。中書以爲侵官，不悦。及攀龍家請給，士柔已官南京祭酒，距草制時十年矣，主者仍以士柔前撰文進。黄應恩以誥語違禁白張至發，蓋崇禎三年有誥文駢儷之禁也。至發素憾士柔，遂劾之，降二級調用。司業周鳳翔抗疏爲士柔辯，言『誥敕用實，歲有常期，未有十年後用實進呈，而轉以崇禎三年申飭之禁追咎元年草制之史官者。』疏入，不報。」

13 己酉，熒惑掩于月，逆行尾八度。諭群臣修省。

14 壬子，歲星晝見。

15 是月，熊文燦奏舞陽、光山之捷及劉國能、張獻忠就撫狀。楊嗣昌乃譽文燦而詆洪承疇，詔「鑴承疇尚書、宫保，曹變蛟、左良玉各奪五官，仍戴罪辦賊。」

先是豫、楚之賊凡十五家，自國能、獻忠降，改稱十三家，而馬進忠、馬光玉、李萬慶、惠登相、賀一龍、藺養成、左金王及順天王、順義王九家者尤著云。

16 以刑部侍郎劉之鳳爲本部尚書，代鄭三俊也。

17 五月，癸亥朔，策試考選官于中左門，問足食足兵之計。

18 丁卯，熒惑退尾入心。上素服減膳，敕廷臣言事。

尚書楊嗣昌應詔上書，歷引漢光武建武二十三年、明帝永平二年、唐憲宗元和七年、宋太宗太平興國三年事應，謂「月食五星，史不絶書，然災祥感召，不一其致。」且言：「永平火星之變，其時明帝圖畫功臣于雲臺，馬援以椒房不與，事耀青簡。今陛下修德治内，亦必有災而不害者。」

疏出，都給事中何楷駁之，言「古人謂『月變修刑』，又言『禮虧則罰見熒惑』。誠欲措刑，莫如右禮，誠欲右禮，莫先省刑。今爰書之隤極矣，部司議宥，止于重辟數人，而未折之獄，先後纍纍，莫過而問。嗣昌不體陛下修省之意，而徵古誣今，引建武款塞事以申通市之説，引元和田興歸正事以申招撫之説，引太平興國連年兵敗事以申不可用兵之説，徒巧傅會耳。至所述永平時事，更不知其意之所指。」南京御史林蘭友亦相繼論劾。上方眷嗣昌，置不問。

時詔書懇摯，有「哀籲上帝」語，而群臣多以諛詞相解。户部主事李鳳鳴，至謂「火星逆行，常而非變」，亦爲給事中解學尹所駮。

獨中書舍人陳龍正，以東廠緝事冤濫，上養和好生疏，語中時弊。略曰：「回天在好生，好生無過減死。皋陶贊舜曰：『罪疑惟輕。』良以獄情至隱，人命至重，故不貴專信而取兼疑。臣居家所見聞，四方罪犯，無甚窮凶奇謀者，及來京師，此等乃無虛月。且罪案一成，立就誅磔。亦宜有所懲戒，何犯者若此纍纍！臣願陛下懷帝舜之疑，寧使聖主有過仁之舉，臣下獲不經之愆。」蓋陰指東廠事也。越數日，上果嚴諭提督中官王之心「不得輕視人命」云。【考異】據明史本紀，熒惑逆行在四月己酉，證之天文志，四月入尾，五月入心，至秋乃滅。嗣昌上書在五月，正熒惑逆行入心時也。「光武」，三編誤書「元帝」，今刊改。

19 丙戌，定高牆罪宗五年一審例。

時刑部尚書劉之鳳，以天下囚徒皆五年一審録，高牆罪獨不預，上疏言之，報可。

20 是月，改左都御史商周祚爲吏部尚書。

先是田維嘉以考選不公爲詞臣楊士聰所糾，維嘉通内監，先得參稿，即具疏辨。士聰再糾之，執維嘉僕四人送鎮撫司。維嘉遂落職。

21 六月，癸巳，安民廠災，壞城垣，傷萬餘人。

22 壬寅，内閣孔貞運罷。

初，温體仁當國，欲重治復社，值其在告，貞運從寬擬，結體仁怒，語人曰：「句容亦聽人提索矣。」——句容，貞運所居邑也，自是不敢有所建白。

及張至發去位，貞運代爲首輔。會上御門召考選諸臣，試以兵食策，卷下輔臣覆閲，貞運及薛國觀頗有所更。及命下，閣擬悉不從，上自擇十八卷，拔曾就義第一，三編質實載就義對策，言「百姓之困，皆由吏之不廉。使守令俱廉，即加派以濟軍需，未爲不可。」語獨稱旨，故得首拔。下部議行。

適新御史群謁朝房，貞運言「諸卷説多難行」，新御史郭景昌遂劾之。貞運即引歸，後聞國難，慟絶不能起，遽得疾卒。

23 乙卯，以楊嗣昌、程國祥、方逢年、蔡國用爲禮部尚書，范復粹禮部侍郎，並兼東閣大學士，預機務。嗣昌仍掌兵部。

初，國祥官户部尚書，嗣昌議增餉，國祥不敢違，度支益匱，四方奏報災傷者相繼。國祥多方區畫，亦時有所蠲減，最後建議，「借都城賃舍一季租，可得五十萬。」勳戚奄豎悉隱匿不奏，所得僅十三萬，而怨聲載途。然上以此眷國祥。

至是上將增置閣臣，出御中極殿，召廷臣七十餘人親試之。發策言：「年來天災頻仍，今夏旱益甚，金星晝見五旬，山西四月猶大雪。朝廷腹心耳目臣，務避嫌怨，有司舉劾，情賄關其心。尅期平賊無功，而剿兵難撤，邊餉日絀。民貧既甚，正供猶艱，有司侵削百方，如火益熱。若何處置得宜，禁戢有法？卿等悉心以對。」會天大雨，諸臣面對後，漏已深，終考者止三十七人，顧上意已前定，特假是爲名耳。居數月，遂有是命。時劉宇亮爲首輔，傅冠、薛國觀次之，又驟增國祥等五人，惟逢年起自翰林，餘皆外僚也。

國用前以中書舍人歷工部侍郎，督修都城，需石甚急，不克辦，國用建議用牙石爲之。——牙石者，舊列崇文、宣武二街，舊駕出除道者也。上閱城，嘉其功，因大用之。

復粹嘗爲巡按陝西御史，陳治標治本之策，以任將、飭防、留餉爲治標，廣屯、蠲賦、招撫爲治本，上深褒納，遂歷大理左少卿，超擢入閣，尤屬異數。

蓋上欲閣臣通知六部事，故每部任一人，首輔劉宇亮由吏部，國祥以户，逢年以禮，嗣昌以兵，國用以工，刑部無人，復粹以大理代之，然皆委蛇其間；獨嗣昌兼掌兵部最用事，又以奪情居政府，時論譁然。

24 是月，兩畿、山東、河南大旱蝗。

25 以鍾炌爲左都御史，代商周祚也。

26 秋，七月，乙丑，謫少詹事黃道周。

初，郭鞏以逆案謫戍，其鄉人爲訟冤，楊嗣昌時巡撫永平，聞于朝，爲科臣所駁，自是與東林隙。及奪情入閣，又起復逆案陳新甲，代盧象昇爲宣大、山西總督，于是給事中何楷、御史林蘭友、修撰劉同升、編修趙士春相繼論之。道周上三疏，一劾「嗣昌奪情」，一劾「遼東巡撫方一藻主和議」，一劾「新甲走邪徑」。

會廷推閣臣，道周名在列，不用，用嗣昌等，上疑道周怨望。嗣昌復上言：「鄭鄤杖母，飛走不如，今道周又不如鄤，何用談綱常爲！且其意徒欲庇凶徒，飾前言之謬，立心可知。」因自乞罷免，上優旨慰之。

及是召內閣暨諸大臣于平臺，并及道周。上與諸臣語所司事，久之，問道周曰：「凡無所爲而爲者，謂之天理；有所爲而爲者，謂之人欲。爾三疏適當廷推不用時，果無所爲乎？」道周對曰：「臣三疏皆爲國家綱常，自信無所爲。」上曰：「先時何不言？」對曰：「先時猶可不言，更無當言之日。」上曰：「清固美德，但不可傲物遂非。且惟伯夷爲聖之清，若小廉曲謹，是廉非清也。」

時道周所對不稱旨，上屢駁詰，道周復進曰：「惟孝弟之人，始能經綸天下，發育萬物。不孝不弟者，根本既無，安有枝葉！」嗣昌出奏曰：「臣不生空桑，豈不知父母！顧念君爲臣綱，父爲子綱，君臣固在父子前。況古爲列國之君，臣可去此適彼；今則一統之君，臣無所逃于天地之間。仁不遺親，義不後君，難以偏重。臣四疏力辭，意詞臣中有如劉定之、羅倫者，抗疏爲臣代請，得遂臣志。及抵都門，聞道周人品學術爲人宗師，乃不如鄭鄤。」上曰：「然。朕正擬問之。」乃問道周曰：「孟子欲正人心，息邪說。古之邪說，別爲一教，今則直附于聖賢經傳中，係世道人心更大。爾言不如鄭鄤，何也？」對曰：「匡章見棄通國，孟子不失禮貌。」上曰：「章子不得于父，豈鄤杖母者比！爾言不如，豈非朋比？」道周曰：「衆惡必察。」上曰：「陳新甲何以走邪徑，託捷足？」道周對曰：「人心邪則行徑皆邪。」又曰：「奪情在疆外則可，朝中則不可。」上曰：「人既可用，何分內外？」道周曰：「我朝自羅倫論奪情，前後五十餘人，多在邊疆。故嗣昌在邊疆則可，在中樞則不可；在中樞猶可，在政府則不可；止嗣昌一人猶可，又呼朋引類，竟成一奪情世界，益不可。」

上又詰問久之，曰：「少正卯當時亦稱聞人，心逆而險，行僻而堅，言僞而辯，順非而澤，記醜而博，不免聖人之誅。今人多類此。」道周曰：「少正卯心術不正，臣心正，無一毫私。」上怒。有間，命出候旨，道周曰：「臣今日不盡言，臣負陛下；陛下今日殺臣，陛下負臣。」上曰：「爾一生學問，止成佞耳。」叱之退。道周叩首，起，復跪奏：「臣敢將忠佞二字剖析言之：夫人在君父前獨立敢言爲佞，豈在君父前讒諂面諛爲忠耶？忠佞不別，邪正淆矣，何以致治！」上曰：「固也。非朕漫加爾以佞，但所問在此，所答在彼，非佞而何！」再叱之退。顧嗣昌曰：「甚矣人心偷薄也！道周恣肆如此，其能無正乎！」乃召文武諸臣，咸聆戒諭而退。

是時上憂兵事，謂可屬大事者惟嗣昌，破格用之。道周守經，失上意，及奏對，又戇直。上怒甚，欲加以重罪，念其名高，傳諭數百言，戒廷臣「毋爲道周劫持，相朋黨」，乃貶道周六秩，爲江西按察司照磨，同升、士春皆謫外。

已而南京御史成勇、兵部尚書范景文等疏論嗣昌奪情，隨亦論謫。

27 是月，南都復社諸生作留都防亂揭，攻逆案阮大鋮。

楊嗣昌之奪情也，時有諸生沈壽民，以薦辟入都，首劾嗣昌。道周聞之，嘆曰：「此何等事，在朝者不言而草野言之！昔真希元在朝一月，封事三十六上，吾豈可遠愧希元，近慚沈子壽民！」並及大鋮，有「妄畫條陳，鼓煽豐、芑」語，蓋大鋮時避皖亂，僑寓南京，而故巡撫宣府坐賄遣戍之馬士英亦在焉，相與結納，談兵説劍，覬以邊才召。

于是貴池吴應箕、宜興陳貞慧草留都防亂公檄，推故端文顧憲成之孫杲列名揭首，而吴縣楊廷樞、餘姚黄宗羲、蕪湖沈士柱等，方聚講金陵，凡列名者一百四十人。大鋮聞之，避居金陵之牛首山，始稍稍斂，而銜之次骨。自是復社之名大起。——宗羲，故御史尊素子，貞慧，故都御史于廷子也。【考異】留都防亂一揭，證之樓山堂集、陳定生山陽録、鮚埼亭梨洲神道碑，乃戊寅七月事，即崇禎十一年，正流賊擾安慶時，故阮大鋮避亂居南京也。明史士英傳所載，不及陳定生、吴次尾，而應箕附傳中，則言「應箕與顧杲、左國材、沈士柱、黄宗羲、楊廷樞等」，與士英傳略同，而不及陳定生。證之全謝山梨洲碑文及山陽録，則草揭者乃杲與定生、次尾三人成之。又證之樓山詩集，則正在黄忠烈劾楊嗣昌奪情之後，而沈壽民之劾嗣昌又在前。是揭成于顧子方家，了方即杲也。又據諸書所載，則次尾實主是稿者。今參樓山集、山陽録及南雷耕巖墓志銘節書之。

28 以侍郎李待問爲户部尚書，代程國祥也。

29 八月，戊戌，以災異迭見，齋居永壽宫，諭廷臣修省。

30 癸丑，内閣傅冠罷。

時有章奏發自御前者，冠以爲揭帖，援筆判其上。既，知誤，皇恐引罪，遂放歸。

31 戊午，停刑。

32 是月，豫、楚賊羅汝才等自陝州犯襄陽。

先是熊文燦駐裕州，汝才及馬進忠諸賊聚南陽，文燦下令：「殺賊者償死。」賊不肯從，則齎金帛酒牢犒之，名曰「求賊」。上詗得狀，曰：「文燦大言無實。」文燦恐，然終擁兵不戰，謂「張獻忠已就撫，他賊可無慮。」而汝才、進忠等遂驅宛、雒之衆箕張而西，以窺潼關。

會陝撫孫傳庭方大破關中賊，引軍東出關，遙望賊營聯結數十里，拊髀嘆曰：「天下大寇盡在此矣！我擊其西，總理擊其東，賊不降則滅。此賊平，天下無賊矣。獻忠即狙伏，無能爲也。」乃縱兵擊賊，大戰于閿鄉、靈寶間，貫其營而東，復自東以西。

賊窘甚，以文燦招降手諭爲詞，曰：「旦夕且降。」傳庭曰：「若曹日就熊公言撫，而日攻堡屠寨不已，是僞也。降即解甲來，稍遲延即非真降，吾明日進兵矣。」明日，擐甲而出，得文燦檄于途中，曰：「毋妬吾撫功。」又進，得樞輔楊嗣昌止兵手書。傳庭怏怏還。

賊迄不就撫，移瞰商、雒，文燦悔，期傳庭夾擊，傳庭遣將吏三戰三敗之。賊奔内鄉、淅川而去，至是，遂入襄陽。

33 九月，辛巳，大清兵入塞，分道至牆子嶺、青山口，薊遼總督吳阿衡、總兵魯宗文戰敗，死之，中官鄭希詔遁走，遂深入，駐牛欄山。時宣大總督盧象昇丁憂，候代未行，詔督總兵楊國柱、王樸、虎大威諸軍入衛。

癸未，京師戒嚴。

34 是月，熊文燦次襄陽，諸將請戰。文燦議分兵進，中官盧九德曰：「兵分則力弱。一失利，全軍搖矣。莫若厚集其力而合擊之。」衆曰：「善！」乃合左良玉、陳洪範、龍在田軍，戰于雙溝，大破之，斬首二千餘級。羅汝才等率九營走均州，其黨李萬慶等率三營走光、固。

文燦出師以來，雙溝之捷，差足自贖。而終持撫議，不悟也。【考異】雙溝之捷，明史本紀不具。據熊文燦、左良玉傳及綏寇紀略，皆在九月，今據書之。

35 山西、陝西旱饑。

36 是年，自夏徂秋，孫傳庭、曹變蛟擊秦賊，連破之。

初，李自成洮州之敗，其黨號六隊、三隊者，糾大天王、争管王、混天王、仁義王、過天星、混天星等分寇關、隴間。大天王犯慶陽、寶雞，傳庭方扼商、雒，還軍戰合水，破走之，獲其二子，追擊之延安。過天星、混天星等從徽、秦趨鳳翔，逼澄城。傳庭分兵五道擊破之，斬首二千餘級。大天王知二子不殺，遂降。餘賊引而北，犯延安。傳庭策鄜州西、合水東三四百里，荒山邃谷，賊入當自斃，乃率標兵自中部遏其東，檄變蛟自慶陽扼其西，伏兵三水、淳化間。賊饑，出掠食，則大張旗幟，鳴鼓角以邀之，一日夜馳二百五十里。賊大驚，西奔，遇伏而敗；復走寶雞，取棧道，再中伏，大敗；折而走隴州關山道，又爲伏兵所挫。三敗，賊死者無算，過天星、混天星並降。總兵左光先躡賊于秦州，六隊争管王復走成縣、階州，爲變蛟所扼。三隊仁義王、混天王降于光先，六隊還與自成合。

自成以秦兵鋭，偕六隊及其黨祁總管避走，復入蜀，副將馬科、賀人龍邀擊之，還走階、文及西鄉，憚變蛟，乃走漢中，又爲光先所扼。六隊、祁總管皆降，惟自成東遁。【考異】李自成洮州之敗在是年三月。六隊等之賊，據明史曹變蛟傳，在是年之夏，而綏寇紀略、紀事本末所載月日，皆三月以後，十月以前事，而傳庭東出關擊豫、楚之賊在八月。惟李自成傳統系之十一年春，蓋連記也。今分書之。

37 冬，十月，癸巳，盧象昇至京師，召對于武英殿。

先是大清遣使議和，巡撫遼東方一藻以聞，樞輔楊嗣昌亦主和議。有瞽而賣卜者曰周元忠，嘗往來于遼，議遣之奉書，象昇聞而心非之。至是召對，恣以方略，對曰：「臣主戰。」上色變，良久曰：「和乃外廷議耳。」象昇因奏備豫形勢甚悉，上壯之，而戒象昇持重，令與嗣昌及中官高起潛議，蓋起潛方奉詔監軍也。

當是時，上心知大清兵鋭甚，力不敵，而恥言和，故委廷議以答象昇。

象昇出，與嗣昌、起潛議，皆不合。即日陛辭，賜尚方劍。嗣昌送之，屏左右欲有言，久而不能出口，第丁寧毋輕戰而已。

38 甲午，詔盧象昇、高起潛分督援軍。

象昇師次昌平，上遣中官賚四萬金犒軍，明日，又賜御馬百，太僕馬千，鐵鞭五百。象昇乃決策議戰，而事多爲高起潛撓，憤甚，疏請分兵，議以宣大、山西三帥屬象昇，關、寧諸帥屬起潛，然象昇所部實不及二萬。

越數日，楊嗣昌至軍，象昇責以沮師，且曰：「公等堅主和議，獨不思城下之盟，春秋所恥！長安口舌如鋒，恐袁崇煥之禍立見。」嗣昌頰赤，曰：「公直以上方劍加我矣！」象昇曰：「既不奔喪，又不能戰。齒劍者我也，安得加人！」嗣昌曰：「公毋以長安蜚語陷人！」象昇曰：「周元忠赴邊講和，往來非一日事。始于薊鎮監督，受成于本兵，通國聞之，誰可諱也！」嗣昌語塞而去。

又數日，會起潛安定門，象昇大言，「非血戰無以盡臣職。」起潛曰：「恐野戰非我所長耳。」兩人始終各持一議。會陳新甲至，復分兵與之。而大清兵已會于通州河西，甲辰，起潛兵敗于盧溝橋。

39 是月，總督洪承疇等大破李自成于潼關南原。

承疇度自成窮竄，必奔潼關，謀于秦撫孫傳庭，設三伏于潼關之南原，每五十里而立一營，令總兵官曹變蛟窮追賊。賊奔入伏中相蹈藉，變蛟躬執長刀，大呼斫賊，伏盡起，奪矛，掩殺賊無算；其幸免者，或棄刀與騎，迸逸漢南之山中，村民用大棒擊之；賊飛走路絕，先後降者數十萬，委甲仗如山。

自成妻女俱失，從七騎逃去。自成創甚，匿商、雒山中。未幾，承疇、傳庭入援京師；總理熊文燦方主撫，諜者或報自成死，文燦益不以自成爲意；自成得乘間收其衆，復大振。【考異】潼關原二次之敗，明史本紀系之十月，曹變蛟傳亦系之賊竄階、文走漢中之後，乃孫傳庭等入援之前一月事也。惟李自成傳言「十一年春，官軍敗賊梓潼，自成奔白水，食盡。承疇、傳庭合擊于梓潼原，大破之。自成盡亡其卒，獨與劉宗敏、田見秀等十八騎潰圍竄伏商、雒山中」云云。證之孫傳庭傳，自成以十八騎遁去在十一年春，與流賊傳合，曹變蛟傳，十月潼關原之敗，自成從七騎遁去，與明史本紀合（本紀作「數騎」），是兩事也。然是年正月之敗，自成走入陝，復戰敗于洮州，走入岷州，並無竄商、雒山中事，而商、雒山中之竄，確在十月七騎遁去之後。今分書之。

40 十一月，大清兵自良鄉趨涿州，分三路深入；一由淶水出易州；一由新城出雄縣；一由定興出安肅。

丁卯，攻高陽，前大學士孫承宗率家人拒守。大清兵將引去，繞城而呼者三，守者亦應之三，曰：「此城笑也，于法當破。」圍復合。戊辰，城陷，承宗被執，望闕叩頭，投繯而死，年七十六。子舉人鈐，尚寶丞鑰，官生鈽，生員鉿、鎬，從子鍊及孫中書舍人之沆、之滂、之濕，尚寶丞之浩、之潓，從孫之澈、之渼、之泳、之澤、之涣、之瀚，皆戰死。

督師中官高起潛以聞，上嗟悼，命所司優卹。當國者楊嗣昌、薛國觀輩陰扼之，但復故官，予祭葬而已。南渡後，始贈太師，謚文忠。

有里居故鄒平知縣魏克家，與承宗同時死，一時官吏皆遁去。

41 戊子，大學士劉宇亮自請視師，詔督察各鎮援兵。奪盧象昇尚書，令以侍郎任事，與高起潛戴罪立功。

42 是月，羅汝才降。

時以京師急，召洪承疇、孫傳庭合兵五萬入衛。汝才等不知，以爲討己也，懼而叩太和宮提督中官，詭詞求撫于熊文燦，許之。汝才猶豫，文燦令房縣知縣郝景春單騎入其營，與汝才等歃血盟，汝才乃率九營詣軍門降。

文燦分處汝才及一丈青、小秦王、一條龍四營于鄖縣，惠登相、王國寧、常德安、楊友賢、王光恩五營于均州，上疏請貸汝才等罪。令諸將宴汝才于迎恩官署，署以爲游擊將軍，供億甚備。汝才自言：「不願署官，亦不願食餉，願爲百姓，耕田房、竹間。」文燦曲意撫之，檄汝才解散其黨，簡驍壯從征立功。汝才不聽，因據鄖、均諸邑，奪居民地，錯壤而處，與張獻忠遥爲聲援。明年，遂叛。

43 十二月，庚子，宣大總督盧象昇與大清兵戰于鉅鹿之賈莊，敗績，死之。

先是大兵分道南下。象昇聞之，從涿州進扼保定，遣將出禦，大戰于慶都，猶未敗衂，而一時列城多失守。編修楊廷麟，劾樞輔楊嗣昌誤國，有「南仲在內，李綱無功，潛善秉成，宗澤殞恨」語。嗣昌大怒，奏改廷麟兵部主事，贊畫行營。

象昇擢自兵備副使，以數敗流賊著名，至是大軍在前，象昇提五千殘卒，又爲嗣昌所扼，餉不時給，將士饑甚。自知必死，晨出帳，四面拜曰：「吾與將士同受國恩，患不得死，不患不得生。」衆皆泣，莫能仰視。遂率所部行宿于野，次畿南。

三郡父老聞之，咸叩軍門請曰：「明公出萬死不顧一生之計，爲天下先。乃奸臣在內，孤忠見嫉，棲遲絶野，一飽無時。明公誠從愚計，移軍廣、順，廣平、順德。召集義師，三郡子弟喜公之來，同心戮力，一呼而裹糧從者可十萬。孰與隻臂無援，立而就死哉！」象昇泫然流涕，答曰：「感父老至意。然自予與流賊角，經數十百戰未嘗衂。今分疲卒五千，大敵西衝，援師東隔，事由中制，食盡力窮。旦夕死矣，無徒累父老爲也！」衆號泣雷動，各攜斗粟餉軍。或詒棗一升，曰：「公煮爲糧。」

先一日進師，次鉅鹿賈莊。高超潛擁關、寧兵在雞澤，距賈莊五十里而近，象昇遣廷麟往乞援，因與訣曰：「死西市何如死疆場！吾以一死報君，猶爲薄耳。」起潛不應。

象昇行至蒿水橋，與大軍遇，總兵王樸先引兵遁去，獨虎大威、楊國柱從。象昇將中軍，大威率左，國柱率右。戰移時，勒兵還營。夜半，角聲四起，明日，騎數萬大至，環之三匝。【考異】明史本傳，「十二月十一日次鉅鹿，明日敗没」，本紀系之戊辰，十二日也，今據書之。象昇麾兵戰，呼聲動天，自辰迄未，礮盡矢竭。大威請潰圍出，象昇不許，奮身鬥。後騎皆進，手格殺數十人，身中四矢三刃，遂仆。掌牧楊陸凱懼衆殘其屍而伏其上，背負二十四矢以死。僕顧顯者亦殉，一軍盡没。宣府參將張巖陷陣死，據三編質實補。惟大威、國柱得脱。

起潛聞敗倉皇遁，懼坐誅，諱象昇死狀，嗣昌疑不死，有詔驗視。廷麟得其尸戰場，麻衣猶被體，一卒遥見即號泣曰：「此吾盧公也。」三郡之民聞之，哭失聲，競立祠祀之。

順德知府于潁覈其狀以聞，事始白。嗣昌故靳之，踰兩月而後斂。明年，象昇妻王氏請卹；又明年，其弟象晉、象觀又請；不許。久之，嗣昌敗，廷臣多爲言者，乃贈太子少師、兵部尚書，賜祭葬，予世蔭。

方象昇之戰没也，嗣昌遣三邏卒察其死狀。其一人俞振龍者，歸，言「象昇實死。」嗣昌怒，鞭之三日夜，且死，張目曰：「天道神明，無枉忠臣。」于是天下聞之，無不欷歔恚嗣昌矣。

44 内閣方逢年罷。

是年夏熒惑之變，刑部尚書劉之鳳請修刑，言：「自今獄情大者一月奏斷，小者半月，至遠年贓犯無可追比者，祈悉宥免，全好生之仁。」上雖可其奏，而心惡之鳳，欲罪之。及是刑科摘參未完疏，逢年以「追贓既久，人亡産絶，親戚坐累，幾同瓜蔓」，遂輕擬以上，詔責其疏忽。逢年引罪，遂罷歸。未幾，之鳳亦得罪。

之鳳在刑部，每上獄詞，輒奉嚴駁，累疏謝病，不許。會范景文劾南京給事中荆可棟貪墨，下部訊，之鳳亦予輕比。上怒，遂下之鳳于獄。

45 戊申，徵總督洪承疇入衛。陝撫孫傳庭爲兵部侍郎，督援軍偕行。

46 是冬，大清兵連下畿輔列城，長吏多望風先後遁，失城四十有三。【考異】明史忠義傳作「四十八」，今據三編明年目中。

其以死事聞者，知州有深州孫士美，守城三日，城陷，自刎于角樓，父訥，亦自經，一家死者十三人。知縣有任邱白慧元，爲中官所誣劾，被逮未行。新令李廉仲縋城遁，慧元躬擐甲胄，防禦甚力。及城破，一門俱死。慶都黄承宗，城破，與子朝鍹俱力戰，中流矢死，妻劉氏自縊。靈壽馮登鰲、文安王鑰、蠡縣王采、新河崔賢、鉅鹿郭司南、鹽山陳誌、故城王九鼎、青縣張文煥、興濟錢珍、慶雲陳緘、安平孔聞俊等，俱以殉城死，而司南之僕張爾璋，從其主殉焉。教官有鉅鹿教諭唐一中，鹽山教諭孫璜，深州訓導吳恂，蠡縣訓導馮大緯，俱先後死，——而大緯者，登鰲從父也。吳橋訓導劉廷訓，以知縣李綦龍欲遁，力止之，與共守。圍將合，綦龍縋城走，廷訓急縋城上語守者曰：「守死，逃亦死，盍死于守，乃忠義鬼乎！」衆泣諾，乃堅拒三晝夜。廷訓中流矢，束胸力戰，又中六矢，乃死。臨城訓導張純儒，率諸生共守城，城破，死之。文安訓導郭養性亦死焉。佐貳官有文安主簿安衡，典史湯國紀，皆死難。鄉官有故兗州知府喬若雯，臨城人，端坐按劍以待，城陷，遂被殺。故山西按察使李禎宁，任邱人，佐白慧元守任邱，城破，率衆格鬥，身中數槊死，一門從死者數人。故户部員外郎李崇德，青縣人，亦死難。故延綏巡撫馬從聘，靈壽人，城破，從聘年八十二，謂其子曰：「吾得死所矣！」自縊死。三子，長士偉，官知州，次官生士慤，次生員士通，皆自縊。從聘弟從龍，官揚州府經歷，與子士禄同死焉。故吏部員外郎耿蔭樓，亦靈壽人，與子參同死之。故倒馬關參將周甘雨，行唐人。與弟故淮安同知霖雨、故潼川州州同時雨兄弟堅守，城破，皆死之。士人有隆平舉人董祚、任縣舉人檀光、閻玉田、生員桑開基、深州武生田興國等，皆死節。【考異】三編所記畿輔列城死事諸人，皆據明史馬從聘及忠義孫士美、喬若雯等傳，乃克高陽以後事。史稿載所破畿輔各州縣，皆有日分，今不具載。第據三編統系之是年冬下。惟删去趙州知州王端冕一人，改入十五年，辨見下卷。

47 是歲，安慶巡撫史可法連敗賊于英山、六合。順天王乞降，未幾死。于是陝西、河北、湖廣諸賊，或降或虜，勢大衰，城邑罕有陷者。惟紫陽典史何宗孔、商南典史賈儒秀，以殉賊難聞。

十二年（己卯、一六三九）

1 春，正月，己未朔，以時事多難，却廷臣賀。

是時軍書旁午，上每省事達旦。以歲朝謁劉太妃于慈寧宮。太妃，神宗昭妃也，自天啓來，嘗居慈寧宮掌太后璽，上禮事之如大母。至是上謁畢就坐，俄假寐。太妃戒勿驚，命尚衣者覆以帔，左右皆植立屏息以俟。有頃，上覺，攝衣起謝曰：「神宗時天下少事，宫中皆晏安，太妃所親見也。今苦多難，兩夜省文書，未嘗交睫。自謂年甫踰壯，尚可應接，不謂早困劣，在太妃前惛然不自持至此。」太妃爲之泣下。【考異】此三編據明史后妃傳，參毛大可彤管拾遺書之。本無年月，然有歲朝謁太妃語，而昭妃之薨在十五年，三編入之是年正月，今據書之。

2 庚申，大清兵入濟南。

先是大軍自畿輔而西，抵山西界，復折而南，下臨清，渡會通河，徇下山東諸州縣，臨邑知縣宋希堯、博平知縣張列宿、茌平知縣黄廷極、邱縣知縣高重光、武城知縣李承芳等皆死之。

時樞輔楊嗣昌以德州爲南北孔道，檄山東巡撫顔繼祖率標下兵三千扼之。于是濟南空虚，止鄉兵五百，萊州援兵七百，勢弱不足守。巡按御史宋學朱行部章邱，急馳還，與布政使張秉文、副使周之訓、翁鴻業、參議鄧謙、鹽運使唐世熊等議守城，連章告急于朝。楊嗣昌無以應，督師中官高起潛方移駐臨清，擁重兵不救，總兵祖寬、倪寵等亦觀望，大清兵遂臨濟南。

秉文等分門拒守，晝夜不解甲，援兵竟無至者。以上皆去年十二月事，三編系以「先是」二字。至是城潰，三編，正月二日。秉文擐甲巷戰，已，被箭，力不能支，死之，妻方氏、妾陳氏並投大明湖死。學朱亦死之。之訓與妻劉氏偕死，闔門殉焉。鴻業亦死之。謙戰于城上，與季父有正偕死，母莫氏匿民間不食死，族戚傔從死者四十餘人。世熊分守西門被殺。濟南知府苟好善，推官陸燦，同知陳虞允，通判熊列獻、馬嗣煜，曆城知縣韓承宣，布政使理問姜道元，俱殉城死。而列獻則二子俱從死。承宣與妻妾同死，——大學士韓爌孫也。道元妻來氏、子廷樑皆殉焉。舉人劉元化及子漢儀皆死。德王由樞者，英宗子，莊王見㵒六世孫也。城破，被執。時有郡王一人，奉國將軍一人同被執，又有郡王五人、輔國將軍一人、鎮國將軍一人、奉國將軍四人皆被殺，史佚其名。又有劉大年者，官兵部主事，奉使南京，還朝，過歷城，城破，抗節死。又恩縣鄉官李應薦，名麗逆案，至是捐貲募士，佐有司守城，城破，身被數刃死。事聞，皆贈卹有差。

3 戊辰，劉宇亮趨晉州。【考異】明史本紀言「是月戊辰，劉宇亮、孫傳庭會師十八萬于晉州，不敢進。」按下文宇亮罷，明史本傳及三編皆言其「抵保定，聞大清兵將至，急趨晉州避之」，疑是時傳庭援軍將至，故宇（烈）〔亮〕託言會師晉州耳，非實録也。孫傳庭傳亦無與宇亮會師晉州之語，今不取，但言宇亮趨晉州，爲下文罷宇亮張本。

4 丁丑，改洪承疇總督薊遼軍務，孫傳庭總督保定、山東、河北軍務，從樞輔楊嗣昌議也。

嗣昌議留秦兵之入援者，屬承疇守薊遼。傳庭言于嗣昌曰：「秦兵不可留也。秦中賊未滅，留則賊勢且張，是代賊撤兵也。況秦兵妻子俱在秦，久留于邊，必譁而逃歸以合于賊，是驅官軍使從賊也。安危之機，不可不察。」嗣昌不聽。傳庭疏爭之，上亦不能用。

5 是月，以甄淑爲刑部尚書，代劉之鳳也。時吏部尚書商周祚以廷推忤旨落職，召莊欽鄰爲吏部尚書。

6 二月，癸巳，京師地震。

7 乙未，劉宇亮罷。

初，宇亮請督察軍情，會高陽陷，上欲罷盧象昇，命改宇亮爲總督。宇亮大懼，與薛國觀、楊嗣昌謀，且具疏自言，乃留象昇，而宇亮仍往督察，各鎮援軍皆屬焉。

甫抵保定，象昇已戰没，偵者報大清兵將至，相顧無人色，急趨晉州避之。知州陳弘緒閉門不納，士民亦歃血誓不延一兵。宇亮大怒，傳令箭：「急納師，否則軍法從事！」弘緒亦傳語曰：「督師之來，將以進戰也，奈何斂兵退處城中！芻糧不繼，責在有司；欲入城不敢聞命。」宇亮乃馳疏劾之，有旨逮治。州民詣闕訟冤，願以身代者千計，弘緒得鐫級調用。上自是疑宇亮不任事，徒擾民矣。

是年正月，聞大清兵悉鋭趨山東，乃敢移師次天津，恐解嚴後重得罪，疏論諸將退縮，爲卸責地，因及總兵劉光祚逗遛狀，詔斬光祚軍前。宇亮以兵事未解，方倚諸軍自衞，遽殺大將，恐生變，乃繫光祚于獄，具疏乞宥，且爲報武清之捷。

上責以前後矛盾，下九卿科道議，僉謂「宇亮玩弄國憲，大不敬。」宇亮疏辨，部議落職閒住。給事中陳啓新等復重劾之，乃削籍去。國觀代爲首輔。

8 三月，丙寅，大清兵班師，出青山口。

是役也，凡深入二千里，三十三戰皆捷，下畿輔州縣城四十有三，曰趙州、深州、文安、慶都、博野、蠡、高陽、任邱、青、興濟、寧津、吴橋、東光、故城、南皮、鹽山、慶雲、獲鹿、元氏、靈壽、欒城、無極、行唐、南宫、新河、安平、饒陽、隆平、高邑、臨城、寧晉、沙河、南和、任、内邱、唐山、平鄉、鉅鹿、廣宗、鷄澤、威、清河、魏，下山東府州縣城十八，日濟南府、高唐州、長山、濟陽、禹城、臨邑、陵、平原、海豐、商河、博平、茌平、莘、清平、邱、恩、夏津、武城，俘獲人口四十六萬有奇，乃自青山口旋師。

事既定，給事中李希沆言：「陛下御極以來，京師戒嚴者三。己巳失事之罪未覈，致有丙子；丙子失事之罪未覈，致有今日。」語侵樞輔楊嗣昌。御史王志舉亦劾「嗣昌誤國，請用丁汝夔、袁崇焕故事。」上怒，希沆貶秩，志舉奪官。

命嗣昌「議文武諸臣失事罪，分五等：曰『守邊失機』；曰『殘破城邑』；曰『失陷藩封』；曰『失亡主帥』；曰『擁兵觀望』。于是薊鎮總監中官鄧希詔，分監中官孫茂霖，順天巡撫陳祖苞，保定巡撫張其平，山東巡撫顔繼祖，薊鎮總兵吴國俊、陳國威，山東巡撫倪寵，援剿總兵祖寬、李重鎮，及他副將以下至州縣有司，凡三十六人同論死，而嗣昌貶削不及。【考異】據明史忠義傳，下畿輔州縣四十有八，山東州縣十有六，合之爲六十餘城。而明紀則云「下七十餘城」。三編所記，據大清實録，「下畿輔州縣四十三，山東州縣十八」，皆有縣分，亦止六十餘城。今據書之。

9 丙子，尊孝純皇后爲皇太后，加謚號，詔天下。又加贈太后父新樂侯劉應元爲瀛國公，母徐氏爲瀛國夫人。

10 夏，四月，戊申，程國祥罷。

國祥廉謹而短于才，同官薛國觀、楊嗣昌方用事，國祥充位而已。至是召對，無一言，上傳諭責其緘嘿，大負委任，于是國祥遂乞休去。

11 是月，總兵官左良玉敗賊于南陽。

初，賊渠馬士秀、杜應金就撫，良玉處其衆于許州之郊外。許，大州也，良玉及諸將寄帑與賄焉。會河南巡撫常道立檄良玉勦他賊于陝州，久征不歸。士秀、應金在熊文燦軍中，託事請歸許，遂假良玉軍號給入城，夜半，縱火燒城南樓，劫庫，殺官吏，殲良玉家，劫其貲投李萬慶。——萬慶者，賊魁射塌天也。以上據良玉傳，在去年十二月。

良玉聞變，將旋軍討之。適奉勤王詔，遂率降將劉國能北行；未抵京，詔還討河南賊。以國能反正後頗效用，詔擢副總兵，曰：「張獻忠能立功視此。」良玉、國能南旋，擊馬進忠于鎮平關，大破之，進忠降。

是時河南總兵張任學，亦以入衛却還，連敗楚、豫之賊于陳州，于襄陽，于葉縣，于裕州。賊渠賀一龍、藺養成，伏深山不敢出，惠登相遠走秦、蜀，順天王已前死。萬慶及馬光玉、許可變在豫，勢益孤，文燦檄良玉剿萬慶于唐縣，分三營擊賊，逐入山中。裨將王修政，趨利戰死，文燦收二營卒，令良玉躡之內鄉，而任學亦以兵來會。萬慶乃依山結壘，遣賊將至軍門請降。良玉慮其詐，謀之文燦，益調諸將陳永福、羅岱等兵進剿，國能亦至，遂分道擊萬慶及光玉、可變。萬慶等敗，大奔，良玉令國能以二十騎往偵，且諭萬慶降。萬慶馳見，輸情于國能，遂執許州叛黨于汝虎以降，處其衆四千人于內鄉城下。士秀、應金見應忠、萬慶降而懼，復來歸。有劉喜才者，夜取順義王首以獻，光玉等走淅川。自是賊勢少衰。

文燦遂上言：「臣兵威震慴，降者接踵。惟馬光玉等尚稽天討，可旦夕平也。」上優詔報之。文燦益自喜，而湖廣諸僚吏頗以爲憂。楚撫余應桂詒書文燦，言「群賊雖相繼降，而張獻忠必反，可先未發圖之。」其書爲獻忠邏者所得，獻忠騰牒布告曰：「余撫軍欲殺我。」文燦聞之，糾應桂撓撫事，應桂疏辨，上不聽。

方進忠、萬慶之未降也，應桂以文燦撫剿乖方，上書極詆之，其縷陳文燦之舛尤悉。

略言：「文燦初撫劉國能，其黨李萬慶等諸大賊盡走泌陽、棗陽。時文燦、良玉並在德安，臣以爲兵勢方盛，宜乘此追剿，而文燦調良玉諸軍盡赴信陽剿馬進忠。臣謂進忠于諸賊中最弱，强者當急剿，弱者可徐圖，文燦不聽。自此機一失，賊走西而文燦東，致萬慶等收合餘燼，勢復振，而豫、楚之患，遂自文燦之愎諫貽之矣。迨賊西潰之後，遮飾上聞，妄報斬級。其自恃所長惟火礮，凡經過州縣，用舁夫八百，死亡載道，未見其一試也。

且文燦辨賊之策，曰：『先撫後剿。』乃檄諸軍會剿于茶山不效，于麻城又不效。第見招撫之旗絡繹于道，一遣使招賀一龍而使者被殺，再遣使招李萬慶，與之通市，賊反因此大縱焚掠。天下有如是撫法乎？

其一切軍需，悉取于所過有司，名曰：『借辦』，致城市空虚，孑遺盡絶。文燦軍至麻城，民不堪淫掠，欲焚其署，始踉蹌而走；及次蘄水，其兵殺鄉民報捷，民家環哭，竟不敢治一兵；是以捷報日張，寇勢愈熾。十三家之賊，蹂躪南陽、汝寧，如履無人之境，文燦駐宛、汝已久，調度不聞，天下有如是剿法乎？

獻忠在穀城招納亡命，買馬置器，人人知其叵測。文燦顧欲借之爲前茅，遣官調之，非惟不應，復留解餉之官，求爲湖廣總兵；今已造浮橋，跨漢水矣。文燦前既誇張而敘功，後復掩匿而不報，可不謂之欺君乎？以總理之大柄，畀之顛蹶之耄夫，臣不知其可也。」

而文燦謂茶山失賊罪，實由應桂；嗣昌銜應桂嘗劾其父鶴，奏逮之。應桂自辨雖力，上不納，竟下之獄。

未幾，獻忠果叛，獨國能、進忠、萬慶三人者，帖然無異志。萬慶尋亦授副總兵官。

【考異】是月，劉國能從左良玉等討許州之賊；而史稿書「左良玉敗劉國能于許縣，國能降」，此大誤。國能之降在去年正月，相差一年。史稿所記崇禎年間事，舛誤大多似此。

12 五月，甲子，以禮部侍郎姚明恭、張四知、兵部侍郎魏照乘俱禮部尚書兼東閣大學士，預機務。

明恭等三人皆庸劣。四知尤甚，嘗以貪污爲言官所糾，四知力辨于上前，言己孤立。上意頗動，薛國觀力援之，遂與明恭、照乘並入閣。

13 乙丑，張獻忠叛于穀城，羅汝才等起應之，尋陷房縣。

先是總兵張任學入衛，道謁熊文燦，言：「獻忠狼子野心，終爲國患。我以動王爲名，出其不意，可立縛也。」文燦性愎，惡鎮巡官屢以獻忠爲言，屏其謀不用。

及獻忠反形日露，穀城知縣阮之鈿憂甚，往說之曰：「將軍始所爲甚悖，今幸得爲王臣，當從軍立功，垂名竹帛。且不見劉將軍國能乎？朝廷手詔進官，厚賚金帛，此赤誠效也。將軍若慮有他，之鈿請以百口保。何嫌何疑而復懷異志！」獻忠素銜之鈿，遂惡言極罵之，之鈿憂憤成病，題數言于壁，自誓以死。

至是獻忠果約羅汝才反，劫庫縱囚，毁其城。之鈿仰藥未絶，獻忠遣使索印，堅不予，賊殺之，旋縱火焚公署，骸骨爲燼。賊竟挾僉事張大經以去，遂攻房縣，招汝才。

當是時，鄖陽諸屬邑久罹寇患，城郭爲墟，獨房縣知縣郝景春善拊循，粗可守。而汝才等四營雜處于郊，居民日惴惴，景春乃偕主簿朱邦聞、守備楊道選，修守具，輯諸營。聞獻忠反穀城，與汝才有約。景春子鳴鸞，諸生也，力敵萬夫，謂父曰：「吾城當賊衝，而羸卒止二百，城何以守？」乃擐甲詣汝才曰：「若不念前日盟乎？慎毋亂！」汝才佯諾。鳴鸞覺其僞，歸，與道選授兵登陴。而獻忠所遣前鋒已至，擊斬其將一人。遣使縋城乞援于文燦，凡十四往，不報。

已而賊大至，獻忠兵張白幟，汝才兵張赤幟，俄二幟相雜，環城力攻。賊黨白貴、黑雲祥策馬呼曰：「以城讓我，保無他也。」獻忠又以張大經檄諭降，景春大罵，碎之。鳴鸞且守且戰，閲五日，頗有所殺傷。賊乃負板穴城，城將崩，鳴鸞爇油灌之，又擊傷獻忠左足。用間入賊壘，陰識獻忠所卧帳，將襲擒之。而指揮張三錫，啓北門揖汝才入，道選巷戰死，部將張見炫被執，亦死。大經使汝才説景春降，怒不答。問庫藏儲蓄安在，叱曰：「庫藏若有儲蓄，城豈爲汝陷！」賊怒，殺一典史、一守備恐之，卒不屈，與鳴鸞俱被殺，僕陳宜殉之，邦聞及其家人亦不屈死。

于是賊勢大張，鄖西、保康皆陷，知縣王元會、楊鏡死之。惠登相等五營在均州，懼見討，相與歃血拒獻忠，無何，亦叛去。

文燦聞變，驚愕無所措，急請敕楚撫方孔炤防荆門、當陽，鄖撫王鰲永防江陵、遠安，陝撫丁啓睿、蜀撫邵捷春各嚴兵待于境上。而陝督鄭崇儉主提兵合擊，議不決。孔炤乃請率所部扼德安、黄州，守承天，護獻陵，江漢以南專責鰲永防禦。時孔炤預策獻忠等必叛，陰厲士馬，備戰守，故賊畏孔炤，乃不敢東。

阮之鈿、郝景春並以死事贈尚寶少卿，楊道選等亦贈卹有差。後上召見閣臣賀逢聖，備述景春死事狀，改贈太僕少卿。

張三錫尋爲官軍所獲，磔死。張大經陷于賊，不能死，明年，張獻忠敗于瑪瑙山，偕賊將曹威等歸于軍門，士論恥之。

14 乙亥，逮總督孫傳庭下獄。

傳庭以軍事急，又憤言不用，遂患耳聾。初，傳庭入衛，盧象昇方戰没，命代統諸鎮援軍。傳庭以疆事決裂由計畫差謬，即請召對決大計，而嗣昌及高起潛與傳庭不協，從中沮之，竟不得入朝。至是聞督保定等省之命，復疏請陛見，嗣昌大驚，謂傳庭且傾己，飭來役賫疏還之。傳庭憤甚，耳益聾，不能聽機事，遂乞休。嗣昌又劾其託疾，上大怒，下傳庭獄，斥爲民。下巡撫楊一儁覈真僞，一儁奏言：「傳庭實聾，非託疾」，並下一儁獄。傳庭長繫待決，舉朝知其冤，莫敢言。

15 是月，楊嗣昌以畿輔、山東失事，薦四川巡撫傅宗龍自代，許之。召宗龍爲兵部尚書。

16 六月，己酉，抽練各鎮精兵，復加徵「練餉」。

時廷臣多請練邊兵，樞輔楊嗣昌定議：「宣府、大同、山西三鎮，兵十七萬八千八百有奇；三總兵各練一萬，總督練三萬，以二萬駐懷來，一萬駐陽和，東西策應，餘授鎮監巡撫以下分練。延綏、寧夏、甘肅、固原、臨洮五鎮，兵十五萬五千七百有奇；五總兵各練一萬，總督練三萬，以二萬駐固原，一萬駐延安，東西策應，餘授巡撫副將以下分練。遼東、薊鎮兵二十四萬有奇；五總兵各練一萬，總督練五萬，外自錦州，內抵居庸，東西策應，餘授鎮監巡撫以下分練。汰通州、昌平督治二侍郎，設保定一總督，合畿輔、山東、河北兵，得十五萬七千有奇；四總兵各練二萬，總督練三萬，北自昌平，南抵河北，聞警策應，餘授巡撫以下分練。又以畿輔重地，議增監司四人，以一人兼轄大名、廣平、順德，三人分駐真定、保定、河間，薊遼總督下增監軍三人。」議上，上悉報可。嗣昌所議兵凡七十三萬有奇，然民流餉絀，未嘗有實也。

上又採副將楊德政議：「府汰通判，設練備，秩次守備；州汰判官，縣汰主簿，設練總，秩次把總；並授轄于正官，專練民兵，府千，州七百，縣五百，捍鄉土，不他調。」嗣昌以「勢有緩急，請先行畿輔、山東、河南、山西」，從之。于是有「練餉」之議。

初，嗣昌增「勦餉」，期一年而止，後餉盡而賊未平，詔徵其半。至是督餉侍郎張伯鯨請全徵，上慮失信，嗣昌曰：「無傷也。加賦出于土田，土田盡歸有力家，百畝增銀三四錢，稍抑兼并耳。」薛國觀力贊之，乃于「勦餉」外復增「練餉」七百三十萬。

言者謂：「九邊自有額餉，概予新餉，則舊者安歸！邊兵多虛額，今指爲實數，餉盡虛糜而練數仍不足。況兵以分防，不能常聚，故有抽練之議，抽練而其餘遂不問。又所謂抽練者，仍屬虛文，邊防愈益弱。至州縣民兵益無實，徒糜厚餉。」以嗣昌主之，卒不可奪。御史衛周嗣、郝晉，相繼劾「嗣昌流毒天下，民怨何極」，上不納。

溯自神宗末增賦五百二十萬，崇禎初再增百四十萬，總名「遼餉」，至是復增「勦餉」「練餉」，溢之，先後增賦千六百七十萬，民不聊生，益起而爲盜。

上嘗召見參議鄭三陽，問練兵措餉計，對曰：「大抵額設之兵，原有額餉，但求實練，則兵不虛冒，餉自足用，是覈兵即足餉也。若兵不實練，雖措餉何益！」上稱善，然不能用。

三編發明曰：明季百姓之困，至是極矣。流寇蔓延，生民塗炭，不思所以拊循安輯之，而日議增餉。往時嗣昌「十面張網」之策，增「剿餉」至二百八十萬，至是有「練餉」之議，復增七百三十萬，而向之「剿餉」期于二年而止者，期滿而復全徵。不思寇盜之盛，由於貧民附盜，盜未平而惟議加賦，賦加而民不聊生，民不聊生而益起爲盜，是加賦不惟不能平盜，而適以驅之歸盜也。

至九邊之餉，既有常數，不核邊兵之虛糜而徒增抽練之新額，卒之練兵而兵不加精，增餉而餉不充用。且「剿餉」藉以平賊，而文燦用以資撫；「練餉」名以養兵，而邊防日以益弱；國家無補瘡之益，而小民被剜肉之苦。

史稱自萬曆至此，先後增賦至千六百七十萬，盜賊充斥，土田荒蕪，賦從何出！而嗣昌猶謂「土田盡歸有力，加賦稍抑兼并。」嗚呼，安得此亡國之言！而莊烈信之而不可奪，明祚雖欲稍延，得乎哉！

17 是月，畿內、山東、河南、山西旱蝗。

時災祲四告，流寇日熾。給事中王家彥上疏言：「臣見秦、晋之間，饑民相煽，千百爲群，始率自一鄉一邑。若守令早爲之所，何至接踵爲盜，盜何遂潰裂至此！論者謂功令使然，催科急者書上考，督責嚴者號循良，不肖而墨者以束溼濟其饕餮。一二賢明吏，束于文法，展布無由。惟稍寬文網，壹令撫綏，盜之聚者可散，散者可不復聚。又舊制捕蝗，令吏部歲九月頒勘合于有司，請實意舉行。」上皆納之。

18 秋，七月，壬申，左良玉擊張獻忠于房縣之羅猤山，【考異】明史作「猴」，三編質實：「羅猤山，一名羅猴山，在房縣西八十里」敗績。

獻忠合羅汝才自房縣西走，總兵官張任學遣其中軍羅岱偕良玉追之，良玉令岱爲前鋒，己隨其後。去房縣八十里，至羅猤山，軍乏食，賊伏兵要害。岱與副將劉元捷鼓勇直上，伏四起，岱馬足挂于藤，抽刀斷之，躍而復進，棄馬步鬥。賊圍急，岱腋中矢數十盡發，賊多傷；矢盡被執，不屈死。良玉軍後至，亦大敗奔還，軍符印信盡失，棄軍資十餘萬，士卒死者萬人。

事聞，良玉以輕進貶三秩，任學坐褫職。

時上已知熊文燦不可倚，猶冀復穀城之恥，且勿治，僅奪其官，仍令戴罪視事。至是聞良玉敗，益大怒，遣使逮文燦，下獄論死，所親姚明恭當國，不能救也。

初，文燦受命，自廣東之安慶，道出廬山，謁所善僧空隱，僧迎謂曰：「公誤矣！」文燦屏人問故，僧曰：「公自度所將兵足制賊死命乎？」曰：「不能。」曰：「諸將有可屬大事，當一面，不煩指麾而定者乎？」曰：「未知何如。」曰：「二者既不能當賊，上特以名使公，厚責望，一不效誅矣。」文燦却立良久曰：「撫之何如？」僧曰：「吾料公必撫。然流寇非海寇，公其慎之！」文燦乃憮然辭去。

文燦實不知兵，謂撫必可恃，楊嗣昌復從中主之。果以是敗。

19 是月，左都御史鍾炌罷，以傅永淳代之。

20 八月，己亥，免唐縣等四十九州縣去年田租之半。

21 壬子，命楊嗣昌督師討賊。

嗣昌既解部務，專治閣事，而羅猴山之敗問至，嗣昌疏引罪，上特旨令督師。再疏辭，不允，賜尚方劍，統制諸方兵。

22 京營總兵官孫應元、黃得功、副將周遇吉等，大破賊馬光玉等于淅川之吴村。

光玉于吴村詭乞撫，陰規渡漢江以應張獻忠。淅川知縣郭守邦，説降其黨許可變、胡可受。——可變即賊中所號改世王，可受則安世王也。可變夜至淅川城下，守邦處之東關。可受爲光玉所持，約未定，會應元、得功等方率京軍過南陽，慮光玉合于獻忠，賊勢益熾，乃趨内鄉掩襲其背，令遇吉等分道擊可受。遇吉偕參將馬文豸等力戰，可受敗，呼曰：「始與許可變約降者我也。今歸命。」遇吉駐馬受之。

應元、得功益進兵攻光玉。光玉黨分營南北兩山，用木石塞道，應元率文豸戰其南，得功率副將林報國戰其北，時熊文燦遣總兵陳洪範亦至，以所部兵遏其東。賊大潰，光玉遁走，遂不克與獻忠合。

獻忠既敗官軍于羅猴山，謀入陝，陝督鄭崇儉率賀人龍、李國奇軍禦之興安，獻忠乃還走興山、太平，據楚、蜀之交以屯其衆。

23 是月，復召謝陞爲吏部尚書。是時莊欽鄰奉召未至而罷，乃起陞代之。

24 九月，乙卯朔，召見楊嗣昌于平臺，慰勞備至。命吏部用人，户部措餉，兵部調度，俱内外協應。嗣昌曰：「君言不宿于家，臣朝受命，夕當啓行。顧軍資甲仗未備，敕所司遄發。」上曰：「卿能如此，朕更何憂！」

戊午，復召見，密有所諭，左右莫得聞。出御製贈行詩一章，比之周方叔、漢周亞夫，嗣昌跪誦，拜且泣。庚申，陛辭，復賜膳，令公卿祖于國門。

是月，癸求晦，嗣昌抵襄陽，即上疏爲熊文燦辨曰：「廷臣以文燦不能剿賊，誣其無才；不能用兵，誣其無算。文燦特過持重耳。且流寇數十百萬，不可勝誅，必撫剿兼施，方可解散。文燦任事兩年，功已十成六七，獨張獻忠再叛，諸營動摇。今以一眚廢置，並所用之人訾之，非公論也。」蓋文燦之罷，初爲河南巡撫高名衡所劾，及嗣昌檄召知府萬年策、僉事孔貞會效用軍前，名衡又劾「二人以撫愚文燦，不可用」，嗣昌以此發憤，且曲庇文燦。而文燦時已被逮，卒重罪之，不用嗣昌議也。【考異】嗣昌督師之命在八月二十七日，召對在是月初一日，再召在初四日，起行在初六日，以是月二十九日抵襄陽。據三編目中日分，與綏寇紀略合。

25 是秋，彗星見參分。【考異】綏寇紀略作「十月」，今據明史天文志。三編彙書于十三年彗見目中，亦云「十二年秋彗星見參分」，惟明年彗見在十月丙戌。今據明史、三編書之。

26 冬，十月，甲申朔，督師楊嗣昌大誓三軍，湖廣巡撫方孔炤、總兵官左良玉、陳洪範等畢會。

甲午，嗣昌以「左良玉有將才，請拜爲平賊將軍」，報可。時良玉所部多降將，嗣昌謂可倚以辦賊，故請之。

27 丙申，欽定保民四事全書成，頒布天下。

28 是月，大清兵攻寧遠。

先是副總兵官金國鳳守松山，大清兵攻其南門，環城發礮，臺堞俱摧，城中人負扉以行，國鳳以木石甃補，多方拒守，終不下。

圍解，上大喜，立擢副都督僉事，爲寧遠團練總兵官。再論功，署都督同知，蔭錦衣衛千户。松山被圍在是年二月，見明史及聖武記。

至是大清兵復攻寧遠，國鳳憤將士恇怯，率親丁數十人出禦，鏖戰移時，矢盡力竭，與二子俱死。

總督洪承疇上言：「國鳳懷忠勇。前守松山，兵不滿三千，乃能力保孤城，非其才力優也，以事權專，號令一，而人心肅也；迨擢任大將，兵近萬人，反致隕命，非其才力短也，由營伍紛紜，號令難施，而人心不一也。乞自今，設連營節制之法，戰守惟總兵官令是聽，庶軍心齊肅，所係于封疆甚大。」上允行之。

方松山被圍，巡撫方一藻議遣兵救援，諸將莫敢應，獨副將楊振請行，至中道遇伏，一軍盡覆。振被執，令往松山說降，未至里許，據地南向坐，語從官李禄曰：「爲我告城中人堅守，援兵即日至矣。」禄詣城下致振語，城中守益堅。振、禄皆抗節死。

29 流賊賀一龍等掠葉縣，圍沈邱，焚項城之郛，寇光山。副將張琮、刁明忠率京軍踰山五十里，及其巢，射殺緋袍賊二人，斬首千七百有奇。楊嗣昌稱詔頒賜。

30 十一月，辛巳，祀天于南郊。

31 是月，賊渠王國寧復來歸。國寧自號興世王，與惠登相等同叛者也。楊嗣昌受之于襄陽，處其妻子于樊城。

32 十二月，丙午，下兵部尚書傅宗龍于獄。

初，宗龍巡按貴州，討定叛苗，威名大著，歷薊遼總督，罷官歸。前二年冬，流寇大入四川，陷三十餘州縣，上拊髀而思宗龍，曰：「使宗龍撫蜀，賊安至是哉！」趣即家起宗龍代王惟章，與總兵羅尚文禦却賊。是年夏，以楊嗣昌薦，召爲兵部尚書。秋，八月，至京，召見。

宗龍爲人，伉直任氣，不能從諛承意。上憤中樞失職，嗣昌以權詭得主知，宗龍樸忠，初入見，即言民窮財盡，上頗然之。顧言之不已，遂怫然曰：「卿當整理兵事爾！」既退，語嗣昌曰：「何哉？宗龍善策黔，而所言卑卑，皆他人唾餘，何也？」自是所奏請多中格。

熊文燦既罷，宗龍乃言：「向者賊流突東西，嗣昌故建分勦之策。今則流突者各止其所，臣請收勢險節短之效，總理止轄楚、豫，秦督兼轄四川，鳳督兼轄安慶，各率所轄協勦，期十二月成功。」薦湖廣巡撫方孔炤堪代文燦，上不用，用嗣昌督師。

嗣昌既至軍，上章請兵食，宗龍按例予之，不盡如所請。嗣昌劾中樞不任職，宗龍亦劾「督師徒耗敝國家，不能報效，以氣淩廷臣。」會薊遼總督洪承疇請用劉肇基爲團練總兵官，中官高起潛又揭肇基恇怯，宗龍不即覆。上遂怒，責以抗旨，命對狀。奏上，復以戲視封疆下吏。法司擬戍邊，不許，欲置之死。

33 是月，羅汝才糾過天星等竄伏興、房，張獻忠踞湖廣、四川界，謀入蜀。

時楊嗣昌檄賀人龍扼之于秦、蜀間，大敗賊于興安，嗣昌請進秩賜獎。左良玉既佩將軍印，志浸驕，遣使以書謝嗣昌，嗣昌不悦。至是以人龍有功，欲漸貴之以抗良玉，良玉知之，甚恨。

初，獻忠、汝才及惠登相等屯鄖陽，興安山間，聞嗣昌以宰相督師、大軍並集，頗懼。雖時掠南漳、穀城、房、竹間，勢未甚熾，諸將推鋒急擊，宜可滅。而嗣昌始至，即有養鋭之説，諸將遂無鬥志，且積驕玩。

嗣昌令刁明忠自承天赴荆門，乃自隨至襄陽；嗣昌將戮之，諸將力救，僅搒百而已。監軍僉事殷太白，兩違軍令，請于朝，斬之，其下稍稍震慴。然嗣昌雖數遣將，但遥制，未嘗一督兵合擊，又去賊遠，而偵探時不實，朝士以爲憂。

本兵傅宗龍，期十二月平賊，趣分道進兵，嗣昌不聽，遷延至歲暮未一戰，張琮、賀人龍之捷，亦非嗣昌功也。

明通鑑卷八十七

紀八十七起上章執徐（庚辰），盡重光大荒落（辛巳），凡二年。

江西永寧知縣當塗**夏　燮**編輯

莊烈皇帝

崇禎十三年（庚辰、一六四〇）

1 春，正月，乙丑，逮湖廣巡撫方孔炤下獄。

先是革、左四營賊革裏眼，左金王。分屯江北，豕突隨、應、麻、黄間，孔炤駐師上游以備荆州，兼顧陵寢。是時京兵、滇兵皆聚西南，而麻、黄千里委之裨校，郭金邦等賊至，與戰，敗績。會孔炤方奉督師檄，遣副將楊世恩、荆門守備羅安邦等剿羅汝才、惠登相等，以深入覆軍，嗣昌乃歸獄于孔炤，遂有是逮。以荆南宋一鶴代之。

孔炤既下獄，上欲置之法。其子檢討以智，伏闕訟父冤，膝行沙堀者兩年。上爲心動，下議，以護陵寢功多，得減死戍紹興。【考異】楊世恩、羅安邦二人，以去年十二月同戰死，見殉節録。又據三編質實，十二年，有信陽團練守備劉煜禦賊戰死，云「見河南通志」。真定副將王震仲，擊賊將任國奇，没于陣，云「見山西通志」，惟月日無考，今附識之。

2 閏月，【考異】新曆是年閏四月。乙酉，振真定饑。

3 戊子，振京師饑民。

4 癸卯，振山東饑。

5 是月，督師楊嗣昌檄諸道進兵。

時嗣昌大計兵食，規形勝之地，專倚襄陽爲根本。濬城外爲三濠，造機橋，列横栢以啓閉。每門設一副總兵，薦故推官萬元吉，委以軍事。

未幾，左良玉合諸軍擊賊于枸坪關，獻忠敗走。【考異】良玉進兵破張獻忠于枸坪關，據明史本傳、張獻忠傳，俱書之閏正月。綏寇紀略書「閏正月二十四日」，蓋丙午也。諸書統系之二月，今分書之。

6 召宣大總督陳新甲爲兵部尚書，代傅宗龍也。

7 二月，壬子朔，祀日于東郊。

8 戊午，總兵官左良玉，會總督陝西三邊侍郎鄭崇儉等，大破獻賊于太平縣之瑪瑙山。

先是獻忠敗走，良玉請從漢陽、西鄉入蜀追之。楊嗣昌謀檄崇儉率賀人龍、李國奇從西鄉入蜀，而令良玉駐興安、平利，別遣偏將追勦，良玉不從。嗣昌檄良玉曰：「賊勢必不能入川，仍當走死秦界耳。將軍從漢陽、西鄉入川，萬一賊從舊路疾趨平利，仍入竹、房，將何以禦？不則走寧昌，入歸、巫，與羅汝才合，我以大將尾追，促賊反楚，非算也。」良玉報曰：「蜀地肥衍，賊度險，任其奔軼，後難制。且賊入川則有糧可因，返鄖則無地可掠，其不復竄楚境明矣。夫兵合則强，分則弱。今已留劉國能、李萬慶守鄖，若再分三千人入蜀，即駐興平，兵力已薄，賊來，能遏之邪？今當出其不意疾攻之，一大創自然瓦解。縱折回房、竹間，人煙斷絕，彼從何得食！況鄖兵扼之于前，秦撫在紫、興扼之于右，勢必不能逞。若寧昌、歸、巫，險且遠，汝才、獻忠不相下，儻窮而歸，汝才必內相吞，其亡立見。」良玉已于二月朔入蜀界矣。嗣昌得報，語萬元吉曰：「良玉書詞慷慨，惟敵是求。將在外不中制，古也。」比良玉駐軍漁溪渡，崇儉尋引兵來會，獻忠聞兩道兵俱至，自太平縣之大竹河移營九滚坪，見瑪瑙山峻險，據之。良玉抵山下，則已踞山顛，乘高鼓譟。良玉下馬周覽者久之，曰：「吾知所以破賊矣。」分所進道爲三，己當其一，秦兵當其一，令聞鼓聲而上。兩軍夾擊，賊陣堅不可動。鏖戰久之，賊大潰，墜崖澗者無算，俘馘賊渠十六人，斬首千三百餘級，獻忠妻妾皆被獲，湖廣將張應元、汪之鳳，追奔數十里，復敗之。

獻忠收餘衆南走，扼于川將張令、方國安，又再敗。令時年七十餘，馬上用五石弩，中必洞胸，軍中號「神弩將」。獻忠轉入深箐，依險結營壘，令分其軍爲五，鼓角薄賊。而國安自他道逸去，令獨深入，被圍，居絶坂，屢射賊，多應弦而斃，水遠士渴，賴天雨以濟，圍終不解。襄陽監軍僉事張克儉言于崇儉曰：「張令健將，奈何棄之！」亟令人龍、應元、之鳳分道往援。楚軍先至，則令方與賊鬥，呼聲動山谷，應元等應之，内外夾擊，賊敗去，人龍後至，復與李國奇等逐獻忠，連奏捷，斬首千五百餘。賊渠順天王、一條龍、一隻龍皆降，獻忠竄走興、歸山中。

當是時，李自成潛伏陝右，賀一龍、賀錦等跳梁漢東，勢差緩。而羅汝才雖敗楊世恩、羅安邦軍，見上。聞官軍大集，懼討，與其黨整十萬、黑雲祥、混世王、武自强、小秦王、白貴、闖索、王承恩等遣使乞降，嗣昌佯許之。

獻忠屢敗于興安，其黨托天王、常國安、金翅鵬、劉希原來降，嗣昌亦受之，且令常國安、隨良玉進剿。獻忠勢逐孤，以及于敗。【考異】瑪瑙山之捷，史稿書之戊午，與綏寇紀略及明史楊嗣昌傳所云「初七日」者合。明史本紀系之丙辰，蓋會秦師也，今據史稿日分。是月，湖廣張應元、汪之鳳等敗賊在十六日，蜀將張令與賊戰在二十七日，援兵至解圍則在三月初旬，皆見綏寇紀略。而張令一大戰，明史本紀不具，今據本傳、三編書之。

9 戊寅，以風霾亢旱，命廷臣直陳時政。

10 三月，甲申，禱雨。丙戌，大風霾。上布服齋居，連日禱不止。

給事中左懋第言：「去秋星變，朝停刑而夕即滅，今者不然，豈陛下有其文未修其實乎？臣伏思練餉之加，原非得已，乃明旨減兵以省餉，天下共知之，而徵餉者猶未省。請自今因兵徵餉，預使天下知應加之數，官吏無所逞其奸，以信陛下之明詔。而審決刑獄，則以睿慮之疑信定諸囚之生死，凡疑于心與疑信半者，悉從輕典。豈停刑可止彗，解網不可以返風乎？且陛下屢沛大恩，四方死者猶枕藉，盜賊未見衰止，何也？由蠲停者止一二存留之賦，有司迫考成，催徵未敢緩，是以莫救于凶荒。請于極荒州縣，下詔速停，有司息訟，專以救荒爲務」上曰：「然。」

于是上災七十五州縣所舊練三餉並停，中災六十八州縣止徵練餉，下災二十八州縣俟秋成督徵。尋詔清刑獄。

11 戊子，罷各鎮内臣。

12 丙申，賜魏藻德等進士及第、出身有差。

13 戊戌，振畿内饑。

14 丁未，免河北三府逋賦。

15 夏，四月，戊午，逮江西巡撫解學龍並黃道周下獄。

道周既貶江西，學龍重之，薦所部官，推獎道周備至。故事，但下所司，上不覆閱。內閣魏照乘者，素惡道周，擬旨責學龍濫薦。上遂發怒，立削二人籍，逮下吏，責以黨邪亂政，並廷杖八十。究黨與，欲置之死，詞連編修黃文煥、吏部主事陳大定、工部司務董養河、中書舍人文震亨，並繫獄。户部主事葉廷秀、國子生涂仲吉論救，亦繫獄。

仲吉上書，通政使施邦曜不爲封進，而大署其副封曰：「書不必上，論不可不存。」仲吉劾邦曜，邦曜以副封上。上見其署語，怒。仲吉既下獄，遂奪邦曜官。

其秋，李覺斯任刑部尚書，讞稱「學龍、道周無大罪，予輕比」，嚴旨切責。再擬戍煙瘴，上猶以爲失出，除覺斯名。移獄鎮撫掠治，久之，乃復還刑部。【考異】據明史道周本傳，附葉廷秀，言「廷秀爲劉宗周門人，與道周未相識，冒死論救，獲重罪。」三編目中但書涂仲吉事，今據明史傳中增入。

16 己卯，以謝陞爲禮部尚書。陳演禮部左侍郎，並兼東閣大學士，預機務。

陞再任吏部，甫半載，改禮部，與演同入閣。演庸才寡學，工結納，初入館，即與內侍通。上簡用閣臣，每親發策，觀所條對能否。中官探得上所欲問數事，密授演，演條對獨稱旨，遂擢居政府。

17 是月，左良玉進屯興安、平利諸山，連營百里。諸將憚山險，圍而不攻。

初，獻忠之敗走也，追且及，遣其黨馬元利操重寶啗良玉曰：「公所部多殺掠，楊閣部猜且專，無獻忠，即公滅不久矣。」良玉心動，縱之去。至是獻忠得在興、房山中，與山民市鹽芻米酪，收潰散自保。未幾，遂走白羊山而西，與羅汝才合。

18 五月，癸未，羅汝才犯夔州。

先是汝才及惠登相等求撫未決，遂自南漳、遠安走大寧，大昌參將劉貴等扼之于巫山。石砫女土司秦良玉盛兵雒門百子溪，賊不得渡，轉犯夔州。良玉復馳救，與游擊楊茂選力戰却之。

19 甲申，祀地于北郊。

20 庚戌，姚明恭罷。

明恭出逆案趙興邦之門，公論素不予，柄用後，鄉人詣闕訟之，明恭不自安，請告歸。

21 是月，改左都御史傅永淳于吏部，以謝陞入閣，代之也。

22 六月，辛亥朔，總兵官孫應元、賀人龍等分道逐賊。會土司秦良玉師至，復邀之馬家寨，斬首六百。追敗之留馬埡，斬千餘級，禽其渠東山虎。又合他將連破之譚家坪、仙寺嶺，良玉奪汝才大纛，禽其渠副塌天。汝才勢衰，遂走大寧。

當是時，督師楊嗣昌以己楚人，意欲驅賊入蜀，乃建議，以「楚地廣衍，賊難制，蜀道險阻，賊不得逞，蹙之可全勝。」又慮蜀重兵扼險，賊將毒楚，調蜀精鋭萬餘爲己用，蜀中卒自是益罷弱不足支。

巡撫邵捷春憤曰：「令甲，『失一城，巡撫坐』，今以蜀委賊，是督師殺我也。」争之不能得，于是賊皆窺蜀。捷春駐重慶，部下兵二萬，多羸弱不可用，所倚惟良玉、張令二軍，遂檄良玉、令退保重慶。

良玉每對人嘆息曰：「邵公不知兵，吾一婦人，受國恩，誼應死，獨恨與邵公同死耳。督師以蜀爲壑，無愚智皆知之。邵公不以此時争山奪隘，令賊無敢即我。而坐以設防，移我與令自近，去所駐重慶僅數十里，殊失地利。賊據歸、巫山顛，俯瞰我營，鐵騎建瓴下，張令營當其衝，必先破，破則及我，我敗，尚能救重慶急乎！」已而言皆驗。

23 庚午，蔡國用卒。

國用入閣三載，碌碌無所見，至是卒于官。遣行人陳際泰護其喪歸。際泰以時文名天下，老始成進士，年六十八矣。又三年，除行人，奉命南行，卒于道。

24 辛未，薛國觀罷。

國觀柄政，一踵温體仁所爲，導上以深刻，而才智彌不及，操守亦弗如。上始頗信嚮之，嘗燕見國觀，語及朝士貪婪，國觀對曰：「使廠衛得人，安敢如是！」東廠太監王德化方侍側，汗流沾背，于是專察其陰私，而國觀匿史𡎚金事乃發。

史𡎚者，爲御史，無行，善結納中官。巡按淮、揚，嘗攝巡鹽事，先後乾没贓罰銀及鹽課三十餘萬。既，擢少卿，家居，而侵盜迹頗露。檢討楊士聰劾之，得旨，令𡎚自陳。遂訐士聰誣己，請敕淮揚監督中官楊顯名覈奏。尋給事中張焜芳復劾「𡎚侵盜事實，又嘗勒富人于承祖萬金，事發後，遣家人齎重貲，謀于揚州黠吏睢承吾，改竄舊籍。」上乃怒，褫𡎚職。

𡎚急攜數萬金入都，至國觀邸求解，出疏攻焜芳，謂己「嘗劾劉鴻訓、錢龍錫，其遺黨日謀報復，遂相構陷。」又言「焜芳弟炳芳官内閣中書，向來詔旨漏洩，皆炳芳爲之。」閣臣多徇𡎚，擬嚴旨，上不聽，止奪焜芳官候訊。及顯名覈奏上，力爲𡎚解，而不能諱者六萬金，𡎚下獄。會有兵事，獄久不結，瘐死。

𡎚所攜貲盡入國觀橐，爲𡎚家人所首告，事大著。國觀猶力辨，上意漸移。

上初憂國用不足，國觀請借助，言：「在外群僚，臣等任之，在内戚畹，非獨斷不可。」因以武清侯李國瑞爲言。——國瑞者，孝定太后兄孫，上曾祖母家也。國瑞薄庶兄國臣，國臣憤，詭言「父貲四十萬，臣當得其半，今請助國爲軍貲。」上始未允，因國觀言，欲盡借所言四十萬者，不應則勒期嚴追。或教國瑞匿貲勿獻，拆毁居第，陳什器通衢鬻之，示無所有。嘉定伯周奎與有連，代爲請。上怒，奪國瑞爵，國瑞悸死，有司追不已。戚畹皆自危，因皇五子病，交通宦官宫妾，詭云：「孝定太后已爲九蓮菩薩，降神言：『上薄外家，諸皇子盡當妖。』」俄，皇五子卒，上大恐，急封國瑞七歲兒存善爲侯，盡還所納金，而追恨國觀，待隙而發。

國觀素惡行人吴昌時，及考選，昌時虞國觀抑己，因其門人以求見，國觀僞與交驩，擬第一，當得吏科，迨命下，乃得禮部主事。昌時大恨，以爲賣己，與所善東廠理刑吴道正謀，發丁憂侍郎蔡奕琛行賄國觀事，上聞之益疑。

至是督師楊嗣昌有所陳奏，上令擬諭，國觀乃擬旨以進。上遂大怒，下五府、九卿、科、道議奏，頗從輕議。上度科、道必言之，獨給事中袁愷會議不署名，且疏論「吏部尚書傅永淳徇私庇國觀」，而微詆「國觀藐肆妒嫉」。上不懌，抵疏于地曰：「成何糾疏！」遂奪國觀職，放之歸，怒猶未已。

國觀出都，重車纍纍，偵事者復以聞。而東廠所遣伺國觀邸者，值中書舍人王陛彦至，執之。陛彦夙與國觀交通爲奸利，一鞫盡得其狀，詞所連及甚衆，永淳、奕琛皆與焉。命下陛彦詔獄窮治。愷再疏盡發國觀納賄諸事，國觀連疏力辨，詆愷受昌時指使，上不納。

25 秋，七月，庚辰朔，詔畿内捕蝗。己丑，發帑振被蝗州縣。

26 辛卯，總兵孫應元等大破羅汝才于興山，汝才逸去，與張獻忠合。

方獻忠走白羊山，由汝才入寧昌故道折而西，謀與汝才合。獻忠雖累敗，氣益盛，立馬江岸，有不前者輒斬之，于是賊皆殊死鬥，蜀將劉貴等戰皆却，賊畢渡，屯萬頃山，歸、巫大震。

督師楊嗣昌乃上夷陵，而檄蜀撫邵捷春扼夔門。蜀之大寧、大昌，界楚之竹溪、房縣，有三十二隘口。嗣昌欲厚集兵力專守夔，而棄寧、昌以噉賊，捷春曰：「棄隘口不守，是延賊入户也。」乃遣游擊楊茂選、覃思岱等出關分守。二將不相得，思岱譖殺茂選，捷春令兼統其衆，衆相率去。賊入隘，守者潰。賊夜斬夔關，將士皆驚走，新寧、大竹旋陷。

而汝才及惠登相等越巴霧河，攻開縣，爲參將賀人龍等所破，登相竄開縣西，汝才乃與小秦王、混世王東奔，人龍及李國奇追之，汝才等遁還興山。應元偕副將王允成、王之綸、監軍僉事孔貞會擊之豐邑坪，大敗之，斬首二千三百，生禽五百有奇。會嗣昌下招降令，小秦王、混世王皆降。時稱「荆楚第一功」。

惟汝才率其衆逸走巫山，仍與獻忠合，于是二賊復萃蜀中。

27 是月，刑部尚書甄淑罷。

淑性刻，又窺上意，讞獄多深文故入，累爲給事中李清所論，上爲謫清于外。及是東廠緝其子受錢霖賄，上怒，下之獄。以李覺斯代之。

28 八月，甲戌，振江北饑。

戊寅，發帑振真定、山東、河南饑。

29 是月，楊嗣昌出師入蜀。

嗣昌駐夷陵一月不進，取華嚴第四卷，謂可詛蝗已旱，公然下教郡邑，且以上聞，識者皆知其不終也。

是時監軍萬元吉先入蜀，令蜀將守巴、巫諸隘，秦將賀人龍、李國奇、楚將張應元、汪之鳳、張奏凱專任追擊。應元等擊賊夔州，據土地嶺而營，人龍逗留不會師，獻忠偵楚軍多新募之卒，悉衆來攻，應元、之鳳力戰不克；應元奪圍出，之鳳敗走山中，所將潘映奎没于陣。之鳳山行道渴，飲斗水卧，血凝臆死。獻忠勢益張，聞督師將自東至，與羅汝才急趨觀音巖，據險以守。

先是秦督鄭崇儉擊賊屢捷，以年老乞骸骨，上不許，令率總兵鄭嘉棟還關中，崇儉遂去。至是蜀中亂，嗣昌委過于崇儉，以爲撤師太早，致賊猖獗，薦秦撫丁啓睿代之。

30 江北賊革、左等突英、霍間，上命太監盧元斌監禁兵六千，馳赴河南、江北，合皖、豫兵討之，擊破賊于霍山。賊竄走，尋陷麻城、黃梅。

31 以王道直爲左都御史，代傅永淳也。

32 九月，官兵敗績于觀音巖。

先是萬元吉駐巫山，邵捷春駐大昌，相爲聲援。而捷春用其將邵仲光之言，以大昌之上、中、下馬渡，水淺地平難持久，乃扼水塞觀音巖爲第一隘，即以仲光守之；而夜义巖、三黃嶺、磨子巖、魚河洞、下涌諸處，各分兵三四百人以守；元吉以兵分力弱爲憂。而賊突至，窺上馬渡無備，破之。元吉急檄諸將邀之于譚家嶺、七箐坎、乾溪等處，復遣張奏凱以專兵屯凈壁，捷春遣二將羅洪政、沈應龍助之。而獻忠已突凈壁，趨大昌。癸巳，遂陷大昌。

33 初，李自成潛伏關中，聞張獻忠反穀城，大喜，將大集其衆以應之。陝督鄭崇儉圍自成，令曰：「圍師必缺。」自成乃由缺走突武關，往依獻忠，獻忠欲圖之，覺，遁去。會楊嗣昌督師夷陵，檄令降，自成出謾語。官兵團之于巴西魚腹山中，自成大困，欲自經，養子雙喜勸而止。

時賊將多出降。劉宗敏者，藍田鍛工也，最驍勇，亦欲降，自成與步入叢祠，顧而嘆曰：「人言我當爲天子，盍卜之！不吉，斷我頭以降。」宗敏諾，三卜三吉。宗敏還，殺其兩妻，謂自成曰：「吾死從君矣。」賊黨散去者亦多殺妻子歸自成。自成乃盡焚輜重，輕騎由鄖、均潛入河南界。

34 吏部尚書傅永淳罷，以戎政尚書李日宣代之。

35 是月，張獻忠既陷大昌，謀入開縣，總兵官張令扼之竹菌坪，不克。賊大至，令力戰，中流矢死。

令爲蜀中名將，既敗没，諸軍皆奪氣。秦良玉與令相犄角，趨救不及，轉鬥復敗，所部三萬人略盡，乃單騎見蜀撫邵捷春曰：「事急矣！盡發吾溪峒卒，可得二萬。我自廩其半，半餼之官，猶足辦賊。」捷春以倉無見糧，謝其計不用，良玉嘆息歸。

時獻忠屯開縣，捷春聞賊且至通江，率兵守梁山。賊以梁山河深不能渡，自開縣西走達州。捷春退保緜州，扼涪江。賊疾趨陷劍州，趨保寧，將由間道入漢中，秦將趙光遠、賀人龍扼之陽平百丈關。賊不得過，乃踰昭化，復走巴西，張應元合楚、蜀兵邀之于梓潼。戰小利，賊返鬥，被衂，蜀將曹志耀、王光啓、張世福等力戰却之。降將張一州、張載福俱陷陣死，萬元吉命卹其妻子，涪江師遂潰。賊屠緜州，過浮橋，謀趨成都。嗣昌聞蜀兵潰，斬邵仲光以徇，捷春遂被逮，以監軍道廖大亨代之。

捷春撫蜀有惠政，其逮也，成都巷哭，蜀王爲引救不得，卒論死。【考異】賊陷大昌，屯開縣，明史本紀系之九月癸巳，邵捷春傳書之十月，據其被劾牽連並記耳。然據綏寇紀略，則張令戰死已在九月之末，正入開縣界時也。今統彙書于九月之末。

36 冬，十月，癸丑，熊文燦棄市。

先是文燦懼誅，猶嘵嘵自辨，以剿餉六十萬不至爲詞，上貶督餉侍郎張伯鯨秩，卒置文燦于法。議者謂李自成之出車箱峽，張獻忠之反穀城，皆坐失事機以致覆敗。陳奇瑜及文燦，皆縱賊罪首也。然上雖誅文燦，頗不謂撫議誤。

方楊嗣昌出師，御史張肯堂言：「從古勘亂之法，初起則解散，勢成則剪除，未有專任撫者。今輔臣膺新命而出，賊必仍用故技，搖尾乞憐；而失事諸臣冀掩從前敗局，必多方熒惑，仍進撫議。請特申一令，專務剿除，有進招撫説者立置重典。」上以偏執臆見責之。于是嗣昌至軍不數月，仍主撫，復蹈文燦覆轍云。

37 壬戌，發帑二萬，製棉衣給京師貧民。

38 是月，彗星復見。【考異】明史天文志：「十月丙戌，彗星見。」丙戌乃十一月干支，若十月有丙辰，無丙戌也。三編亦書之十月，今據之，不書日。

39 十一月，丁亥，祀天于南郊。

40 戊子，南京地震。

41 是月，楊嗣昌進軍重慶。

監軍萬元吉大享將士于保寧，以諸軍進止不一，請于嗣昌，擢前總兵官猛如虎爲正總統，張應元副之，率軍趨綿州，分遣諸將屯要害，而元吉自間道走射洪，扼蓬溪以待賊。賊分屯安岳界，偵知官軍至，宵遁，抵内江，如虎簡驍騎追之，元吉、應元營安岳城下以扼其歸路。

42 十二月，丁未朔，嚴軍機抄傳之禁。

43 辛亥，張獻忠陷瀘州。

先是賊自緜州轉掠至漢州，去中江百里，守將方國安避之去。賊縱掠什邡、緜竹、安縣，殺仁壽知縣劉三策，三編質實：「三策被執，罵賊支解死。」蹂躪德陽、金堂間，所至空城而遁，全蜀大震。賊循水道犯簡州、資陽，楊嗣昌由順慶至果州，徵諸將合擊，皆退縮；徵左良玉兵，使者九往返不至。賊遂陷榮昌、永川，至是入瀘州。

州三隅皆形鋭面江，止立石站一路可北走。賊既走絶地，萬元吉謀以大兵自南擣其老巢，伏兵旁塞險要處，蹙賊北走永川，逆擊之可以盡殲。永川知縣已先遁，城中止丞、簿一二人，猛如虎覓鄉導不可得，夜宿西關空舍。及抵立石，賊已先渡南溪返走，秦將賀人龍隔水不擊。賊遂越成都，走漢州、德陽，復渡緜河，走巴州。

瀘州之役，分巡副使黃諫卿城陷被執，不屈死，書記陳詔英從之，僕鄭奇、陳松等五人俱殉焉。【考異】陳詔英及僕五人，俱據殉節録增。知州蘇瓊、衛指揮王萬春亦死之，瓊守禦不克，城陷，正衣冠向闕拜泣，坐堂上，賊至被害，闔署殉焉。瓊死既久，無斂者，楊嗣昌麾下卒，割其首以充級，聞者益切齒嗣昌矣。鄉官則故漳州知州韓洪鼎、父子罵賊死；生員方旭、方伯元、曾薦祚亦以罵賊不屈死。又有僧晞容者，居瀘州之七寶寺。賊攻豹子洞，晞容率鄉勇殺賊千餘，相持久，卒戰死。

又緜州之役，州貢生楊可賢者，爲賊所執，其子國柱方糾衆守州城，賊因挾可賢誘降。可賢臨城呼其子曰：「汝慎固守，毋念我。」賊殺之。其後國柱亦戰死。【考異】瀘州殉難官紳，皆據三編及殉節録。惟生員方旭等三人及僧晞容及緜州貢生楊可賢父子，附入質實中；云「見四川通志」，殉節録亦入之入祠士民內，今據增入。

44 獻忠之再入川也，諸將無一邀擊者，楊嗣昌雖屢檄，令不行。其在重慶也，下令：「赦羅汝才罪，降則授官；惟獻忠不赦，禽斬者賚萬金，爵通侯。」次日，堂皇庖湢徧題「斬督師來者賚白金三錢。」嗣昌駭愕，疑左右皆賊。勒三日進兵，會雨雪道斷，復改期，三檄賀人龍，亦不至。

初，嗣昌以左良玉驕亢，私許人龍代爲平賊將軍，既而良玉有瑪瑙山之捷，嗣昌難之，顧謂「賀將軍需後命」。人龍愠，以情告良玉，良玉亦愠，于是兩人俱跋扈，莫肯盡力。監軍萬元吉，知軍心不一，未可以戰，請「令前軍躡賊，後軍爲繼，中軍從間道出梓潼，扼歸路，以徐俟濟師，爲萬全策。」嗣昌以賊易與，不用。

嗣昌雖有才，然好自用，躬親簿書，過于繁碎。軍行必自裁進止，千里待報，坐失機會。鄖撫王鰲永諫之，不納，乃上書于朝曰：「嗣昌用師經年，蕩平未奏，此非謀慮之不長，正由操心之大苦。天下事，總挈大綱則易，獨周萬目則難。況賊情瞬息更變，今舉數千里征伐機宜，盡出嗣昌一人，文牒往返，動踰旬月，號令與事機相左，無怪乎撓敗之屢聞也。一年以來所矜爲奇捷者，惟瑪瑙一役，若株守督師節制，左良玉當退保興安，無此捷矣。然良玉不用命而反奏奇功，則諸將必且有積輕督師之心，所繫于軍政甚大。臣以爲嗣昌之馭諸將，不必人人授以機宜，但覈其機宜之當否，執要以御繁，決奇以制勝，何至久延歲月，老師糜餉哉！」上令中樞申飭，嗣昌亦不能從也。

45 乙卯，遣使逮薛國觀。

時國觀已罷歸，而王陛彦通賄獄未成。見上。至是上以行賄有據，命陛彦即棄市，遂逮國觀。

46 是月，李自成復熾于河南。

自成之走河南也，會河南大旱，斛穀萬錢，饑民從自成者數萬，遂自南陽出攻宜陽，殺知縣唐啓泰。

轉犯永寧，知縣武大烈與里居四川巡撫張論協力捍禦，論沒，子吏部郎中鼎延及從父治中讚繼之。有獄囚勾賊入，都司馬有義棄城走。大烈、鼎延等固守三日，賊夜半登城，執大烈。自成以同鄉，欲活之，大烈不屈，索印，不予，乃燔灼以死。鼎延匿智井免，讚及子國學生祚延死之。主簿魏國輔，教諭任維清，守備王正己，百户孫世英，並不屈死。萬安王采鉦，郡藩在永寧，亦被害。

賊移攻偃師，一日而陷。知縣徐日泰大駡不屈，爲賊臠割死。諸生張敏粹率二子佐日泰守城，城陷，大駡，俱被殺。妻藺氏與三女、二孫赴井死。諸生武同芳見賊殺母，噴血大駡，支解死。諸生劉芳名、劉芳世、藺之粹、喬于昆、藺完穦、王光顯、喬國屏、王邦紀、藺相裔、張一鷺、張一鵬、牛一元，皆抗節死，而芳名妻張氏、完穦妻張氏、邦紀妻高氏俱從死。一鷺之父亦駡賊死。

既，又陷寶豐，知縣朱由械死之，——益府鎮國將軍常瀓子也。

陷密縣，知縣朱敏汀，宗室也，與里居太僕卿魏持衡、舉人馬體健並死之，敏汀妾張氏及一女、一孫、臧獲數人俱殉焉。

自成性猜忍，日殺人，斮足剖心爲戲，所過民皆保塢堡不下。

杞縣舉人李信者，故尚書精白子也，信以父麗名逆案，欲湔之，嘗出粟千石活饑民，民德之，稱「李公子」。會繩妓紅娘子反，擄信去，强委身焉。信乘間逃歸，首于官，官囚之，紅娘子來救。饑民之德信者同時起曰：「李公子活我，今有急，不可棄。」乃共劫獄，殺知縣反，挾信歸自成，自成改信名曰巖。

而盧氏牛金星者，亦舉人也，以磨勘被斥，介醫生尚絅見自成，喜其辯，與謀議帳中。潛歸，事洩坐斬，已，得末減，仍往奔自成，遂薦所善卜者宋獻策。獻策長三尺，上讖記曰：「十八子，主神器。」自成大悦。

巖因説曰：「取天下以人心爲本，請勿殺人，收天下心。」自成從之，屠戮稍減，散所掠財物餉饑民。民受餉者不辨巖、自成，雜呼曰：「李公子活我。」巖復造謡詞曰：「迎闖王，不納糧。」使兒童歌之以相煽動。民方被剿餉、練餉之害，從自成者日衆矣。

47 刑部尚書李覺斯罷，並削籍，以擬解學龍、黃道周獄輕比也。以劉澤深代之。

48 詔增天下關税。

崇禎初，關稅每兩增一錢，通崇文門、河西務、臨清、九江、滸墅、揚州、北新、淮安八關，增五萬兩。未幾，復增二錢，惟臨清僅半，而崇文門、河西務俱如舊。户部尚書畢自嚴，議「增南京宣課司稅額一萬爲三萬」，南京户部尚書鄭三俊以「宣課所收落地稅無幾，請稅蕪湖以抵增數」，自嚴遂議「稅蕪湖三萬，而宣課仍增一萬」，三俊悔，疏争，不能已。及是以度支日絀，增關稅二十萬兩，而商民交困矣。

49 是歲，兩畿、山東、河南、山西、陝西大饑，人相食。詔免河北三府逋賦，連發帑振濟，令「所在有司設法救荒，招徠流徙，撫按躬行州縣，定殿最以聞。」而災荒迭告，剿餉、練餉之徵如故，民皆瀕于死，所練兵又不足用。

山西巡按御史陳純德請卹部民奏中，極陳抽練之弊，言「兵抽則人失故居，無父母妻子之依，田園邱壠之戀，思歸則逃，逢敵則潰。抽餘者既以餉薄而安于無用，抽去者又以遠調而不樂爲用。伍虛而餉仍在，不歸主帥則歸偏裨，樂其逃而利其餉，凡藉以營求遷秩，皆是物也。精神不以束伍而以侵餉，厚餉不以養士而以求官。伍虛則無人，安望其練！餉糜則愈缺，安望其充！此今日行間大弊也。」意欲諷上除練餉，甦民困，上不能用。

50 河南登封土寇李際遇，因歲饑倡亂，旬日間衆數萬，前鳳陽通判姚若時居魯莊，被執。誘之降，大罵死。族諸生不顯亦死之。若時子諸生城，思報父讎，數請兵討賊，賊執之于路，亦抗罵死。陝州趙良棟任蓬萊教諭罷歸，寓澠池，寇陷澠池，父子挺身罵賊死。婦與孫亦赴井殉焉。

十四年（辛巳、一六四一）

1 春，正月，丁丑朔，張獻忠陷巴州。

2 辛巳，祈穀于南郊。

3 己丑，官軍敗績于開縣，獻賊遂東走。

先是督師楊嗣昌聞賊走巴州，親統舟師下雲陽，令諸將陸追賊，疾趨躡其後。諸將皆疲，惟總兵猛如虎一軍獨健，然所將止六百騎，餘皆左良玉部兵，驕悍不可制，又從良玉久，多優閒不戰，改隸如虎，馳逐山谷風雪中，咸怨望，謠曰：「想殺我左鎮，跑殺我猛鎮」，故所過惟焚掠，無鬥志。時賀人龍兵已大譟回陝，所恃止如虎，萬元吉深憂之。

至是賊自巴州折而東，轉入開縣，官軍追之，及于黃陵城，與賊遇。時日晡雨作，諸將請詰朝戰。參將劉士杰者，素勇敢善戰，獨前奮曰：「四旬逐賊，今始及之。舍而不擊，縱使軼去，我不能也。」擐甲而先。如虎激諸軍並進，士杰所當輒摧陷，賊大披靡。獻忠登高望，見我師無秦人旗幟，而左兵亦攜阻不前，士杰孤軍跳盪，後無繼者，乃密抽壯騎潛行箐谷中，乘高大呼馳下。左兵先潰，士杰及游擊郭開、如虎子先捷並戰死。如虎率親兵力戰，中軍馬智挾如虎上馬潰圍出，旗纛軍符盡失。

嗣昌在雲陽聞敗，乃悟諸將盡躡賊後塵，一旦東返，歸路盡空，不可復制，頓足曰：「悔不用萬監軍言！」

而是時賊已疾趨出夔門，抵興山，攻當陽，犯荆門。嗣昌至夷陵，檄良玉兵，使十九返，良玉撤興、房兵趨漢中，若相避然。賊所至燒廬舍，殺塘卒，東西消息中斷。

4 丙申，李自成陷河南。

初，河南大旱蝗，人相食。民間藉藉謂「先帝耗天下肥福王，洛陽富于大內。」援兵過洛者，喧言「王府金錢山積，而令吾輩枵腹死賊手。」南京兵部尚書呂維祺，方僑居洛陽，聞之懼，以利害告福王常洵，力勸其散財餉士，不從，維祺乃盡出私財，設局振濟。

及自成連陷永寧、宜陽，參政王蔭昌率衆至洛陽警備，總兵官王紹禹、副將劉見義、羅泰各引兵至，而賊已抵城下。王始出千金募勇士出城擊賊，賊稍却。夜半，紹禹親軍從城上呼賊相笑語，尋作亂，縛蔭昌。紹禹馳諭之，不聽，揮刀殺守堞者，燒城樓，開北門納賊。

維祺方分守北城，遂被執，有識之者曰：「子非振饑吕尚書乎？我能活爾。」維祺不應，乃反接之去。王縋城出，匿迎恩寺，賊跡而執之。遇維祺于道，維祺呼曰：「王綱常至重，等死耳，毋屈膝于賊！」王瞠不語。見賊渠于周公廟，按維祺使跪，不屈，延頸就刃死。」

賊殺王，勺其血雜鹿肉以食，曰「福禄酒」。兩承奉伏王尸哭，賊捽之去，承奉呼曰：「王死，某不願生。願乞一棺收王首，齏粉無所恨。」賊義而許之，桐棺一寸，載以斷車。兩人即其旁自縊死。【考異】此據明史諸王傳及三編，而兩承奉佚其姓名，據綏寇紀略，「内執事承奉劉顯、典膳錢福、門正李彰雲等三十六人，外執事者堂官焦如星、良醫張鳴皋、杜一經等十一人皆死。」又云，「鄒妃、世子得脱走河北，世子繼妃李氏，福王選侍孟氏、蕭氏、李氏皆自經。」附識于此。蔭昌及知府亢孟檜、通判白守文皆死之。【考異】據綏寇紀略，有訓導張道脈，又言亢官武職共九人，佚其姓名。

鄉官自吕尚書而下，故昌樂知縣劉芳奕，家居，歲大祲，傾橐以濟。賊逼河南，集義士爲干城社，佐有司保障。城陷，縊死西城戍樓。故平陽推官常克念，故翰林待詔郭顯星，故邯鄲知縣韓金聲，故行人王明，故辰州知府楊萃皆抗節死。

舉人來秉衡、荀良翰，皆未仕，秉衡爲賊將劉宗敏所執，令易服，欲官之，不可，羈之南郊民舍，顧謂其友曰：「賊勒我以官，我義不受辱。惟母老子幼，不瞑目耳。」賊聞，燒鐵索加其頸，終不從，遂殺之，並其母劉氏、妾吴氏及幼子俱被殺。良翰亦死。

諸生黄調鼎，福王世子由崧妻弟也，護由崧匿安國寺，夜半，乘間奪門出。由崧體肥碩，不能行，調鼎負之北走。抵苗家溝，賊追者且及，調鼎力憊不能支，忽道旁得由崧素所乘馬，遂扶掖上，疾驅渡河以免，王妃鄒氏亦得脱，俱走懷慶。

賊發王邸金振饑民，火其宫，三日不絶。

事聞，上震悼，輟朝三日。令河南有司改殯福王。賜謚曰恭。逮紹禹至京師，磔于市。

5 是月，李自成過汝州，陷之。

汝爲流賊往來孔道，土寇又竊據山中。知州錢祚徵，募壯士千人，夜半入其巢，寇大敗。乃令民千家立一大寨自保，寇勢衰息，其魁遂降。至是自成驟來犯，祚徵乘城守，身中流矢，守益力。月餘，大風霾，礮作樓焚，城遂陷，駡賊而死，汝人立廟祀之。

6 二月，己酉，詔以時事多艱，災異疊見，痛自刻責，停今歲行刑，諸犯俱減等論。

7 庚戌，張獻忠陷襄陽。

楊嗣昌以襄陽爲軍府，繕守具，陳利兵，譏訶出入，必以符驗。然是時河南、北大饑，流民就食襄、漢者日數萬；又使招降諸賊，既得免死牌，莫肯散，自擇便利，連營數百里。

監軍僉事張克儉深憂之，上書嗣昌曰：「襄陽自古要區，今筦鑰獻陵，視昔尤重。近兩河饑民雲集，新舊降丁，逼處其間，一夫叫呼，即足致亂。」嗣昌恃城濠之固，不以爲意，報曰：「監軍何怯邪！」

及獻忠出川，鄖撫袁繼咸統所部兵邀擊，獻忠不得逞。乃留羅汝才綴鄖兵，自率輕騎一日夜馳三百里，殺督師使者于道，取軍符夜叩襄陽城門，克儉不能察。賊黨劉興秀等二十八騎遂入，夜半從中起，焚襄王府，居民望見火，以爲滿城皆賊，奪門出城潰，克儉倉皇奔救，爲賊所執，大罵死。推官鄺曰廣同妻子女皆遇害。攝縣事李大覺，繫印于肘，自縊堂上。游擊黎民安力戰，矢盡被縛，大罵死。

初，獻忠敗于瑪瑙山，其妻妾敖氏、高氏被獲，他將搜山，又獲其軍師潘獨鰲，皆繫襄陽獄。知府王承曾，年少而佻，每夕託問賊中情形，與二氏相笑語。獄吏又多納賊金，禁防盡弛，獨鰲脱桎梏恣飲。嗣昌移牒戒之，承曾笑曰：「賊豈能飛至邪！」至是賊爭毁狴户，挈二氏與獨鰲出。承曾乘夜走。

遲明，賊大至，索知府不得，執襄王翊銘于南城樓，屬卮酒曰：「吾欲借王頭，使嗣昌以陷藩伏法，王其努力盡此酒。」遂與從子貴陽王常法同遇害，火城樓，焚其尸，賊去，僅拾顱骨數寸，藺陽王母徐氏、藺陽王翊鎬，即常法父也。太和王妃郎氏、宮人李氏等，凡死者四十三人，惟福清王常澄、進賢王常淦常澄，襄王子；常淦，亦蘭陽王子也。走免。事聞，上震悼，命所司備王禮葬，謚曰忠。

是役也，嗣昌所積五省餉金、弓刀、火藥數十萬及守兵數千人皆歸賊。時兩藩連陷，洛陽國帑而襄陽軍資，闖、獻遂不可復制矣。

壬子，獻忠陷樊城。尋陷當陽，破郟縣，殺知縣邵可灼。生員王敬臣，佐有司殺賊，力竭赴水死，子裔昌從之。

8 戊午，李自成攻開封，不克。

時自成乘勝入汴，豫撫李仙風方慰唁福世子于河北，巡按御史高名衡集衆登陴。周王恭枵發庫金百萬兩，募死士殺賊，蒸米屑麥，執爨以餉軍，凡七晝夜。仙風馳還，開封副將陳永福背城而戰，斬首二千，游擊高謙夾擊，復斬首七百。賊解圍，怒而去，遂屠密縣。

時保定總督楊文岳，遣總兵虎大威、副將張德昌先率五千人援開封，比渡河，圍已解，乃會仙風于偃師，以兵少，未敢擊賊。待文岳軍至，與賊戰于鳴臯鎮，大破之。賊遂東走。

9 乙丑，張獻忠陷光州。

獻忠破襄陽東下，遂合羅汝才之兵入河南，尋攻商城。時知縣盛以恒，方遷開封同知，將行，賊奄至，士民懇留，乃登陴與鄉官楊所修、洪允衡、馬剛中、段增輝拒守。會雨雪，守者凍餒不能戰。以恒督家衆，射賊十七人墜馬，賊怒，并力攻，矢中以恒右額，猶裹創禦賊。賊破北門入，家衆巷戰，死且盡，乃被執，罵賊不屈，爲賊支解。其孫覺殉之，所修等四人及典史呂維顯、教諭曹維政皆死。

所修，故左副都御史，麗逆案，贖徒爲民，至是罵賊死。允衡歷官陽和兵備副使，分守北門，力戰死。剛中故大同知縣，行取檢討，乞假歸，賊入，大罵被磔死。增輝除教授未謁選，歸遇變，罵賊死。諸生盧紹德、黄焯、陳廷對、陳廷璋、鄭光啓、劉澤長、楊士琦，皆以捍賊死。

賊遂疾馳犯信陽，城陷，知州高孝誌、訓導李逢旭、程所聞及里居静海知縣張映宿、布衣張士傑等死之。士傑年十八，賊欲殺其父，求以身代，賊殺之而舍其父。又陷光山，典史魏光遠亦死之。

于時羅山、息縣、固始皆被殘破。

10 己巳，召閣臣、九卿、科、道于乾清宫左室，以陷雒藩、戕親叔自譴，命駙馬都尉冉興讓等，齎帑金振恤河南被難宗室。

11 三月，丙子朔，楊嗣昌卒。

嗣昌在夷陵，聞襄陽陷，驚悸，上疏請死。至荊州，朝于惠王，謝不見，令謁者傳語曰：「先生惠顧寡人，願先之襄陽。」謂襄陽之破罪在嗣昌也。嗣昌慚且恚，復聞洛陽已于正月先陷，福王遇害，益憂懼，語萬元吉曰：「何面目見上！」以後事付元吉，服毒死。

時御史張肯堂以嗣昌督師無狀，上言：「流寇隳城破邑，往來縱横，如入無人之境。目前大計，宜亟罷嗣昌。」疏甫上而元吉上死狀之奏至矣。

河南巡撫袁繼咸、巡按高名衡以嗣昌自裁聞，上甚嗟悼之，顧以廷臣方交章論列，不得已下九卿議罪。侍郎蔣德璟曰：「嗣昌倡聚斂之議，加剿餉、練餉，致天下民窮財盡，胥走爲盜。又匿失事，飾首功，宜按仇鸞事追正其罪。」乃會諸大臣議，請坐失陷城塞律斬，當戮屍。

上傳諭曰：「故輔嗣昌，奉命督剿，無城守專責。且臨戎二載，屢奏捷功，盡瘁隕身，勤勞難泯。」特命昭雪嗣昌罪，賜祭，歸其喪于夷陵。

給事中熊汝霖争之，言「楊嗣昌不罪，盧象昇未褒，殊挫天下忠義之氣。」且言：「爲嗣昌畫策練餉，驅中原萬姓爲盜者，給事中沈迅也；爲嗣昌運籌，以三千人駐襄陽，城破輒走者，監紀主事余爵也；爲嗣昌援引，遭襄藩之陷，重賂陳新甲，嫁禍鄖撫袁繼咸者，今解任候代之宋一鶴也；皆誤國之臣，宜罪。」不聽。

12 乙酉，禱雨。

13 丙申，薊遼總督洪承疇會八鎮兵于寧遠。

去年秋，大清兵圍錦州，克城西九臺，小淩河西岸二臺，總督洪承疇遣兵援之，敗于黃土臺及松山、杏山。至是總兵祖大壽數出戰不利，連章告急，詔承疇及巡撫邱民仰，率宣府楊國柱、大同王樸、密雲唐通，合曹變蛟、白廣恩、馬科、吳三桂、王廷臣八總兵，軍十三萬，馬四萬，並集寧遠。

先是松、杏之敗，洪承疇請「解總兵劉肇基任，代以王廷臣，遣左光先西歸，代以白廣恩。」又請「十三萬之兵，須芻糧足支一歲，然後可議益兵。」詔所司速措給之。

14 丁酉，逮陝西三邊總督鄭崇儉下獄。

上始終眷楊嗣昌，因憾崇儉前在蜀撤兵早，不與嗣昌犄角平賊，逮至，卒論死。

15 是月，張獻忠分兵犯茶山、應城，遂攻隨州。

州嘗被賊，居民索然。知州徐世淳，預度賊必復至，集士民誓以死守。會歲大祲，士多就食粥廠，世淳嘆曰：「可使士以餒失禮乎！」出粟振之。潰兵過隨索餉，世淳單騎入見軍帥曰：「軍食不供，有司罪也，殺我足矣，請械我以見督師。」帥不能奪，斂衆去。

此賊來犯，世淳寢食南城譙樓，曉夜固守，告急于巡撫宋一鶴。一鶴遣兵來援，爲監司守承天者邀之去，守月餘，援盡力窮。賊急攻南城，而潛兵墮其北城以入。世淳命子肇梁埋印解後，勒馬巷戰，矢貫頤，耳鼻橫斷，墜馬，亂刀斫死。肇梁奔赴，且哭且罵，賊將殺之，呼州人告以埋印所，乃死。世淳妾趙氏、王氏及臧獲十八人皆從死。

隨自十年七月陷，及是再陷。至七月復陷，判官余塙死焉。三陷之後，城中幾無孑遺云。【考異】此在獻賊陷光州、商城之後，明史本傳特書于是年之三月。其七月復陷，及余塙之死，並見傳中，諸書不載，今彙書之。

16 夏，四月，壬子，大清兵攻錦州，距城三十里而營，又分兵扼松、杏援師之路。時總兵祖大壽堅守不敢戰，遣卒自城中逸出請援，且戒援兵毋輕戰，結車營以拒。

是時洪承疇方次寧遠，俟餉未發，遣兵獲輜重于松山、杏山。

17 己未，以總督三邊侍郎丁啓睿爲兵部尚書、督師，節制陝西、河南、四川、湖廣、江北諸軍，故督師楊嗣昌薦也。

啓睿本不知兵，爲督撫時，奉督師期會，無功過，及擢督師，任重不知所爲。受命出潼關，將由承天赴荆州，湖廣巡按汪承詔言：「大寇俱集河南，荆、襄幸息警，無煩大軍。」盡匿漢津船。啓睿至，五日不得渡，折而向鄧州，州人閉門詬。過內鄉，長吏懼其擾，亦不納。軍行荒山間，割馬贏，燎以野草，士啗不飽。啓睿聞自成方圍開封，有衆七十萬，不敢援；張獻忠在光山、固始間，少弱，乃謀于諸將曰：「上命我剿豫賊，此亦豫賊也。」遂檄左良玉破之于麻城，斬首千三百。開封日告急，則曰：「我方有事于獻忠，不及也。」

18 五月，庚辰，范復粹罷。

復粹代薛國觀爲首輔，上召見廷臣，語及福王，泣下。復粹曰：「此乃天數。」上曰：「雖氣數，亦賴人事挽回。」復粹不能對。尋致仕去。

19 釋前兵部尚書傅宗龍于獄，命以兵部侍郎總督陝西三邊軍務，專討李自成，代丁啓睿也。

時啓睿奉督師命，仍督三邊軍務，而啓睿畏自成不敢擊。初，楊嗣昌死，尚書陳新甲薦宗龍才，上初不應，既而曰：「宗龍樸忠，吾以夙負任之，宜盡死力。」至是釋之，命討賊。而啓睿聞宗龍爲秦督，遂乞改敕書，令宗龍專剿自成。

宗龍既至陝，與陝撫汪喬年議括關中兵餉以出，而屬郡旱蝗，已不能應，宗龍握喬年手，欷歔而別。

20 戊子，祀地于北郊。

21 壬辰，以錦州被圍，召廷臣議軍事。

時尚書陳新甲請分四道進兵，洪承疇以兵分力弱；議往返不決，乃遣職方郎中張若麒赴軍前就承疇議之。

22 是月，李自成分兵犯南陽。劇賊百餘人冒雨薄城，知府顔日愉擊殺之幾盡，餘賊乃退，城獲全。日愉手中一矢，頭項被二刃死。賊既不得志去，乃縱掠旁近州縣。

23 張獻忠僞張左良玉旗幟入泌陽，陷之，知縣王自昌罵賊死。再攻應山，不克去。

24 六月，兩畿、山東、河南、浙江、湖廣旱蝗，山東盜起。

時兩畿及各省連歲告災，土賊蠭起。給事中詹兆恒言：「燕、齊二千里間，寇盜縱横，行旅阻絶，四方餉金滯中途者至數百萬，請急發京兵剿滅。楚、豫之疆盡青燐白骨，新徵舊逋，斷無從出，乞多方蠲貸。」上並采納。

給事中左懋第督催漕運，道中馳疏言：「臣自静海抵臨清，見人民饑死者三，疫死者三，爲盜者四；米石銀二十四兩，人死，取以食。臣自魚臺至南陽，流寇殺戮，村市爲墟。其他饑疫死者，屍積水涯，河爲不流。振救安可不速！臣有事河干一載，每進父老問疾苦，皆言練餉之害。三年來，農怨于野，商嘆于途，如此重派，所練何兵？其效安在？奈何使衆心瓦解，一至此極乎！」

又言：「臣抵宿遷，見督漕臣史可法，言及所在穀直翔貴，河南石米至百五十兩，漕儲多逋，朝議不收折色，需本色。今惟、鳳間麥大熟，如收兩地折色，易麥轉輪，于漕運大便。」上即命議行。而是時山東盜李青山方熾，運道爲梗。

25 秋，七月，己卯，羅汝才與張獻忠不合，走内鄉、淅川，合兵于李自成，犯鄧州。保定總督楊文岳率總兵官虎大威擊之，戰三捷，斬首七百餘級，馘其渠二人，賊遁去。

26 壬寅，洪承疇援錦州。

先是張若麒詣軍中，見諸鎮兵大集，圍可立解，密奏上聞，而陳新甲復貽書趣進兵，承疇不得已，乃與邱民仰、曹變蛟統兵救錦。是日，駐師松山。

27 是月，臨清運河水涸。

時運道自棗林牐泝師家莊，頻年患淤淺。遭歲大旱，東平、平陰、肥城諸泉漸塞，南旺湖淤，臨清河遂涸。總督侍郎張國維言：「南旺水本地脊，惟藉泰安、新泰、萊蕪、寧陽、汶上、東平、平陰、肥城八州縣泉源，由汶入運，故運河得通。今東平、平陰、肥城淤沙中斷，請亟濬之。」報可。

時京師大疫，詔設局給醫藥。

28 張獻忠自應山攻鄖陽，按察使高斗樞遣游擊王光恩及弟光興分扼之，戰屢捷，賊不敢犯。——光恩者，均州降渠小秦王也。斗樞察其誠，招入鄖共城守。斗樞善謀，光恩善戰，鄖城危而獲全。賊去鄖陽，尋陷鄖西。

29 八月，乙巳，宣府總兵官楊國柱敗績，死之。

先是承疇自松山議進兵，國柱請先進。大清兵四面呼降，國柱方陷伏中，太息謂其下曰：「此吾兄子振昔年殉難處也，楊振死難見十二年十月。吾獨爲降將軍乎！」奮勇格鬥，中矢死。

承疇以山西總兵李輔明代之，令與山海總兵馬科等分營松山東、西、北三面，曹變蛟營松山之北，乳峰山之西，間列七營，環以長濠，躬自督兵據松山城，爲久拒計。而是時杏山之餉不至，塔山護餉之兵復敗于筆架岡，聞太宗親統大軍將至，利在速戰，乃盡檄七營步兵，背松山城而陣。【考異】三編松山、杏山之捷，統書于七月。目中言「七月二十八日壬寅，明兵次松山，越三日甲辰，楊國柱先進，敗沒。」按新曆甲辰爲八月初一日，蓋目中漏去「八月」二字也，今仍據明史本紀，書于八月乙巳。

30 辛亥，賜薛國觀死。

國觀被逮，遷延久不至，上月始入都，令待命外邸，不以屬吏，國觀自度必不死。至是日夕，監刑者至門，猶鼾睡，及聞詔使皆緋衣，蹶然曰：「吾死矣！」倉皇覓小帽不得，取蒼頭帽覆之。宣詔畢，頓首不能出聲，但言「吴昌時殺我」，乃就縊。

31 辛酉，重建太學成。上親詣學，釋奠于先師孔子。

32 癸亥，大清兵陳師于松山、杏山間。先是太宗親率大兵，利在速戰，晝夜兼程，疾馳六日至，環松山而營。時八鎮軍欲戰則力不支，欲守則餉道已絶。甲子夜，大同總兵王樸先遁，總兵馬科、李輔明及寧遠總兵吴三桂、密雲總兵唐通、遼東總兵白廣恩相繼走，諸鎮兵皆潰。大清遣兵邀之塔山。丙寅，樸、三桂率殘卒自杏山遁，遇大清兵于高橋，伏四起，盡殲其衆，二人僅以身免。

是役也，承疇所統士卒十三萬，先後失亡五萬餘人，自是錦州圍益急，而松山被圍，外援亦絶。

33 是月，總兵左良玉敗張獻忠于信陽。

獻忠既拔鄖西，群盜附者萬計，遂東肆掠。自瑪瑙山之敗，獻忠心畏良玉，及是屢破郡縣，雖小挫于麻城，未衂，遂有驕色。再攻信陽，良玉躡及之，與大戰，斬其渠沙甲，奪馬萬餘匹，降賊數萬。獻忠傷股，乘夜東奔，良玉急追之。會大雨五晝夜，江溢道絶，官軍不能進，獻忠走免。已，復出商城，將向英山，又爲副將王允成所破，衆散且盡，所從止數十騎。

時羅汝才已先與自成合，獻忠遂投自成。自成欲以部曲遇之，獻忠不從，自成欲殺之，汝才曰：「不如留之，使擾漢南，分官軍兵力。」陰與獻忠五百騎，曰：「急東走，此非若所當留也。」因遁去，道糾土賊一斗穀、瓦罐子等，勢復盛。

汝才，即賊中所稱曹操者，少與自成同里閈，汝才年長，弟畜之，後以穀城之役，與獻忠爲脣齒。獻忠浸陵折之，舍之去，遂投自成于鄧州，請改事爲兄。

及獻忠敗于鄖陽，其前茅八哨之兵無所歸，自成又邀而取之，附者日益衆。有豫士寇號小袁者，名時中，方窺鳳、泗，爲京軍及劉良佐之兵所敗，乘風雨渡河，其衆尚二十餘萬，往投自成。故是時自成之强，他寇皆不及也。

34 九月，丁丑，陝西總督傅宗龍率師次新蔡，與保定總督楊文岳會師討李自成。宗龍率秦兵，賀人龍、李國奇將之；文岳率保兵，虎大威將之；共結浮橋東渡汝，合兵趨項城。自成、羅汝才亦結浮橋于上流，將趨汝寧。

己卯，自成覘兩督兵至，盡伏精鋭于林中，陽驅諸賊自浮橋西渡。人龍使後騎覘賊，還報曰：「賊向汝矣，結浮橋將渡矣。」宗龍、文岳會諸將兵並進，中途，一騎馳而告曰：「賊畢渡矣。」或又告曰：「三分渡其二矣。」宗龍、文岳曰：「驅之！」走三十里，至孟家莊，人龍、大威曰：「馬力乏矣。詰朝而戰。」止兵爲營，諸軍皆弛馬甲，植戈錞，散行墟落求芻牧。賊覘之，塵起于林中，伏甲並出，搏官軍。人龍有馬千騎，不出，國奇麾下兵迎擊之，不勝，秦兵、保兵俱潰。人龍、大威奔沈邱，國奇從之，三帥師皆潰。

宗龍、文岳合兵屯火燒店，賊以步兵攻其營，諸軍燃大礮，震死賊百餘，賊引去。宗龍軍西北，文岳軍東南，畫塹而守。文岳兵宵潰，其部將挾文岳騎而馳，夜駐項城，尋奔陳州。

宗龍復率秦兵立營于東南，諸將分壁當賊壘，尋檄人龍、國奇還兵救，二帥不應。宗龍曰：「彼避死，宜不來，吾豈避死哉！」語其戲下曰：「宗龍老矣，今日陷賊中，當與諸軍決一死戰，不能效他人卷甲走也。」召裨將李本實穿塹築壘以拒賊，賊亦穿濠二重以圍之。未幾，食盡，宗龍殺馬贏以餉軍，既盡，殺賊，取其屍分噉之。守八日，矢石俱盡。宗龍簡士卒，夷傷之餘有衆六千。夜半，潛勒諸軍突賊營，殺千餘人，潰圍出，諸軍星散。

宗龍徒步率諸軍戰且走，未至項城八里，賊追及之，執宗龍，呼于門曰：「啓門納秦督。」宗龍大呼曰：「我秦督也，不幸墮賊手。今左右皆賊耳。」賊唾宗龍，宗龍罵賊曰：「我大臣也，殺則殺耳，豈能爲賊賺城，以緩死哉！」賊抽刀擊宗龍，中其腦而仆，斷其耳鼻，死城下、人龍、國奇兵潰，皆歸陝。

35 甲申，召周延儒、賀逢聖復入閣。

初，延儒里居，頗從東林遊，善姚希孟、羅喻義，既陷錢謙益，遂讎東林。及主會試，所取士張溥、馬世奇等，又皆東林也。歸後失勢，心内慚，而體仁益横。比體仁去後，張至發、薛國觀相繼當國，與楊嗣昌等並以媢嫉稱，一時正人若劉宗周、鄭三俊、黄道周等皆得罪。溥等憂之，説延儒曰：「公若再相，易前轍，可重得賢聲。」延儒以爲然。溥友吴昌時爲交關近侍，逆案中舊輔馮銓復助爲謀，會上亦頗思舊臣，而國觀適敗，因與賀逢聖復召入閣。溥等要以數事，延儒慨然曰：「吾當鋭意行之，以謝諸公。」

既入朝，悉反體仁輩弊政。首請釋漕糧、白糧欠户，蠲民間積逋；凡遭兵荒諸州縣，減見年兩税；蘇、松、常、嘉、湖諸府大水，許以明年夏麥代漕糧；召還言事遷謫諸臣李清等；上皆忻然從其請，尊禮之特重。明年，歲旦朝會，上進延儒等而揖之曰：「朕以天下聽先生。」

然延儒實庸駑無材略，且性貪，門下客盛順、董廷獻因緣爲奸利。給事中章正宸因言：「陛下隆禮閣臣，願閣臣積誠以格君心。毋緣中官，毋修恩怨，毋以寵利居成功，毋以爵緣私親暱。」語皆風刺延儒，延儒不悦。

36 辛卯，封皇子慈炯爲王。

先是上諭禮臣曰：「朕第三子慈炯，年已十齡，敬遵祖制，宜加王號。但既受册封，必具冕服。而會典開載，『年十二、十五始行冠禮』，十齡受封、加冠二禮並行，可乎？」于是禮臣歷考典故，參稽經傳以奏，乃册封爲定王。選新進士爲檢討，國子助教等官爲待詔，充講讀官，以中書舍人充侍書，仍俟至十二歲始行冠禮。

37 壬辰，賊屠項城及商水、扶溝。

38 戊戌，李自成、羅汝才陷葉縣。

副將劉國能方守葉，國能爲盜時，與自成、汝才等約爲兄弟，及國能歸正，自成等深恨之，圍其城，四方力攻。國能不能支，城遂陷，被執，賊猶好謂之曰：「若我故人也，何不降！」國能瞋目罵曰：「我初與若爲賊，今則王臣也，何故降！」賊遂殺之，知縣張我翼亦死。

上聞項城、葉相繼陷，宗龍敗没，嘆曰：「若宗龍，可謂樸忠矣！」贈官，賜祭葬，予謚忠壯。國能亦贈卹如制。

尋擢秦撫汪喬年爲兵部右侍郎代宗龍，趣出關討賊。時關中精鋭盡没于項城，喬年曰：「兵疲糧乏，當方張之寇，吾出，如以肉餧虎耳，然不可不一出以持中原心。」乃收散亡，調邊卒，得馬步三萬人，率賀人龍等出關。

39 是月，張獻忠復合于、革、左諸賊，趨英、霍間，官軍擊敗于英山之望雲寨。

40 起侍郎劉宗周爲吏部左侍郎。

時吏左缺，廷推不稱旨，臨朝而嘆，謂「宗周清正敢言」，遂以命之。宗周于道中進三劄，曰「明聖學以端治本」，「躬聖學以建治要」，「重聖學以需治化」，凡數千言，優詔答之。

41 冬，十月，癸卯朔，日有食之。

42 戊辰，遣中官劉元斌、盧九德率京營兵，與總兵官周遇吉、黄得功合援河南。元斌駐歸德，留四旬不進。

43 十一月，丙子，李自成陷南陽。

初，參議艾毓初分守南陽，賊至，與知府顔日愉禦却之。至是自成用其軍師宋獻策計，欲取南陽以圖關中，復率大衆來犯。總兵猛如虎，從楊嗣昌下荆州，詔移駐南陽，因與毓初堅守。賊攻入南門，會總督楊文岳援軍至，賊引退；文岳去，賊復攻之。如虎憑城戰，殺賊數千，食盡援絶，城乃陷。如虎猶短兵大呼衝擊，血盈袍袖，北面叩頭謝，自稱力竭，遂遇害。

唐王聿鏌被殺。——聿鏌者，聿鍵弟也。

毓初題詩城樓自縊死。知縣姚運熙、主簿門迎恩、教諭李獻吉、訓導楊氣開，俱死之。又有副總兵劉光祚自項城來，唐王邀與共守，城陷，亦死之。【考異】光祚佐守南陽死事，見明史猛如虎附傳中，而三編所記南陽殉難諸臣獨遺之。蓋三編據明史忠義傳，而傳中以光祚見附傳，故不具，三編目中因失載耳，今據本傳增。

賊遂縱兵覆所屬州縣，攻陷鄧州，知州劉振世，吏目李國璽，千户余承蔭、李錫，諸生丁一統、張五美、王鐘、王子章、海寬、傅彥，皆抗節死。鎮平知縣鍾其碩，典史杜日秦，南召知縣尚用光，内鄉知縣龔新，新野知縣韓醇，主簿江朝瀛，典史惠永貞，皆殉城死。

泌陽知縣姚昌祚代王自昌，自昌見上。甫涖任，泌陽再陷，昌祚手斬數賊，力屈，與主簿熊天倫、典史雷晋暹、武職王衍范、錢繼功、海成俱死之。昌祚子在紳、兄子在鈞皆同殉，天倫亦全家死焉。

舞陽知縣潘弘聞賊將至，集士民拒守。諸生慮賊屠城，請委曲紓禍，弘叱之去。賊薄城，發礮擊之，多斃。有小校善射，屢却賊。諸生潛遣人約降，賊復至。弘作告先聖文，自誓必死，諸生潛開門縛弘以獻。賊索印，弘不予，脅降，怒駡不屈，乃支解之。子澄瀾痛憤大哭，投井死。

舞陽諸生陳豫抱，母段氏早寡，撫豫抱及其弟豫養、豫懷皆爲諸生。至是城陷，母先赴井，三子從之。豫抱妻黄，攜其子默通，豫養妻馬，攜子默恒、默言俱從之。三世九人，同時殉節。

唐縣許曰琮，避居南山，賊徵之不出，脅以死，鐫其背曰「誓不從賊」，遂嘔血死。

内鄉許宣及二弟寀、宮，聞賊陷鄧州，兄弟結里中壯士，直入其城擒僞官，堅守内鄉之許家寨，賊怒，攻破之，寀從母常氏先投井死，宣、宮皆詈賊被殺。宮妻鍾，寀妻陳，並自經，其妹亦罵賊被殺。時稱「許氏七烈」云。

44 十二月，甲子，前江西巡撫解學龍、少詹事黃道周謫戍。

是年秋決，刑部尚書劉澤深等言：「二人罪至永戍止矣，過此惟論死。論死非封疆則貪酷，未有以建言者，道周無封疆貪酷之罪而有建言蒙戮之名，于道周得矣，非我聖主覆載之量也。夫陛下所疑者黨耳。黨者見諸行事，道周抗疏，祇託空言。一二知交，相從罷斥，烏覩所謂黨而煩朝廷大法乎！且陛下豈有積恨于道周！萬一聖意轉圜而臣已論定，悔之何及！」仍以原擬請，乃謫戍廣西。

45 是月，李自成乘勝將復窺開封，連陷其所屬許州、禹州、陳留、通許、尉氏、洧川、鄢陵、臨潁、長葛、新鄭、汜水十餘城。

于是許州知州王應翼與其子國及都司張守正、舉人魏完真、諸生李光閭、李文鵬、王應鵬皆死之；陳留典史邵大濟、訓導楊道升同殉城死。

鄉官劉文耀方擢鞏縣教諭，未任，以事赴開封，道于陳留，遂還家，遇賊，罵不屈，與子福穎俱死之。

通許知縣費曾謀，甫蒞任四旬，賊猝至，抱印投井死。尉氏知縣楊一鵬，蒞任數月，政聲四起，城破，罵賊死；洧川知縣柴薦禋亦死之。鄢陵知縣劉振之，方賊至，有奸人素通賊，倡言「鄢陵城小，宜速降」，振之怒，叱退之。典史杜邦舉曰：「城存與存，城亡與亡，公言是也。」振之乃與集吏民共守。賊大至，城陷；振之秉笏坐堂上，賊索印不予，縛置雪中三日夜，罵不絕口，亂刃交下，乃死。邦舉被執，自成欲降之，罵曰：「朝廷臣子，豈爲賊用！」賊抉其舌，含血噴之，遂遇害。臨潁千總賈蔭序、長葛教諭歐陽植、典史杜復春、舉人孟良屏、諸生張範孔、新鄭知縣劉孔輝、汜水舉人張治載、馬德茂等，俱死難。

禹州故有徽王府，嘉靖時，王載埨有罪，爵除。其支屬延津郡王等皆在禹，僉事李乘雲駐焉。賊寇州城，乘雲誓死固守，賊多斃于礮。俄以十萬衆攀堞登，執乘雲，使跪，乘雲怒叱賊，賊捽而杖之，大罵不絕聲；縛諸樹，攢射之，罵不已，斷其舌，亂刃交下而死。延津郡王等同遇害。

商水再陷，前後知縣王化行、姚文衡、鄉官張質皆死之。

賊遂攻開封。巡撫高名衡，總兵陳永福，駐兵城中。開封，周邸所在，圖書文物之盛甲他藩，自成必欲得之，乃大集其衆再圍之。名衡等力拒賊，而永福射自成中目，礮殪其渠數人，自成益怒。

自成每攻城，不用古梯衝法，專取瓴甋，得一磚即歸營臥，後者必斬。取磚已，即穿穴，穴成，初僅容一人，漸至百十人，次第傳土以出。過三五步留一土柱，繫以巨絚，穿畢，萬人曳絚一呼，而柱折城崩矣。名衡于城上鑿橫道，聽其下有聲，用毒穢灌之，多死。賊乃即城壞處用火攻法，實藥甕中，火燃藥發，當者輒糜碎，名曰「放迸」。攻久之，城半圮，賊用放迸法以攻，鐵騎數千馳譟，伺城頹即擁入。城故宋汴都，金南遷時所重築也，厚數丈，土堅。火外擊，賊騎多殲，自成始駭而去。

46 是歲，張獻忠自四川突湖廣，亦擾河南；及信陽之敗，竄而之江北。江北賊賀一龍、左金王等，據英、霍二山，相爲聲援；而河南、北土賊袁時中、李際遇，陝西土賊竇開遠等亦復大熾，所在官民被害者甚衆。

其可紀者，應天則援剿副將戴國柱，率兵援淮、徐，與賊戰于徐州，力屈死。參將張寶山守桐城，戰輒有功，擊賊于魯珙山，中伏死。參將古道行，擊袁時中于睢寧之雙溝，没于陣。英山知縣高在嵛，冒矢石擊賊，多死者，賊來益衆，被執不屈死。潛山知縣李孕嘉，典史沈所安，同殉城死。徐州鄉官故順天京衛經歷滕九萇、沛縣布衣張鳳世、霍山布衣宋貞及吴時道、張大翼、胡懷信、時際順俱遇害。河南則汝州指揮錢繼美、吏目朱任卿、百户梁翰成、諸生王暘、布衣朱續川，【考異】三編目中有汝州知州錢祚徵，已據明史本傳系之正月。而正月汝州之役，乃李自成所犯，而祚徵傳所載無指揮錢繼美等同殉之事，疑前後事非同時也。三編目中亦據是年死事之人彙書之，故其日月多不具云。魯山舉人袁象斗、陳州指揮孫紹武與其子璉、登封知縣鄢延誨、靈寶知縣朱挺、指揮許佳允、伊陽訓導任中蛟，俱先後死。

先是賊寇陝西，則淳化諸生葛竹溪、環縣諸生曹天心，四川則巴州同知張連曜、德陽知縣龔之安、墊江知縣荆偉、成都鄉官周敏中等，湖廣則興山典史張達、益陽貢生潘若洙、弟若鴻、諸生温昆來、鍾鳴謙等，並先後殉節。而總兵賀人龍子大明，擊賊于靈寶山中，石阡推官余士泰，上計次襄陽，亦皆死于賊云。【考異】以上皆據三編，而三編多據明史忠義傳。其錢祚徵、余塙二人，已見前，故不具。

明通鑑卷八十八

江西永寧知縣當塗夏　燮編輯

紀八十八玄黓敦牂（壬午），盡一年

莊烈皇帝

崇禎十五年（壬午、一六四二）

1 春，正月，癸未，起孫傳庭復爲兵部侍郎，令督京軍援開封。上御文華殿召對，問剿賊安民之策，傳庭侃侃言，上嗟嘆久之。比至開封，圍已解。

2 乙酉，保督楊文岳援開封。賊已去，南陷襄城，殺知縣曹思正、訓導張信、典史趙鳳豸，寄輜重焉。

復攻西華，知縣劉伯驂登陴死守，賊驅其下爲十覆，迭攻之，城陷，伯驂懷印投井死。

時陝督汪喬年率總兵賀人龍、鄭嘉棟、牛成虎出潼關，會賊遣其黨據臨潁，總兵左良玉破而屠之。自成怒，轉攻良玉，良玉退保郾城，賊圍之。文岳會督師丁啓睿及總兵虎大威之師往救，相持十晝夜未決。

喬年方出關，與諸將議所向，曰：「郾城危在旦夕，吾趨郾城，賊方銳，難與争鋒。襄城距郾僅四舍，賊老寨咸在。吾舍郾而以精銳攻其必救，賊必還兵，則郾城解矣。郾城解，我擊其前，良玉乘其背，賊可大破也。」諸將皆曰：「善！」乃留步兵火器于洛陽，簡精銳萬人兼程進，次郟縣，襄城諸生張永祺等導喬年入城。

3 戊子，免天下十二年以前逋賦。

4 是月，山東盜平。

初，上以山東之亂，改總河張國維爲兵部侍郎，兼督淮、徐、臨、通四鎮兵護漕運。賊首李青山，擁衆數萬據梁山濼，遣其黨分扼韓莊等八牐。尋舊輔周延儒赴召，青山謁之，言「率衆護漕，非亂也。」延儒許言于朝，授以職，而青山竟截漕舟，大焚掠，逼臨清，國維統所部兵擊之。會京營總兵黄得功、副將周遇吉破賊鳳陽，旋師過山東，至是合擊之于壽張，追至東平，殲其衆殆盡。青山降，獻俘于朝，磔諸市。

5 召前刑部尚書鄭三俊，復其官。劉澤深以去年十二月卒，起三俊代之。

6 二月，戊申，振山東就撫亂民。

7 癸丑，陝西總督汪喬年次師襄城，賊果解郾城圍，以數十萬衆來攻。喬年亟勒兵駐城外，分遣賀人龍、鄭嘉棟、牛成虎，分三路駐城東四十里。比賊至，三帥未陣而奔，副將馬名廉戰没，【考異】據明史喬年傳記死事諸臣云，「有馬帥某者，失其名」，三編所載名廉者，即其人也，今據增。軍大潰。

喬年嘆曰：「此吾死所也！」率步卒千餘人城守。賊穴城，實火藥轟城，城遂裂。喬年穿阱，隨賊所鑿以長矛刺之，賊死甚衆。閱五晝夜，守具皆盡，望良玉來援，竟不至。丁巳，賊攻之急，礮擊喬年坐纛，雉堞盡碎，左右環泣，請避之，喬年怒，以足蹴其首曰：「汝畏死，我不畏死也！」守益固。及城陷巷戰，手刃三賊，自刎不殊。爲賊所執，大罵，賊割其舌，磔殺之。襄城人建祠祀焉。

副將張國欽、張一貫、黨威、李萬慶及監紀西安同知孫兆禄同死之。兆禄材官李可從衛兆禄，不克，亦死之。——萬慶，即十三家降渠射塌天也。

自成怒張永祺開城迎喬年，索之不得，屠其族。劓刖諸生劉漢臣等百九十人。【考異】喬年死事，據明史本紀在是年二月，又本傳及左良玉、李萬慶等傳，皆以正月至襄城，二月被圍，城陷死，故三編亦據之。若紀事本末及綏寇紀略，則皆書于十四年之冬，而紀略並言「自成既陷襄城，遂乘勝攻南陽」，然南陽之役，在去年十一月，若據所記，則先陷襄城，後陷南陽，又在十一月以前矣。史稿記襄城之陷于十四年十一月癸酉，蓋據紀事本末也。考傳宗龍以去年九月中旬戰没，事聞，方命喬年出關討賊，則喬年之奉詔已在十月、冬月間，而自成方圍南陽，喬年並無赴援之事，是喬年出關必歲暮正初時明矣。且明史本傳所記，喬年入襄城在二月二日，城陷在二十七日，核與本紀所記丁巳僅相差十日，然其事同在是年之二月，固不誤也。今月日仍據明史本紀書之，而附辨于此。○又按「李可從衛兆祿，不克死之」，並見全氏二曲先生墓文。可從即二曲父也。

初，喬年撫陝，屬米脂知縣邊大受「受」，三編作「綬」。發自成先冢。大受詗得其族人爲縣吏者，搒治之，言：「去縣二百里，爲李氏村，在亂山中，凡十六冢環而葬，中其始祖也。相傳壙中有鐵燈檠，鐵燈不滅，李氏興。」如其言發之，螻螘數石，火光熒熒然。斲棺，骨青黑，黃毛被體。腦後一穴，大如錢，中盤赤蛇，長三四寸，有角，見日而飛，高丈許，咋咋吞日光者六七反而伏。喬年函顱骨、腊蛇以聞，焚其餘，雜以穢棄之。自成聞之，嚙齒大恨曰：「吾必致死于喬年！」至是喬年之遇害獨酷云。

8 戊午，大清兵克松山。

先是松山圍久，上命順天巡撫楊繩武督師救洪承疇，又代以兵部侍郎范志完，皆斂兵不敢出。副將焦埏赴援，甫出山海關即敗没，轉餉路俱絕，圍城食盡。副將夏成德遣子爲質，約期爲內應，大清兵至期攻之，城遂下，巡撫邱民仰及總兵官曹變蛟、王廷臣、兵備道張斗、姚恭、王之禎，副將江翥、饒勳、朱文德等皆死之。承疇及祖大樂被執；郎中張若麒逃，從海上蕩漁舟奔還；承疇遂降于大清。

事聞，或傳承疇已死，上震悼甚，命設壇都城，賜承疇祭十六，民仰六。尋敕建祠都城，將親臨賜祭，聞承疇降，乃止。

9 是月，以孫傳庭總督三邊軍務，代汪喬年也。

10 李自成自襄城去，復由西華攻陳州，僉事關永傑，與知州侯君擢、鄉官前户部主事崔泌之、舉人王受爵等率士民分堞守。賊遣使説降，斬其頭，懸之城上；賊怒，攻破之。永傑格鬥不支，中亂刃死。君擢身先士卒，運木石擊賊，多死者。城破被執，罵不絶口死。泌之用鐵杖斃賊數人，自刎死。受爵擊殺數賊，被執，大罵死。守備張鷹揚力戰，亦被禽，不屈死。有龔作梅者，年十七，父母俱亡，殯于舍。賊火民居，作梅跪柩前焚死。

賊遂自陳州分部犯睢州。州缺正官，通政使李夢辰方家居，即乘城禦賊。無何，賊從他門入，擁夢辰見羅汝才，汝才問所欲？曰：「我大臣，但欲死耳。」汝才遣其客説降，且進之酒，夢辰覆杯于地，太息起，扼吭而卒。其妻王氏方病，聞之，不食死。里居太平知府杜時髦亦死。

尋陷太康、寧陵、考城，太康知縣魏令望、里居僉都御史張維世、富平知縣馮正吉皆死之。維世妻李氏、子正誼、孫昱，正吉妻任氏、子昌辰俱殉焉。

賊乃悉衆攻歸德。推官王世琇遷工部主事，將行，僚屬邀共守，慨然曰：「久官于此，臨難而去之，非義也。」遂與副使蔡鳳、僉事吳汝琦、同知顏則孔、經歷徐一源、商邱知縣梁以樟、教諭夏世英、里居尚書周士樸等誓衆堅守。賊攻圍七日，總督侯恂家商邱，其子方夏率家衆斬關出，傷守者，衆遂亂，賊乘之入。鳳、汝琦、世琇、則孔及指揮賈之琯並遇害。則孔之妻女殉之，之琯妻許氏抱二女投井死。一源分守北門，殺賊多，城陷，巷戰死之。以樟中賊刃，久而復甦，妻張氏及子女僕從皆死，以樟竟獲免。世英持刀罵賊，死于明倫堂，妻石氏亦自刎。——士樸及工部郎中沈試，大學士鯉孫也。主事朱國慶、中書侯忻、光禄署丞侯執中、廣西知府沈仔、威縣知縣張儒及舉人徐作霖、吳伯允、周士美、官生沈泌、侯晙、貢生侯恒、沈誠、周士貴、國學生侯悰、沈倜、諸生吳伯裔、張渭、劉伯愚等皆死。——而作霖、伯允、伯裔、渭、伯愚五人，皆郡中名士也。【考異】明史本紀書「三月陷陳州，辛卯陷睢州，丙申陷歸德」，而據列傳及三編目中俱系之二月，綏寇紀略則云「歸德以二月二十七日陷」。以攻陷之次第考之，則先陷陳、睢，再陷歸德，本紀蓋據奏報月日耳。今據三編書于是月陷襄城下。

11 户部尚書李待問罷，以侍郎傅淑訓代之。

12 三月，丁丑，魏照乘罷。

照乘在閣四年，庸碌無所見，御史徐殿臣劾其暱妾棄妻、縱壻爲奸諸醜迹，照乘力辨之。御史劉之勃，謂「大臣不當争辨」，上責其妄議。而照乘内不自安，遂引疾去。

13 己卯，祖大壽以錦州降于大清。

松山既下，寧遠關門勁旅潰喪，錦州城中糧亦盡，人相食。大壽戰守計窮，遣人投軍門乞降，大清遂下錦州。

14 壬辰，封皇子慈炤爲永王。

15 是春，江北賊陷含山、和州。

先是張獻忠合于革、左二賊，出入英、霍山中，遂陷亳州。知州何燮以居民逃竄，城不能守，爲賊執，欲降之，不屈，斷足剖胸而死，懸首市上三日，耳鼻猶動。賊遂流擾霍邱，知縣左相申、巡檢吴某死之。至靈璧，知縣唐良鋭死之。至盱眙，主簿胡淵死之。以上皆去年事。至是江北之賊合攻含山、和州，陷之。南京戒嚴。

16 京軍總兵官孫應元擊賊于羅山，孤軍無援，遂陣没。

應元善戰，在行間功最多，與黄得功偕。應元既没，得功勳益顯。

17 夏，四月，癸亥，李自成復圍開封。

自成再攻開封不克，賊被創，懼而逃者數千人，自成乃下令勿攻，設長圍爲久持計，詔孫傳庭亟出關赴援。

18 乙丑，謝陞罷。

初，大清屢遺書議和，兵部尚書陳新甲，以國內困敝，亦請主和以紓患，私言于傅宗龍，宗龍出都，以語陞。陞後見松、錦圍久不解，述宗龍之言于上，上召新甲詰責，新甲叩頭謝罪。陞進曰：「倘肯議和，和亦可恃。」上嘿然，尋諭新甲密圖之，乃遣職方郎中馬紹愉奉書議和。太宗文皇帝報書許之，以書授紹愉，遣人護送；抵連山，紹愉未至，而陞昌言于朝房，謂給事中方士亮、倪仁禎等曰：「議和事，諸君不必言，上祈籤奉先殿，意已決。」又言「人主以不用聰明爲高上，太用聰明，致天下事壞。」士亮等退，謂「陞誹謗君父，洩禁中語」，仁禎及同官廖國遴等交章論之，斥「陞大不道，無人臣禮」，士亮復繼言之。疏數十上，上大怒，削陞籍。

19 是月，獻賊攻廬州。

先是三月間，賊攻舒城，舒城令以憂去，鄉官故編修胡守恒與游擊孔廷訓督兵民共守。廷訓縱所部浮掠，舒人逐之，廷訓怒而降賊，教以衝棚穴城，穿數處，守恒督守堙者塞之。賊射書約降，守恒燔諸堞。及城破，降卒執守恒以獻，賊鏦守恒腹以矛，中數十創而死。

遂攻六安，有川將覃世勛亦通賊，城遂陷。遣其黨分掠旁邑，游騎直抵廬州城下。

20 五月，己巳，孫傳庭入關，首誅賀人龍。

人龍兵潰，再逃陣，失主帥，且其家在米脂，與自成同鄉里，諸賀多在賊中，時上密授意傳庭誅之。傳庭在道，佯爲之請曰：「人龍臣舊將，願貰其罪，俾從臣自效。」上若不得已許之。及至西安，人龍從數十騎來謁，傳庭乃大集諸將，縛人龍，坐之麾下，數其罪，謂其「開封噪歸，猛如虎以孤軍失利而獻、曹出柙」也，又謂其「遇敵先潰，新蔡、襄城連喪二督」也，趣即斬之，諸將莫不震慴。

初，傳庭召對，謂「得精鋭五千人，可以平賊」，既西行，偵汴事者報「賊棋置數十營，望塵莫見其際」，乃圖上方略，「請練兵二萬，餉百萬」，上以其與面奏不符，責令「練所發兵，足餉一月即卷甲出關，毋逗撓取咎。」傳庭不得已乃議出師。

21 甲戌，張獻忠陷廬州。

先是賊陷舒城，改爲得勝州，據之，遂自六安薄廬州。知府鄭履祥、通判趙興基、經歷鄭元綬、合肥知縣潘登貴、指揮同知趙之璞、里居參政程楷分門守。監司蔡如蘅貪戾，民不附，賊諜滿城中不能知。會提學御史徐之垣以試士至，獻賊遣其徒僞爲諸生，襲儒冠以入，夜，舉礮，城中大擾，之垣、如蘅、履祥、登貴並縋城走。興基時守水西門，聞變，挺刃下戍樓與鬥，斬數人，被創死。元綬、楷守南薰門，並殉難。之璞守東門，巷戰死。

22 丁亥，王璞棄市。

時論松山失事，以樸先逃，下法司會鞫擬罪，而吳三桂仍鎮山海，加提督銜，置不問。御史郝晉言：「六鎮罪同，皆宜死。三桂實遼左主將，不戰而逃，奈何反加提督！」兵部尚書陳新甲覆議，「請獨斬樸。勒馬科軍令狀，再失機即斬決。三桂失地應斬，念守寧遠功，與李輔明、白廣恩、唐通貶秩，充爲事官。」

時諸將多擁厚貲賂權要，故樸以外皆獲宥。

23 六月，戊申，賀逢聖罷。

逢聖與周延儒同再召，上待之不如延儒。及是逢聖予告歸，宴餞便殿，感泣大哭，伏地不能起，上亦爲之汍瀾動容。

24 癸丑，張四知罷。

25 甲寅，詔天下停刑三年。

26 己未，以詹事蔣德璟、黃景昉、戎政侍郎吳甡俱禮部尚書兼東閣大學士，預機務。

先是命會推閣臣，吏部尚書李日宣等以德璟、景昉、倪元璐、劉宗周及甡諸人名上；上令再推數人，副都御史房可壯、工部右侍郎宋玫、大理寺卿張三謨預焉。大僚不獲推者，爲流言入内，即二十四氣之說，見後。上深惑之，召日宣及與推諸臣入中左門，偕輔臣賜食已，出，御中極殿，召諸臣奏對。玫陳九邊形勢甚辨，上惡其干進，叱之，乃命德璟、景昉、甡入閣。

甡之柄用，周延儒與有力焉。延儒再相，逆案故輔馮銓，頗助爲謀，延儒許復其冠帶，銓果以捐資振餞，屬撫、按題敘；延儒擬優旨下户部，公議大沸。延儒患之，兵部侍郎馮元飈與甡善，因説延儒援甡，共爲銓地。甡既入閣，延儒語銓事，甡唯唯退，召户部主議者，告以逆案不可翻，寢其疏不覆。延儒始悟爲甡紿，于是兩人遂有隙。

27 庚申，釋故尚書侯恂于獄，令督左良玉軍援開封。

先是四月，李自成再圍開封，良玉以兵往救，戰不利。監軍主事余爵，被執罵賊死，從子敦華同遇害，良玉遂引兵去。

開封圍久不解，廷議以良玉軍無鬥志，而恂故遇良玉有恩，乃命恂代楊文岳爲總督，合督師丁啓睿之兵馳援汴急，又發帑金十五萬犒良玉軍以激厲之。

28 壬戌，下吏部尚書李日宣等六人于獄。

上以會推閣臣不稱旨，責日宣等回奏，奏上，怒不解，復御中左門，召日宣對狀，次召吏科都給事中章正宸、河南道御史張煊及房可壯、宋玫、張三謨。上詰日宣曰：「汝嘗言秉公，今何事不私？」正宸奏：「日宣多游移，臣等嘗劾之，然推舉事實無所徇。」日宣復爲玫等三人解，上愈怒，立命錦衣逮日宣等六人，並褫冠帶就執。

時日宣所推蔣德璟等，多採人望，中外稱公。然周延儒頗有所參預，玫之得預再推，延儒實主之。延儒客盛順，嘗爲浙江巡撫熊奮渭營内召，果推南京户部侍郎。玫父繼登，官浙江右參政，知其事，遂深信順。順爲玫營推舉于延儒甚力，而日宣不知也。

上入蜚語，惡日宣特甚，詰責聲甚厲，侍臣皆股栗失色。德璟與黄景昉叩頭辭新命，言「臣等並在會推中，若諸臣有罪，臣等豈能安！」延儒等亦乞上優容之，皆不許，遂下刑部獄。廷臣交章申救，不納。

上疑日宣未就獄，責刑部臣剋期三日定讞。侍郎惠世揚、徐石麒擬予輕比，上大怒，革世揚職，鐫石麒二秩，郎中以下罪有差。御史王漢言：「枚卜一案，日宣等無私，陛下欲重其罪，刑官莫知所執。」不聽。獄上，日宣、正宸、煊戍邊，可壯、玫、三謨等削籍。

29 是月，總兵許定國援開封，率山西軍次沁水，一夕潰去。寧武兵亦潰于懷慶，卒不赴。時楊文岳未受代，仍統所部會丁啓睿，于是左良玉及虎大威、楊德政、方國安四鎮軍同會師于朱仙鎮。

30 是夏，起馬士英總督盧鳳軍務，討張獻忠。

先是獻賊陷廬州，連陷無爲、廬江，演水師于巢湖，孫應元既没，中官盧九德以總兵黄得功、劉良佐之兵擊賊于峽山，再戰，敗績，得功退屯定遠，江南大震。

方周延儒之再召也，逆案阮大鋮輦金錢要之維揚，求湔濯，延儒曰：「吾此行謬爲東林所推，子名在逆案，可乎？」大鋮沈吟久之，曰：「瑶草何如？」——瑶草，士英别字也。延儒許諾。

至是，鳳督高斗光以失五城逮治，禮部侍郎王錫衮薦士英知兵，延儒力贊之，遂有是命。

31 秋，七月，己巳朔，官軍潰于朱仙鎮。

時賊營于西，官軍營于北。左良玉見賊勢盛，欲拔營遁，乘夜縱其軍突諸營，諸營驚潰，良玉軍掠諸營馬贏以去。

于是四鎮兵悉奔，丁啓睿、楊文岳走汝寧，獨副將姜名武一軍堅壁不動。侵晨，自成擁衆大至，名武督麾下血戰，殺數百人，力竭被執，大罵，爲賊磔死。

賊乃往追良玉軍，自成戒其衆毋疾追，俟良玉兵過，從後擊之。官軍幸追者緩，疾馳八十里，而賊已繞出其前，傍溪谷穿塹，深廣各二尋，環百里，自成親率衆遮其後。良玉扼于塹，不得進，諸軍相率下馬欲渡。賊追者譟而至，良玉兵大亂，自相蹂踐，仆溪谷中，後人趾乘前人之顛以過，棄馬騾萬匹，器械無算，監軍僉事任棟没于陣。良玉遂走襄陽。

時侯恂尚未至軍，上聞援軍屢潰，怒甚，褫啓睿、文岳職，逮治許定國，誅楊德政；詔恂拒河圖賊，而令良玉以兵會恂。良玉畏自成，遷延不至，上終不能罪也。

32 八月，庚戌，安慶兵變，殺都指揮徐良憲。巡撫徐世廕討定之。

33 乙丑，釋黄道周于戍所，復其官。

道周戍已經年，一日，上御經筵，召輔臣入文華後殿，手一編問曰：「張溥、張采，何如人也？」皆對曰：「讀書好學人也。」又言「溥已死，采亦未竟其用。」上曰：「亦不免偏。」時周延儒以楊嗣昌已前死，而己方再入相，欲參用公議，爲道周地，即對曰：「張溥、黄道周皆未免偏，徒以其善學，故人人惜之。」上嘿然。蔣德璟、吴甡亦以爲言，且述其清苦，上微頷之。明日，即有是命。

道周既還，召見，因泣曰：「臣不自意今日復得見陛下。臣故有犬馬之疾，願乞假歸。」許之。

34 丁卯，下陳新甲于獄。

先是松、錦之失，張若麒逃還，言官劾若麒者悉及新甲，新甲屢乞罷，不從。新甲雖有才，曉邊事，然不能持廉，所用多債帥。深結中貴爲援，與司禮王德化尤昵，故言者攻之，皆不能入。

當是時，闖賊蹂躪河南，開封屢被圍，他郡縣失亡相繼。總督傅宗龍、汪喬年出關討賊，先後陷没，賊勢愈張。言官劾新甲者章至數十，新甲請罪章亦十餘，上輒慰留之。至是上特惡其洩機事，遂下吏。

初，上以和議委新甲，手詔往返者數十，皆戒以勿泄；外廷漸知之，故屢疏爭，然不得佐證。一日，所遣職方郎中馬紹愉以密語報新甲，會新甲視事去，置其書几上，家僮誤以爲塘報也，付之鈔傳，于是道路譁然。給事中方士亮首論之，上愠甚，留疏不下。已，降嚴旨切責，令新甲自陳，新甲不引罪，反自詡其功，上益怒。言官復相繼劾之，遂逮付刑部獄，而和議亦中罷。

新甲從獄中上書乞宥，不許。新甲知不免，偏行金内外。給事中廖國遴等營救于刑部侍郎徐石麒，拒不納。輔臣周延儒、陳演亦于上前力救，且曰：「國法，『兵不薄城，不殺大司馬』。」上曰：「他且勿論，戮辱我親藩，不甚于薄城邪！」遂斬新甲于市。

新甲爲嗣昌引用，其才品心術相似。軍書旁午，裁答無滯，上頗倚之。後給事中沈迅力詆其失，上曰：「令爾作新甲，恐更不如。」迅慚而退。

35 是月，改刑部尚書鄭三俊于吏部。召前南京尚書范景文代之。

劉宗周召爲吏部侍郎，未至，擢左都御史，力辭。有詔敦趣，踰月入見，始受事。

36 九月，壬午，李自成決河灌開封。

時諸援軍潰于朱仙鎮，上乃詔山東總兵官劉澤清救開封。城被圍久，食盡，巡撫高名衡、總兵陳永福等猶固守。

澤清兵抵河北朱家寨，將士不敢進，澤清曰：「我以兵五千南渡，依河而營，引水環之，以次結八營，直達大堤，築甬道輸河北之粟以餉城中。賊兵已老，可一戰走也。」皆曰：「善！」乃分兵先渡，立營。賊攻之，戰三晝夜，後軍無繼者，甬道不就，澤清拔營去。

賊圍開封者三，所損傷多，積憤，誓必拔之。圍半年，師老糧匱，却引黄河水灌之，以城中子女貨寶，猶豫不決；聞秦督孫傳庭已率兵出關，恐諸鎮兵夾擊，欲變計。會有獻計請決河以灌賊者，名衡然之。周王恭枵募民築羊馬牆，堅厚如高岸，賊營直傅大堤，河決賊可盡，城中無虞。方鑿朱家寨口，賊已知，移營高阜，具艨艟巨筏，亦驅掠民夫數萬，決河灌城。會大雨連旬，黄流驟漲。癸未，河決，汴梁城圮，丁夫荷鍤者隨堤漂没十數萬，賊亦沈萬人。

河入自北門，貫東南門以出，奔聲如雷。名衡、永福乘小舟至城頭，周王率宫眷及寧陽諸郡王避水棲城樓，坐雨絶食者七日，後得舟，乃從城上泛舟出。同知蘇茂灼，通判彭士奇，久饑不能起，並溺死。賊浮艦入城，遺民俱盡，無所掠，乃拔營而西。

城初圍時百萬户，後饑疫死者十二三。汴城佳麗甲中州，群盜心艷之，至是盡没于水，得脱者不及二萬人。

上聞，痛悼，猶念諸臣堅守勞，命敘功，加名衡兵部右侍郎。名衡辭以疾，即擢監軍御史王漢代之。漢自開封夜渡河逐賊不利，守備李日舒没于陣，諸軍殊死戰，賊敗，追至朱仙鎮，連戰皆捷，遂以代名衡。

37 己丑，孫傳庭率師赴河南。

38 辛卯，鳳陽總兵官黄得功等擊張獻忠于潛山，大敗之。

得功護鳳陽陵，駐定遠；時馬士英未至軍，賊悉衆攻桐城，挾營將廖應登至城下誘降。得功與總兵劉良佐合兵擊之于鮑家嶺，賊敗遁，追至潛山，禽斬賊將鬬世王、馬武、三鷂子、王興國。——三鷂子者，獻忠養子，號驍勇者也。

得功箭傷面，愈自奮，與賊轉戰十餘日，所殺傷獨多，賊大衄。于是賊渠賀一龍等皆棄獻忠，北投李自成。而河南賊袁時中方寇潁州，官軍聞警，即移兵剿時中。

獻忠收餘衆襲陷太湖，參將邱壯猷戰没，知縣楊春芳、典史陳知訓、教諭沈鴻起、訓導婁懋履並死焉。

方賊掠入境，知縣李盛英與守備徐際相禦之許家寨，皆力戰死。獻忠勢復振。【考異】據明史忠義傳，載太湖知縣楊春芳以下四人，三編據之，又于質實附載李盛英、徐際相二人戰没于許家寨，云「見一統志」。證之殉節録，二人同賜謚烈愍。惟録言李盛英太湖知縣，而是時太湖知縣，係楊春芳，疑盛英或前任，或後任，先後戰死，月日無可考，今據質實增入。

39 是月，擢漕運侍郎張國維爲兵部尚書，代陳新甲也。

國維定戰守賞罰格，又列上「嚴世職、酌推陞、慎咨題」等七事，皆報可。會開封陷，條上防河數策，上亦納之。

40 冬，十月，辛酉，秦督孫傳庭敗績于郟縣。

傳廷日夜治軍爲平賊計，詔屢趣之出關，乃率兵抵潼關，大雨連旬，開封告陷，傳庭入河南，遂趨南陽。

時李自成西行逆秦師，傳庭設三覆以待賊，分布諸將，牛成虎將前軍，左勷將左，鄭嘉棟將右，高傑將中軍。成虎佯北以誘賊，賊奔入伏中，成虎還兵而鬥，傑等突起翼之，勷、嘉棟左右橫擊之，賊潰，東走，斬首千餘級。追三十里，至郟縣，賊棄甲仗軍資于道，秦兵趨利，賊覘官兵囂，反兵乘之，官兵大潰。副將孫枝秀躍馬以追，擊殺賊騎數十；賊因圍之，馳突不得出；馬蹶被執，植立不撓，以刃臨之，瞠目不答。一人曰：「此孫副將也。」遂殺之。參將黑尚仁亦被執不屈死。覆軍數千，材官小將之没者，張映奎、李栖鳳、任光裕、戴友仁以下七十有八人。傳庭走鞏縣，退入關。

是役也，天大雨，糧不至，士卒採青柿以食，凍且餒，故大敗。豫人所謂「柿園之敗」也。

41 是月，李自成復陷南陽，知府邱懋素罵賊，全家被害，賊屠其城。過扶溝，衆議城守。舉人劉恩澤，初，嘗以策干當事，多見用，縣令駃不解事，恩澤痛哭曰：「吾不幸從木偶人死！」自題樓壁曰：「千古綱常事，男兒肯讓人！」明日城陷，擲樓下以死。【考異】扶溝劉恩澤殉難事，見明史忠義傳，系之邱懋素之下。三編記南陽以下殉難者遺之，今據傳增。

42 十一月，丁卯，援汴總兵劉超據永城反。

初，超爲四川遵義總兵，嘗從川貴督撫討賊，忽上書陳功簿，意頗鞅鞅，遂坐怨望奪職，數求復官不得。會李自成圍開封，超請招降土寇協擊之，乃起超保定總兵，令率兵赴援，超憚不敢行。

同縣御史魏景琦方家居，見超日與土寇相往來，未嘗與自成一戰，詆爲通賊。超怒；愬之舉人喬明楷，明楷復譙之；超大憤，殺景琦一家三十餘人，並殺明楷而反。巡撫王漢謀執超，揚言招撫，分兵伏城下，而獨與諸將數騎入。超先發殺漢，參將陳治邦、游擊連光耀父子格鬥死。有馬魁者，負漢尸奪路以出，聞于朝，詔鳳督馬士英、太監盧九德、總兵陳永福討之。

超據永城，城中先以禦賊故，屯糧、積芻、製火礮，至是盡爲超有。官兵連戰不克，築長圍困之。

43 庚午，發帑振開封被難宗室兵民。

44 壬申，大清兵分道入塞，薊州告急。

是時關內、外並建二督，又分設二督于昌平、保定，千里之內有四督臣；又有寧遠、永平、順天、密雲、天津、保定六巡撫，寧遠、山海、中協、西協、昌平、通州、天津、保定八總兵；星羅棊置，防兵益衆，而事權不一。

薊督張福臻尤昏庸，給事中方士亮劾之，因言「移督師關內，則薊督可裁，福臻可罷。」于是召還福臻，令遼督范志完兼制關內，移駐關門。志完辭，不許；求去，不許。上疏言：「不能兼薊，請仍設薊督。」始以趙光抃任之。

而大清兵已自牆子嶺、青山口等處入，京師戒嚴。命勳臣分守九門，中官王承恩督察城守，詔舉堪督師大將者。戊寅，徵諸鎮入援。庚辰，大清兵克薊州。

時援軍漸至，皆畏怯觀望不敢戰，大清兵乘勝分趨真定、河間等府。

45 戊子，張獻忠陷無爲。

46 己丑，遼督范志完入援。

時大兵南下，兵部劾志完疎防，上以敵兵未退，責令戴罪立功。然志完無謀略，恇怯甚，不敢一戰，所在州縣先後覆没。

47 閏月，新曆是年閏九月。壬寅，大清兵自河間南下，畿南郡邑多不守，遂乘勝抵山東，下臨清諸州縣。

48 癸卯，下詔罪己，求直言。

49 丁巳，起廢將。

50 是月，李自成陷汝寧。

自朱仙鎮之潰，保督楊文岳候代未行，仍督總兵虎大威守汝寧。至是賊以數萬衆來攻，老回回、馬守應、革裏眼、賀一龍、左金王、賀錦、争世王、劉希光、亂世王、藺養成等皆已歸自成，引其衆畢會，壓城五里而軍。監軍僉事孔貞會以川兵屯城東，文岳以保兵屯城西。賊兵進攻，相持一晝夜，川兵潰，殺傷數百。賊奪其馬騾，悉衆攻文岳軍，文岳部將甄奇傑者，稱驍勇，前從擊賊已戰死，所恃惟大威。俄，大威中礮死，守備蔡浩父子、指揮熊應吕、梅振英、張鴻光俱没于陣，文岳益不支。僉事王世琮、知府傅汝爲、通判朱國寶緦將士入城，副將賈悌、參將馮名聖亦掖文岳、貞會登城。賊四面環攻，戴扉以障矢石，雲梯堵牆而立。城上矢礮擂石雨集，賊死傷山積，而攻不休。一鼓百道並登，執文岳及世琮、國寶、悌、名聖，殺汝陽知縣文師頤于城上。游擊朱崇祖、指揮張國正、千户劉懋勳、楊紹祖、袁永基同子世蔭、百户葉榮蔭、張承德、李衍壽、閻宗國，並奮力巷戰死。汝爲聞變，投水死。歲貢生林景暘、國學生趙得庚、楊道臨等，諸生趙重明、費明棟、楊應禎、李士謂等皆死。

賊擁文岳見自成，大駡，賊怒，縛之城南三里鋪，大礮擊之，洞胸糜骨死。士民屠戮數萬，焚公私廨舍殆盡。貞會執去，不知所終。崇王由櫍、崇世子、諸郡王皆虜以行。世琮先爲汝寧推官，討土寇，流矢貫耳不爲動，時號「王鐵耳」。國寶蒞任甫三日，皆及于難。而崇祖妻孫氏、永基妻王氏皆殉焉。賊破汝寧，遂走確山、信陽、泌陽，遣其黨賀一龍等掠地上蔡，知縣官篆出禦之，與鄉勇馬天祥、李和中、王維新、曾耀俱陣死。

51 改刑部尚書范景文于工部。時景文尚未任也，景文既調，以刑部左侍郎徐石麒陞任代之。

52 十二月，丙寅朔，廷杖給事中姜埰、行人司副熊開元于午門，皆繫獄。

初，周延儒再相，頗力矯其前所爲，廣引清流，于是鄭三俊長吏部，劉宗周掌都察院，范景文長工部，倪元璐佐兵部，多起自廢籍，其他李邦華、張國維、徐石麒等，皆布滿九列；又請釋黃道周于戍所，復其官，言路亦得發舒論事。忌者乃造二十四氣之說，以指朝士二十四人，直達御前。

時適下詔戒諭百官，責言路尤至。埰疑上已入其說，乃上言：「(陞)〔陛〕下視言官重，故責之嚴。如聖諭云『代人規卸，爲人出缺』者，臣敢謂盡無其事。然陛下何所見而云然？倘如二十四氣蜚語騰播清禁，此必大奸巨憝，恐言者不利己而思以中之，激至尊之怒，箝言官之口，人皆喑然緘默，誰與陛下言天下事者！」是時上方憂勞天下，默告上帝，戴罪省愆，所頒戒諭，詞旨哀痛，讀者感傷！埰顧反覆詰難，若深疑于上者。上遂大怒曰：「埰敢詰問詔旨，藐玩特甚！」立下詔獄拷訊。掌鎮撫梁清弘以獄詞上，上曰：「埰情罪特重。且二十四氣之說類匿名文書，見即當毀，何故屢騰奏牘？其速按實以聞！」而同時有熊開元者，亦奉詔下錦衣衛獄。

開元初以給事中左降，淹久不遷，頗觖望，詣延儒訴己困頓狀，延儒適以他事，輒命駕出，開元大愠。會京師戒嚴，上下詔求言，凡官民陳事者，即日召對。開元欲論延儒，屢請召對，及入，見延儒同在，不敢言。

一日，上御德政殿，秉燭坐，開元從輔臣入奏，言「易稱『君不密則失臣，臣不密則失身』，請輔臣暫退。」延儒等引退者再，上不許。開元遂言：「陛下求治十五年，天下日以亂，必有其故。」上曰：「其故安在？」對曰：「今所謀畫，惟兵食賊寇。不揣其本而末是圖，雖終日夜不寢食，求天下治無益也。陛下臨御以來，輔臣數十人，皆庸人相繼爲奸，人禍天殃，迄無衰止。迨言官發其罪狀，誅之斥之，已敗壞不可復救矣。」上與詰問久之，疑開元有所爲，曰：「爾意有人欲用乎？」開元辨無有，且奏且頻目延儒。延儒跪謝，上曰：「天下不治皆朕過，于卿何與！」開元言：「陛下令大小臣工不時面奏，而輔臣在左右，誰敢爲異同之論以速禍！且昔日輔臣，繁刑厚斂，屏棄忠良，賢人君子攻之。今輔臣奉行德意，釋纍囚，蠲逋賦，起廢籍，賢人君子皆其所引用，偶有不平，私慨歎而已。」上責開元有私，開元辨，延儒等亦前爲辨解。上命之退，延儒等請令補牘，從之。

開元本欲盡發延儒罪，以其在側，不敢言。而延儒慮其補牘，陰令吴昌時等沮之。及奏上，止述奏辭，不更及延儒他事，上大怒，令錦衣逮治。衛帥駱養性，開元鄉人也，素怨延儒，令盡發延儒之隱以聞。上益怒，密旨下養性，令潛斃埰及開元于獄。養性懼，以語同官，同官曰：「不見田爾耕、許顯純事乎？」養性乃不敢奉命。已而語洩，有奏之上者，請並誅養性，養性大懼。上亦不欲殺諫臣，疏竟留中。

會鎮撫再上埰獄，言「掠訊者再，供無異詞」，養性亦封還密旨，乃命移刑官定罪。尚書徐石麒等擬採戍，開元贖徒，上責以徇情骫法，令對狀，奪石麒官，而逮採、開元至午門，並杖一百。採已死，採弟垓口溺灌之，乃復蘇，仍繫刑部獄。【考異】姜、熊二人下獄廷杖事見明史本傳，三編系之閏十一月，據下錦衣衛獄也。此獄始下錦衣，劉宗周率廷臣力争之，上怒，乃移之刑部，而先予廷杖也。劉宗周以十二月削籍，而徐石麒亦奪官，皆以論救二人予輕比故也。宗周論救，明史本傳特書于閏月之晦。而開元傳特書二人廷杖于十二月之朔。兩傳相校，其因宗周論救及石麒擬輕比而杖之明矣。今統系之十二月朔下。

53 己巳，李自成陷襄陽。

先是，左良玉自朱仙鎮南潰，退屯襄陽，大治戰艦于樊城，驅襄陽一郡人以實軍，降賊附之，有衆二十萬。然親軍愛將大半死，而降人不奉約束；良玉亦漸衰多病，不復能與自成角。自成乘勝攻良玉，趨白馬渡，良玉移營南岸，結水寨相持，扼之淺洲，賊兵十萬争渡，不能遏。良玉乃拔營宵遁，引舟師南下，走武昌，從楚王乞二十萬餉，曰：「我爲王保境。」王不應，縱兵大掠，火光照江中，宗室士民奔竄至山谷，多爲土寇所害。驛傳道王揚基奪門出，良玉兵掠其貲，並及其子女，時士民畏良玉兵甚于賊。

賊既得渡，遂長驅犯襄陽，官吏皆先遁。賊入城，鄉官故羅平知縣蔡思繩、故福建通判宋大勛殉節死。

賊分兵寇宜城，知縣陳美，固守八晝夜，城陷，抗罵不已，爲賊磔死。訓導田世福亦死之。

寇棗陽，知縣郭裕發礮石，擊傷多，賊憤，攻益力。城陷，身被數槊，大罵，賊支解之，闔門遇害。

寇光化，甫薄城，知縣萬敬宗遂自盡，賊義之，城獲全。鄉官故長蘆鹽運使韓應龍自縊死。

寇穀城，知縣周建中死之。

寇均州，知州胡承熙被執不屈，與其子爾英俱死。承熙有能聲，遷刑部員外郎，未行遇難。

寇鄖陽，同知劉璇死之。

寇保康，知縣萬惟壇與妻李氏死之。

寇荆門，攝州事承天府同知盧學古誓死守。學正張郊芳、訓導程之奇亦盟諸生于大成殿，佐城守。賊環攻四日，無援，城陷。學古罵賊不絕口，剖腹而死，郊芳、之奇，亦不屈死。州同知沈方、一門十八人皆遇害。

賊已陷荆門，遂合兵向荆州，巡撫陳睿謨急渡江入城，奉惠王常潤南奔，監司以下皆奔，士民遂開門迎賊。湘陰王儼鈃遇害。訓導撖君錫正衣冠坐明倫堂，賊至，欲屈之，詬罵死。賊大索縉紳，故相張居正子尚寶丞允修不食死，户部員外郎李友蘭，不屈死。諸生王維藩，率妻朱氏及二女避難，爲賊所掠，令妻女赴井死，遂見殺。諸生王圖南，被執罵賊死。夷陵鄉官故潁州知州李雲，在州有惠政，州人建祠祀之，謝事歸，大書「名義至重，鬼神難欺」二語于牖，城陷不屈，執至江陵，絶食死。歸州千户呂調元，率部卒格鬥，陷重圍中，招之降，大罵，亂刃交下死。

54 癸酉，大清兵攻兗州。

知府鄧藩錫走告魯王以派曰：「郡有吏，國有王，猶同舟也。列城失守，皆由貴家惜金錢，而令窶人餓夫列陴捍禦。夫城郭者，我之命也；財賄者，人之命也；我不能畀彼以命，而望彼畀我以命乎！王誠散積儲以鼓士氣，城猶可存。不然，大事一去，悔無及矣。」以派不能從，藩錫與監軍參議王維新、同知譚絲、曾文蔚、通判閻鼎、推官李昌期、滋陽知縣郝芳聲、副將丁文明、長史俞起蛟、給事中范淑泰等，分門死守，力不支，城破，文明戰死。維新猶奮力格鬥，被二十一創乃死。魯王自縊，樂陵、陽信、東原、安邱諸郡王皆死。藩錫、絲、文蔚、鼎、昌期、芳聲、起蛟、淑泰、舉人羅于宇並殉節。淑泰方典浙江試歸，遂及于難。三編質實：「魯王以派，荒王檀十世孫。樂陵，魯靖王肇煇第五子泰壆，于宣德二年始封樂陵郡王，至是爲泰壆八世孫以泛。陽信，魯莊王陽鑄第七子當湝，于成化十四年封陽信郡王，至是爲當[氵昔]七世孫弘楅。東原，魯端王觀𤊨第二子頤埨，于嘉靖三十六年始封東原郡王，至是爲頤埨曾孫以源。安邱，魯靖王肇煇第四子泰坾，于宣德十年始封安邱郡王，至是爲泰坾九世孫弘橨。」

大清兵遂連下山東州縣，直抵海州，贛榆、沭陽、豐、沛所在將吏，多望風遁，或獻金帛迎降，皆下之。【考異】大清兵入塞，始于十一月下河間、真定等府，閏月由臨清抵山東。而山東兗州之下，三編特書云，「時十二月八日也」。史稿書之癸酉，即十二月初八日，今從之。至由山東直下應天諸州縣，皆在是年十二月內，明年始自登、萊北歸，今分書之。

55 癸巳，李自成燔獻陵，守陵巡按御史李振聲、總兵錢中選皆降，遂攻承天。【考異】據明史宋一鶴傳，振聲等二人皆守陵者，降于自成。又言「振聲米脂人，與自成同里同姓，自成呼之爲兄。後復殺之。」據此，則振聲、中選皆降賊者，而史稿乃入二人于死事之列，大誤。今據一鶴傳書之。

56 是月，左都御史劉宗周削籍。

宗周甫起廢籍，既至官，召見文華殿。上問：「都察院職掌何在？」對曰：「在正己以正百寮。必存諸中者，上可見君父，下可質天下士大夫，而後百寮則而象之。大臣法，小臣廉，紀綱振肅，職掌在是。而責成巡方，其首務也。巡方得人，則吏治清，民生遂。」上曰：「卿力行以副朕望。」

宗周以敗書屢聞，「請旌死事盧象昇，而追戮誤國奸臣楊嗣昌，逮跋扈總兵左良玉，俾督師大帥皆知懲勸」，上不能從。閏月，晦日，召見廷臣于中左門。時姜埰、熊開元以言事下詔獄，宗周約九卿共救。入朝，聞密旨置二人死，宗周愕然，謂衆曰：「今日當空署爭，必改發刊部始已。」

及入對，有薦西洋人湯若望善火器者，請召試，宗周曰：「邊臣不講戰守屯戍之法，專恃火器。近來陷城破邑，豈無火器！然我用之制人，人得之亦可制我，不見河間反爲火器所誤乎？國家大計，以法紀爲主。大帥跋扈，援師逗遛，奈何反姑息，爲此紛紛無益之舉耶！」

因議督撫去留，則請先去督師范志完，且曰：「十五年來，陛下處分未當，致有今日敗局。不追禍始，更絃易轍，欲以一旦苟且之政補目前罅漏，非長治之道也。」上變色曰：「前不可追，善後安在？」宗周曰：「在陛下開誠布公，公天下爲好惡，合國人爲用舍，進賢才，開言路，次第與天下更始。」上曰：「目下烽火逼畿甸，且國家敗壞已極，當如何？」宗周曰：「武備必先練兵，練兵必先選將，選將必先擇賢督撫，擇賢督撫必先吏、兵二部得人。宋臣曰『文官不愛錢，武官不惜死，則天下太平。』斯言今日鍼砭也。論者但論才望，不問操守；未有操守不謹而遇事敢前，軍士畏威者。若徒以議論捷給，舉動恢張，稱曰才望，取爵位則有餘，責事功則不足，何益成敗哉！」上曰：「濟變之時，先才後守。」宗周曰：「前人敗壞，皆由貪縱使然。故以濟變言，愈當兼重操守。」上曰：「大帥別有才局，非徒操守可望成功。」宗周曰：「他不具論，如范志完操守不謹，大將偏裨無不由賄進，所以三軍解體。由此觀之，操守爲重。」上色解，曰：「朕已知之。」命宗周起。

于是宗周出奏曰：「陛下方下詔求賢，姜埰、熊開元二臣，遽以言得罪，下錦衣獄。陛下度量卓越，妄如臣宗周，戇直如臣黄道周，尚蒙使過之典，二臣何不幸，不邀法外恩。」上曰：「道周有學有守，非二臣比。」宗周曰：「二臣誠不及道周，然朝廷待言官有體，言可用用之，不可置之；即有應得之罪，亦當付法司。今遽下錦衣獄，終于國體有傷。」上怒甚，曰：「法司、錦衣皆刑官，何公何私？且罪一二言官，何遽傷國體？有如貪贓壞法，欺君罔上，皆不可問乎？」宗周曰：「錦衣膏粱子弟，何知禮義！聽寺人役使。即陛下問貪贓壞法欺君罔上之臣，亦不可不付法司也。」上大怒曰：「如此偏黨，豈堪憲職！」有間，曰：「開元此疏，必有主使，疑即宗周。」金光辰争之，上叱光辰，并命議處。

翼日，光辰貶三秩調用，宗周革職，下刑部議罪。閣臣持不發，捧原旨御前懇救，乃免，斥爲民。

57 召南京左都御史李邦華爲都察院左都御史，並督東南援兵入衛。

58 是歲，李自成攻陷開封，一時精鋭悉聚河南，隳名城不勝計。

河南凡八郡，三在河北。自六年蹂躪後，患少紓。其南五郡、十一州、七十三縣，連歲被賊，靡不殘破，有再破三破者，城郭邱墟，人民百不存一。朝廷亦不復設官，間有設者，不敢至其地，遥寄治他所。

其殉于治所者，自南陽知府邱懋素外，（陷南陽見上十月。）鄭州則知州魯世任，捍禦力竭，被執自刎死。新安則知縣陳顯元，以城經摧頹，率民人保關門堅守月餘，力竭，罵賊支解死。登封則知縣劉禋，鹿邑則知縣紀懋勛，虞城則署縣事主簿孔亮，上蔡則知縣許永禧，西平則知縣高斗垣，遂平則知縣劉英，魯山則知縣楊呈秀，新野則知縣邱茂表，皆殉城死。郟縣則知縣李貞佐練鄉勇守城，城陷，罵賊，斷舌支解死，母喬氏亦死。汝州吏目顧王家與子國同擊賊被害。教諭雷振揚，以貞佐遇難後攝縣事，城再陷，死之。寶豐則知縣張人龍，署縣事洛陽丞周之德，亦以再陷，先後死之。伊陽則知縣孔貞璞，悉力守城，賊不能克。既去，以事至汝州，道遇害。

一時鄉官之殉節者，陝州故平定知州梁可棟，故淮安同知萬大成，（三編，一作「范」。）故蓬萊教諭趙良棟，息縣故項城訓導王多福，西平故懷仁知縣楊士英。而士英子婦王氏，亦罵賊爲所殺。郟縣陳心學，授知縣，不謁選歸，賊欲官之，不從，遂見殺。故内黄知縣周卜曆，以父喪歸，賊迫使執郟縣令以代其死，罵賊被害。南陽舉人張鳳翙、王明物，洛陽舉人張民表，永城舉人夏云醇，商城舉人余容善，光州舉人王者瑄，光山舉人胡植，嵩縣舉人王翼明，寶豐舉人李得笥，皆或捍賊，或抗節死之。【考異】以上皆是年李自成蹂躪河南州縣先後殉難諸人，三編據明史忠義傳彙書于十五年二月目中。惟邱茂表正文漏脫，而質實記賜謚諸臣有其名。證之殉節録，則茂表時以新野知縣殉難，今據增。又録言「有陳公者，籍貫未詳，與茂表先後死節。」蓋陳公死難在十六年新野再陷時也，附識之。

59 是歲，詔以左邱明親授經于聖人，改稱先賢。並改宋儒周、二程、張、朱、邵六子亦稱先賢，位七十子下，漢、唐諸儒之上。然僅國學更置之，闕里廟廷及天下學宮未遑頒行也。【考異】此據明史禮志，在是年，諸儒改稱先賢，遂爲定制，特記之。

明通鑑卷八十九

江西永寧知縣當塗夏燮編輯

紀八十九昭陽協洽（癸未），盡一年。

莊烈皇帝

崇禎十六年（癸未、一六四三）

1 春，正月，丁酉，李自成陷承天。先是湖廣巡撫宋一鶴，聞襄陽、德安、荆州連告陷，趨承天護獻陵，與前留守沈壽崇、鍾祥知縣蕭漢，登陴禦守五晝夜。【考異】賊以去年十二月癸巳焚獻陵，攻承天，至是年正月丁酉，正五日也。今據明史、三編分書之。漢聞獻陵被焚，元旦突圍出，趨陵，賊騎環之，漢大呼：「鍾祥令在，誰敢驚陵者！」賊挾之去，不殺；説降，不聽。城中人有通于賊者，開門延之入，城遂陷，一鶴、壽崇死之，鄉官故刑部主事從所尚與子士默、士熊皆不屈死。分巡副使張鳳翥走入山中。

賊拘漢僧寺，謹視之，求死不得，越三日，從僧榻得剃刀藏之，取敝紙書楊繼盛絶命詞，紙盡投筆起，復拾土塊，書「鍾祥縣令蕭漢願死此寺」十字于壁，即對壁自刎，血正濺字上。賊義其死，用錦衣斂而瘞之。賊退，其門人改斂之以時服，曰：「嗚呼！大白其無黷乎！吾師肯服賊服乎！」悉易之。

賊陷承天，將發獻陵，有聲振山谷，懼而止。

旁掠潛江、京山、雲夢、黄陂、孝感等縣皆下。雲夢知縣諶吉臣、署黄陂知縣夏統春、潛江鄉官歐陽璲、孝感鄉官故來安知縣程道壽死之。

統春以黄陂縣丞攝縣事，遷麻城知縣，未行，賊攻城，督衆拒守，凡十五晝夜，賊忽解去。統春度賊必至，而衆已疲甚，休于家。越五日，賊果突至，城遂陷。統春巷戰，力竭被執，欲屈之，統春指賊渠大駡。賊怒，斷其右手，復以左手指賊駡，又斷之，駡不已，乃割其舌，目怒視，眥欲裂，又剜其目，猶以頭觸賊，遂支解之。璲官盱眙知縣歸里，賊陷潛江，被執，與妻廖氏同殉節。道壽，故來安知縣，賊陷孝感，置掌旅守之，道壽結里中壯士擊殺掌旅。賊復至，杖之，繫獄，令爲書招程良籌。——良籌，孝感故工部尚書註子也，與同邑參政夏時亨築壘于縣境之白雲山以禦賊，賊使説降，良籌毁其書。賊怒，設長圍攻之，相持四十餘日。賊欲道壽貽書招之降，答曰：「我不能助良籌殺汝，肯助汝邪！」遂遇害。良籌後守德安白蓮寨，亦被脅不屈死。

2 庚申，張獻忠陷蘄州。

初，良玉避自成東下，盡撤湖廣兵自從。獻忠聞之，乘虛襲陷黃梅，廣濟生員張開熙、李化龍、孫仍、盧如鼎殉焉。

至是薄蘄州，知州許文岐方擢督糧參政，當行，歎曰：「吾爲天子守孤城三載矣，分當死封疆。雖危急，奈何棄之！」檄參將毛文富出屯近郊，文富劫關廂颺去。荆王府將校郝承忠者，潛通獻忠，導其衆悉力來攻，文岐發礮，斃賊頗多。夜將半，雪盈尺，賊破西門入，文岐巷戰，雪愈甚，礮不得發，與指揮岳璧同被執。獻忠欲脅兩人降，璧厲聲曰：「我世臣也，城亡與亡，豈降哉！」賊乃殺璧而羈文岐于後營，盡屠州民。

鄉官故監察御史饒京、故江西布政張邦翼、故山西按察副使李樹初、故遵化兵備副使李榳、故陝西僉事李新、故印江知縣董一化皆死之。新舉家被執，賊欲屈之，新叱曰：「我昔官秦中，爾輩方爲廝養，今日肯屈膝廝養邪！」賊怒，新抱父屍就刃。

賊繫文岐，與舉人奚鼎鉉等數十人俱，文岐密謂曰：「觀賊老營多烏合，凡此數萬賊，皆被掠良民，若告以大義，同心協力，賊可殲也。」陰相結，尅期舉事，謀洩，遇害。

3 是月，李自成前鋒逼漢陽，轉攻鄖陽，按察使高斗樞、游擊王光恩力守，不克，乃解去。自成遂據承天，自號「奉天倡義大元帥」，號羅汝才「代天撫民威德大將軍」。分其衆曰「標營」，領兵百隊；曰「先、後、左、右營」，各領兵三十餘隊。五營以序直晝夜，次第休息，巡徼嚴密。逃者謂之「落草」，磔之。收男子十五以上、四十以下者爲兵，凡精兵一人，從以主芻掌械執爨者十人。軍令：不得藏白金；過城邑不得室處；妻子外不得攜他婦人。寢興悉用單布幕綿甲，厚百層，矢礮不能入。一兵倅馬三四匹，冬則以茵褥藉其蹏；剖人腹爲馬槽以飼馬，馬見人輒鋸牙思噬若虎豹。軍止，即出較騎射，曰「站隊」，夜四鼓蓐食以聽令。所過崇岡峻坂，騰馬直上。水惟憚黄河，若淮、泗、涇、渭，則萬衆翹足馬背，或抱鬣緣尾，呼風而渡，馬蹏所壅閼，水爲不流。每臨陣，列馬三萬，名「三堵牆」，前者反顧，後者殺之。戰久不勝，馬兵佯敗誘官兵，步卒長鎗三萬，擊刺如飛，馬兵回擊，無不大勝。攻城，迎降者不殺，守一日殺十之三，二日殺十之七，三日屠之。凡殺人，束屍爲燎，謂之「打亮」。城將陷，步兵萬人環堞下，馬兵巡徼，無一人得免，張獻忠雖至殘忍，不逮也。諸營較所獲，馬贏者上賞，弓矢鉛銃者次之，幣帛又次之，珠玉爲下。

4 刑部尚書徐石麒落職，至秋，始以張忻代之。

5 二月，乙丑朔，日有食之。

6 己巳，詔薊遼總督范志完、趙光抃會師于平原，以大清兵將北還也。先是諸鎮援軍觀望河間，不敢救，尾而南，已，聞塞上警，又驅而北。廷臣交章劾之，乃有是命。

7 三月，庚子，李自成殺羅汝才，并其衆。自成不好酒色，甘粗糲；而汝才妻妾數十，被服紈綺，帳下女樂數部，厚自奉養，自成嘗嗤鄙之。汝才衆數十萬，用山西舉人吉珪爲謀主。自成善攻，汝才善戰，兩人相須若左右手。自成下宛、葉，克梁、宋，兵强衆附，有專制心，顧獨忌汝才，乃召汝才所善賀一龍，——即革裏眼也，——縛而殺之。晨，以二十騎斬汝才于帳中，悉兼其衆。

初，自成踞中州，所掠城輒焚燬之。及渡漢江，謀以荆、襄爲根本，改襄陽曰襄京，修襄王宫殿居之。改禹州曰均平府，承天府曰揚武州，他府州縣多所更易。

又以牛金星言，設官爵名號，以田見秀、劉宗敏爲權將軍，李巖、賀錦、劉希堯等爲制將軍，張鼐、黨守素等爲威武將軍，谷可成、任維榮等爲果毅將軍。置五營、二十二將，上相、左輔、右弼、六政府侍郎、郎中、從事等官。要地設防禦使，府曰尹，州曰牧，縣曰令。封崇王由櫍及郡王被執者俱爲伯。官吏降者，並受僞職。僞侍郎喻上猷薦所知李開先、陳萬策賢可用，具書幣徵之。開先觸牆死，萬策自經。

自成既殺汝才、一龍，尋又襲殺藺養成，奪馬守應兵。于是十三家、七十二營諸大賊，降及死者殆盡，而自成、獻忠二人獨存。

8 壬寅，命大學士吴甡督師討賊。

上以襄陽、荆州、承天連陷，召對廷臣，隕涕，謂甡曰：「卿向歷巖疆，可往督湖廣師。」甡具疏，「請得精兵三萬，自金陵趨武昌，扼賊南下。」上方念湖北，覽疏不悦，留中。甡請面對，上以「所需兵多，猝難集，南京隔遠，不必退守。」甡奏言：「左良玉跋扈甚，前督師楊嗣昌九檄徵兵，一旅不發。臣不如嗣昌，而良玉據江、漢甚于曩時，臣節制不行，徒損威重。南京從襄陽順流下，窺伺甚易，宜兼顧，非退守也。」大學士陳演，言「督師出則督撫兵皆其兵」，甡言：「臣請兵，正謂督撫無兵耳。使臣束手待賊，事機一失，有不忍言者。」

上乃令兵部速議發兵，尚書張國維，「請以總兵唐通、馬科及京營兵共一萬畀甡」，又言「此兵方北行，俟撤備後始可調。」上命姑俟之。甡屢請，上曰：「徐之，撤備則兵自集，卿獨往何益！」已而甡卒不行。

9 丁未，流賊陷武岡州。

賊黨馬守應，初陷澧州，窺常德，土寇甘明揚等應之，攻破武岡，縱掠岷邸，岷王企鏗遂遇害。生員袁承孟率子夢麟督鄉兵剿之，爲賊所蹙，投潭水死，夢麟戰没。

先是湖南土寇有飛天王、江長子、洪老殼者，橫行湘鄉、安化、益陽、寧鄉間，犯湘潭，長沙總兵尹先民合兵剿之，戰桃花江，陣斬飛天王，俘江長子，洪老殼溺死。賊悉定。

而臨武劉新宇、藍山李荆楚復大熾，謂之「臨藍賊」，據山寨，納亡命，同出犯常德、衡州，圍桂陽州，先民率裨將貢王猷、土司譚仰庭來援，圍始解。

尋以二百餘艘由衡、湘犯長沙，攻十餘日不克，乃引去，轉攻袁州，直逼永州，將由東安水道闌入廣西，于是合湖廣、廣東、廣西、福建兵會剿。

沅撫陳睿謨，檄先民將主客兵萬五千人討劉新宇，敗賊銅梁橋，用計縛新宇，誅之。餘賊推新宇弟秀宇爲主，嬰險阻以拒官軍，官軍四路奪隘入，直抵其巢，禽秀宇。廣東、廣西、福建兵分道入藍山，藤木轇轕不得進，遂縱火焚之，乘煙而上，先後殺賊首曾成奴、郭子奴等。李荆楚就縛，臨藍賊平。

而諸盜時竊發，患不得息，及是竟陷岷藩，勢張甚。巡按御史劉熙祚馳擊甘明揚于常德，破其衆，斬明揚。方還兵長沙，而獻賊已臨江欲渡，湖南大震。

10 張獻忠陷黃州。

獻忠自蘄擁大衆入黃州，同知朱統鉷禦之，没于陣。黃民多棄家逃，乃驅婦女剷城，尋殺之以填塹，黄岡知縣孫自一、縣丞吳文夔、衛指揮郭以重俱死之。

以重，本州人，世職，聞城陷，自他所來赴難，其妻止之，叱曰：「朝家畀我十三葉金紫，不能易一死哉！」既至，遇賊，欲脅之去，堅不從；露刃懾之，乃好謂賊曰：「從汝非難，但抱呱呱兒者吾妻也，汝爲我殺之，吾無累矣。」賊如其言，以重即奪賊刀擊斬一賊，群賊擁至，遂投水死。鄉官故福建兵備副使樊維城，舉人於斯行，武舉王子監，生員易道暹、馮雲路、史之見、汪延陛，義民余季負、曹上謨、曹大震，並先後不屈死。

道暹家藏書不忍棄，子爲瑚奉母走青峰巖，道暹攜幼子爲璉擔書以行。遇賊，欲屈之，大罵，爲璉請代，遂並殺之。未幾，爲瑚亦被殺。【考異】易道暹，據明史忠義傳增。證之樓山詩集，即是年賊陷黄岡時事也。

雲路從故大學士賀逢聖講學，賊將渡江，雲路貽書逢聖曰：「在内以寧湖爲止水，在外以漢江爲汨羅。」——寧湖者，雲路談經處也。城既陷，乘桴入寧湖，賊遣使來聘，投湖死。

賊分兵攻黄陂、麻城，黄陂知縣趙元有、主簿薛聞禮、生員傅可知俱先後死難。

聞禮當歲歉，民逋漕粟，聞禮貸所知得千金以代民逋。賊陷黄陂，愛其才，挾與俱去，暮即亡歸，殺賊所置僞官，令士民遠避，挺身任之，遂被殺。可知以孝稱，賊執之，憐其年老，不殺，令飼馬，駡賊被害。

湖南將馬人龍援麻城，戰没，有大姓奴湯志者，殺諸生六十人以城降，署縣事教諭蕭頌聖死之。獻忠乃改麻城爲州。

是時黄州屬邑皆陷，蘄水縣丞吴文奕、教諭孫瑋、訓導童天申、羅田守將郭金城、生員王邦衡與其子鯉，並殉節。獻忠既破蘄、黄，遂引兵而西。

11 是月，左良玉軍作亂。

良玉既縱掠武昌，居二十餘日，李自成前鋒逼漢陽，乃避之東去。居人登蛇山以望，叫呼更生，曰：「左兵過矣！」

良玉所部多降兵叛卒，桀悍不馴。裨將王允成爲亂首，擁兵十餘萬，自九江而下，破建德，劫池陽，去蕪湖四十里，泊舟三山荻港，漕艘鹽舶盡奪以載兵，聲言餉乏，欲寄孥南京。南京文武大吏相顧愕眙，陳師江上爲守禦，士民一夕數徙，商旅不行。

都御史李邦華被召，道湖口，歎曰：「中原安静土，東南一角耳。身爲大臣，忍坐視決裂袖手而去！」即草檄告良玉，以危詞動之，良玉氣乃沮。邦華用便宜發九江庫銀十五萬餉之，而身入其軍，開誠慰勞，一軍稍安。

12 夏，四月，丁卯，輔臣周延儒自請督師。

時大清兵略山東，還至近畿，上憂甚。吳甡方奉命入湖廣，延儒不得已自請視師。上大喜，降手敕，獎以召虎、裴度，賜章服、白金、文綺、上駟，給金帛賞軍。延儒遂行，駐通州。

13 辛卯，大清兵北歸。

是春，大清兵自山東還，過登萊，陷萊陽，入直隸界，陷順德府，兵迫近畿。諸援軍亦隨而北，終未敢一戰。

給事中熊汝霖因言：「兵入牆子嶺以來，南北往返，諸軍謹隨其後，如廝隸之于貴官，負弩前驅，望塵莫及。何名爲將！何名爲督師！」上深然之。

汝霖又言：「外縣難民紛紛入都，不云被兵而云避援軍。兵破霸州，未嘗殺戮百姓；援軍繼至，遂無孑遺。朝廷歲費數百萬金錢以養兵，豈欲毒我赤子！」上惡其語激，謫爲福建按察使照磨。

而近畿烽火日亟，周延儒至通州，亦不敢戰，惟與幕下客飲酒娛樂，而日騰章奏捷。

及是大清兵至懷柔，趙光抃合唐通、白廣恩等八鎮兵邀戰于螺山，山在懷柔縣北。皆潰，總兵官張登科、和應薦敗沒，大同參將吳希稷、守備張爾墊亦先後死之。

大清兵之南下也，自去冬至是夏，所過畿輔、山東、應天，及自山東北還，凡克府、州、縣城八十八。

一時官吏死于戰守及紳士之殉節者，畿輔則薊州兵備僉事張名世及其子啓元，管薊鎮糧儲户部主事馬嗣烋與其母薛氏，霸州兵備副使趙煇與其子琬，知州丁師羲，里居參政李時芃，河間參議趙珽一門十四人，督守給事中周而淳，知府顔孕紹，——爲復聖六十五代孫，闔門自焚。同知姚汝明與妾任氏，知縣陳三接與妻武氏，里居襄陽知縣賈太初，訓導馮運隆，順德知府吉孔嘉與妻張氏、長子惠迪、次子婦王氏，里居台州知府傅梅，中書舍人孟魯鉢、張鳳鳴，定州知州唐炫，趙州知州王端冕，【考異】此所記自十五年冬彙書之，而趙州于十一年、十五年凡兩失，端冕之死，明史吉孔嘉傳在十五年克趙州下，三編于十一年、十五年重複書之，今以所書十五年者爲正。教諭陳廣心，訓導王一統，永清知縣高維岱，典史李白正，教諭邸養性，鄉官劉維蕙，阜城知縣吕大成，武邑知縣鄭集命，沙河知縣項易，任縣守備牛文科，深州訓導劉名言，吏目熊國俊，平鄉教諭潘希明，訓導李愈芬、閻慎行，清豐教諭曹一貞，訓導董調元，里居吏部郎李其紀，黄州推官侶鶴舉，富陽知縣杜斗愚，永平里居山東副使申爲憲，新河里居淮安通判劉文蔚，韓城縣丞趙懋誠，生員宗文麗，南樂監生鄭獻書。山東則山東兵備僉事樊吉人，登萊兵備僉事邢國璽，兖西兵備僉事李恪，臨清總兵官劉源清，——澤清弟也。——參將柳毓融，榷關主事陳興言，同知路如瀛，判官徐應芳，吏目陳翔龍，里居故兵部侍郎張宗衡，三編質實：「故宣大總督，罷歸，佐有司守城，援絶死。」太常少卿張振秀，户部員外郎邢泰吉，臨汾知縣尹任，濱州知州王道隆，莒州知州景淑範，貢生何燧，鄒平知縣朱迴添，萊蕪知縣馮守禮與二子攄抱、攄奇，陽信知縣張予卿，滕縣知縣吴良能與其家屬。質實：「城將破，盡殺家屬，拜母出，力戰而死。」前知縣瞿𪀁，質實：「解任未行，與良能協守，城破亦死。」里居車駕郎中劉鴻緒，東阿知縣吴汝宗，武城知縣任萬民，生員商醇儒、商大儒、徐行泗、徐士雅、王國俊、吴文光，臨淄知縣文昌時，質實：「闔門自焚。」訓導申周輔，高苑知縣周啓元，壽光知縣李耿，里居桐柏縣知縣丁茂桂，萊陽知縣陳顯際，里居禮科都給事中沈迅與弟迓闔門死。工部侍郎宋玫與其族叔稽勳郎中宋應亨，中書舍人趙士驥，質實：「應亨以城北卑薄，出千金建甕城，浹旬而畢。玫及同邑趙士驥亦出貲治具，與顯際固守二月餘，城破，皆死之。」齊東教諭張日新與妻方氏、子光裔，邑人安守夏，質實：「日新招降土寇，安守夏共登陴拒守，力不支，與子光裔及守夏皆死，妻方氏自刎。」沂州里居河南巡撫高名衡夫婦，質實：「名衡以巡撫守開封，既陷，以病歸，夫婦同死節。」壽張里居太僕少卿王大年，質實：「以附魏忠賢，掛名逆案，至是亦死。」曹州里居户部主事楚煙與子鳳苞、妻趙氏，長清里居訓導張肇祚，昌邑舉人李治躬、宋明佐，生員宋奇英、宋奇士，諸城舉人丁大轂，新城武舉馬驥，貢生王與朋，生員王與斌、王與玖、王與才、王與藎、王與獻、王與璧、王與纓、王與滿、王士駒、王士奇、王士瞻、畢申、畢卓、耿廷梓、張嗣説、徐淳如、張炅然、張炳然、張熒然、張沖然，泰安州生員張遇留，平度州生員竇啓光，城武生員劉珣，堂邑生員孫法祖，夏津生員劉以楷、戴章甫，朝城生員岳爾高，即墨生員王基，招遠生員單經翰。應天則豐縣知縣劉光先，生員王道充與子賓，布衣皇甫世民，(沐)〔沭〕陽知縣劉士璟等。而南京給事中張焜芳，罷官歸會稽，以事北上，過臨清，與寧波生員馬之騆、馬之駉，俱被執死。焜芳妻妾在家聞之，亦赴井死。天津參將賀秉鉞，扶父柩過臨清，巷戰終日，力盡被執。職方主事劉大年，道出歷城，亦皆殉節死之。

14 是月，鳳督馬士英討劉超，平之。

初，超官貴州，與士英相識，乃緣舊好貽士英書曰：「今文臣軫結勢成，錮不可拔，爲守令則驅民反，爲督撫則驅兵反，爲臺省則驅將反。天下反者，何一非此等驅之！超非侗愚，豈願棄功名，捐首踵，蒙不韙之名，蹈汚敗之行，爲天下笑哉！勢激使然也。」士英得書，因勸之降。超出見，不肯去佩刀，士英笑曰：「若既歸朝，安用此！」已，潛去其親信，執之，俘于朝，磔死。

15 五月，癸巳朔，張獻忠陷漢陽。武昌大震。

16 壬寅，周延儒還京師。

時大清兵已北還，延儒乃言「兵退，請下兵部議將吏功罪。」遂歸；繳上督師敕，上令藏貯以識勳勞。論功，加太師，蔭子中書舍人，賜銀幣、蟒服。延儒辭太師，許之。

17 丙午，以修撰魏藻德爲少詹事兼東閣大學士，預機務。

藻德以十三年舉進士，既殿試，上思得異才，復召四十八人于文華殿問方略。藻德口才捷給，自敘十一年佐有司守通州功，上善之，擢置第一，授修撰。及都城戒嚴，疏陳兵事，又召對稱旨。上意其有抱負，擢禮部右侍郎兼東閣大學士，入閣輔政。藻德力辭部銜，乃改少詹事。

正統末年，兵事孔棘，彭時以殿試第一人，踰年即入閣，然以原官預機務，未有超拜大學士者。

陳演見上遇之厚，曲相比附，八月補行會試，引爲副總裁，越蔣德璟、黃景昉而用之。藻德居位一年，無所建白，但倡議令百官捐助而已。

18 戊申，大學士吳甡罷。

甡督師湖廣，以俟北兵未行。未幾，周延儒督師通州，朝受命，夕啓行，輔臣蔣德璟謂尚書倪元璐曰：「上欲吳公速往，緩言相慰者試之耳，觀首輔疾趨可見。」甡遲回不克行，而部所撥唐通兵，陳演又以關門不可無備，請留之。甡不得已至是辭朝。先一日，出勞從騎，上猶命中官賜銀牌給賞，越宿，忽下詔責其逗留，命輟行入直。甡皇恐，兩疏引罪，遂許致仕。

19 丁巳，周延儒罷。

初，上遣廠衛緝事，延儒再相，奏罷之，于是廠衛以失權胥怨。延儒又傲同官陳演，演銜次骨。掌錦衣者駱養性，延儒所薦也，養性狡很，背之。

至是延儒自通州還，居數日，養性與中官盡發所刺軍中事，上大怒，責延儒蒙蔽推諉，下廷臣察議，演等公揭救之。延儒席藁待罪，自請戍邊，上猶降温旨，言「卿報國盡忱，終始勿替。」許馳驛歸，賜路費百金，以彰保全優禮之意。及廷臣議上，上復諭：「延儒功多過少」，令免議。延儒遂歸。

20 壬戌，張獻忠陷武昌。

先是獻忠將渡漢，前撫宋一鶴既死，代者久不至，武昌知府、江夏知縣並以朝覲行，楚府左長史徐學顔攝縣事，急修守具。然武昌素不宿重兵，城中空虚。

或議撤江上兵以守，參將崔文榮曰：「守城不如守江，江中鴨蛋諸洲，淺不及馬腹，縱之飛渡而坐守孤城，非策也。」當事不從。

賊已渡江，陷武昌縣，殺知縣鄒逢吉。縣無人，賊出營樊口，文榮軍洪山寺扼之，既，斂兵入城，以他將代守。賊全軍由鴨蛋洲畢渡，抵洪山，守將亦退入城。文榮偕里居大學士賀逢聖固守，賊攻之，不能下。

監軍參政王揚基，時已擢僉都御史，巡撫承天、德安二郡，未聞命，尚駐武昌，見勢急，與推官傅上瑞詭言有事漢陽，開門遁去，人情益洶洶。

先是逢聖詣楚府乞發帑募士，楚王華奎出太祖所分金裹交椅一于庭曰：「惟此可作軍需耳，他何有！」逢聖哭而出。及寇警日亟，始出資募兵，應募者率蘄、黃潰卒及賊間諜，反開門納賊。

文榮方出門還，闔城扉不及，躍馬大呼，殺三人，賊攢槊刺之，洞胸死。學顏格鬥，斷左臂，大罵不屈，爲賊支解死。一家二十餘人皆殉焉。

逢聖被執，叱曰：「我天朝大臣，若輩敢無禮！」賊麾使去，投水死。逢聖妻危氏，子覲明、光明，子婦曾氏、陳氏，孫三人，先期載舸艤出墩子湖，鑿其舩艏，俱溺死。武昌通判李毓英、教諭王會篇、衛經歷汪文熙、江夏巡檢戴良瑄及僧官一人，皆殉城抗節死之。【考異】汪文熙以下三人，明史忠義傳殉節于武昌縣。　鄉官故廣西布政吴思温，故鳳翔知府舒顯應，故霍山知縣貢其志，保舉知縣傅如珪，故指揮千户張鳴錦，舉人謝淳培，貢生何應軫，生員熊霈、「霈」，輯覽及諸書，皆作「雯」。明睿，皆不屈死。

霈，黃岡人，移居武昌，喜邵子皇極書，頗言未來事。前一日，貽書友人曰：「明日當覓我某樹下。」及期，行樹傍，賊追至，躍入河池以死。

睿當城破，賊獨不入其門，慨然曰：「安有父母之邦淪覆而偷生苟活者！」與妻及二子、二女、諸婢以次投井死。時人號爲「明井」。都司徐至美守黃鶴樓，重創死。又有巡江都司朱士鼎，城陷被執，賊喜其勇，欲降之，士鼎戟手大駡，賊斷右手，乃以左手染血灑賊，賊又斷之，不死。賊退，令人縛筆于臂，能作楷字，招集舊卒，訓練如常。

賊既陷楚藩，縛楚王，籠之而沈諸江，盡殺楚宗室。録男子二十以下、十五以上爲兵，餘皆殺之，由鸚鵡洲至道士洑，浮胔蔽江，月餘人脂厚累寸，魚鱉不可食。

獻忠遂僭號，改武昌曰天授府，江夏曰上江縣。踞楚王第，鑄西王之寶。僞設尚書、都督、巡撫等官，開科取士，下令發楚邸金振饑民。于是蘄、黃等二十一州縣悉附焉。

方賊之逼江夏也，有大冶人尹如翁，逢聖門生也，走三百里，持一僧帽、一袈裟來貽逢聖。逢聖反其衣，曰：「子第去，毋憂我！」如翁去，賊陷大冶，死之。逢聖既殉節，越百有七十日，屍出浮水上，面如生，以冬十一月壬子斂，大吏葬之江夏縣南之紙坊。【考異】壬戌乃五月之晦日也。據綏寇紀略，「賊以五月初五日自團風渡漢襲武昌縣，二十三日全軍渡鴨蛋洲，二十五日抵洪山，二十九日（傳）〔傳〕城，越日破之。」明史本紀蓋據城陷之日書耳。今附識紀略日分。

21是月，命孫傳庭兼督河南、四川軍務。尋進兵部尚書，改稱督師，加督湖廣、貴州及江南、北軍務，賜尚方劍。

22吏部尚書鄭三俊罷。

三俊爲人，端嚴清亮，正色立朝，惟引吴昌時爲屬，頗爲世詬病。時文選缺郎中，而昌時以儀制郎中欲得之，首輔周延儒力薦于上，且以屬三俊，遂請調補。以他部調選郎，前此未有也。

上惡言官不職，欲多汰之，嘗以語三俊，三俊與昌時謀，出給事四人、御史六人于外。言官大譁，謂昌時紊制弄權，交章力攻，並詆三俊。三俊懇乞休致，詔許乘傳歸。

同時户部尚書傅淑訓、兵部尚書張國維皆罷。淑訓削職；國維以趙光抃事解職，尋下獄，已，念其治河功，釋之。尋復故官，命以僉都御史馳赴江、浙，督練兵輸餉諸務。踰年，甫出都而國難作。

23以李遇知爲吏部尚書，倪元璐户部尚書，馮元飈兵部尚書。

祖制，浙人不得官户部，元璐辭，不許。元璐以軍事急，請得參兵部，許之。

會元飈居兵部，與元璐同志，鉤稽兵食，中外想望治平，而時事已日亟，左支右詘。溯自軍興以來，三餉並行，黠吏因緣爲奸，元璐請合爲一，報可。又以災傷蠲免，計無所出，請開贖罪及輸貲給封誥例，亦從之。是時户部郎中沈廷揚方議行海運，輸之寧遠，有成效，命元璐酌議，每歲糧艘，漕與海各相半行焉。

24 六月，癸亥朔，詔免直省殘破州縣三餉及一切常賦二年。

25 己卯，逮范志完下獄。

先是志完督師，逗留不進，次山東，縱兵淫掠，爲兵備僉事雷縯祚所劾，上令縯祚再陳。志完者，首輔周延儒門生也，縯祚意有所忌，久不奏。及延儒下廷議，演祚乃奏言：「志完兩載僉事，驟陟督師，非有大黨，何以至是！方德州被攻不下，轉攻臨清，又五日志完始至，聞後部破景州則大懼，欲避入德州城。漏三下，邀臣議，臣告以『督師非入城官，薊州失事由援兵内潰』，志完不懌而去。若夫座主當朝，罔利曲庇；隻手有燎原之勢，片語操生死之權，稱功頌德，徧于班聯。臣不忍見陛下以周、召待大臣，而大臣以嚴嵩、薛國觀自待也。臣外藩小吏，乙榜孤蹤，不言不敢，盡言不敢。感陛下虚懷俯納，故不避首輔延儒與舉國媚附時局，略進一言。」上益心動，遂下志完獄。

26 丙戌，雷震奉先殿獸吻，敕廷臣修省。

27 秋，七月，丁酉，上親鞫范志完于中左門，召雷縯祚，面質其逗留淫掠狀，皆實。

上問繽祚：「稱功頌德者誰？」對曰：「延儒招權納賄，如起廢、清獄、蠲租，皆自居爲功，考選臺諫，盡收門下。凡求總兵、巡撫者，必先賄幕客董廷獻。」上怒，逮廷獻，論志完死。已，又曰：「志完與趙光抃皆逗留河間，何獨罪志完，詎服其心乎！」遂並逮光抃。

28 乙卯，上親鞫前文選郎中吳昌時于中左門。

昌時以周延儒薦，居吏部文選職，因之交通內侍，把持朝局。延儒既去，雷繽祚既糾范志完，于是御史蔣拱宸復劾昌時贓私鉅萬，皆連延儒。而中言「昌時通中官李端、王裕民，泄漏機事，重賄入手，輒預揣溫旨告人」，事頗有迹，上怒甚，乃復御中左門親鞫昌時，折其脛，無所承，怒不解。拱宸面訐其通內，上察之皆實，乃下獄論死，始有意誅延儒。

初，薛國觀賜死，人皆謂昌時致之，其門人魏藻德新入閣有寵，恨昌時甚，因與陳演共排延儒，錦衣駱養性復騰蜚語。上乃盡削延儒職，遣緹騎逮入京師。

29 己未，戒廷臣毋得私謁閣臣。

30 自二月至于是月，京師大疫，死者無算。詔發帑療治，瘞五城暴骸，且命釋輕繫。

31 八月，壬戌朔，左良玉復武昌、漢陽。

先是左都御史李邦華入京師見上，論良玉潰兵之罪，請歸罪于王允成，上乃詔良玉誅允成，而奬其能定變，然良玉卒留允成于軍中，不誅也。良玉以賊萃湖北，不敢嬰其鋒，遂留安慶，久之，徐溯九江而上。

當是時，獻忠僭號武昌，李自成在承天聞之，忌且怒，貽之書曰：「老回回已降，曹操輩誅，行且及汝矣！」獻忠懼。又聞良玉將西上，乃以前月二日大焚武昌，從咸寧、蒲圻而上，遂趨湖南。良玉于望後始提兵出湖口，至是乘獻忠已去，乃殺其僞官吏，遂復二郡，入武昌。城中四十八公署及民居皆燼，故禮部侍郎郭正域第獨存，乃即之以立軍府。諸郡邑聞而應之，楚之下流始稍稍復完。

32 丙寅，張獻忠陷岳州。

先是承天巡撫王揚基，自武昌奔入岳州，及聞獻忠將入楚南，率所部千人自岳州奔長沙。推官蔡道憲請還駐岳，曰：「岳與長沙，脣齒也，并力守岳，則長沙可保而衡、永亦無虞。」揚基曰：「岳非我屬也。」道憲曰：「棄北守南，猶不失爲楚地；若南北俱棄，所屬地安在？」揚基語塞，乃赴岳州，及賊入蒲圻，揚基即遁去。

湖廣巡撫王聚奎，遠駐袁州，憚賊不敢進，道憲亦請移岳州，聚奎不得已至岳，數日即徙長沙。道憲曰：「賊去岳遠，可繕城以守。彼犯岳猶憚長沙援，若棄岳，長沙安能獨全！」聚奎不從。

至是賊果逼岳州，沅撫李乾德、總兵孔希貴禦賊于城陵磯，三戰三捷，殲其前部。獻忠怒，百道並進，乾德等不支，皆走，岳州遂陷。獻忠欲渡洞庭湖，卜于神不吉，投珓而詢。將渡，風大作，獻忠聯巨舟千艘，載婦女焚之，火光燭水，夜如晝，遂易騎以犯長沙。

巡按御史劉熙祚，先令道憲募壯丁五千，與總兵尹先民等扼羅塘河。聚奎聞賊至，大懼，急撤兵還城自衞。道憲曰：「去長沙六十里有險，可栅以守，毋使賊踰此。」又不從。

丙戌，賊薄長沙城，士民悉竄。聚奎詭出戰，遽率所部走湘潭。會惠王避地至長沙，與吉王謀出奔，熙祚奉以奔衡州。

獨道憲登陴禦守，賊遶城呼曰：「軍中久知蔡推官名，速降，無自苦。」道憲命守卒射之斃。尋先民出戰，敗還，賊奪門入，先民降。道憲被執，賊啗以官，嚼齒大罵。賊曰：「汝不降，將盡殺百姓。」道憲大哭曰：「願速殺我，毋害百姓！」時有健卒林國俊、李師孔、陳賀、劉士鳳等，【考異】諸書「賀」作「賢」。又明史忠義傳，言「林國俊等九人」，三編據有姓名者四人，今從之。隨道憲不去，賊令說道憲降，國俊等曰：「主畏死，去矣，不至今日。」賊曰：「爾主不降，爾輩亦不得活。」國俊曰：「我輩畏死，亦去矣，不至今日。」賊知道憲終不可奪，磔之，其心血直濺賊面。賊將並殺國俊等四人，四人憤然曰：「願瘞主屍而死。」賊許之，乃解衣裹道憲骸，瘞之南郊醴陵坡，皆自刎。

里居故給事中史可鏡降，賊以爲僞巡撫，俾守長沙，引兵進薄衡州。

時王聚奎兵自湘潭先至衡，大焚掠，桂王及吉、惠二王登舟避亂。巡按劉熙祚單騎赴永州，爲城守計。聚奎復避賊走祁陽。

庚寅，賊陷衡州。知府張任，與賊戰舟中，全家被害。

桂王與吉、惠二王奔永州，獻忠折桂府材載至長沙，造僞殿，而自率兵追三王，熙祚乃遣中軍護王等走廣西，身自督兵守永州。

33 是月，督師孫傳庭出師潼關，自閿鄉次陝州，檄河南諸軍渡河進剿。

李自成之據承天也，集牛金星等議兵所向。金星請先取河北，直走京師；楊永裕請下金陵，斷燕都糧道；從事顧君恩曰：「金陵居下流，事雖濟，失之緩；直走京師，不勝，退安所歸！失之急。關中山河百二，宜先取之，建立基業。然後旁略三邊，資其兵力，攻取山西，後向京師，庶幾進戰退守，萬全無失」，自成從之。

初，傳庭之敗于柿園而歸陝也，力主固守潼關，控扼上游，益募勇士，使白廣恩、高傑將之。開屯田，繕器積粟，三家出壯丁一，製火車三萬輛，俟賊間而擊之。會關中頻歲饑，苦征繕，秦之士大夫以傳庭用法嚴，不樂其在秦，相與譁于朝曰：「秦督翫寇矣！」咸上章催戰。獨兵部馮元飇持議與傳庭合，謂「官軍新募，未經行陣，宜致賊而不宜致于賊。」乃于上前争之曰：「請先下臣獄。俟一戰而勝，斬臣謝之。」又貽書傳庭，戒毋輕戰，白、高兩將不可任。

而廷議趣戰益急，上加傳庭督師，命速出關，傳庭頓足歎曰：「奈何乎，吾固知往而不返也，然大丈夫豈能再對獄吏乎！」不得已遂再議出師，以總兵牛成虎將前鋒，高傑將中軍，王定、官撫民將延寧兵爲後勁，白廣恩統火車營自新安來會，檄左良玉赴汝寧夾擊，陳永福將河南兵，秦翼明將川兵爲犄角。是時自成已自楚至豫，盡發荆、襄兵，令于汜水、滎澤伐竹結筏，人佩三葫蘆，將謀渡河。傳庭分兵防禦，遂出關。

34 九月，丙申，張獻忠陷寶慶，知府李振珽、通判何三傑死之，振珽弟振珽、僕李六鳳、周科、徐彩俱殉焉。

35 己亥，黄景昉罷。

操江故有文武二臣，上欲裁去文臣，專任誠意伯劉孔昭，景昉争之。尋以召惠世揚爲副都御史，久不至，命削其籍。景昉論救，上不懌，遂引歸。

36 辛丑，督師孫傳庭復寶豐。

先二日，師次汝州，僞都尉四天王李養純降。養純言賊虛實：「諸賊老營在唐縣，僞將吏屯寶豐，自成精鋭盡聚于襄城。」傳庭如其言，遂破賊寶豐，斬僞州牧陳可新等。進擣唐縣，破之，殺賊家口殆盡，賊滿營哭。

乙巳，師次郟縣，禽僞果毅將軍謝君友，斫賊坐纛尾。自成幾被獲，遂奔襄城。

37 庚戌，獻忠陷永州。

巡按御史劉熙祚被執至衡，獻忠據桂王宮，叱令跪，不屈，群賊自殿城曳至端禮門，膚盡裂。使降將尹先民説之，終不變，遂遇害。

38 辛亥，賜楊廷鑑等進士及第、出身有差。

是春以畿輔有警停會試，八月補行，至是始赴廷對。

39 壬子，督師孫傳庭兵潰于襄城。

時大軍進逼襄城，賊懼，謀降，自成曰：「無畏！吾殺王焚陵，罪大矣。姑決一死戰，不勝則殺我而降未晚也。」

而官軍時皆露宿與賊持，久雨道濘，糧車不得前，士饑。攻郟，破之，獲馬騾，噉之立盡，雨七日夜不止。後軍譁于汝州，不得已退軍迎糧，留陳永福爲後拒。前軍既移，後軍亂，永福斬之不能止。賊追及之南陽，傳庭令反轡還戰。

賊陣五重，饑民處外，次步卒，次馬軍，又次驍騎，老營家口處內。官軍力戰，破其三重。傳庭復麾之進，賊驍騎殊死鬥。官軍陣稍動，降將白廣恩軍將火車者呼曰：「師敗矣！」脱輓輅而奔，車傾塞道，馬絓于衡不得前，賊鐵騎淩而騰之，步賊手白棓遮擊，中者首兜鍪俱碎。自成空壁躡我，一日夜官兵狂奔四百里。參將趙希魁戰没，廣恩走汝州，高傑隨傳庭走河北，至于孟津，死者四萬餘，失亡兵器輜重數十萬。

方傳庭之退兵迎糧也，有僞侍郎邱之陶者，大學士瑜之子。自成陷宜城，瑜父民忠仰藥死，之陶遂爲所得，頗任用。至是之陶欲以奇計誤賊，遣人間道走武關，以蠟丸書貽傳庭曰：「督師當還兵戰，吾詭言左鎮兵大至摇其心，彼必返顧。督師擊其後，吾從中起，賊可滅也。」傳庭大喜，報書如其言，爲賊邏者所得。傳庭恃内應，連營前進，之陶果舉火報左兵大至，自成召而示以傳庭書，責其負己。之陶大罵曰：「吾恨不斬汝萬段，豈從汝反邪！」自成怒，遂支解之。

傳庭既敗，遂取儳道過河，由山西轉趨潼關。

40 是月，鳳陽地屢震。

41 冬，十月，辛酉朔，享太廟。

42 丙寅，李自成陷潼關，督師兵部尚書孫傳庭死之。

傳庭退保潼關，白廣恩已先至。高傑欲棄關徑入西安，憑城堅守，傳庭曰：「賊一入潼關，全秦麋沸，秦人尚爲我用乎！」已，賊攻關，廣恩力戰。傑以寶豐之敗，廣恩先走不救己，銜之，又憾傳庭不用其言，擁衆不顧。廣恩戰敗，賊獲督師坐纛，遂乘勝破潼關，官軍大敗，廣恩奔固原，傑走延安。傳庭登陴固守，賊分兵從山後遶出其前，關城遂陷。傳庭躍馬揮刀大呼，衝入賊陣，與監軍副使喬遷高同戰死。衛指揮張爾猷、盛袓之、李繼祖、千户袁化龍、潼關教諭許嗣復皆殉之。嗣復分守關城之上南門，城陷，被執，罵賊死，妻女殉焉。

傳庭之出師也，自分必死，顧語妻張氏曰：「爾若何？」曰：「丈夫報國耳，毋憂我！」後西安破，張氏率二女、三妾沉于井，揮其八歲兒世寧亟避賊去之。兒踰牆，墮民舍中，一老翁收養之，長子世瑞聞之，自代州重趼入秦，得夫人屍井中，面如生。老翁歸其弟世寧，相扶攜還。道路見者，知與不知皆泣下。

傳庭死，不得其屍。或有言傳庭未死者，竟不予贈廕。遷高之死，妻史氏、子象觀亦聞變自縊死。【考異】謹按殉節録，傳庭以乾隆四十一年追謚忠靖，自遷高以下，皆予謚入祠。

43 賊陷渭南。

知縣楊暄，方擢兵部主事，未行，賊至，死守。舉人王命誥開門迎賊。暄被執，索印不予，罵賊死。教諭張馥，訓導蔡其城，與瑄分陴固守，亦死之。

鄉官前南京吏部尚書南企仲，與子禮部主事居業、族子前工部尚書居益家居，賊陷城，責南氏餉百六十萬。企仲年八十三矣，遇害。賊脅居益、居業降，不從，擁之去，加礮烙。二人皆不屈，絕食七日死。故衡州推官鄭君愛亦死焉。

又陷臨潼，鄉官故商邱教諭王佩珂死焉。

賊又分兵陷華州，鄉官故四川恤刑郎中郭宗振、故山海關游擊李承燦、故寧夏守備薛國蕙偕弟諸生國華皆死之。

44 詔有司以贖鍰充餉，從户兵議也。

45 戊辰，李自成分遣右營十萬人自南陽攻商州。

商雒道參議黃世清憑城守，有奸民投賊，至城下說降，世清佯與語，發礮斃之，懸其首城上曰：「懷二心者視此！」士民皆效死，礮矢盡，繼以石，石盡，婦人掘街砌繼之。城陷，世清坐堂上，麾其僕朱化鳳去，化鳳願同死，一家十三人皆遇害。

商州諸生邵公坤，與弟公巽、公佐、公齊、公量，一家死者十八人。諸生李本健與弟本深及本深之子，諸生呂元聲與其母、妻，諸生雷堂、孫纘文，布衣楊名道、周揚實等並殉難。賊遂屠其城。

46 庚午，張獻忠陷常德。同知朱國治死之。

賊發故督師楊嗣昌祖墓，斬其尸，見血。

當是時，湖南諸郡縣多爲獻賊所破。而李自成竊據承天，遣其黨高一功、馮雄據襄陽，任繼光據荆州，藺養成、牛萬才據夷陵，白旺據安陸，蕭雲據荆門，謝應龍據漢川。賊僞官徧諸郡縣。

一時楚南北將吏之死于城守及鄉官士庶不屈死者，湖北則援剿都司張應禮，均州布衣李友竹，三編有均州知州胡承熙父子，歸州千户吕調元，夷陵鄉官李雲三人，與去年十二月所記重複，已見上卷。嘉魚知縣王良鑑，蒲圻知縣曾栻，安陸知縣濮有容一門十九人，江陵知縣袁問科闔門，諸生謝幼安，隨州吏目沈元鑑，京山典史張自新，質實：「統民兵剿賊，戰死于羅漢嶺。」諸生李哲，應山舉人劉申錫，沔陽諸生朱日薦，鍾祥諸生劉振孫，雲夢諸生柳宗旦、張用晦、施爾奇、柳列奎、李善昌、左璞、李聯，孝感諸生熊延祚。湖南則長沙通判周二南，質實：「獻忠遣其黨自興國入境，二南出禦于瀏陽之官渡，没于陳」。岳州通判劉璧與子泰，質實：「擢漢陽知府，未行，守城力竭，被執，不屈死。子泰，時年十四，亦從父死之。」臨湘知縣林不息，明史忠義傳：「抗罵不屈，斷其兩手殺之。」湘陰知縣楊開，明史忠義傳：「與家屬十七人投水死。」諸生黄鳳德，醴陵知縣萬頼擢，「擢」，明史傳作「耀」。諸生文昌拱，寧鄉知縣莫可及與子若鼎、若鈺，安化知縣袁繼登，質實：「擢刑部主事，未行，城陷，被焚死。」衡陽知縣張鵬翼與其妻子，質實：

「賊脅使降，不屈，縛而投諸江。妻子亦赴水死。」衡山知縣董我前，教諭彭允中，桂東知縣毋崇正，瀏陽大圍山守備王元封，質實：「賊犯境，單騎入賊營酣戰，馬仆，猶步鬥，殺數人死。」署武陵縣衡州教授時道亨，明史忠義傳「時」作「蔣」，抱印罵賊死。鄉官故上林苑監正楊鷺，諸生周笏、柳之彦，益陽教諭賴大雅，鄉官故推官陸有光，質實：「賊陷長沙，執其母，有光親至賊營，求釋其母，許之。已，絶吭而死。」諸生易應達，巴陵教諭歐陽顯宇，質實：「罵賊支解死。」邵陽教諭王紱，諸生劉源澄、曾士選、劉養生，布衣劉人儼、陳邦基，長沙縣丞吴士義，質實：「城陷，賊舉刀相向，百姓號泣爲請命，士義罵不絶口死。」武生蕭鍵，善化舉人馮一第，質實：「走湘鄉乞師，賊執其母與兄招之，至長沙，一第就縛，罵賊死，母兄得免。」諸生李有裴，東安舉人唐德明，湘潭諸生譚景悦、蕭贊、黄文炳與子甲、譚孔昭、譚思猷與子清遠，耒陽諸生謝如珂，皆死賊難。

又獻忠陷長沙，分兵圍參政周鳳岐于澧州，城陷被執，賊親解其縛，説之降，怒罵而死。分守湖南參議陳璸往援，亦被執，不屈，斷手割肝而死。

于是湖南、北十五府，陷者十三。辰州以土司塞辰龍關，鄖陽以按察使高斗樞、游擊王光恩百計捍禦，獨得存。然鄖陽四面皆賊，中朝謂其已陷，不復設撫治。是夏，斗樞上請兵疏，始知鄖存，衆議即任斗樞爲撫治。輔臣陳演與之有隙，乃擢知府徐啓元僉都御史任之，加斗樞太僕寺卿。路阻，亦不能達也。而武昌諸生程天一、孝感布衣易道三集鄉勇討賊，監軍道王瓆、沔陽知州章曠起兵應之。蘄、黃、漢三府旋反正。會左良玉至，立軍府，而獻賊已入江西。

47 詔以右僉都御史何騰蛟巡撫湖廣，代王聚奎也。——騰蛟，貴州黎平衛人。

48 壬申，李自成陷西安。

先是賊自商、華逼西安，巡撫馮師孔整衆守禦。主城守者爲王根子，通于賊，射書城下，開東門納之。副將劉光先戰不支，沈河死。師孔及按察使黃絅、長安知縣吳從義、秦府長史章尚絅、指揮崔爾達、苑馬寺監正游之雲、按察經歷楊于邦、鄉官故僉事王徵、輯覽注：「絶食死」，三編佚。故河南參政祝萬齡、質實：「深衣大帶，趨至關中書院，拜先聖，投繯死。」故川北道參議陶爾德、故隰州知州周培忠、故懷慶通判竇光儀、故芮城知縣徐芳聲、故儀封知縣徐方敬，秦府右護衛旗官徐應魁，舉人朱誼巣、席增光，貢生孫孕泰、弟孕芳，諸生李光信、王召俊、陳瑞，布衣朱恩等皆死之。

自成執秦王存樞，以爲權將軍，永壽王存桑爲制將軍，布政使陸之祺、里居吏部郎中宋企郊、提學僉事鞏焴等俱降。

自成大掠三日，改西安曰長安，稱西京。賜顧君恩女樂一部，賞入關策也。大發民修長安城，開馳道。自成每三日親赴教場校射，百姓望見黃龍纛，咸伏地呼萬歲。諸將白廣恩、高汝利、左光先、梁甫先後降。陳永福以先射中自成目，保山巔不敢下，自成折箭爲誓招之，亦降。獨高傑以竊自成妻走延安，爲李過所迫，折而東，渡宜川，絕蒲津以守。

初，自成剽掠十餘年，未嘗有大志，及席卷湖廣、河南，始萌竊據之志。然地四達皆戰場，所得郡縣，官軍旋復之。至是既入秦，秦藩富甲天下，府庫貲千萬，皆爲所取，又據河山百二之險，遂不可制。

先是户部尚書倪元璐言：「天下諸藩，孰與秦、晉？秦、晉，山險用武國也，請諭二王，以剿賊保秦責秦王，以遏賊不入責晉王。王能殺賊，假王以大將軍權；不能殺賊，悉輸王所有餉軍，與其賫盜。賊平，益封王各一子如親王，亦足以明報矣。二王獨不鑒十一宗之禍乎？賢王忠而熟于計，必知所處矣。」書上，不報。至是賊果破秦，悉爲賊有焉。

49 劉光先之陣没也，妻王氏投井死，一家死難者五十餘人。

黃絅，光州人，崇禎七年，賊陷光州。絅時以淮海兵備副使丁憂歸，方廬墓山中。子彝如督家僮巷戰，罵賊死、絅服除，起臨鞏兵備副使，大破自成于潼關原。至是自成勸之降，叱之。會妻王氏方赴井，絅得間亦投井皆死。

吴從義練丁壯三百人殺賊，城破，與崔爾達亦皆投井死。未幾，朱恩與其弟斗環、從子語，亦皆死于井。自是長安多義井。

而秦王存樞之降也，其妃劉氏獨死之。【考異】三編據明史諸王傳，言「王妃劉氏死之」。綏寇紀略則云，「世子妃劉氏聞秦藩陷，痛哭曰：『國破家亡，不如一死。』自成遺歸其家。」蓋傳聞異詞也，今據明史、三編。章尚絅聞城破，投印井中，冠服趨王府端禮門雉經；周培忠一門殉節；李光信妻熊氏，王召俊妻雷氏，並從其夫死；陳瑞率二女孫沉紫潭湖死。凡此皆死事之著者。

50 丁丑，張獻忠陷吉安。

左良玉駐師武昌，聞獻忠已入江西，遣副將吴學禮往援。江西巡撫郭都惡其淫掠，檄之歸，自募土人戍守。至是賊至，遂陷城，吉安通判邵夢河死之。

尋陷所屬之吉水、安福，安福舉人王之爵，諸生周國柱，吉水布衣徐士驤，並以捍禦死。

遂由峽江、分宜入袁州，分宜貢生張兆蘭、峽江諸生胡若坦死之。

51 是月，户部尚書倪元璐兼署禮部，時林欲楫以致仕去也。

52 十一月，癸巳，張獻忠再陷岳州，左良玉遣將馬自秀率水師敗之城下。尋遣馬進忠援袁州。未幾，二城並復。【考異】據綏寇紀略載良王條，進兵日月狀中，言「十月十三日復袁州」，蓋流賊所陷也。又云：「十一月二十七日再復袁州」，則張獻忠陷後，馬進忠復之也。下文又云：「十二月初二日，復萬載，入楚境，初五日，復醴陵，二十六等日，復長沙、湘潭、湘陰等縣。」明史本紀，「十二月丙戌，良玉復長沙」，即二十六日也。今彙載復袁州、岳州事，而附識日月于此。

53 甲午，李自成陷延安，延安副總兵官解文英、縣丞姚啓崇死之。

自成既盡有西安、延安之地，乃詣米脂祭墓，向爲官軍所發焚棄遺骴，築土封之，求其宗人，贈金封爵以去。改延安府曰天保府，米脂曰天保縣，清澗曰天波府。

復以五百騎西掠鳳翔，守將誘而殲之，自成怒，大發兵往攻。典史董尚質開門迎賊，知府唐時明被執，至興平，乘間自縊死。

是時西安諸屬城及延安所部州縣，多望風降賊。官吏以城守死者，惟蒲城知縣朱一統，由舉人任官，賊至，以死自誓。或言「他州縣甲榜者皆已納款」，一統曰：「此事寧論資格邪！」尋衙兵叛，奪印趣迎降，一統赴井死。白水知縣朱迴潢手弓射賊死。教諭魏歲、典史劉進皆死焉。中部知縣朱新鍱守城，有以僞牒招降者，碎之，令妻妾子女盡縊，乃投繯死。

鄉官則盩厔故雲南知縣袁養和，高陵故霸州道參政李喬崑，富平故山西參政田時震，贈右副都御史朱崇德，質實：「崇德乃山東巡撫國棟之父。」三原故宣府巡撫焦源清與其從弟故大同巡撫焦源溥，故河南巡撫常道立，故冀寧道參政喬巍與外弟王伯達、僕王崇德，華陰故高郵知州陳嗣虞，蒲城故巡按山東御史王道純，故睢州知州魏國柱，耀州故太常卿宋師襄，同州諸生劉長庚，鄜州諸生齊大成，膚施諸生楊繡徵，並以不屈死。

而鳳翔所屬州縣，亦叛降賊。自隴州同知薛應珍、寶雞知縣唐夢鯤、游擊曾榮耀、裨將陳奇傑、袁明、岐山鄉官牛養傑之外，質實：「薛應珍攝州事，詈賊死。夢鯤、奇傑、榮耀、袁明，與賊戰寶雞之賈村，没于陣。」無死事者。于是賊益恣甚，且欲以僞檄定諸邊矣。

54 壬寅，祀天于南郊。

55 辛亥，以吏部侍郎李建泰、副都御史方岳貢並兼東閣大學士，預機務。

建泰先官祭酒，有聲望，尋擢侍郎，至是與岳貢並以本官入閣。

岳貢歷郡守監司，以廉能稱，召對稱旨，超擢副憲，未幾有是命。故事，閣臣無冠都御史銜者，岳貢一人而已。

56 癸丑，范志完、趙光抃誅，故輔吴甡謫戍。

甡既罷歸，陳演與錦衣駱養性交搆之，上益怒。及周延儒以賄敗，上作色曰：「兩輔臣負朕。朕待延儒厚，乃納賄行私，罔知國法；命甡督師，百方延緩，爲委卸地。延儒被糾，甡何獨無！」既而曰：「朕雖言，終必無糾者，錦衣衛可宣甡候旨。」

甡入都，敕法司議罪，遣戍金齒，南京兵部尚書史可法馳疏救，不從。

57 丁巳，李自成陷榆林。

先是總兵王定從孫傳庭出關，大敗，奔還榆林，遠近震恐。自成傳僞檄招降，定懼，詭言討套部，率麾下兵遁去。巡撫張鳳翼甫受命，未至。城中士馬單弱，人心洶洶。兵備副使都任，亟集督餉員外郎王家録、副將惠顯、參將劉廷傑等，與里居故總兵官尤世威等議城守，衆推世威爲主帥。

及延、綏相繼陷，復遣使説降，廷傑大呼曰：「長安雖破，三邊如故。賊皆中州子弟，殺其父兄而驅之戰，必非所願。榆林天下勁兵，一戰奪其氣，然後約寧夏、固原，爲三師迭進，賊可平也。」衆然其言，乃歃血誓師，簡卒乘，繕甲仗，各出私財佐軍。守具未備，賊將李過已引兵十萬抵城下。

廷傑募死士乞師套部，師將至，賊分兵却之，攻城甚力。官軍力戰，殺賊無算，賊益衆來攻，起飛樓逼城中，矢石交至。世威等戰益厲，守七晝夜，賊乃穴城置大礮轟之，城遂破。世威等猶督衆巷戰，婦人豎子亦發屋瓦擊賊，屍相枕藉。既而力不支，任家録死之。故總兵侯世禄與子前任山海總兵拱極，故天津總兵王學書，故宣府總兵董學書，——故都督一元子也，與前副總兵潘國俊，參將王榮、榮子師易，並不屈死。【考異】王榮父子死，明史忠義傳入之明年陷彰德下。今據三編。

一時同死者，鄉官前户部主事張雲鶚，前隰州知州柳芳，前真安知縣彭卿，前湖廣監紀趙彬，皆不屈死。指揮崔重觀自焚死，傅佑與妻杜氏自縊死，中軍劉光祐罵賊死，材官李耀善射矢盡自刎死，李光裕趣家人死，亦自刎，張天敘焚其積貯自縊死，千户賀世魁偕妻柳氏自縊死，前任安邊參將馬鳴節聚妻子室中自焚死，前任山海參將尤岱自殺于水西門，前任西安參將李淮令妻女自縊，率子殺賊自刎，綏德衛指揮鍾茂先先殺妻子而自殺。

其以力戰死者，里居則前山海總兵楊明。前定邊副將張發，雲鶚子也。前靖邊副將尤翟文，世威從弟也。前孤山副將王永祚，前西安參將李應孝，與妻女皆自縊死。在官則游擊傅德、潘國臣、李國奇、晏維新、陳二典、劉芳馨、文侯國，都司吴繼武、中軍楊正韡、柳永年、馬應舉，守備尤勉、惠漸、賀大雷、楊以偉，指揮李文焜、李文燦、黄廷政，千户黄廷用，百户黄廷弼，廷用、廷弼，皆廷政弟。禆將文經國。而副將常懷、李登龍，游擊孫貴、尤養鯤，守備白慎衡、李宗敘，亦以守村堡遇害。諸生陳義昌、沈濬、沈演、白拱極、白含章罵賊死。張連元、連捷、李可柱、胡一奎、李膺祥自縊死。

賊怒廷傑勾套部，磔之，至死罵不絕口。其弟廷夔收兄殘骸瘞之，亦自投閣死。世威及故總兵王世欽、王世國、李昌齡並被執，縛至西安，自成坐秦王府，欲降之，四人不屈。自成曰：「諸公皆名將，助我平天下，取封侯，可乎！」衆罵曰：「汝驛卒，敢大言侮我！」自成笑，前解其縛，世欽唾曰：「驛卒，毋近前污將軍衣。」自成怒，皆殺之。世威弟世禄亦死。惠顯及都司郭遇吉同被執，遇吉罵賊死，賊惜顯勇，繫至神木，服毒死。

一城之中，婦人死義者數千人，井中尸滿。賊遂屠其城。

榆林爲天下雄鎮，兵最精，將才最多。然其地最瘠，餉又最乏，士常不宿飽。乃慕義殉忠。志不少挫，無一屈身賊庭，其忠烈又爲天下最。

事聞，上嗟悼，將大行褒恤，會國難作，不果。

58 是月，李自成乘勝連陷寧夏、慶陽。

先是自成據西安，分兵四出，寧夏鎮兵迎戰，殺賊數千，賊乃去。平涼甫聞警，韓王亶瑺及監司以下謀遁去，知府簡仁瑞謁韓王曰：「殿下輕棄三百年宗社，欲何之？縱賊壓境，甘、涼諸鎮軍足相援。必不能支，同死社稷，亦不辱二祖列宗。」王不從。一夕，其護衛卒大譟，挾王及諸郡王宗室斬關出。脅仁瑞行，仁瑞曰：「吾平涼守也。吾去，誰與守！韓王遂奔慶陽，官吏皆走。

未幾，賊抵城下，士民數人草降書，乞僉名署印，仁瑞怒，叱責之，正衣冠自經堂上。義民朱傑軒、孟尚池仰藥死，而傑軒闔門殉焉。又有平涼馬夫者，佚其姓名，隨驛使殺賊被執，寸磔死。

平涼既陷，屬城皆降，獨華亭教諭鄒邦榮，訓導何相劉，率諸生共守城。先是邦榮欲援曾子居武城義避去，相劉曰：「吾輩委質爲臣，安可以賓師自處！」城陷，二人遂同死之。

時自成已大發兵攻陷榆林，憤寧夏之敗，悉鋭薄其城。總兵官官撫民以城降，中後衛城悉陷，鄉官故懷仁知縣雍締，闔室自焚死。里居指揮彭淩雲，百户鄧德寧，與義民王風木糾衆討賊，謀泄死。

賊遂連犯慶陽，圍數匝。參議殷復興集衆守，發礮石，殺賊滿濠。久之，勢不支，拜辭其母，聚妻妾子女于樓，置薪其上，復乘城督戰。城陷趨歸，火其樓，母亦投火死。乃馳鐵鞭走北門，擊殺數賊，遂自刎。

同時死難者，推官靳聖居，方擢刑部主事，未行，遇害。安化知縣袁繼登，都司周家彥，率衆巷戰，殺賊數百人，皆死之。鄉官故太常少卿麻僖、諸生石瑄、李彝殉焉。其屬城則寧州知州董琬，環縣鄉官故照磨朱國禎，故武邑典史張宏遠，亦殉節。

賊執韓王以去，將趨漢中，扼于官軍，不得入，覆其所屬城固縣。知縣司五教，斬諸生爲賊內應者，誓死守，城陷，爲賊所磔，訓導竇汝器亦死之。鄉官故江西巡撫張鳳翮、故福山知縣方振寰、貢生岳中衡均遇害。

59 兵部尚書馮元飈引病歸，以張縉彥代之。

60 十二月，辛酉朔，恒星晝見。

61 壬戌，張獻忠陷建昌。

62 乙丑，周延儒賜死。

延儒被逮，適舊輔王應熊奉召至京師，延儒知上怒甚，宿留道中，俟應熊先入，冀爲請。上知之，應熊既至，命之歸。此延儒至，安置正陽門外古廟，上疏乞哀，不許。法司以戍請，同官申救，皆不許。至是吳昌時棄市，勒延儒自盡，籍其家。

63 丁卯，張獻忠陷撫州。

方賊陷吉安、建昌，廣東南韶大震，屬城盡逃。副使王孫蘭請救不應，連城守將先據城叛，憤而自經。

時兵部侍郎呂大器，方代侯恂爲總督，無兵不能救。左良玉以恂解任，中道逮下獄，知其爲己，心鞅鞅，與大器齟齬，亦不援。其部將馬進忠僅復袁州，而馬士秀復岳州後，與賊戰于嘉魚，再失利，良玉軍遂不振。

顧獻忠終憚良玉，不敢南行。有獻計取吳、越者，謝不用，于是始決策入川中。【考異】諸書或言馬士秀復袁州，馬進忠復岳州，而綏寇紀略，九江哀卷内所記良玉復州縣原奏，則復岳者士秀也，史稿亦言「馬士秀復岳州」，今據書之。

64 辛巳，李自成遣前鋒渡河，入山西，陷平陽，殺西河王等三百餘人，平陽總兵陳尚智降。于是山西州縣先後潰，或望風請降，秦、晉之間皆爲賊有。

65 甲申，李自成陷甘州。

先是自成據西安，遣其黨賀錦、田見秀等徧掠三秦郡縣，于是鞏昌之安定、會寧、秦安皆先後陷。

安定知縣應昌士，城陷，不屈死，妻周氏亦遇害。會寧知縣王垣以安定令攝縣事，爲賊所執，令說後任應昌士降，及登城，勗以死守，遂被害。秦安知縣朱呈瓘亦死之。鄉官故開封同知劉躍龍，安定人，貢生張國紘、戴天，諸生王保民、唐維新、李洲、楊毓秀、陳周瑞、楊中葵、劉翹名、楊九儀、王璽、薛三戒、楊道泰、高朝鳳、張大才，監生陳周鼎、張大韶，十七人者，皆安化人。而保民兄保泰、弟保貞、從孫弘毅，周瑞弟周哲，亦以捍賊被殺。

是時秦、隴皆没，惟甘肅帶河爲固。賊破鞏昌諸縣，遂移兵逼蘭州，蘭州人開門迎賊。賊渡河，涼州、莊浪二衛亦降。

至是進犯甘州。巡撫僉都御史林日瑞，聞賊至，急結西羌，嚴兵以待，而自率副將郭天吉等扼諸河干，適嚴冬，河〔水〕〔冰〕合，賊踏〔水〕〔冰〕過，直抵甘州城下。日瑞入城，且戰且守，大雪深丈許，樹盡介角幹折，手足皸瘃，守者咸怨。賊乘夜坎雪而登，城陷，執日瑞，誘以官，不從，磔于市。天吉及總兵官馬爌，副總兵張攀、歐陽衮、劉國棟，游擊楊威、趙宗禮、萬峘，撫標中軍哈維新，都司姚世儒、姜弘基、高登科，監紀同知藍臺皆死之。攀一家俱殉，衮焚其妻子巷戰死，國棟闔門自焚死，威爲賊斷喉絶脛死。宗禮將火其家，僕負其子金剛保以逃，宗禮手刃之，家無一人脱者。峘從林日瑞殺賊，被執，磔死。臺從天吉拒守死。

鄉官則故總兵官羅俊傑、趙宦，游擊李如璋，指揮趙宗祝、李棲鵾、姚天寵、張洪勳、王嘉官、趙宷，故太湖知縣段自弘，故靖遠衛教諭童志道，千總劉爍，貢生張之衡、保獻書，諸生張名禮、張聖翼、康國新、童士楷、丁倫、康萬秋、祁士英，醫士費國興，吏員梁進法，義民朱文選、馬騰錦、郭世潔，並死之。

俊傑，故總兵一貫子，與其弟俊士同殉。如璋同子起鳳、祥鳳、集鳳射賊，皆被殺。宗祝與子寀自刎，妻妾亦投繯死。棲鵾、洪勳、嘉官同巷戰力竭自刎。天寵迎戰被殺，家人皆自焚死。自弘捐貲餉士，城陷自刎。燦即國棟子也。

甘州既陷，居民猶洶洶欲殺賊，賊乃闔城扉，殺其民四萬七千人。

三邊陷没，列城望風降。惟西寧衛獨固守不克，留賊將賀錦圍之。賊已無復後顧憂，竟長驅而東，謀僭尊號矣。【考異】是年闖、獻分犯地方，其年月之先後，惟明史本紀所載干支，與綏寇紀略所記日分無不脗合，間有相差者，不過一日，蓋所據大小建之異耳。若殉難地方紳士，重修三編悉據明史忠義傳分月彙編，較之輯覽多至數倍。蓋三編重修之時正賜諡勝朝殉節諸臣，故所搜輯采訪尤詳，今悉據之，其一二遺脱者，據明史、輯覽補。

66 丙戌，左良玉復長沙。

67 是歲，浙江有許都之亂。

許都者，東陽諸生，副使達道之孫，家富，任俠好施，陰以兵法部勒賓客子弟，思得一官，紹興推官陳子龍常薦諸上官，不用。會有義烏奸人假中官名招兵者，都無與也，東陽知縣姚遜木，利都所有，文致都，求賂不應。都葬母山中，會者萬人，遜木告監司曰：「都反矣。」遣役收捕之。送葬者大譟，遂裹帛反，號「白頭兵」，旬日間聚衆數萬，連陷東陽、義烏、浦江，遂逼金華，既而引去。

巡按御史左光先，命子龍爲監軍往討，稍有俘獲。都退屯山中，官軍仰攻不能下。監司欲撫之，語子龍曰：「賊聚糧據險，非曠日不克，我兵萬人，止五日糧，奈何？」子龍曰：「都，舊識也，請往察之。」乃單騎入都營，責數其罪，諭令歸降，待以不死，遂挾都走山中散遣其衆，而以二百人降，光先乃斬都等六十餘人于江滸。自是一二年間，浙東土寇蠭起，皆稱「白頭兵」，蓋自都始。

68 是年爲大清崇德八年。八月，大宗文皇帝崩，世祖章皇帝嗣位，以明年爲順治元年。

明通鑑卷九十

紀九十 閼逢涒灘（甲申），起春正月，盡夏四月。

江西永寧知縣當塗夏燮編輯

莊烈皇帝

崇禎十七年（甲申、一六四四）

1 春，正月，庚寅朔，大風霾。鳳陽地震。

2 是日，李自成僭號于西安。

自成久覬尊號，懼張獻忠爲患，既入秦，通好獻忠，獻忠厚幣遜詞以報之。白成喜，遂僭稱王，改名自晟，國號大順，改元永昌。追尊其曾祖以下，加謚號，以李繼遷爲太祖。設天佑殿大學士，以牛金星爲之。增置六政府尚書等僞官，以宋企郊爲吏政尚書，陸之祺爲户政尚書，鞏焴爲禮政尚書，張嶙然爲兵政尚書。復五等爵，大封諸臣，侯劉宗敏以下九人，伯劉體純以下七十二人，子三十人，男五十五人。定軍制，有一馬儳行列者斬之，馬騰入田苗者斬之。籍步兵四十萬，馬兵六十萬。

令弘文館學士李化鱗等草檄馳諭遠近，指斥乘輿，有云：「君非甚暗，孤立而煬竈恒多；臣盡行私，比黨而公忠絕少。」又云：「獄囚纍纍，士無報禮之心；征斂重重，民有偕亡之痛。」見者無不扼腕。

時囚衆有邱從周者，都司吏也，長不滿三尺，素懷義憤，伺自成出，乘醉直至其前，戟手罵曰：「若一貧賤細民，今妄據王府，僭稱僞號，逆天悖理，吾見汝屍之萬段也！」自成大怒，立斫殺之。【考異】自成僭僞號于西安，明史本紀不載。而流賊傳特書于十七年正月庚寅朔，三編亦書「朔」字，今從之。

3 庚子，輔臣李建泰自請督師剿賊。

建泰，山西人，李自成初逼山西，建泰慮鄉邦被禍，家富于貲，可籍佐軍，毅然有滅賊志，常與同官言之。會上聞自成僭號，大驚且嘆曰：「朕非亡國之君，事事皆亡國之象。祖宗櫛風沐雨之天下，一朝失之，何面目見于地下！朕願督師親決一戰，身死沙場無恨，但死不瞑目耳。」語畢，痛哭。陳演、蔣德璟諸閣臣請代，俱不許。建泰頓首曰：「臣家曲沃，願出私財餉軍，不煩官帑，請提師以西。」上大喜，慰勞再三，曰：「卿若行，朕當仿古推轂禮。」遂加建泰兵部尚書，賜尚方劍，便宜從事。乙卯，行遣將禮，以特牲告太廟，上御正陽門樓，衛士東西列，自午門抵城外，旌旗甲仗甚盛。內閣五府、六部、都察院掌印官及京營文武大臣俱侍立，鴻臚贊禮，御史糾儀。賜之宴，御席居中，諸臣陪侍。酒七行，上手金卮親酌建泰者三。乃出手敕曰：「代朕親征。」建泰頓首謝，且辭行，上目送之。行數里，所乘肩輿忽折，衆以爲不祥。建泰以宰輔督師，兵食並絀，所攜止五百人。甫出都而曲沃已破，家貲盡没，驚悸而病。日行三十里，士卒多道亡者。

4 南京地震。

5 丙辰，以工部尚書范景文、禮部侍郎邱瑜並兼東閣大學士，預機務。

初，景文擢兵部，添注侍郎，練兵通州。通鎮初設兵，皆召募，景文綜覈有法，治軍精嚴。嘗請有司實行一條鞭法，徭役歸之官，民捐貲助其費，供應平買，不立官價名，上令永著爲例。繼拜兵部尚書，以事削籍，後起用，改工部。至是李建泰出督師，景文遂以本官與瑜同入閣。召對，謂曰：「朕知卿久，今急而用卿，恨晚，卿尚勉之！」景文請釋繫獄張國維等，上立從之。

李自成漸逼京師，有請上南幸者，命集議閣中。景文言：「固結人心，堅守待援而已，此外非臣所知。」上是其言。

6 是月，張獻忠入四川。

獻忠自荆州趨蜀，所過十三隘口，守兵皆以饑故不能戰。至是犯夔州，石砫土官秦良玉馳援，兵敗歸。

獻忠至萬縣，水漲，留屯者三月。貢生吳獻棐被執，與子之英俱不屈死。攻梁山，副榜高宗舟拒戰死。【考異】萬縣殉難，諸書皆不載，此據蜀碧增。

7 二月，辛酉，李自成陷汾州。

先是平陽送款，自成渡河，破蒲州，遂連陷汾州，知州侯君招、汾陽知縣劉必達明史：「必達出罵賊文，賊誦而殺之。」俱死之。其義勇范奇芳，刺殺一僞都尉而自刎。

賊又遣其別部陷懷慶，而自率兵攻太原。先是巡撫山西都御史崑山蔡懋德，聞李自成據西安，盡有三秦地，將窺晉，亟出師平陽，以疲兵三千當百萬狂寇。而太原洶洶，晉王手檄趣懋德還省，懋德于去年十二月十八日遂去平陽。二十日，賊抵河津，副將陳尚智失守，奔還平陽。二十二日，賊拔平陽，尚智出走。二十八日，懋德還太原。

至是賊渡河，轉掠河東，列城皆陷。于是山西巡按御史汪宗友上言曰：「晉河二千里，平陽居其半。撫臣懋德，不待春融冰泮，遽爾平陽返旆，賊即于次日報渡矣。隨行馬步千人，即宜倍道西向，召集陳尚智叛卒，移檄各路防兵援剿。乃不發一兵，歲終至省，匝月餘郡皆失，是誰之過歟！」有詔，奪官候勘。

時尚智叛降于賊，懋德誓師于太原，官吏軍民咸在，懋德哭，衆皆哭。罷官命適至，或請出城候代，懋德不可，曰：「吾已辦一死。」遂調兵堅守。

甲子，賊薄城下，遣部將牛勇、朱孔訓、王永魁等出戰，敗績。懋德草遺表，調部將張雄守大南門。雄已縋城降賊，語其黨曰：「城東南角樓，火器火藥皆在，我下即焚樓。」夜中，火起，風轉烈，守者皆散。丙寅，賊遂登城。

懋德北面再拜，出遺表付人間道達京師，即自刎，麾下持之。時中軍副將應時盛請下城巷戰，顧懋德曰：「上馬。」懋德上馬，時盛持矛，突殺賊數十人。既而賊騎充斥，時盛呼曰：「出西門。」懋德遽下馬曰：「我當死封疆，諸君自去。」衆復擁懋德至水西門，懋德叱曰：「欲陷我不忠耶！」復下馬據地坐。時盛已出城，殺妻子，還顧不見，復斫門入，語懋德曰：「請與公俱死。」懋德就縊未絕，時盛釋甲加其肩，乃絕，時盛取弓弦自經死。同時牛勇、朱孔訓、王永魁等亦自刎。

其餘官吏，則有布政使趙建極罵賊死，明史本傳：「建極，河南永寧人，賊掠永寧，子于巖、于渭、于磐、于藩、于宜俱殉。」副使毛文炳被執不屈死，妻趙氏，妾李氏、陳氏俱投井死。參議藺剛中不屈被殺，首既墮，復躍起丈餘，賊皆辟易。僉事畢拱辰被執，賊適得新刀，拱辰睨之，問何睨，曰：「欲得此斫頭耳！」遂取斬之。知府孫康周巷戰死，同知李一清，長史范志泰，副將惠光祚，俱不屈死。都司張弘業自縊死，妻趙氏、子凝秀俱殉之。指揮韓似雍，千户王德新，晉府典仗官樊于英，皆城陷殉節死。自懋德以下，太原死事，凡四十有六人。

賊入城，脅晉王求桂，執之，後從入北京，不知所終。

8 壬申，下詔罪己。略曰：「朕嗣守鴻緒，十有七年，深念上天陟降之威，祖宗付託之重，宵旦兢惕，罔敢怠荒。乃者災害頻仍，流氛日熾，赦之益驕，撫而輒叛，甚有受其煽惑，頓忘敵愾者。朕爲民父母，不得卵翼之；民爲朕赤子，不得懷保之。罪非朕躬，誰任其責！所以使民罹鋒鏑，蹈水火，殣量以壑，骸積成邱者，皆朕之過也。使民輸芻輓粟，居送行齎，加賦多無藝之征，預支有稱貸之苦者，又朕之過也。使民室如懸磬，田卒汚萊，望煙火而無門，號冷風而絶命者，又朕之過也。使民日月告凶，旱潦薦至，師旅所處，疫癘爲殃，上干天地之和，下叢室家之怨者，又朕之過也。至于用大臣而不法，用小臣而不廉，言官植黨而清議不聞，武將驕懦而軍功不奏，皆由朕撫馭失道，誠感未孚。中夜此心，跼蹐無地。

朕自今痛加創艾，深省夙愆。要在惜人才以培元氣，守舊制以息煩囂，行不忍之政以收人心，蠲額外之科以養民力。

其罪廢諸臣，有公忠正直，廉潔幹才，尚堪用者，不拘文武，吏、兵二部確覈推用。草澤豪傑之士，有恢復一郡一邑者，授官世襲。即陷沒脅從之流，能舍逆返正，率衆來歸，許赦罪立功。能擒闖、獻二賊，仍予封侯之賞。

忠君愛國，人有同心；雪恥除凶，誰無公憤！尚懷祖宗之厚澤，助成底定之大勳，思免厥愆，歷告朕意。」

9 癸酉，賊連陷黎城、臨晉，遂陷潞安，執瀋世子。瀋簡王模裔。簡王封潞，故瀋府在潞安。

10 乙亥，李自成攻代州。

先是自成陷全陝，將犯山西，總兵官錦州衛周遇吉，以沿河千餘里，賊處處可渡，分兵扼其上流，以下流蒲坂屬之巡撫蔡懋德，而請濟師于朝，朝廷遣副將熊通以二千人來赴。正月，遇吉令通防河，會平陽守將陳尚智已遣使迎賊，諷通還鎮説降，遇吉叱之曰：「吾受國恩，寧從爾叛逆！且爾統兵二千，不能殺賊，反作説客邪！」立斬之，傳首京師。

及是賊陷太原，連陷忻州，遂圍代州。遇吉先駐師在代，扼其北犯之路，憑城固守，而潛出兵擊賊，連數日殺賊無算。會食盡援絶，退保寧武關。

11 丁丑，賊別將陷固關，犯畿南，「固」，三編作「故」，質實：「在井陘縣西界，接山西平定州。」河間知府方文耀、南宮知縣彭士弘死之。

12 己卯，遣内臣高起潛、杜勳等十人，監視諸邊及近畿要害。

三編發明曰：明事至此，存亡在于呼吸矣，而猶遣内臣監邊鎮，守畿輔，一切要地，畀之宵小。于是若輩專守城事，百官皆不敢問，雖有忠義之士，且爲掣肘而莫可如何。卒之賣國售奸如杜勳、杜之秩等，自以所守關城降賊，而曹化淳旋復開門迎賊，觀勳勸求禪位及「我輩富貴固在」之言，可勝痛恨哉！

夫有明蠹政，莫甚于信用内臣，監軍鎮守，覆轍纍纍。莊烈際危急之秋，尚不惜躬蹈其敗，可謂至死不悟者矣。

歐陽修五代史傳論有云：「自古宦者之禍深矣，明者未形而知懼，暗者患及而猶安焉，至于亂亡而不可悔也。」信夫！

13 壬午，賊將劉方亮，自固關分兵趨真定，檄總督徐標降，標斬其使，率衆拒守。真定知府邱茂華，與中軍謝加福殺標迎降，督標游擊陳三捷死之，城遂陷。又分兵陷大名，分巡副使朱庭焕死之。

14 甲申，賊至彰德，趙王常浹降。——常浹，趙王高燧後裔也。

15 丁亥，詔天下勤王，命廷臣議戰守事宜。

先是賊陷山西，左都御史李邦華，密疏請上「固守京師，倣永樂朝故事，太子監國南京。」居數日，不得命，又請「以定、永二王分封太平、寧國二府，拱護兩京。」上得疏意動，繞殿行，且讀且歎，將行其言。

會上召對廷臣，中允李明睿疏言南遷便，給事中光時亨以倡言洩密糾之。上曰：「國君死社稷，正也。朕志定矣。」遂罷邦華策不議。

16 戊子，陳演罷。

演與魏藻德排去周延儒，演遂爲首輔。上倚信演，臺省附延儒者盡趨演門。當是時，國勢累卵，中外舉知其不支，演庸才寡學，一無籌畫，顧以賄聞。

及李自成陷陝西，逼山西，廷議撤寧遠總兵吳三桂兵入守山海關，策應京師，上意亦然之，演持不可。後上決計行之，三桂始用海船渡遼民入關，往返者再，而自成已陷宣、大矣。演懼不自安，引疾求罷，詔許之，賜道里費五十金，彩幣四表裏，乘傳行。

演既謝事，薊遼總督王永吉上疏力詆其罪，請置之典刑。演入辭，自言佐理無狀，上怒曰：「汝一死不足蔽辜！」叱之去。演貲多，不能遽行，遂留京師。

17 李自成陷寧武，總兵官周遇吉死之。

先是遇吉退守寧武，賊亦踵至，大呼「五日不降者屠其城。」遇吉四面發大礮，殺賊萬人，火藥且盡，外圍轉急。或請甘言紿之，遇吉怒曰：「若輩何怯耶！今能勝，一軍皆忠義。即不支，縛我予賊！」于是設伏城內，出弱卒誘賊入城，亟下閘，殺數千人。賊用礮攻城，圮復完者再，傷其四驍將。自成懼，欲退，其將曰：「我衆百倍于彼，但用十攻一，更番進，蔑不勝矣。」自成從之，前隊死，後復繼，官軍力盡，城遂陷。

遇吉巷戰，馬蹶，徒步跳盪，尚格殺數十人，身被矢如蝟，竟爲賊執，大罵不屈，賊懸之高竿，叢射殺之。遇吉妻劉氏，素勇健，率婦女數十人據山巔公廨，登屋而射，每一矢斃一賊。賊不敢逼，縱火焚之，闔家盡死。城中士女無降者。

自成集衆計曰：「此去歷大同、陽和、宣府、居庸，皆有重兵，倘盡如寧武，奈何？不如且還，俟再舉。」而大同總兵姜瓖、宣府總兵王承允降表相繼至，自成大喜，遂長驅而東。

18 是月，賊陷山西州縣，官吏殉城死者，安邑知縣房之屏，城陷，入署拜其母，命妻子各自盡，遂投井，賊曳出斬之。忻州知州楊家龍，知城不能守，出城罵賊而死。

其里居殉節者，陽城故參政王徵俊，城陷，被執不屈，繫之獄，士民爭頌其德，賊乃釋之；抵家，北面再拜投繯死。舉人張履旋，南吏部尚書愼言子也，城陷，投崖死。靈石故登萊監軍副使宋之雋，被執就刑死，妻喬氏，詈賊撞階死，女斂尸畢，拔簪刺喉死。翼城故中書舍人史可觀，城陷自縊死。

又太原之陷，陽曲晉府宗室攝靈邱郡王府事朱慎鏤，冠帶祀家廟，驅家人入廟中焚之，己亦投火死。代州之陷，參將閻夢夔戰没。寧武之陷，兵備副使王孕懋斬説降賊使，與遇吉共守，城陷自殺，妻楊投井殉焉。

而同時別賊入懷慶，監司以下皆竄走，獨河内知縣丁泰運守南城，力不支，被執。賊擁見劉方亮，使跪，不屈，燒鐵鎖炙之，亦不從，乃遇害。

時廬江王載堙，鄭簡王玄孫也，城陷，冠服坐堂上，詬罵不屈死，長子翊欐，爲賊擁至途中不食死。【考異】此據明史諸王傳補。

賊尋陷彰德，有刑部郎中尚大倫者，以黄道周繫獄事忤尚書意罷歸，城陷，抗節死。又有王櫆徵者，由鄉舉歷官蒲州知州，忤豪宗謝事歸，爲賊所執，傳詣李自成，道中憤恨不食死。【考異】自房之屏以下諸死事者，皆見明史蔡懋德及忠義傳。賊陷山西州縣，係是月事，而遺別賊陷懷慶、彰德，亦在同月。今彙系之二月下。

19 三月，庚寅，【考異】明史本紀，「三月庚寅朔」，按諸書皆書四月戊午朔，則三月實己丑朔也，今從新曆。又明史天文志，亦云「是年三月己丑朔」，而諸書記大同之陷于二月初二日，是本紀誤記，衍「朔」字也。賊至大同，總兵姜瓖及監視宣府太監杜勳俱降于李自成。

先是瓖等上降表，巡撫韓城衛景瑗不知也，聞警，方歃血誓師，要與固守。而瓖布謌言，謂「衛巡撫秦人，將應賊。」代王傳𤊹簡王桂十世孫。果疑之，不見景瑗。會景瑗有足疾，不時出，兵事瓖主之。瓖兄瑄，故昌平總兵也，勸瓖降賊，瓖慮其下不從；有犒之銀者，言勵守城將士，代王信之。諸郡王分門守，瓖每門遣卒二百人助守。

至是賊抵城下，瓖即開門迎賊入，紿景瑗計事。景瑗乘馬出，始知其變也，自墜馬下。賊執之見自成，自成欲官之，景瑗據地坐，大呼皇帝而哭。賊義之，曰：「忠臣也！」不殺。景瑗猝起，以頭觸階石，血淋漓。賊引出，顧見瓖，罵曰：「反賊！與我盟而叛，神其赦汝邪！」賊使景瑗母勸之降，景瑗曰：「母年八十餘矣，當自爲計。兒國大臣，不可以不死。」母出，景瑗謂人曰：「我不罵賊者，以全母也。」自縊于僧寺。賊嘆曰「忠臣」，移其妻子空舍，戒毋犯。殺代王及其宗室殆盡。

總兵官朱三樂戰没。分巡副使朱家仕，盡驅妻妾子女入井而已從之，死者十有六人。督儲郎中徐有聲、【考異】據史稿，有總兵朱三樂，見三編京師陷目中。質實云，「賊陷大同死之」，今增入。山陰知縣李倬，亦死之。諸生李若葵，【考異】「葵」，明史、三編作「蔡」。然其兄弟皆以「葵」名。似「蔡」字傳寫誤也。與兄象葵、弟心葵、從子柱周及婦女五人皆自縊，題曰「一門完節」。

賊既陷大同，以兵徇陽和，長驅向宣府。

20 辛卯，督師李建泰疏請南遷。壬辰，召廷臣于平臺，示建泰疏，復曰：「國君死社稷，朕將焉往！」

21 輔臣蔣德璟罷。

初，周延儒爲相，各樹門户，德璟無所比，性頗直，黄道周召用，劉宗周免罪，德璟之力居多。開封久被圍，自請馳督諸將戰，優詔不允。

嘗進御覽備邊册，凡九邊、十六鎮新舊兵食之數及屯鹽、民運、漕糧、馬價悉志焉。已，進諸邊撫賞册及御覽簡明册，上深嘉之。諸邊士馬報户部者，浮兵部過半，耗糧居多，而屯田、鹽引、民運，每鎮至數十百萬，一聽之邊臣。天津海道輸薊、遼歲豆米三百萬，惟倉場督臣及天津撫臣出入，部中皆不稽覈。德璟語部臣：「合部運、津運、各邊民運、屯鹽，通爲計畫，餉額可足，而加派之餉可裁。」因復條十事以責部臣，然卒不能盡釐也。

一日，召對，上語及練兵，德璟曰：「會典，高皇帝教練軍士，一以弓弩刀鎗行賞罰，此練軍法；衛所總小旗補役，以鎗勝負爲升降，凡武弁比試，必騎射精嫺，方准襲替，此練將法;豈至今方設兵!」上爲悚然。又言:「祖制,各邊養軍,止屯、鹽、民運三者,原無京運銀。自正統時始有數萬,迄萬曆末亦止三百餘萬。今則遼餉、練餉并舊餉計二千餘萬,而兵反少于往時,耗蠹乃如此!」又言:「文皇帝設京衛七十二,計軍四十萬,畿内八府軍二十八萬,又有中部、大寧、山東、河南班軍十六萬,春秋入京操演,深得居重馭輕之勢,今皆虛冒。且自來征討,皆用衛所官軍,嘉靖末始募兵,遂置軍不用。至加派日增,軍民兩困。願憲章二祖,修復舊制。」上是之而不果行。

户部主事蔣臣請行鈔法,言「歲造鈔三千萬貫,一貫價一兩,歲可得銀三千萬兩。」上特設内寶鈔局,晝夜督造,募商發賣,無一人應者。德璟言:「百姓雖愚,誰肯以一金買一紙!」上不聽。又因局官言,責取桑穰一百萬斤于畿輔、山東、河南、浙江,德璟力争,獲免。先以軍儲不足,歲僉畿輔、山東、河南富户給值,令買米豆輸天津,多至百萬,民大擾。德璟因召對,面陳其害,上即令擬諭罷之。

至是賊勢漸逼,李建泰自保定疏請南遷,上召廷臣于平臺,諭以死社稷。德璟與少詹事項煜請命太子往江南,上不答。

給事中光時亨追論練餉之害,德璟擬旨:「向來聚斂小人,倡爲練餉,致民窮禍結,誤國良深。」上不悦,詰曰:「聚斂小人爲誰?」且曰:「朕非聚斂,但欲練兵耳。」德璟曰：「陛下豈肯聚斂！然既有舊餉五百萬，新餉九百餘萬，復增練餉七百三十六萬，臣部實難辭責。且所練兵馬安在？薊督練四萬五千，今止二萬五千；保督練三萬，今止二千五百；保鎮一萬，今止二百。若山、永兵七萬八千，薊、密兵十萬，昌平兵四萬，宣大、山西及陝西、三邊各二十餘萬，一經抽練，原額兵馬俱不問，并所抽亦未練，徒增餉七百餘萬爲民累耳。」上曰：「今已并三餉爲一，何必多言！」德璟曰：「户部雖并爲一，州縣追比仍是三餉。」上震怒，責以朋比。德璟力辨，諸輔臣爲申救，尚書倪元璐以鈔餉乃户部職，自引咎，上意稍解。明日，德璟具疏引罷。上雖旋罷練餉，而德璟竟去位。

德璟聞山西陷，未敢行，辭報後，即移寓外城。無何，都城陷，得逸去。

22 是日，欽天監奏帝星下移。

23 癸巳，封總兵官吳三桂、左良玉、唐通、黃得功俱爲伯。三桂平西伯，通定西伯，良玉寧南伯，得功靖南伯。

甲午，徵諸鎮兵俱入援。

24 乙未，總兵官唐通入衛，命偕中官杜之秩守居庸關。

25 戊戌，命太監王承恩提督京城内外防守。

26 己亥，李自成至宣府。

巡撫大興朱之馮，集將吏于城樓，歃血誓死守，懸賞格勵將士。而人心已散，監視中官杜勳，且與總兵王承允爭先納款矣，見之馮，請以城下賊，之馮大罵曰：「勳！爾上所倚信，特遣爾，以封疆屬爾。爾至即通賊，何面目見上！」勳不答，笑而去。

俄，賊且至，勳蟒袍鳴騶，郊迎三十里外，將士皆散。之馮登城太息，見大礮，語左右：「爲我發之」，默無應者，自起爇火，則礮孔丁塞。或從後掣其肘，之馮撫膺歎曰：「不意人心至此！」仰天大哭。

賊至城下，承允開門納之，詭言「賊不殺人，且免徭賦」，則舉城譁然皆喜，結彩焚香以迎。

左右欲擁之馮出走，之馮叱之，乃南向叩頭草遺表，勸上收人心，厲士節，自縊而死。賊棄屍濠中，濠旁犬日食人屍，獨之馮無損也。

同日死者，督糧通判朱敏泰，諸生姚時中，副將寧龍，及繫獄總兵官董用文，副將劉九卿，及里居知縣申以孝。其他婦女死義者又十餘人。

初，濟南未破，之馮方賫表入都，寄其帑。未幾城陷，之馮妻馮氏匿姑及子于他所，自沈井死。姑李聞之，爲絕粒死。之馮廬墓三年始出，至是及于難。

27 癸卯，唐通、杜之秩以居庸關降于自成，賊遂入關。

甲辰，陷昌平，焚十二陵，總兵官李守鑅力戰死。

28 乙巳，賊犯京師。

始，自成欲知京師虛實，往往遣其徒輩重貲賈販都市，又令充部院掾吏，探刺機密，朝廷有謀議，千里立馳報。及陷昌平，兵部發騎偵探，輒被勾去，無一還者，于是賊游騎直至平則門，而都人猶未知也。上召問，群臣莫對，有泣者。頃之，賊環攻九門。門外先設三大營。賊至，潰降相繼，守埤者寥寥，益以內侍三四千人專守城事，百司皆不敢問。

丙午，自成設座彰義門外，降賊太監杜勳侍。勳射書入城，稱賊勢盛，請上自爲計。上即日下手詔親征；又下罪己詔，盡罷加派新舊餉。尋召駙馬都尉鞏永固，令以家丁護太子南行，永固叩頭曰：「親臣不藏甲，臣安敢有家丁！」相向涕泣而已。【考異】據明史朱之馮傳，言「杜勳射書城中。初傳勳死宣府之難，帝予贈蔭，立祠。至是城中疑爲鬼。王承恩倚女牆而與語，縋入見帝，盛稱自成，請帝自爲計。復縋之出，笑語諸守監曰：『吾輩富貴自在也！』」又宦官傳亦載其事，且言「勳入見帝，左右請留之。勳曰：『不返則二王危。』乃縱之出，復縋下」云云。按諭德楊士聰甲申核真略，但言杜勳射書城中，而力辨其無縋城見帝之事。士聰身在圍城中，且言「三月十八日，（即丙午也。）帝猶召輪對日講詹、翰官四員入侍，士聰與同官衛允文預焉。」安有勳縋城入見帝，而侍臣不聞者！況事勢呼吸，降賊當前，以莊烈英斷有餘，豈不能爲建文手刃徐增壽之事，而顧以一叱縱之耶！且帝是時不能保其太子，又何暇念及于秦、晉二王！何況其身縶賊庭，死不足惜，勳亦安能以危詞聳聽邪！今但書勳射書城中，請自爲計，餘悉刪之。

29 是日晡，外城陷。

時賊架飛梯攻西直、平則、德勝三門，官軍皆潰，而諸璫守城者潛謀內應。于是太監曹化淳啓彰義門，賊盡入。上出宮登山，望見烽火徹天，嘆息曰：「苦我民耳！」徘回久之，還宮，命分送太子、永、定二王于勳戚周奎、田弘遇第。其夕，皇后周氏崩，奉旨自盡也。趣呼左右進酒，飲金卮十數，乃手劍斫長平公主，嘆曰：「汝何故生我家！」又斫昭仁公主于昭仁殿並袁妃諸嬪數人，惟袁妃及長平公主未殊。

夜分，內城陷。

30 丁未，帝崩于萬歲山之壽皇亭，中官王承恩從殉焉。

亭新成，帝所閱內操處也。質明，帝聞城陷，鳴鐘集百官，無至者，乃與承恩登山。帝御綈黃袍，跣左足，書衣襟爲遺詔曰：「朕涼德藐躬，上干天咎，致逆賊直逼京師，皆諸臣誤朕。朕死，無面目見祖宗，自去冠冕，以髮覆面，任賊分裂，無傷百姓一人。」以帛自縊于山亭，承恩縊于側。

同時文武諸臣殉難者，大學士范景文，吳橋人，聞城陷，趨至宮門，知駕出，疑爲南幸，乃就道旁廟草遺疏，復大書曰：「身爲大臣，不能滅賊雪恥，死有餘恨！」遂至演象所拜辭闕墓，赴雙塔寺旁古井死。

户部尚書倪元璐，上虞人，聞難，整衣冠拜闕，大書几上曰：「南都尚可爲。死，吾分也，勿以衣衾斂，暴我屍，志我痛。」遂南向坐，取帛自經死，一門殉者十三人。

左都御史李邦華，吉水人，賊至，率諸御史登城，群奄拒之不得上。外城陷，走宿文信國祠。及内城陷，乃揖信國曰：「邦華死國難，請從先生于九京。」作絶命詞，投繯死。

協理戎政兵部右侍郎王家彦，莆田人，分守安定門。帝手敕兵部尚書張縉彦登城察視，家彦從，爲中官所拒，示之手敕，乃上。時秦、晋二王欲上城，家彦曰：「二王降賊，即賊也，賊安得上！」偕縉彦詣宫門復命，不得入。黎明，城陷，家彦投城下不死，自縊于民舍，遭賊焚，殘一臂，僕收其餘體瘞焉。

刑部右侍郎孟兆祥，交河人，分守正陽門，城陷，嘆曰：「社稷已覆，吾將安之！」自經門下。子章明，甫成進士，兆祥揮之使去，對曰：「君亡父死，我何生爲！」乃投繯于父側。兆祥妻吕氏，章明妻王氏，同日並縊。

右副都御史施邦曜，餘姚人，當賊薄近郊，語本兵張縉彦亟檄天下兵勤王，弗省，太息去。城陷，趨長安門，聞帝崩，慟哭曰：「君殉社稷，臣子可偷生哉！」即解帶自經，僕救之，復蘇，恨曰：「是兒誤我！」賊滿街衢，不得還邸舍，望門求縊，輒爲居民所麾，乃命僕市信石，雜燒酒即途中服之，血迸裂卒。

大理寺卿淩義渠，烏程人，得帝崩信，負牆哀號，以首觸柱，流血被面。門生勸無死，義渠厲聲曰：「當以道義相勗，何姑息爲！」揮使去，據几端坐，取平生所好書盡焚之，曰：「無爲賊手污也。」服緋正笏向闕拜，復南向稽首，作書辭父，自繫，奮身絶吭死。

太常少卿吳麟徵，海鹽人，分守西直門。門當賊衝，賊詐爲勤王兵求入，中官欲納，麟徵不可，以土石塞其門，募死士縋城襲擊，多斬獲。及城陷，入道旁祠，作書訣家人，令斂用角巾青衫，覆之單衾，以志哀痛，自經死。

先是薊督王永吉，請撤寧遠吳三桂兵守關門，帝下其議，麟徵獨疏數百言力贊之，不決。及烽火徹大内，帝始悔不用麟徵言。城破時，八門皆啓，惟西直門堅塞不能通，後發掘乃開。

右庶子周鳳翔，山陰人，都城陷，傳帝南幸，鳳翔趨入朝，見魏藻德、陳演等群入，而自成方擁御座。鳳翔至殿前大哭，急從左掖門出，賊亦不問。歸至邸，作書辭二親，題詩壁間，自經死。

左諭德馬世奇，無錫人，當城陷，世奇方早食，投箸起，問：「帝安在？東宫、二王安在？」或言「帝已出城」，或言「帝已崩」，或又言「東宫、二王被執」。世奇曰：「吾不死安之！」其僕曰：「如太夫人何？」答曰：「正恐辱太夫人耳。」作書別母，肅衣冠，捧所署司經局印，望闕再拜自經。妾李氏、朱氏，並先縊死。

左中允劉理順，杞縣人，畿輔告警，理順疏陳「作士氣、矜窮民、簡良吏、定師期、信賞罰、招脅從」六事。及賊犯京師急，守卒缺餉，理順詣朝房，語諸執政急請帑，衆唯唯。理順太息歸，捐家貲犒守城卒。僚友問進退，正色曰：「存亡視國，尚須商酌耶！」城陷，理順與妻萬氏、妾李氏、子孝廉並婢僕數人，闔門縊死。群盜多中州人，聞其死，入唁曰：「此吾鄉之劉狀元也，居鄉多厚德，何遽死！」羅拜號泣而去。

檢討汪偉，休寧人，城陷，語其繼妻耿氏善撫幼子，耿泣曰：「我獨不能從公死乎！」因以幼子屬其弟，衣新衣，上下縫，引刀自刎，不殊，復投繯死。偉欣然曰：「是成吾志。」移其尸于堂，援筆書「某日，某官汪某同繼妻耿氏死節處」于壁間，乃自經。【考異】綏寇紀略言「偉與耿氏飲酒題詩于壁，其縊也，耿在左，乃復下，曰：『不可亂夫婦之序。』其從容如此。」此與明史本傳所記小異，附識之。

太僕寺丞申佳允，永年人，閱馬近畿，聞居庸陷，嘆曰：「京師必不守矣！」貽子涵光書曰：「吾受國恩，當以死報。」城陷，冠帶辭母，策馬至王恭廠，將投井，從者持之。下馬，旁見灌畦巨井，急躍入。僕呼號，欲出之，佳允亦呼曰：「告太夫人，有子作忠臣，毋過傷也！」遂死。

給事中吳甘來，新昌人，帝嘗詰戶部餉額，甘來曰：「臣科與戶曹表裏，餉可按籍稽也。臣所慮者，兵聞賊而逃，民見賊而喜，恐非無餉之患而無民之患。宜急輕賦稅，收人心。」帝頷之。及聞變，疾走皇城，不得入，返，作絕命詞，盡取疏草焚之，曰：「賊寇縱橫，徒揚議論，無益毫末，留之罪彌大。」正衣冠，北向投繯死。

御史王章，武進人，與給事中光時亨守阜城門，賊入城，時亨欲要章走，章曰：「事至此，猶惜死邪！」時亨曰：「死此與士卒何別！入朝訪上所在，不獲則死，死未晚也。」章從之，與時亨並馬行。俄賊突至，疾呼下馬，時亨倉皇下跪乞降，章揚鞭不顧，叱曰：「吾視軍御史也，誰敢犯！」賊刺章股墮，章罵賊不絕口。賊怒，攢槊刺殺章而去。抵暮，其僕覓尸，猶一手據地坐，張口怒目，如叱賊狀。

御史陳良謨，鄞人，母老，己未有子，而妾時氏方娠，乃謂之曰：「吾且死，汝幸有身！急歸父母家。」時泣曰：「公殉國，妾不當殉公邪！倘不幸有他，不如無子。」良謨曰：「能如是乎？」時乃先就縊。時，京師人，年十八，侍良謨才百三日耳。時既死，良謨望闕拜，亦自縊。

兵部郎中成德，霍州人，城破，不知帝所在，既，趨至午門，見尚書張縉彥自賊所出，德以頭觸緡彦胸，且詈之。俄聞帝崩，痛哭，持雞酒奔奠梓宫前，觸地流血。賊怒，刃脅之，不爲動，奠畢歸家。有妹年二十餘，因家難未嫁，德顧之曰：「我死，汝何依？」妹請先死，德稱善，哭而視具縊。繼室霍氏請繼之，德痛不及視。入別其母，哭盡哀，出而自縊。母見子女及子婦皆死，亦投繯死。先是懷柔城陷，德父文桂遇害，家屬盡没，妻劉以德被逮追贓憂悸死，至是又闔門殉焉。

吏部員外郎許直，如皋人，賊薄都城，約同官出貲餉士，爲死守計。及城陷，傳帝南狩，直將往從。見賊騎塞道，輒返曰：「四方兵戈，駕將焉往！」已，知帝崩，一痛幾絶。客以七十老父爲解，直曰：「不死，辱及所生！」乃作書寄父，賦絶命詞六章，闔户自縊死。

兵部員外郎金鉉，武進人，初聞大同陷，疏曰：「宣、大，京師北門，大同陷則宣府危，宣府危則大事去。請急撤回中官杜勳，專任巡撫朱之馮。勳二心僨事，之馮忠懇，可屬大事。」不報。及京城破，痛哭，急趨入朝，見宫人狂奔出，知帝已崩，解牙牌北向四拜，投金水河。從者力挽之，怒，奮臂躍入死。母章、妻王、弟錝並殉焉。【考異】自范景文以下二十人，據明史本傳言，「大清世祖章皇帝表章前代忠臣，所司以范景文至金鉉（名皆見上）二十人名上，命有司各給地七十畝，建祠致祭，且予美謚。」故明史傳中特列范景文以下二十人别爲兩卷。而御史陳純德，亦在南渡正祀之内，蓋福王時純德入正祀，而孟兆祥子章明，則以其父故改入附祀之首，故亦止二十人也。今按正祀、附祀文武諸臣，皆福王南渡時所定，有被烤掠死而入祀者，有實係被執不屈死而未邀贈卹者。故其去取不足據。重修三編修于乾隆勝朝殉節諸臣録之後，所記殉難諸臣，爲得其實。今自二十人以下，悉據書之。

御史陳純德，巡按山西，【考異】三編作「巡撫」，蓋「按」字之誤也，今據本傳。力陳抽練弊。還朝，提督畿輔學政，出按部。都城陷，賊下令百官以某門入見，衆攝純德入，還邸慟哭，遂自經。【考異】按順治時贈謚二十人，不及陳純德者，以野史有受夾死之説而疑之。證之明史本傳實無其事，今書于二十人後。御史趙譔，巡視中城，城陷，罵賊被殺。【考異】趙譔，據三編增入。原進簽内言其「北都殉節。本朝乾隆四年，允廷臣請，賜謚忠愍」，前此輯覽已載，今補入。按輯覽、三編皆有趙譔，不知殉節録何以遺之。且録中通謚四等無忠愍，似專謚也。工部員外郎王鍾彦，守廣寧門，守將開門納賊，鍾彦被執不屈死。削籍吏部尚書李遇，知城陷，方自縊，被賊執，不屈死，一門死者七人，妾王氏先縊死。郎中周之茂，需次都下，賊搜得之，迫使跪，不屈，折其臂而死。順天通判張凝和，分守北門，城陷死。御史俞志虞，聞城陷，不食，梓宫出東華門，往哭，自縊于新昌會館。員外郎甯承烈，管太倉銀庫，城陷，自經于官廨。范方被繫不屈死。中書宋天顯被賊執，逼書僞詔，抗罵觸階死。光禄寺署丞于騰雲，聞賊至，語其妻曰：「我爲朝臣，汝亦命婦，不可污于賊。」並服命服自經死。濮州知州馬象乾，順天人，罷居里，城陷，率妻及子女五人死。中書王永隆，遇變不食死。郎中葛凝秀，北向投繯死。寇可教罵賊死。主事楊會英，被執引頸就刃死。沈邱知縣李昌齡，被誣下獄，賊入城，釋之，不食死。太醫院吏目楊元，與妻楊氏同縊死。郎中張㮚芳，員外張三傑，皆被執不屈死。主事陳貞達，都御史于廷子也，罵賊死。順天經歷施溥，方升任樂亭知縣，未行，城陷，仰藥死。博樂知縣徐有度罵賊死。平涼同知郭寅，與其二子皆不屈死。家居故萊陽知縣徐兆任，與妻張氏及幼子同縊死。兵馬司指揮姚成自縊死，妻袁氏、子逢元及一僕俱殉焉。

一時勳戚之死事者，劉氏一門爲首。新樂侯劉文炳者，帝生母，孝純皇太后之弟子也。文炳素與宛平太學生申湛然、布衣黄尼麓講明忠義，賊攻西直門急，尼麓踉蹌告文炳宜自爲計。時太后母瀛國夫人尚在，文炳與其母杜氏計，「太夫人篤老，不可俱燼，請匿之湛然家。」杜氏曰：「太夫人得所，我與若妻妹俱死耳。」命侍婢結繯于樓上，作七八繯，家僮積薪樓下。尋遣老僕鄭平迎李氏、吴氏二女歸，曰：「吾母女同死此，復何憾！」文炳奉密召入見，誓效死。出，聞外城陷，馳至崇文門，殺賊數十人。馳歸第，母杜氏、文炳妻王氏及兩妹已先自縊死。家人正焚樓，火烈不得入。時文炳叔左都督劉繼祖，瀛國公次子也，守東安門不克，歸至後園，與文炳遇，相約投井。文炳忽止曰：「戎服不可見皇帝，易以巾幘。」繼祖大呼皇帝數聲，同入井死。文炳弟左都督文耀守永定門，見外城破，突出至渾河，聞内城破，復入，見第已焚，大哭曰：「文耀未死，以君與母在耳。今至此，何生爲！」遂覓文炳死所，大書版井旁曰：「左都督劉文耀同兄文炳畢命報國處」，亦投井死。繼祖妻左氏、妾董氏、李氏亦登樓自焚死。闔門死者四十二人。文炳季弟文照，奉母命留侍太夫人，遂逃去。而申湛然以匿瀛國太夫人爲賊拷掠，終不言，體糜爛以死。

次則駙馬都尉鞏永固，尚樂安公主，都城陷時，公主已薨，未葬。永固與文炳誓以死報，乃以黄繩縛子女五人誓柩，告曰：「此帝甥，不可污賊手。」舉劍自刎，闔家焚死。

宣城伯衛時春，穎六世孫也，掌後府。京師陷，懷鐵券，闔門十七人皆赴井死。惠安伯張慶臻，騏之後裔，掌都督府，都城陷，召親黨盡散貲財，闔家自焚死。彰武伯楊崇猷，信之後裔，城陷，自經死。寧遠伯李尊祖，成梁之孫，遇害死。

彭城伯張光祖，麟十四世孫，定遠侯鄧文明，寧河王愈十一世孫，鎮遠侯顧肇迹，夏國公成十一世孫，西寧侯宋裕德，郢國公瑛九世孫，清平侯吴遵周，梁國公成八世孫，陽武侯薛濂，鄞國公禄九世孫，恭順侯吴汝徵，邠國公永成七世孫，新城侯王國興，熹宗母孝和太后弟昇之子，皆以城破殉節。【考異】據三編所載，勳戚、侯、伯，自劉文炳以下十三人，駙馬一人。而劉繼祖別入之武職中。質實言繼祖與文炳同赴井死，且係瀛國公次子，而太后之母弟，今並入之勳戚下。若綏寇紀略所載，成國公朱純臣，武定侯郭倍民，永康侯徐錫登，懷寧侯孫維藩，新建伯王先通，安鄉伯張光燦，皆在南渡附祀之列。三編蓋擇其確者書之，見後卷。

武臣世職之死事者，則左都督劉岱，以外戚世襲職，居京師，城陷，全家自焚死。副總兵賀珍，守平則門，賊至，率千騎力戰陷陣死。都督僉事賀讚，總兵虎臣子，賊薄京城，迎擊，爲亂箭射死。鎮撫司僉事李若璉，分守崇文門，城陷，自縊死。都指揮僉事魏師貞，服命服拜闕自焚死。參將高鍟，闔門焚死。指揮同知許達允，尚書進五代孫，罵賊不屈死。都督方履泰，南和伯一元子，自刎死。千户李國禄自縊死。指揮同知李若珪，作絶命詞自經死。指揮使蕭偲，以父如薰蔭，在職死。虎賁左衛參軍李正光闔門死。指揮馬國城，「城」，殉節録作「瑊」。世襲指揮張養所，都指揮梁清弘，指揮張國維，皆不屈死。指揮高甲，同妻許氏、媳王氏、女高氏、弟婦劉氏、姪女高氏同自經死。指揮劉一松同妻王氏自縊死。千户高文采，一家十七人皆自殺。【考異】三編京師陷目中所載殉難諸臣，皆連保定書之。如劉宗嗣、吕應蛟、文運昌、張羅彦之等，皆保定死事者，今分書于壬子陷保定下。惟副總兵賀珍，據殉節録，守平則門陣没。又錦衣千户高文采，一家十七人死，殉節録及諸書所載同，輯覽亦次丁勳戚之末，而三編偶遺之。今所記多據三編，而其他甲申殉難非在京師者，别記于是歲之末。

其以布衣殉節者，湯文瓊爲最著。瓊，石埭人，授徒京師，見國事日非，數獻策闕下，不報。京師陷，慨然語其友曰：「吾雖布衣，獨非大明臣子邪！安忍見賊弑君篡國！」乃書其衣衿曰：「位非文丞相之位，心則文丞相之心。」投繯而卒。後李自成得其衣帶語，以責陳演，遂斬演于市。

時都城布衣盡節者，又有范箴聽、楊鉉、李夢禧、張世禧之等，不下百餘人。箴聽聞賊至，置一棺，偃卧其上，絕食七日死。鉉善寫真，城陷，攜二子赴井死。夢禧與妻杜、二子、二女、一婢俱縊死。世禧亦與二子懋賞、懋官俱自經死。又有周姓者，悲憤搥胸，嘔血數升死。而柏鄉人郝奇遇，居京師，聞變，謂妻曰：「我欲死難，汝能之乎？」妻曰：「能。」遂先死，奇遇瘞畢，服藥死。【考異】據計氏北略所載，文臣有中書舍人滕文所、阮文貴，皆投御河死。順天府推官劉有瀾，聞城破縊死。又順天教官五人同縊明倫堂，佚其姓名。陽和衛經歷毛維張，命巡城，大罵賊，夾椤並枷死。又經歷張應選，投御河死。殉節録言應選之妻妾子女同殉。武職有百户王某者，周鍾寓其家，王勸鍾死，不從，遂自縊。勳戚有周鏡者，官東宮侍衛。聞賊至，母妻一門俱自盡。或云，鏡即周奎之姪也。又有順天民李小槐，聞難，視妻杜氏二子一女一婢以次縊畢，始自縊。又武愫之僕某，見愫索吉服，將朝李自成，苦諫，叩頭出血。愫不聽，遂不食而卒。皆三編、明史忠義傳所不載者，附識于此。

帝崩之前夕，宮女皆踉蹌夜出。有宮人魏氏者，臨御河大呼曰：「有志者當自爲計！」遂投河死，頃刻間，從死者一二百人。

宮人費氏，自投眢井中，賊勾出，見其容，爭奪之，費紿曰：「我長平公主也。」群賊不敢逼，擁見自成。自成命中官審視，非是，以賞部將羅某。費復紿羅曰：「我實天潢，義難苟合，將軍宜擇吉成禮。」羅喜，置酒極歡。費懷利刃，伺羅醉，斷其喉，立死。因自呼曰：「我一弱女子，殺一賊帥足矣。」遂自刎。自成聞，大驚，命收葬之。

而熹宗懿安皇后者，亦尋自縊死。【考異】懿安之死，明史三編無異詞。賀宿懿安事略以時有冒皇后之任氏爲大清賜死，于懿安無涉也。京師之陷，李巖保護懿安令自盡，此爲確證。

31 是日午，李自成氈笠縹衣，乘烏駁馬入承天門，僞大學士牛金星、僞尚書宋企郊等騎而從，太監王德化等先迎候于德勝門，隨而入。自成登皇極殿，下令大索帝、后，蓋時未得帝崩信，又傳駕已南幸也。時諸監有獻太子及永、定二王者，俱送劉宗敏宅，宅即戚畹田弘遇第也。令勳戚文武百官俱于二十一日朝見。戊申，添設守門兵，及放馬兵入城。

32 己酉，昧爽，成國公朱純臣，大學士魏藻德、陳演，率文武百官入賀，皆素服坐殿前。自成不出，群賊爭戲侮，爲椎背脱帽，或舉足加頸上相笑樂，百官懾伏不敢動。演首勸進，不許。封太子爲宋王，放刑部錦衣繫囚五品以下張若麒等。

自成自居西安時，建置官吏，至是益盡改官制，六部曰六政府，司官曰從事，六科曰諫議，十三道曰直指使，翰林院曰弘文館，太僕寺曰驗馬寺，巡撫曰節度使，兵備曰防禦使，知府、州、縣曰尹，曰牧，曰令。

召見朝官，自成南向坐，金星、宗敏、企郊等左右雜坐。以次呼名，分三等授職，自四品以下，少詹事梁紹陽、楊觀光等無不污僞命，三品以上，獨用故侍郎侯恂。自是降者無不悚息待命。賊又編排甲，令五家養一賊，大縱淫掠。民遭荼毒，縊死者相望。

33 庚戌，得先帝遺弓于萬歲山亭，李自成命以宮扉載出，盛柳棺置東華門外，百姓過者皆掩泣。

是日，殺成國公朱純臣。

先是帝臨崩，有手敕令百官俱赴東宮行在，蓋上欲託東宮于純臣，令總督諸軍輔太子，不果行。至是自成得硃諭于文淵閣案上，即命收繫純臣。日中，被殺，並其弟及從子皆誅之，籍其家。【考異】朱純臣未追贓而遽殺，故諸書皆系之二十二日，甲乙核真略所謂「收繫最先，戮死最速」者是也，然力辨其無勸進之事，此則士聰爲己故，諱言之耳。野史謂其與張縉彥迎門拜降，其有無不足辨，然初次勸進，在己酉百官朝見之時，純臣實班首也，陳演特閣臣耳，豈有不列勳戚公侯等之名，而自成、金星輩許之乎！士聰謂「初次勸進在二十六日」，則成國已死，又言「逆賊勸進事誠有之，乃賊營見在之僞官，非京城從賊之降官。」不知二十一日百官朝見自成，勸進乃必有之事，何待陳演之首創其謀！若謂純臣不在勸進之列，實不敢信也。意當時八百餘人，必有大半列名者，特勳戚首純臣、閣臣首陳演耳。純臣以總督諸軍輔太子之手敕，遂首殺之，較之李國楨輩被刑夾而死者，差爲不受辱。而南渡後乃列之附祀武臣之首，且更以李國楨入之正祀之列，舛謬甚矣。

34 辛亥，爲先帝易梓宮，與周皇后梓宮同移殯于佛菴中。

35 是日，百官降者，按次唱名，自成拔九十二人，送僞吏政府宋企郊分三等授官。俄傳僞旨，自勳戚大臣及文武百官八百餘人，悉囚繫，送僞都督劉宗敏營中拷夾，責賕賂。

時有國子祭酒孫從度，住金台會館，病甚卧床。有僞將羅姓乘馬進館，徑入内室，其妻孫氏罵之，羅遂以鐵索繫孫，並舁從度過己寓。從度尋以拷訊斃，乃索氏貲，凡七拶百敲，十指俱斷，招得窖金七千兩獻自成，自成駭曰：「一翰林富乃至是耶！」于是降官之被拷掠者自此始。【考異】此據核真略。而計氏北略及甲乙彙編皆在是日。蓋自成始送諸降官于僞吏政，分三等授官。會賊將羅某送所得孫從度窖金七千，乃動追贓之念。于是所授之官悉被囚繫，實始于此。今據書之。

36 壬子，保定府陷。

先是賊黨劉方亮陷真定，各郡縣迎降相繼，人情益洶洶。保定同知邵宗元，碭山人，方攝府事，亟集通判王宗周、推官許曰可、清苑知縣朱永康、衛指揮劉宗嗣【考異】「宗」，明史本傳及諸書，皆作「忠」，蓋三編後改也。殉節録亦作「劉宗嗣」，今從之。及鄉官故光禄少卿張羅彦、故工科給事中尹洗等議城守。時知府何復，平度人，以前月由員外擢守保定，聞警，兼程馳入城，宗元授以印，復曰：「公部署已定，印仍佩之，我相與戮力可也。」乃謁文廟，與諸生講見危致命章，詞氣激烈。講畢，登城分守。

都城陷之次日，賊使投書誘降，宗元手裂之。明日，賊大至，絡繹三百里。有數十騎服婦人衣，言「所過百餘城，皆開門遠迎，不降即屠。且京師已破，爲誰守！」城上人聞之，髮豎眥裂。賊環攻累日，宗元等守甚堅，賊稍稍引却。

督師李建泰，率殘卒數百輦餉銀十餘輛，初至定興，城門閉，不納。留三日，攻破之，笞其長吏。遂抵保定，叩城求入，宗元等不許。建泰舉敕印示之，宗元等曰：「公荷聖恩，御門賜劍，酌酒餞别。今不仗鉞西征，乃叩關避賊邪！」建泰怒，厲聲叱呼，且舉上方劍脅之。或請啓門，宗元曰：「脱賊詐爲之，若何？」衆以御史金毓峒嘗監建泰軍，識建泰，推出視之，信，乃納之。

建泰入，賊攻益厲。建泰倡言曰：「勢不支矣，姑與議降。」書牒追宗元用印，宗元抵印，厲聲曰：「我爲朝廷守土，義不降。欲降者任爲之。」大哭，引刀將自刎，左右急止之，皆雨泣。羅彦前曰：「邪説勿聽，速擊賊。」復乃自起爇西洋巨礮，火發被燎幾死。賊攻無遺力，雉堞盡傾。俄，賊火箭中城西北樓，復遂焚死。

賊又焚南郭門，守者多散，南城守將王登洲縋城出降，賊蜂擁而上。建泰中軍副將郭中杰等爲内應，城遂陷。宗元及中官方正化不屈死。建泰率曰可、永康出降。宗嗣分守東城，城將陷，召女弟適楊千户者歸，與妻毛氏、子婦王氏同處一室，俱以弓弦縊殺之，復登城拒守。城破被執，怒詈，奪賊刀殺三人。賊麕至，剜目劓鼻支解死。保定知縣楊珮，陞鄧州未行，寇入，死之。據殉節録補。

一時武臣死事者，守備則張大同與子之坦力戰死。指揮則文運昌、劉洪恩、戴世爵、劉元靖、吕九章、吕一照、李一廣，中軍則楊儒秀，鎮撫則管民治，千户則楊仁政、李尚忠、紀勳、趙世貴、劉本源、侯繼先、張守道，百户則劉朝卿、劉悦、田守正、王好善、强忠武、王爾祉，把總則郝國忠、申錫，皆殉城死。

復有吕應蛟者，保定右衛人，歷官密雲副總兵，謝事歸。賊至，總監正化知其能，延與共守，晝夜不懈。城破，短兵鬥，殺十餘賊而死。

一時鄉官之死事者，則張羅彦一門爲首。羅彦兄弟六人，兄羅俊以十六年秋舉進士，弟羅輔亦以是年舉武進士，羅士早卒，諸生羅善、羅喆。當賊逼京師，羅彦兄弟家居，與邵宗元歃血盟，誓死守。總兵官馬岱謁羅彦曰：「賊分兩道，一出固關，一趨河間，吾當出屯蠡縣扼其衝，先殺妻子而後往，其城守悉屬公。」羅彦曰：「諾。」詰旦，岱果殺妻孥十一人，率師去。

羅彦等糾鄉兵二千分陴守，羅俊守東城，羅彦西北，羅輔爲游兵，公廩不足，出私財佐之。賊遣騎呼降，羅俊顧其下曰：「欲降者取我首去。」劉宗嗣挺劍曰：「有不從張氏兄弟死守者齒此劍！」怒目髮上指，聞者咸憤厲，守益堅，賊爲引却。

已，聞京師陷，衆皆哭，北向拜，又羅拜相盟誓。而賊攻益急，城中多異議。羅彦謂宗元曰：「小民無知，非鼓以大義，氣不壯。」乃下令，人綴崇禎錢一枚于項，示戴主意。賊以羅彦主謀，呼其名大詬，且射書説降，羅彦不顧。賊死傷多，攻愈力，而李建泰親軍爲内應，城遂陷。羅俊猶持刀斫賊，刀脱，兩手抱賊齧其耳，血淋漓口吻間。賊益衆，大呼「我進士張羅俊！」遂遇害。羅彦見賊入，急還家，大書官階姓名于壁，投繯死。子晋與羅俊子伸並赴井死。

時羅善佐兩兄守城，城將陷，兩兄戒勿死，羅善曰：「有死節之臣，不可無死節之士。」與妻高氏攜三女同投井死。羅輔多力善射，晝夜乘城，射必殺賊，城破，連射殺數人，矢盡，持短兵殺數人乃死。羅士妻高氏，守節十七年，至是亦自經死。惟羅喆從水門走免，妻王氏亦縊死。羅俊伯母李氏罵賊死。羅彦妻趙氏、二妾宋氏、錢氏及晋妻師氏，當危急時，並坐井旁以待賊入，皆先羅彦投井死。惟趙氏不沈，家人出之，再入，復如故。有抱晋之子至者曰：「夫人死，將令張無後。」乃匿空舍中，潛出水門免。而羅輔妻白氏在母家，聞難欲死，侍者止之。紿以汲井，推幼女先入，已從之。羅俊再從子震妻徐氏，巽妻劉氏，亦投井死。一門死者凡二十三人。

方建泰之出師也，金毓峒爲監軍御史，方馳赴山西，抵保定，賊騎已逼。而毓峒本保定衛人，遂入城與邵宗元共守。毓峒守西城，散家貲千餘金犒士，其妻王氏亦出簪珥佐之。方京師陷，賊射書説降，衆頗懈，毓峒厲聲曰：「正當爲君父復讎，敢異議者斬！」懸銀牌，令擊賊者自取，衆争奮，斃賊多。城陷，一賊挽毓峒往謁其帥，且罵且行，遇井，推賊仆地，自墮井死。妻王聞之，即自經。其從子振孫，有勇力，以武舉佐守城。賊至，衆皆散，獨立城上大呼曰：「我金振孫，前日殺數賊魁者我也。」群賊支解之。振孫兄肖孫、子婦陳氏與侍兒桂春，亦投井死。肖孫匿毓峒二子，爲賊搒掠無完膚，終不言，二子獲免。

同時守城殉難者，邠州知州韓東明，武進士陳國政，赴井死。平涼通判張維綱，舉人張爾翬、孫從範，不屈死。舉人高經，負母避難，遇賊，求釋其母，母獲釋而經被執，乘間赴水死。貢生郭鳴世寢疾，聞城陷，整衣冠端坐，賊至，持棒奮擊而死。諸生王之珽，先城陷一日，置酒會家人飲達旦城陷，偕妻齊氏及三子、二女入井死。諸生韓楓、何一中、杜聯芳、王法等二十九人，布衣劉宗向、田仰名、劉自重等二十人，或自經，或溺，或受刃，皆不屈死。婦女殉節者一百十五人。

他若尹洗見上。及舉人劉會昌、貢生王聯芳，以城陷次日爲賊收獲，亦不屈死。賊揭其首于竿，書曰：「據城抗節，惡官逆子。」見者飲泣。

是役也，城内屠赤一空，尸枕藉，填滿溝壑，僞官舉之，三日不能盡，蓋闔郡殉之云。

【考異】三編于甲申三月明亡，故書保定之事皆從略。其殉難之何復、邵宗元、金毓峒、方正化、張羅俊，附見蔣德璟罷目中。其他如呂應蛟、文運昌、劉洪恩、戴世爵、劉元靖、呂九章、呂一照、李一廣、張羅彦、韓東明、張維綱等，皆附載于京師陷目中，而特書其守保定死于質實中。惟劉宗嗣，則但云「分守東城」，尹洗則但云「守西城」。又如楊儒秀、張大同、子之坦，皆但以「守城」書之，未及分析。今所載悉據明史何復、張羅俊、金毓峒三人傳，詳記其事之本末及殉難之文武官紳。而城陷日分，則據北略及綏寇紀略，皆云「二十四日」，與明史「京師城陷之次日，賊遣使説降，又攻之累日」者合。惟核真略謂「李建泰以二十一日被押入京師」，日分已誤。又謂「賊屢諭不降自刎又不死」者，尤臆説也。明史成最後，凡忠義傳所載，皆擇其確者書之。若保定之役，據綏寇紀略所記，同時有材官王尊義，主簿沙潤民，醫官吕國賓、王鑛、王之琯，皆被殺，並見殉節録。文學有杜日芳、王紘、馮澤、王允嘉、吴栻、韓廷珍、楊善譽、何光岳、韓紹淹、頡學曾、王敬嗣、王繼桂、趙居晋、王昌祚、孫誠、趙世珩、楊拱辰、王建極、阮積學、王世珩、王致中、周之翰等，意即明史所謂「二十九人」之數者也。又有儒士劉士璉不屈死，王景曜駡賊（破）〔被〕射死，黄棟火箭燒樓死，義民則劉宗向等三人外，又有楊强子刃賊力屈自刎死，張加善不屈縊死，鄭國寧擊賊不中，李懋倫罵賊，王捷、張智、劉養心、朱永寧、胡來獻、胡得銀，俱以拒賊被殺，意即明史「二十人」之數者也。又與尹洗等三人被執不屈死者，有諸生王世琦，又與郭鳴世同死者，有諸生賀誠，而韓東明之子仲淹，亦繼東明射賊墜城死。若婦女則又有金振孫妻王氏，劉宗嗣女劉氏，文運昌妻宋氏，張爾翬妻唐氏，何一中妻趙氏，韓楓妻王氏，田仰名妻曹氏，劉自重妻羅氏。以上皆據保定儒士陳僖所輯甲申上谷紀事。而僖又自爲陳氏節傳，言「僖王母張氏，母楊氏，妻常氏，妹文學金瞿妻陳氏，俱于二十三日同辭家廟，集後園，城陷，張捧誥命，楊一手挽媳，常一手挽女，並侍婢四人並周歲弟仔甫同入井死，一門殉者九人。」又爲高氏節傳，言「諸生高植妻王氏，舉人高桂妻劉氏，請于公姑，賊入，同縊死。」其他縊死者，則有錦衣千户賀誥妻霍氏等十一人，井死者有進士王延禍妻張氏等五十二人。又三編質實，楊儒秀妻杜氏，投水死。凡此即傳中所謂「一百十五人」之數者也。惟馬岱殺其妻子率師出，據紀略言，「劉方亮既去，留僞將張洪收諸下邑，得岱于蠡縣，自刎不殊，洪傳而致之自成，以將斃故得脱，後爲僧，不知所終。」今並附識之以俟考。

○又按殉節録，保定諸生有劉士廉、周之韓，王建基、王繼桂（一作「貴」）同母及妻張氏、王嘉印、王祚昌（一作「允昌」）、王性並何光岳之妻師氏、阮積學之妻何氏，皆紀略所遺者，並識之。

37 **癸丑，僞禮政府鞏焴示隨駕百官，率耆老上表勸進。甲寅，僞旨令禮政府諏吉舉行。未幾，而山海關之報至，不果。**

是日，陞遷各降官四品以下百餘人。【考異】諸書皆以二十六日爲勸進之始，即甲寅也。勸進之語，野史皆言始于朱純臣、陳演，則二十一日入朝時也。其時遺弓未得，遷蹕方傳，諸降臣即喪心昧良，亦無暇及此，諒演等勸進，不過列職名而已，至是始令上表。而所云「百官」者，即指李國楨、陳演之等。楊士聰甲乙核真（客）〔略〕謂「隨駕諸臣，乃呼文之牛金星，武之劉宗敏。勸進大事，宜屬之佐命之臣，豈肯以亡國纍囚等之乎！」此蓋諱言已在百官之列，而飾詞以欺人耳。永樂之入金川門，其時叩馬勸進者，何一非建文亡國之臣！不聞邱福、朱能等之預其列也。況鞏焴早已爲自成僞官，又安敢以政府之示臨之金星、宗敏者！則所謂「百官耆老」，非指亡國之臣民而何？今仍據野史分書之。

38 始開拷掠追贓，閣臣責餉十萬，部院錦衣七萬以下，科道吏部五萬以下，翰林二萬以下，部屬以下各以千計。勳戚則金盡輒殺之。

39 乙卯，平西伯吳三桂自山海關乞師于我大清。

初，三桂奉詔入援，過關至豐潤，聞京師已陷，猶豫不敢前。其父襄提督京營，自成脅襄以書招之，三桂欲降。先是三桂嘗就嘉定伯周奎飲，悦歌女陳沅，以千金購之。會三桂以邊警行，奎送沅于襄所，至是爲賊將劉宗敏掠去，三桂聞之，憤甚。

時自成已遣降將唐通、白廣恩率兵二萬東攻灤州，三桂疾馳歸山海關，襲破賊將，降其衆八千。自成怒，親部賊十餘萬，執襄于軍，東攻山海關，以別將從一片石越關外。三編質實：「一片石在永平府撫寧縣東北，山海關北七十里有關城，城東爲北門水口。」三桂懼，遣副將楊坤、游擊郭雲龍來乞師，我大清世祖章皇帝命睿親王多爾袞率師行。

40 丙辰，遷帝、后梓宮于昌平州，州之士民率出錢，葬之田貴妃墓内，斬蓬藋而封之，不能成禮。【考異】天壽山在昌平，莊烈之葬田貴妃墓，正史、野史無異詞。而楊士聰言「累朝妃嬪皆葬金山，不葬昌平」，不知萬貴妃所葬，亦昌平也。金山在順天宛平縣之西北，當大清兵五月入京師，改葬莊烈帝、后，陵曰思陵。昌平密邇京師，豈有不查明確實者！顧亭林昌平山水記，載思陵本末甚悉。然則核真之説，亦臆度耳。

越兩月，我大清入京師，始以帝禮改葬，令臣民服喪三日，謚曰莊烈皇帝，陵曰思陵。

明史贊曰：帝承神、熹之後，慨然有爲。即位之初，沈機獨斷，刈除奸逆，天下想望治平。惜乎大勢已傾，積習難挽，在廷則門户糾紛，疆埸則將驕卒惰，兵荒四告，流寇蔓延，遂至潰爛而莫可救，可謂不幸也已。

然在位十有七年，不邇聲色，憂勤惕勵，殫心治理，臨朝浩歎，慨然思得非常之材，而用匪其人，益以僨事。乃復信任宦官，布列要地，舉措失當，制置乖方。祚訖運移，身罹禍變，豈非氣數使然哉！

迨至大命有歸，妖氛盡掃，而帝得加謚建陵，典禮優厚，是則聖朝盛德，度越千古，亦可以知帝之蒙難而不辱其身，爲亡國之義烈矣。

41 夏，四月，辛酉，李自成焚太廟神主。【考異】據核真略在是日並無遷太祖主事。詳後卷。

42 壬申，我大清睿親王師次翁後，得吳三桂遺將致書。略曰：「三桂以蛟負之身，荷遼東重任。今以寧遠右偏孤立之故，令棄寧遠而鎮山海，思欲堅守東陲而鞏固京師也。不意流寇逆天犯闕，以彼狗偷烏合，何能成事！乃京城人心不固，奸黨開門納款，先帝不幸，九廟灰燼。今賊首僭稱尊號，擄掠婦女財物，罪惡已極，天人共憤。三桂受國厚恩，欲興師問罪以慰人心，奈京東地小，兵力不支，特泣血求助。乞念亡國孤臣之言，速選精兵，三桂自率所部，合兵以抵都門，滅流寇于宮廷，示大義于中國。乞王轉奏。」

王即遣使報書，略言：「聞流寇攻陷京師，明主慘亡，不勝髮指。用是率仁義之師，沈舟破釜，誓不返旌，期必滅賊，出民水火。伯今遣使致書，深爲嘉悅，即當統兵前進。伯雖向守遼東，與我爲敵，幸勿以前故尚復懷疑。若率衆來歸，必封以故土，爵爲藩王，國讎可報，身家可保。」

先是李自成已于十三日挾太子、諸王東行，僞將唐通出一片石，三桂請速進兵。疾馳至沙河，三桂報賊已出邊，立栅寨。戊寅，大軍迎擊，大敗通兵于一片石。己卯，師至山海關，三桂開關出迎。王令三桂兵繫白布爲識，使之先驅，遂入關。

時自成率步兵二十餘萬，陣于關內，自北山亘海。大兵布陣，不能横及海岸，乃令軍士鱗次布列，對賊陣尾，伺其惰，奮擊之，且戒勿越伍違節制。陣既列，三桂居右翼之末，先悉其衆搏戰，圍開復合。戰良久，大清從三桂陣右突出，衝賊中堅，萬馬奔騰，飛矢雨墮，天大風，沙石飛走，擊賊如雹。自成方登高岡觀戰，知爲大清兵，急策馬下岡走，賊衆大潰，自相踐踏，死者無算，僵屍徧野，溝水盡赤。自成奔永平，大兵追之。三桂先驅至永平，自成使降臣王則堯詣三桂議和，許送太子、二王，皆僞也。三桂送則堯于睿王軍中，斬之，益進兵，自成乃殺其父襄走京師，尋又殺襄、家屬三十四人。【考異】野史言「唐通既敗，乃送定王于軍中，三桂云：『必得太子而後已。』」又言「山海關之敗，自成復遣王則堯、張若麒請和，送出太子。其後三桂至永平，棄定王，專擁太子，欲護之入都，以大清師不許，乃送太子于高啓潛。」或云「啓潛又送之民間」，皆誤也。自成西奔，挾太子、二王以行，則聖武記所謂「許送太子、二王爲僞」者是也。三編所記，皆參本朝實録書之，但有挾太子、二王西行，無送三桂軍中之語，其爲傳聞之失實可知矣。今據三編，參聖武記、東華録書之。○諸書記三桂破賊于四月辛酉者，辛酉爲初四日，距乞師僅六日。蓋三桂襲破自成之别將，非唐通也。通之敗于一片石，乃合大清兵敗之。東華録書之戊寅，即聖武記所云「二十一日」者是也。明日又合兵敗之山海關，自成乃奔永平，野史以爲「戊寅奔永平」者亦誤。今日分皆據東華録、聖武記。

43 癸未，自成奔京師。

初，京師陷，自成登殿受朝賀。一日，升御座，突見神人長數丈，手劍怒視，座下龍爪鬣俱動，自成恐，亟下。鑄金璽及永昌錢，皆不就。及保定之陷，李建泰降，畿内郡縣悉附，山東、河南徧設官吏，所至無違者，自成以爲真得天命，諸臣自牛金星以下，三次勸進，尋以東兵故，且令諏吉肆儀；至是將西奔，乃行之。

丙戌，僭僞號于武英殿。追尊七代皆爲帝、后，立妻高氏爲皇后。自成被冠冕列仗受朝命，金星代行郊天禮。

是夕，焚宮殿及九門城樓，悉鎔所拷索金銀及宮中帑藏器皿，鑄爲餅，每餅千金，約數萬餅，載以騾車。丁亥晦，詰朝，挾太子、二王西奔長安，而使僞將軍左光先、谷可成爲後衛。又勒諸璫，悉取其金玉珠寶，及出宮，令群賊各執守城白楊杖逐之，不分貴賤，皆號泣徒跣，敗面流血，走出長安門外。

44 闖賊之責餉追贓也，灼肉折脛，備諸慘毒，有拷夾而死者，有拷夾完贓而復殺之者。

勳戚自朱純臣被殺後，次及襄城伯李國禎。賊之入也，國禎解甲聽命，尋以責賄不足，被拷折踝，自縊死。其妻爲賊掠，褫盡底衣，抱之上馬，大呼「此襄城伯夫人」，其辱尤甚。定國公徐允禎被殺，英國公張世澤並其妻妾俱拷掠死。閣臣陳演首輸銀四萬，錦衣駱養性輸三萬，得免夾羈候。及自成將東禦吴三桂，慮諸大臣爲後患，乃首誅演及魏藻德。藻德輸萬金，賊以爲少，酷刑五日夜，腦裂死。方藻德被掠，遇馬世奇家人，泣曰：「吾不能爲若主，今求死不得矣。」至是果驗。方岳貢、邱瑜，拷掠完贓，已被釋，及自成殺演等，令監守者並殺二人，各予以繯，俱自縊死。其他自部院大臣以及詞科部僚之等，死者辱者不可勝計。

然亦有悔憤而自盡者。故贈太常卿魏大中之次子學濂，中癸未進士，擢庶吉士，是年，賊逼京師，學濂與同官吳爾壎慷慨有所論建，大學士范景文以聞，先帝特召見兩人，將任用。無何，京師陷，學濂不能死，受賊户部司務職，隤其家聲。已，自成西奔，學濂將出，自慚，遂賦絶命詞二章，自縊死。【考異】以上被殺之勳戚、閣臣，皆據明史本傳書之。若野史所記，「李國禎被執不跪，及送先帝葬後，慟哭自刎而死」，此皆南渡後劉孔昭等入之正祀武臣之首，因撫拾其事，以爲勳戚殉難之尤烈者。然當純臣被殺，國禎同時執至，如其不降，豈能俟之十日後，聽其逍遥送葬歸而自刎者！況襄城業已被執，又焉得有昌平送葬之事！明史删此一段，是也。大抵國禎之死，在殺陳演、魏藻德之前，明史以爲「被拷折踝自縊而死」者爲得。其實藻德輸贓萬金在四月朔日，然則「酷刑五日而死」者，則初六日也。陳演以十二日被殺，則自成東行之前一日，方岳貢、邱瑜之死又在其後，證之核真略所記亦同。惟魏學濂之死，野史所記，亦未足據。然當自成西走，學濂可以逃免，而明史特記其死于帝殉社稷之後四十日，則其死也，毋亦一念之悔，懼貽先人之羞，爲門户之玷乎！純臣之死最先，學濂之死最後，今並表而出之。

45 甲申三月之變，有家居聞難而殉節者，有里居擊賊而遇害者。兵部侍郎王家禎，解職家居長垣，京師陷，賊遣兵據長垣，家禎自經死，子元玠從之。按察副使顧國縉，上海人，聞城陷，不食死。工部尚書何應瑞，曹州人，聞城陷，不食死。萊州推官張力，家居東明，聞都城陷，偕邑人殺賊，授僞官，爲所執，不屈，罵賊死。

而是時諸生布衣之殉節者，以吳縣許琰爲首。琰有至性，嘗刲臂療父疾；爲諸生，磊落不羈。聞京師陷，帝殉社稷，大慟，誓欲起義師討賊，走告里薦紳，皆不應。端午日，過友人，出酒飲之，琰擲盃大詬曰：「我輩讀聖賢書，今何時？尚縱酒如平日耶！」拂衣徑去。已，聚哭明倫堂，琰衰杖擗踊盡哀。御史謁文廟，猶吉服，琰率諸生責以大義，御史皇悚謝罪去。及南都頒監國詔，而哀詔猶未頒，琰益憤痛，趨古廟自經，爲人所解。乃步至胥門，投于河，潞王舟至，拯之出。既歸，家人日夕守，不得死，遂絶粒。尋聞哀詔至，即庭中稽首號慟，遂不復言，以六月三日卒。鄉人私謚曰「潛忠先生」。

其時諸生殉義者，京師則又有曹肅、藺衛卿、周讜、李汝翼，金壇則王明灝，丹陽則王介休，雞澤則殷淵，肥鄉則宋湯齊、郭珩、王拱辰。而肅之曾祖子登，仕爲甘肅巡撫，京師陷，肅與其兄遜、弟敬、祖母姜、母張、遜妻李、肅妻周、妹持順、弟婦鄧，並一門自縊死。【考異】明史忠義傳言肅弟持敏，而無遜、敬二人名，殉節録謂持敏即遜字而肅之兄也。又傳言肅嫂李氏，而佚去肅妻周氏，今以殉節録證之，則李即遜妻，而肅妻周遺之。傳中又有弟婦鄧，殉節録亦遺之。今考肅有弟敬，疑所謂「弟婦鄧」者，即敬妻也。殉節録成最後，考覈較詳，今參書之，而附識于此。衛卿止一幼女，付其友，自縊。讜、汝翼皆罵賊不屈，賊磔汝翼而殺讜。明灝日夕慟哭，家人解慰之，託故走二十里外投水死。介休不食七日死。賊破雞澤，淵謀起兵復之。俄聞京師陷，即同諸生黃祐等密約山中壯士誅賊所置僞官，爲奸人所告被殺，遠近悼之。湯齊、拱辰，亦以起兵討賊謀泄遇害。

【考異】以上殉難官紳，皆據三编及明史忠義傳。而殉節録另編甲申殉難諸臣爲一類，紀載尤詳。其通謚節愍卷内，有廣靈知縣阮泰，解職家居洛陽，聞京師陷，衣冠望闕拜，不食死，妻朱氏從之。光禄監事胥自修，江寧人，聞賊陷北都，具冠服肅拜絶粒死。湖南督學僉事周大啓，畏洲人，甲申聞變不食死。猗氏知縣李樹聲，岐山人，以憂歸，賊陷京師，遣人招之不從，死。濟南僉事劉世芳，英山人，聞京師陷，慟哭嘔血死。定海知縣朱懋華，南陵人，聞北京陷，自縊死。潮州司理李毓新，嘉興人，行取未赴，甲申遇害，次子禎先抱父尸死。歸德通判張垣崇，徐州人，聞變以身殉。商城知縣張國光，大興人，聞都城陷，北向拜，自經死。儀封知縣陳三益，山陰人，寇陷都城，僞使至，同官勸出迎，碎所佩印不屈死。大同總兵汪登瑞，餘姚人，（問）〔聞〕變絶粒死。呈貢知縣黃卷，鍾祥人，家居，聞京城失守，北向長號不食死。布政參議王若之，益都人，僑寓金陵，甲申聞難，不食嘔血死。臨漳知縣梁希皐，龍泉人，未赴任，聞京師陷，痛哭不食死。天津道陳六韐，在天津築興濟城，死甲申之難。刑科給事中李汝璨，南昌人，抗疏下獄，尋赦歸，聞國難，衰絰北拜絶粒死。御史鄭封，祥符人，出使廣西，聞京師陷，與子庚錫遁山中，封不食死，庚錫亦死，舉家殉之。兵部主事尹詔，石城人，上疏忤時相讁歸，聞甲申變，不食卒。永平通判韓上桂，番禺人，聞京師陷，號泣卒。知縣毛協恭，武進人，聞難，投水死。西寧副使李豫，郾城人，聞京師陷，慟哭不食死。巡撫甘肅楊汝經，睢州人，行次林縣，聞京師陷，率壯士討僞官，過賊被害。延綏總兵宋偉，山陰人，甲申服鴆死。監察御史王與印，（北略「印」作「允」。）新城人，讁歸，甲申聞變，與子士和拒户自經，妻于氏亦縊死。太常少卿傅鍾秀，高密人，號泣，鬢髮一夕盡白，與主事單崇謀超義，爲賊執，大罵不屈死，子稟初，以翼父並殉。劉河游擊李中孚，上海人。甲申戰没入祠職官卷内，有鴻臚寺鳴贊官石永昌，單縣人，甲申之難，從指揮李若璉同殉節于京邸。東城兵馬司陳愫，芮城人，京師陷，殉節。昌平守禦任之華，大興人，方歸家，都城陷，自縊死。涇陽訓導劉彰本，保安人，時銓授未行，京師陷，縊死京城之涇陽會館。完縣教諭時躋舜，長垣人，在籍，城陷，與妻李氏、二子泰、壯俱死。安肅訓導張文浩，博興人，城失守，死之。海豐教諭厲必中，日照人，聞京師陷，不食死。千户陳應鵾，定海人，甲申聞難自縊死。孝陵衛董啓明，里貫未詳，甲申聞難自經死。嘉定訓導劉芳遠，和州人，聞北都陷，整衣冠北向拜，坐明倫堂自刎死。興安州同覃天明，太平人，致仕歸，聞都城陷，不食死。訓導陸士鉉，平湖人，甲申聞難，大慟絶粒死。又入祠士民卷内，布衣馮澤，蠡縣人，賊陷蠡縣，死之。歲貢陳嘉猷，慶都人，賊陷慶都，拒戰死。生員祝洪籙，順天人，城陷，同妻王縊死。舉人黄自彩，江南人，聞難自縊死。舉人李毓梁，孟縣人，賊陷京師，時徵赴西安，送妻與二子入山，自縊死。進士石巖，三原人，聞京師陷，數日不食死。生員許王家、顧維寰，俱長洲人，甲申聞難死。生員常州嚴紹賢、金壇王崇圖、王榮圖、王希高，俱從王明灝死之。生員王養心，徐州人，聞京師陷，痛哭絶粒七日，自縊死。舉人馬嘉，祁門人，聞都城陷，投繯死。生員李幹才，鹽城人，聞京師破，不食死。生員張秉純、徐正夫，俱和州人，聞京師陷，秉純絶粒死，正夫自縊。生員張不二，含山人，聞變，號泣絶粒死。生員蒙陰陳主忠，滋陽唐賓，曹縣趙振極，單縣孫國顯，城武劉武聚，即墨王曦如，俱甲申殉節死。生員王啓賢、王採、符應第、符應舉、符振芳，俱饒陽人，甲申城破，死之。生員張玉瓚，順天人，都城陷，同妻魏投井死。生員蔣士忠，順天人，同妻黄投金魚池死。生員徐燝，順天人，城陷，同妻鄔合家自焚死。生員魏起元，順天人，城陷，與藺衛卿等皆合家殉之。生員鄒欽堯，瑞安人，聞難，沈永寧江死。生員陳則從，平番人，城陷不食死。貢生温元春、生員杜桂枝、金章、王汝盤、監生郭梁，俱安定人，聞京師陷，散家財倡義，同殉節。生員徐嶧，常熟人，衣冠赴文廟泮水死。舉人周元孝，敘州人，賊執之，不受僞官死。童生周洴，大興人，京師陷，悲憤嘔血數升死。布衣閻守義，順天人，都城破，罵賊被創死，妻李自縊，婢從之。布衣田祥宇，（一作「大年」。）宛平人，合門自焚死。布衣唐文運，密雲人，痛哭飲酖死。屈坦之、祝舜齡，俱常熟人，甲申死節。孫源文，無錫人，聞京師陷，咯血死。周日曜，桐城人，絶粒九日死。陳公誥，貴池人，聞京師陷，痛哭自經死。文襄，絳州人，賊陷京師，死之。布衣光岳奇，信陽人，聞京師陷，躍井死。布衣王汝紹，金壇人，聞難死節。太學生顧杲，端文之孫，甲申殉節。布衣彭月浴，寧鄉人，京師陷，死之。劉鳳池，溧水人，聞賊入都，赴水死。京營卒徐道，宛平人，守安定門，冒矢擊賊，城破墜城死。又有賣菜傭，不知姓名，京師陷，荷菜過東安門，哭先帝、后畢，觸石死。髯樵叟，吴縣人，采薪洞庭山中，聞北都陷，投震澤死。農夫牛德富，輝縣人，方執鉏田間，聞京師陷，號慟走百泉，躍入水死。農夫鞠鳴秋，長山人，聞甲申之難，大慟自經死。以上所記，亦有南都殉難而誤入者，如顧杲、鄒欽堯之等，別詳附記卷中。

明通鑑附編卷一上

江西永寧知縣當塗夏　燮編輯

附記一上起閼逢涒灘（甲申），夏五月，盡秋七月。

大清世祖章皇帝

順治元年（甲申、一六四四）是年五月，明福王由崧立于南京，仍稱崇禎十七年。

1 夏，五月，戊子朔，我大清兵定京師。李自成西奔，大軍追之于蘆溝，于慶都，皆敗之，乃班師。所過郡縣，皆諭以定亂安民，共享太平之意，百姓竄匿山谷者，悉還鄉里，迎降恐後。

于是睿親王整兵入京師，故明諸臣迎于五里外。下令安輯百姓，民間按堵如故。改葬明崇禎帝、后並熹宗皇后張氏、神宗妃劉氏及殉難之公主、妃嬪等皆如禮。【考異】三編定京師目中及輯覽所載，皆言「並葬帝、妃袁氏及公主並熹宗皇后張氏、神宗妃劉氏」。按此據初定京師下令之原文，本之大清實録者，故懿安之死于賊中，已據查明，而袁妃、長公主未悉也。明史后妃、公主傳，皆云「長平公主及袁妃被斫未殊。大清入京師，下所司給袁妃居宅，贍養終其身。長平公主傳，「帝選周顯尚主，將婚，以寇警暫停，及城陷，上斫斷左臂，越五日復甦。本朝順治二年上書，言：『九死臣妾，跼蹐高天，願髡緇空門，稍伸罔極！』詔不許，令顯復尚故主，土田、邸第、金錢、車馬，錫予有加。主涕泣，踰年卒。」據此，則是年五月下令所葬，無長平公主、袁妃二人也。公主蓋即昭仁公主之等，是時帝又手斫妃嬪數人，至是皆令葬之。而神宗妃劉氏，即昭妃，掌太后璽者，以崇禎十五年薨，未葬也。今參明史書之。

2 是日，明臣立福王由崧于南京。

先是北都既陷，四月，己巳，報至南京，人心皇懼。時參贊機務兵部尚書史可法方督師勤王，渡江抵浦（日）〔口〕，聞京師之變，縞衣發喪。南京文武大臣議立君討賊，而由崧及潞王常淓俱以避賊至淮安，倫序當屬福王。諸臣慮福王立，或追怨妖書及梃擊、移宮等案，潞王立則無後患，且可邀功。陰主之者廢籍禮部侍郎錢謙益，力持其議者兵部侍郎呂大器，而右都御史張慎言、詹事姜曰廣皆然之。其間往來游説者前山東按察僉事雷縯祚、禮部員外周鑣。慎言、曰廣等移牒可法曰：「福王倫序當立，而有七不可，貪、淫、酗酒、不孝、虐下、不讀書、干預有司也。潞王爲神宗姪，賢明當立。」可法亦以爲然，遂由浦口還南京。

而鳳陽總督馬士英，利福王昏庸，欲立之，潛與逆案家居之阮大鋮計議，主立福王，又密與操江誠意伯劉孔昭、總兵高傑、劉澤清、黄得功、劉良佐等結，而公致書于可法，可法以七不可告之，意未決。

甲申，守備南京魏國公徐弘基等、户部尚書高弘圖等、南京守備太監韓贊周等集議于朝，大器署禮、兵二部印，不肯下筆，吏科給事中李沾探士英指，厲聲言：「今日有異議者死之！」孔昭亦面斥大器。而士英握重兵于外，與諸將送福王至儀真，連營江北，勢甚張，諸大臣乃不敢言，可法亦不得已，乃定立福王。

時文武官俱集内官宅，贊周令各署名籍。曰廣請無匆遽，俟祭告奉先殿而後行。越日，至奉先殿，以福王名告。諸勳臣語侵可法，曰廣呵之，于是群小咸目懾曰廣。

乙酉，迎王于江浦。丁亥，百官迎見于龍江關。王素服角帶哭。是月朔，王謁孝陵奉先殿，出居内守備府，群臣入朝，王色赧欲避，可法曰：「王毋避，宜正受。」已，朝議戰守。可法曰：「王宜素服郊次，發師北征，示天下以必復讎之義！」王唯唯。明日再朝，出議監國事，慎言曰：「國虚無人，可即正大位。」可法曰：「太子存亡未卜，倘南來，若何？」孔昭曰：「今日既定。誰敢復更！」可法曰：「徐之。」乃退。

庚寅，王監國。壬辰，以史可法、高弘圖、姜曰廣、王鐸並爲東閣大學士。

先是廷推閣臣，舉可法、弘圖等，而劉孔昭攘臂欲並列，廷臣以勳臣無入閣例折之，孔昭勃然曰：「即我不可，馬士英何不可？」乃首進士英東閣大學士兼兵部尚書、都察院副都御史。又議起廢，競舉鄭三俊、劉宗周、徐石麒。孔昭舉阮大鋮，可法曰：「先帝欽定逆案，無復言！」至是拜可法禮部尚書，與士英、弘圖並入閣，可法仍掌兵部事，士英仍督師鳳陽。曰廣先以迎立異議不用，及再推，詞臣乃以曰廣及鐸等名上，遂與鐸並命。又以張慎言爲吏部尚書。慎言上中興十議：曰「節鎮」，曰「親藩」，曰「開屯」，曰「叛逆」，曰「僞命」，曰「褒恤」，曰「功賞」，曰「起廢」，曰「懲貪」，曰「漕税」，納之。又起劉宗周爲左都御史，徐石麒右都御史，黄道周吏部左侍郎。令兵部尚書張國維以原官協理京營戎政，餘皆遷擢有差。

3 壬寅，明福王稱帝于南京，仍稱崇禎十七年，以明年爲弘光元年。

癸卯，馬士英入閣佐理，仍掌兵部尚書事。

先是史可法定京營制，如北都故事，侍衛及錦衣衛諸軍悉入伍操練，錦衣東西兩司房及南北兩鎮撫司官不備設，以杜告密，安人心。

時士英旦夕覬入相，及聞督師鳳陽命下，大怒，以可法所與士英七不可書奏之王，且令高傑、劉澤清疏趣可法視師，而自擁兵入覲，拜表即行，可法不得已自請督師。

是時廷議分江北爲四鎮：總兵劉澤清轄淮、海，駐淮北，經理山東一路；總兵高傑轄徐、泗，駐泗水，經理開、歸一路；總兵劉良佐轄鳳、壽，駐臨淮，經理陳、杞一路。靖南伯黄得功轄滁、和，駐廬州，經理光、固一路。得功已封伯，乃晉靖南侯，封傑爲興平伯，澤清東平伯，良佐廣昌伯。于是加可法太子太保，改兵部尚書、武英殿大學士，督師淮、揚，各鎮俱聽節制。乙巳，可法陛辭，請以總兵劉肇基、于永綬、李棲鳳、卜從善、金聲桓等從征，從之。【考異】四鎮之分地在先，封爵在後，故當可法瀕行而黄得功、高傑争駐揚州之衅起。野史多以分地及封爵概歸之可法奏中，證之明史本傳即馬士英入覲所請。而此等跋扈之將，豈可法所欲封！但是時大權已歸士英，姑以此壯江、淮之聲援而已！楊氏核真略言「得功等封伯之時，廷臣以劉澤清在臨清不相安，恐有他變，即具揭封澤清東安伯。」證之北略及紀事本末，是年三月封吴三桂等四人下，但云「澤清實陞一級」，無加封事。若澤清果彼時封伯，則此當與得功、良玉並進爲侯矣。明史澤清本傳，亦云「福王所封」。今據之。

復進封左良玉爲寧南侯。

先是莊烈帝詔封良玉，畀其子夢庚平賊將軍印，功成世守武昌，命給事中左懋第便道督戰，良玉乃條月日進兵狀以聞，疏入，未奉旨而京師陷。福王立。詔至，其部下有異議，不欲開讀。巡撫何騰蛟急詣良玉所争之，而良玉已從正紀盧鼎言，開讀如禮。諸將尚洶洶以江南自立君，欲引兵東下，良玉慟哭不許，盡出所藏金銀綵物散之諸將曰：「此皆先帝賜也，受國厚恩，禍變至此，良玉何心獨有之乎！」于是諸將噭然皆哭。副將馬士秀奮曰：「有不奉公令，復言東下者，吾擊之！」以巨艦置磯斷江，衆乃定。

會王命進良玉爵爲侯，廕一子錦衣千户，以上流之事專委良玉，制書到楚而良玉賀表亦至。

時李自成敗于關門，良玉得以其間稍復楚西境之荆州、德安、承天。而騰蛟及總督袁繼咸居江西，皆與良玉善，南都倚爲屏蔽。

時良玉兵八十萬，號百萬，前五營爲親軍，後五營爲降軍，每春秋肄兵武昌諸山，一山幟一色，山谷爲滿。軍法，用兩人夾馬馳，曰「過對」，馬足動地殷如雷，聲聞數里。諸鎮兵惟高傑最强，不及良玉遠甚。然良玉自朱仙鎮之敗，精鋭略盡，其後歸者多烏合，軍容雖壯，法令不復相攝。而是時良玉亦老且病，無出兵意矣。

4 庚戌，明誠意伯劉孔昭、忻城伯趙之龍等詬吏部尚書張慎言于廷。

時大起廢籍，慎言薦前大學士吴甡、前尚書鄭三俊，福王命召甡陛見。孔昭等怒慎言專推文臣，排忽武臣，乃廷斥慎言及甡爲奸邪，叱咤徹殿陛。給事中羅萬象言：「慎言平生具在，甡素有清望，安得斥爲奸邪！」孔昭等伏地慟哭，言「武臣見棄」，囂争不已，遽欲手刃慎言，韓贊周呵之，乃止。既退，乃疏劾慎言，極詆三俊，且謂「慎言當迎立阻難，懷二心，乞寢甡陛見命，又議慎言欺蔽罪。」慎言疏辨，因乞休，時兩解之。

萬象又言：「首膺封爵者，四鎮也；新改京營，又加二鎮銜，何嘗不用武臣！年來封疆之法，先帝多寬，武臣報先帝者安在？祖制以票擬歸閣臣，參駁歸言官，不聞委勳臣以糾劾也。使勳臣得兼糾劾，文臣可勝逐哉！」史可法奏：「慎言疏薦無不當，諸臣痛哭喧呼，法紀安在！恐驕弁悍卒益輕朝廷。」御史王孫蕃言：「用人吏部職掌，奈何廷辱冢宰！」閣臣高弘圖等亦以不能輯和文武，各疏請罷，俱不允，而甡亦竟不復召。

是月，明督師大學士史可法開府揚州。

初，四鎮分地，黄得功、劉澤清、高傑争欲駐揚州。傑先至，欲入城，揚州人素畏傑，不納。傑攻城急，日掠村廂婦女，民惡之。知府馬鳴騄，推官湯來賀，堅守月餘。進士鄭元勳，家城中，身詣傑營，責以大義，傑頗感悟，爲斂兵五里外城之西北，得暫啓門通薪米。而守城者不如約，數以矢石中傑兵，傑怒，復進。揚人疑元勳通傑，遂遇害。既而傑知不可攻，意稍怠。而澤清亦大掠淮上，臨淮不納，劉良佐軍亦被攻。福王命可法往解，得功、澤清、良佐皆聽命，乃詣傑。傑素憚可法，夜，掘坎十百，埋暴骸，旦日謁可法帳中，詞色俱變，汗浹背。可法坦懷待之，接偏裨以温語，傑大喜過望。然自是易可法。用己甲士防衛，文檄必取視而後行。可法夷然，爲具疏，屯其衆于瓜洲，傑又大喜。

可法乃即揚州立軍府，遣使訪大行帝、后梓宮及太子、二王所在，奉命祭告泗、鳳二陵畢，上疏曰：「陛下踐阼初，祗謁孝陵，哭泣盡哀，道路感動。若躬謁二陵，親見鳳、泗蒿萊滿目，雞犬無聲，當益悲憤。願慎終如始，處深宫廣廈，則思東北諸陵魂魄之未安。享玉食大庖，則思東北諸陵麥飯之無展。膺圖受籙，則念先帝之集木馭朽，何以忽遘危亡！早朝晏罷，則念先帝之克儉克勤，何以卒墮大業！戰兢惕厲，無時怠荒，二祖列宗將默佑中興。若晏處東南，不思遠略，賢奸無辨，威斷不靈，老成投簪，豪傑裹足，祖宗怨恫，天命潛移，東南一隅，未可保也。」王嘉納之。

先是王聞四鎮之争，遣職方主事萬元吉宣詔慰諭，且發萬金犒傑軍，令保江、淮。元吉渡江詣諸鎮營，約共奬王室，盡釋前嫌，俱聽命；乃擢元吉太僕少卿，監視江北軍事。

時闖賊西奔，青州諸郡縣並殺僞官，據城自保，未知南都擁立事。可法「請速頒監國、登極二詔，慰山東、河北軍民心」。開禮賢館，招四方才智，下僚有才被棄者，亦悉舉任用之。以故碭山知縣應廷吉爲監紀推官，領其事，一時慕府稱得人。

6 方諸鎮之加封也，邊將多不平。江西總督袁繼咸自九江鎮所入朝，奏曰：「封爵以勸有功。無功而封，則有功者不勸；跋扈而封，將跋扈者愈多。」王曰：「事已行，奈何？」繼咸曰：「馬士英引傑渡江，宜令往輯。」王曰：「彼不欲往，輔臣史可法願往。」繼咸曰：「陛下嗣位，固以恩澤收人心，尤宜以紀綱肅衆志。乞振精神，申法紀。冬春間淮上未必無事，臣雖駑，願奉六龍爲澶淵之舉。」王有難色。因詣榻前密奏曰：「左良玉雖無異圖，然所部多降將，非孝子順孫。陛下初登大寶，人心危疑，意外不可不慮，臣當星馳回鎮。」許之。

7 明分置應天、蘇松巡撫，以兵科都給事中左懋第巡撫應天、徽州諸府，大理寺丞祁彪佳巡撫蘇、松諸府。

時蘇州諸生檄討其鄉官從賊者，奸民和之。少詹項煜及大理寺正錢位坤、通政參議宋學顯、禮部員外湯有慶之家，皆被焚劫；常熟又焚給事中時敏家，毀其三世四棺。彪佳請「議從逆諸臣罪，而治焚掠之徒以加等」，從之。時高傑駐瓜洲，跋扈甚，彪佳剋期往會，至期，風大作，傑意彪佳未必來，彪佳攜數卒衝風渡，傑大駭異，盡撤兵衛，會彪佳于大觀樓。彪佳披肝膈，勉以忠義，共奬王室，傑感嘆曰：「傑閱人多矣，如公者，傑甘爲死，公一日在吳，傑一日遵公約矣。」共飯而別。

8 明福王以忻城伯趙之龍總督京營戎政。馬士英與之比，故命之。

9 初，闖賊陷明山西，淮揚巡撫總督漕運路振飛遣將金聲桓等十七人分道防河。由徐、泗、宿遷至安東、沭陽，且團練鄉兵，犒以牛酒，得兩淮間勁卒數萬。福、周、潞、崇四王避賊，同日抵淮，大將劉澤清、高傑等亦棄汛地南下，振飛悉接之。至是河南副使呂弼周爲賊節度使，進逼淮上，進士武愫爲賊防禦使，招撫徐、沛，而賊所遣僞制將軍董學禮等據宿遷。振飛擊擒弼周、愫，走學禮，竿弼周法場，命軍士人射三矢，乃解磔之，縛愫，徇諸市，鞭八十，檻車送南京誅之。

會馬士英欲用所親田仰爲淮揚巡撫，乃罷振飛，振飛亦遭母喪，無家可歸，遂流寓蘇州。振飛在淮安，與巡按御史王燮頗號召義士，同心戮力。自振飛既去，王燮亦陞右僉都御史，巡撫山東。

而劉澤清來居淮城，威福自擅，散遣義士，其桀驁者籍之，部下劫掠，村落一空。又大興土木，造作壯麗，僭擬皇居，與田仰日肆歡飲，士民憤怨。

時山東郡縣已歸我大清，王燮亦不能往，但逡巡河上而已。

10 明召前禮部侍郎陳子壯爲禮部尚書。

11 六月，丁巳朔，明追上崇禎帝謚曰烈皇帝，廟號思宗，周后曰孝節皇后。【考異】南疆繹史、計氏南略俱系之朔日，繹史作「戊午朔」，證之甲乙紀乃丁巳朔，與新曆同，蓋繹史誤也。

12 明召阮大鋮入見。

時，馬士英秉政，招權罔利，日事報復。高弘圖、姜曰廣、張慎言等皆宿德在位，將以次引海內人望，而士英必欲起大鋮，因薦大鋮知兵。

初，大鋮在南京，與守備中官韓贊周暱，及都城陷，中官悉南奔，大鋮因贊周徧結之，爲群奄言「東林當日所以爲貴妃、福王者」，俾備言于王以潛傾史可法等。群奄更極口推大鋮才，士英亦言「大鋮從山中致書舉定策謀」，爲白其附璫贊導無實跡，王遂命大鋮冠帶陛見。大鋮乃上守江策：曰「聯絡」，曰「進取」，曰「控扼」，曰「策應」，且自白孤忠被陷，痛詆孫慎行、左光斗，且指魏大中爲大逆。

于是曰廣疏言：「臣前見文武紛競，既慚無術調和；今見欽案掀翻，又愧無能豫寢。遂使先帝十七年之定力頓付逝波，陛下數日前之明詔竟成故紙。梓宮未冷，增龍馭之怨恫；制墨未乾，駭四方之觀聽。惜哉維新，乃有此舉！臣所守者朝廷之典章，所畏者千秋之公議。昨日大鋮之起，竟出內傳。夫斜封墨敕，種種覆轍，史册昭然，不可不鑒也。」侍郎呂大器疏言：「先帝骨肉未寒，爰書儼若日星。而士英悍然不顧，視陛下爲何如主！」士英爲大鋮奏辯，力攻曰廣、大器，益募宗室朱統鐼、建安王統鏤輩連疏交攻。而以弘圖爲御史時嘗詆東林，必當右己，乃言「弘圖素知臣者」，弘圖則言：「先帝欽定逆案一書，不可擅改。」

給事中羅萬象疏言：「輔臣薦用大鋮，或以愧世之不知兵者，然大鋮實未知兵。伏望許其陛見以成輔臣叶握之意，禁其復用以杜邪人覬覦之端。」

應天府丞郭維經疏言：「逆案先帝手定，今將修實録，若此案不書，恐在天之靈必有遺憾；若書之而今日起用大鋮，與前案違異，非陛下所以待先帝，并非輔臣所以待陛下也。」

大理寺丞詹兆恒疏言：「逆案諸人，久圖翻局，幸先帝神明内斷，確不可移。陛下駐蹕龍江，痛先帝之變，對群吏而哭，百姓聞之，莫不灑涕搥胸，願雪國恥。近聞山東、河南士紳，皆白衣白冠呼籲先帝，驅殺僞官，各守險阻以拒闖、獻餘黨，此誠先帝德澤在人也。今梓宫坏土未乾，太子、二王安在！國讎未報，而忽召見大鋮，還以冠帶，豈不上傷先帝之靈，下短忠義之氣哉！」

于是太僕少卿萬元吉、御史左光先、陳良弼、王孫蕃、給事中陳子龍、職方郎中尹民興等先後論劾。而錦衣指揮懷遠侯常延齡者，開平王遇春裔也，亦抗章攻之，不報。時，南都諸勳戚多恣睢自肆，獨延齡以守職稱，國亡，身自灌園種菜，布衣終其身。

【考異】延齡攻大鋮，明史大鋮傳載之，三編據焉，而開平傳不載。至其灌園種菜，並見錢秉鐙田間集。又厲鶚樊榭山房續集所作開平王孫種菜歌，即指延齡也，今並參書之。

13 癸亥，明給事中李清請追議開國名臣、靖難死節及武、熹兩朝忠諫諸臣謚，下禮部議行。

14 甲子，張獻忠陷明涪州。

先是獻忠屯萬縣，民皆逃避，賊徒健鬥者十餘萬，負載者倍之，置横陣四十里，左步右騎，夾舟而進。巡撫陳士奇駐師重慶，遣將趙榮貴扼梁山陸道，分守道劉鱗長與參將曾英守涪以扼江。賊至，榮貴望風遁。英戰而敗，退至五里望江關，賊追及，斫傷其頰，英手殺數人，跳而免，與鱗長走川南。涪州遂陷。【考異】綏寇紀略及蜀碧皆書涪州之陷于六月八日，即甲子也。明史陳士奇傳系之四月，蓋彙書耳，辨見後。

15 丙寅，明吏部尚書張慎言罷。

慎言再疏乞休，至是始許之，且諭曰：「晉疆未復，卿亦無家可歸，沿途僑寓以需後命。」慎言遂流寓蕪湖、宣城間。國亡後，疽發于背，戒勿藥，卒。

16 明起廢籍錢謙益爲禮部尚書，協理詹事府事。

先是南中迎立，謙益陰擁戴潞王，與馬士英不合。王既立，謙益懼得罪，更疏頌士英功；阮大鋮被召，廷臣交劾，謙益獨爲之訟冤；以此修好于士英，故有是命。

17 癸酉，明吏部侍郎吕大器罷。

大器以迎立異議自危，乃上疏劾士英，言其「擁兵入朝，覷留政地，翻先皇手定逆案，欲躋阮大鋮中樞。其子以銅臭爲都督，女弟夫未履行陣授總戎，姻婭越其杰、田仰、楊文驄，先朝罪人，盡登膴仕，亂名器。夫吴甡、鄭三俊，臣不謂無一事失，而端方亮直，終爲海内正人之歸；士英、大鋮，臣不謂無一技長，而奸回邪慝，終爲宗社無窮之禍。」疏入，以和衷體國答之。

未幾，劉澤清入朝，士英嗾之劾大器及雷縯祚異圖，大器遂乞休去，以手書監國告廟文送内閣，明無他。而士英憾不已，復令太常少卿李沾劾之，尋削大器籍，命法司逮治，以蜀地盡失，無可蹤跡而止。【考異】大器之罷，諸書皆系之十七日，即癸酉也。繹史系之十三日己巳，蓋據澤清入朝論劾之日分耳。今類書其本末于大器罷日中。澤清既糾大器，遂薦逆案張捷、鄒之麟、張孫振等，皆許起用。

自武臣之分地也，賦入不以上供，恣其所用，置封疆兵事一切不問；與廷臣互分黨援，干預朝政，擠排異己，奏牘紛如，紀綱盡裂。而澤清所言尤狂悖，擁立之初，即援靖康故事，請以五月改元，又請宥故輔周延儒助餉贓銀，又請禁巡按不得拏訪追贓，又請法司嚴緝故總督侯恂及其子方域等，朝廷多曲意從之。及是士英挾擁戴功，内結勳臣，外連鎮將，而澤清益無忌憚矣。

18 明大理寺丞詹兆恒等之劾阮大鋮也，福王命取逆案進覽，至是兆恒上之，而馬士英亦以是日進三朝要典，乃切責羅萬象等。高弘圖復請下九卿會議，不聽。

19 丙子，明馬士英乞罷。

士英當國，畏東林倚左良玉爲難，謾語修好而陰忌之。良玉不自安，屬承天守備太監何志孔、巡按御史黄澍入賀，陰伺朝廷動静。澍挾良玉勢，當陛見，面數「士英奸貪不法，且嘗受張獻忠僞官周文江重賄，爲題授參將」，凡可斬之罪十。志孔亦論士英罔上行私諸罪，司禮太監韓贊周叱之曰：「御史言事，是其職掌；内臣操議，殊傷國體。」志孔乃退。士英跪乞處分，澍舉笏直擊其背曰：「願與奸臣同死！」士英大號呼。贊周即執志孔俟命。

時有内諭，令贊周趣士英避位，士英乃引疾請罷，而賂福邸舊奄田成、張執中等泣愬王曰：「上非馬公不得立，逐馬公，天下將議上背恩矣。且馬公在閣，諸事不勞主上；馬公去，誰念上者！」王爲之心動，明日，即慰留士英。

而士英亦憚良玉，請釋志孔，命澍速還武昌，復以他事奪澍官，尋以朱盛濃言逮治澍。澍與良玉謀，陰諷將士大譁，欲下南京索餉，因保救澍。袁繼咸爲留江漕十萬石，銀十三萬給之，且代澍申理，以良玉倚仗爲言，士英不得已乃免逮，澍遂留良玉軍中。自是良玉與士英有隙。

20 丁丑，獻賊陷明重慶。

初，蜀中被擾，朝議以巡撫陳士奇不任，命龍文光代之。士奇得代將行，京師告變。士奇自以知兵也，曰：「必報國仇！」遂駐重慶。會陽平將趙光遠，擁兵二萬護瑞王常浩自漢中來奔，士民避難者又數萬至保寧，蜀人震駭。士奇馳責光遠曰：「若退守陽平關，爲吾捍衛，不惜二萬金犒軍。如頓此需厚餉，吾頭可斷，餉不可得也。」光遠退屯陽平，瑞王以三千騎奔重慶。

重慶下流四十里曰銅鑼峽，江路所必經，士奇宿重兵以守。獻忠既入涪州，分舟師溯流犯峽，而自率步騎登山疾馳百五十里，破江津縣，掠其船順流下，不三日而奪佛圖關，銅鑼峽反出其下，兵驚擾，遂潰。

士奇徵石砫援兵不至，或勸：「公已謝事，宜去」，士奇不可。賊抵城下，士奇與副使陳纁、知府王行儉、知縣王錫等竭力拒守，擊以滾礮，賊死無數。至是夜間黑雲四布，賊穴地轟城，比明，城陷，士奇及纁、行儉、錫俱被執。

士奇大罵，賊縛于教場，瑞王與焉。指揮顧景泣告獻忠曰：「寧殺吾，無害帝子。」賊怒，遂害王，並殺景。天忽無雲而雷者三，賊有震者，獻忠仰天詬曰：「我殺人，何預天事！」用大礮向天轟擊，俄晴霽，遂肆慘戮，從王死者甚衆。

士奇罵不絕口而死，纁護瑞王入蜀，及于難，行儉爲賊臠死。賊之穴城也，錫灌以熱油，多死。及被執，大罵，抉其齒，罵不已，捶膝使跪，益屹立。乃舁至教場，縛樹上射之，叉臠而烙之，既死，復毁其骨。【考異】賊陷涪州在六月初八日甲子，陷重慶在二十一日丁丑，諸書皆同。明史士奇傳書之四月，蓋並龍文光受代牽連記之也。然其下文言「二十夜，賊轟城」，則六月二十日丙子，「比明，城陷」，則二十一日丁丑，與諸書所記日分合，疑陷涪州之上漏去「六月」二字耳。今據繹史、北略諸書。又諸書皆云「天無雲而雷者三」，傳言「雷雨晦冥，咫尺不見」，語亦小異。三編亦云「無雲而雷」，與明史瑞王傳合，今從之。

21 戊寅，明封福府千户常應俊爲襄衛伯。

應俊本革工，福王避寇出亡時，嘗負行以免難，王初立，即授左都督，至是加封，予世襲。

太監韓贊周、盧九德及福邸内臣屈尚忠、田成、張執中等，亦以翊戴功，各蔭其弟姪有差。

22 己卯，明忻城伯趙之龍上疏糾思宗廟號之失。

時朝廷議禮，皆出大學士高弘圖手，之龍蓋承馬士英指，而李沾屬稿授之，實則之龍不識一丁也。弘圖疏辨，詔仍其舊。【考異】野史言「時以之龍之請，改曰毅宗」，綏寇紀略則以毅宗爲南中初定之謚，皆非也。「毅宗」二字，出自之龍請改疏中，明年始改之。證之繹史、北略，是時詔仍其舊，今從之。

23 明以徐石麒爲吏部尚書。石麒以左都御史召，未至改之，代張慎言也。石麒再疏辭，舉鄭三俊自代，不許。乃入朝，陳「省庶官、慎破格、行久任、重名器、嚴起廢、明保舉、交堂廉」七事，王嘉納之。

24 是月，大清兵定山東、河北諸郡縣。

25 初，大清攝政睿親王定京師，故明大學士馮銓降，令以原銜入内院佐理。至是遣銓祭告明太祖及諸帝，以太祖神牌遷入京師帝王廟。【考異】明史李自成傳有「遷太祖神主于帝王廟」之語，三編質實辨之。言「自成于甲申三月入京，大縱剽掠，焚太廟神主，肆爲毒虐，安知有遷主之禮！四月，自成爲大清所敗，奔還京師，始僭號，次日即西走，更無暇及此。此特稗野所載，明史採用之，不足爲據」，因恭檢世祖章皇帝實録六月遣馮銓祭告及遷主之事以爲證，今據之。

26 明鎮江兵亂。

時史可法部將于永綬等四人駐京口，會浙江入衛都司黄之奎，亦部水陸兵四千戍其地，之奎御軍嚴，永綬等四將兵恣横，刃傷民，浙江兵縛而投之江，遂有隙。已而守備李大開統浙江兵，又擊傷鎮江兵馬，鎮江兵與相鬥，射殺大開，亂兵大焚掠，死者四百人。巡撫祁彪佳方至，永綬等遁去，彪佳劾治四將罪，周卹避難家，民大悦。

時故明户科給事中熊汝霖自福建謫所召還，上疏曰：「臣自丹陽來，知浙兵爲邊兵所擊，火民居十餘里。邊帥有言，『四鎮以殺掠獲封爵，我何憚不爲！』臣意四鎮必毅然北征，一雪此恥，今猶戀戀淮、揚，何也？況一鎮之餉，多至六十萬，勢必不能供。即仿古藩鎮法，亦當在大河以北開屯設府，曾奧窔之内而遽以藩籬視之乎！」不報。

27 明遣總兵官黄斌卿防禦京口，又以游擊吴志葵爲總兵官，鎮守吴淞。

時兵科給事中陳子龍以原官召，【考異】三編系授子龍兵科給事中于七月，據其蒞任月日也。證之子龍年譜，召在六月，譜中言「以六月望後入都」。明史本傳並防江水師一議，俱書于是年六月，今據之。疏言：「君父之仇不可不報，中原之地不可不復，然必保固江、淮以爲中興之根本。守江之策，莫急水師，海舟之議，更不容緩。臣先與長樂知縣夏允彝、中書舍人宋徵璧捐貲召募海舟，適松江知府陳亨，志切同仇，多方措置，俾成勁旅。會史可法、萬元吉來書，以『江上守禦方殷，望此一軍共爲犄角，不妨動支正供以俟銷算。』臣等推故職方主事何剛專司募練，而佐以山陰知縣錢世貴、舉人徐孚遠等，召買沙船，募材官水卒一千餘名，一月之内，可以集事。夫千人之在長江，如雙鳬乘雁，不足爲重輕，然使江南諸郡各爲門户計，則萬人亦不難致。臣等亦聊盡精衛之心，倡怒蛙之氣而已。」

又疏言：「自古中興之主，如少康、周宣，皆躬親武事，漢之光武，唐之肅宗，無不身先士卒；故能光復舊物，從未有身居法宮，履安處順，而可以勘定禍亂者。臣瞻拜孝陵，依依北望，不知十二陵尚能無恙不，先帝后之梓宮何在與？興言及此，陛下宜嘗膽卧薪，宵衣旰食；群工庶尹，亦宜砥厲鋒鍔，奮發意志；以報仇雪恥是務。竊聞山東、河北，義旗雲集，咸拭目以望南師，朝廷晏然置之度外，何以收三齊抗手之雄，慰燕、趙悲歌之士乎！」又言：「臣入國門再旬矣，人情泄沓，無異昇平，清歌漏舟之中，痛飲焚屋之内，臣不知其所終。其始皆起于姑息一二武臣，以至凡百政令，因循遵養，臣實爲之寒心也！」又疏陳備邊三策，請收復襄陽，皆當時至計。

而何剛亦上疏言：「臣請陛下三年之内，宫室不必修，百官禮樂不必備；惟日求天下才，智者決策，廉者理財，勇者禦敵，爵賞無出此三者，則國富兵强，大敵可禦。若以驕悍之將馭無制之兵，空言恢復，是却行而求前也；優游歲月，潤色偏安，錮豪傑於草間，迫梟雄爲盜賊，是株守以待盡也。惟廟堂不以浮文取士而以實績課人，則真才皆爲國用而議論亦省矣；分遣使者羅草澤英豪，得才多者受上賞，則梟傑皆畢命封疆而盜魁亦少矣；東南人滿，徙之江北，或賜爵，或贖罪，則豪右皆盡力南畝，而軍餉亦充矣。」惜時不能用。

28 山東殘破，明魯王以海棄藩南奔，泊舟京口。福王命暫駐處州。以海，明太祖子荒王檀九世孫也。

是時諸王播遷，皆南奔。復命潞王常淓處杭州，惠、桂二王仍駐廣西之梧州。

29 故明寧國知府錢敬忠，聞甲申之難，重研奔赴南都，以是月之朔上疏，凡千數百言。

略曰：「皇上所親遘之難與三月十九日爲開闢未有之變，纔一念及，則蹐地跼天。行尸走肉，不覺魄已離魂，生不如死。獨念國破君亡，雖陵寢震驚，鐘簴非故，猶賴東南半壁，何止一成一旅！而皇上淵躍天飛，依然有君，則自監國以來，登基以後，皇上一大事因緣，朝野一正經題目，除却討賊復仇外，更無與爲第二義者。

今觀舉朝諸臣，似以三月十九事亦未爲地覆天翻千古非常之奇變也。如以爲奇變，當必有洗胃刮腸，一番痛心之設施。乃兩月來，立綱陳紀，張官置吏，亦既濟濟彬彬，章滿公車，言滿朝聽。而討賊復讎一事，未聞有痛哭流涕爲皇上一贊決者，亦未見有單肩赤脊爲皇上一亟圖者。臣不敢深言，亦不忍深言。

百年以來，功利之毒，淪入骨髓，已成膏肓。乃有書破萬卷，官躋一品，未識君父二字者，致有今日。以今日世道人心，恢復大事，諸臣已不足恃，獨有皇上不共戴天一念，果可徹地通天，反風却日，決不愁神靈不護呵，群力不輻輳也。

臣昧死請我皇上無煩再計，不俟終朝，推瞿然失席之情，挺身蹶起，效素服哭郊之事，灑淚誓師。懸詔國門，布告天下，親率敢死之士，一往無前，滅此朝食。四海之内，義稱臣子者，各各躝躂賈勇以佐軍；現有職司者，在在鍊兵轉餉而接濟；萬事不理，單刀直入。即有謂『萬乘之孝與匹夫不同，孤注之危非萬全良策』者，彼雖陳議甚高，吾思吾父，不能顧矣。即今殘破地方，姑置弗論；其未經兵火者，南直十數郡外，江、浙、閩、廣皆雄藩也。誠早以訓練轉輸專責之師帥之任，十數萬子弟兵，數百萬糧草，何慮不首尾接應！只須掀翻格套，使（餉）〔餉〕鬱盡舒；寬假便宜，令膽智畢吐；庶幾真才爲我作使。若復一瓢衆舉，十羊九牧，徒相與蒿目而憂無兵無餉，真是向飯籮邊愁餓死耳。

在事諸臣，必詆臣腐儒不諳時務，不曰祖宗社稷爲重，必曰輕舉躁動爲殃，臣亦敢不謂然！獨恨功利之毒，自錮錮人，聽其所言，洋洋至理，捫心自揣，或非本懷。從來誤人家國，貽羞千載，何嘗不據一面之理！唯願皇上存敝蹝草芥之心，不緩被髮纓冠之舉；遠思伍員夜泣之悲，早決枕戈待旦之計。除凶雪恥，遠跡康、宣。抑亦懼亂賊，扶綱常，正人心，息邪說；否則無父無君，不知其所終矣。」

得旨：「錢敬忠有何異謀可足兵食以便恢剿？著再奏！」敬忠溯典引經，復得千數百言，再上之。報聞。

已，又陳第三疏，備論天下重輕之勢，且云：「廟堂諸老，非有張良之智，裴度之忠，李德裕之才與識；不過以定策而枋國耳。昔者楚、漢之争，勢重在楚不在漢，比三老董公遮説，義帝之喪發，而天下大勢盡歸重於劉。楚、漢輕重之勢，亦即今日我與賊及廷臣諸鎮輕重之勢。漢高能早握其機以成帝業，此我今日君臣所當共念者也。晉欒、郤殺厲公，立十四齡之悼公，勢在欒、郤。已，悼公召群大夫誓之，稽首唯命，而晉勢得盡歸於公。夫悼公能早握其機以致中興，此又我皇上今日所當獨念者也。舍此一著，何言宗祏百年！即欲爲皇上圖一身亦無計矣；何言恢復一統！即欲爲皇上保半壁亦無計矣。蓋皇上一失此機，則浸假而移於柄臣，落於雄鎮，且浸假而倒授他人。今登、萊等處未睹詔書，猶爲我大明堅守，民之思漢可知。乃當事諸臣，四顧躊躇，動憂兵食，且鰓鰓乎奇謀異計，借此箸籌。此機一失，此勢不回，天下事未知稅駕，偏安且不可得，臣從此不復敢言矣。」

敬忠連上三疏，待命逾月，廟堂充耳，而馬士英輩以其累瀆，格不上。遂怏怏失志歸，自稱「崇禎遺臣」，卧病不出。

踰年，大兵渡江，敬忠病甚，每索邸抄讀之，撫膺慟哭，自歎其不幸多言而應也。乃戒勿藥，以其年六月望後一日卒。【考異】據全祖望錢敬忠〔傳〕〔神道表〕增入。

30 是夏，明前吏部侍郎劉宗周聞北都陷，徒步荷戈詣杭州，責巡撫黃鳴俊發喪討賊，鳴俊遲回不決。【考異】諸書作「鳴駿」，惟題名碑作「俊」。平觀察云，「鳴俊字跨千，作『俊』是也」。今從之。宗周乃與故侍郎朱大典、故給事中章正宸、熊汝霖召募義旅，將發而福王監國南京，起宗周故官。宗周以大仇未報，不敢受職，自稱「草莽孤臣」。

疏陳時政，言：「今日大計，舍討賊復仇，無以表陛下渡江之心；非毅然決策親征，無以作天下忠義之氣。

一曰據形勝以規進取。江左非偏安之業，請進圖江北。鳳陽號中都，東扼徐、淮，北控豫州，西顧荆、襄，而南去金陵不遠，請以駐親征之師。大小銓除，暫稱行在，少存臣子負罪引慝之心。從此漸進，秦、晋、燕、齊，必有響應而起者。

一曰重藩屏以資彈壓。淮、揚數百里，設兩節鉞，不能禦亂，争先南下，致江北一塊土拱手授于流賊。督漕路振飛，坐守淮城，久以家屬浮舟遠地，是倡之逃也。於是鎮臣劉澤清、高傑遂有家屬寄江南之説。軍法，臨陣脱逃者斬，臣謂一撫二鎮皆可斬也。

一曰慎爵賞以肅軍情。請分别各帥封賞，孰當孰濫，輕則收侯爵，重則收伯爵。夫以左帥之恢復而封，高、劉〔六〕〔之〕敗逃亦封。又誰不當封者！武臣既濫，文臣隨之；外臣既濫，中璫隨之；恐天下聞而解體也。

一曰核舊官以立臣紀。燕京既破，有受僞官而叛者，有受僞官而逃者，有在封守而逃者，有奉使命而逃者，法皆不赦；亟宜分别定罪，爲戒將來。至于僞命南下，徘徊順逆之間，實繁有徒，必且倡爲曲説以惑人心，尤宜誅絶。」

又言：「當賊入秦流晋，漸過畿南，遠近洶洶；獨大江南北晏然，而一二三督撫，不聞遣一騎以壯聲援，流賊遂得長驅犯闕，坐視君父之危亡而不救。則封疆諸臣之當誅者一。

凶問已確，諸臣奮戈而起，決一戰以贖前愆，自當不俟朝食。方且仰聲息于南中，争言固圉之策；却兵權于閫外，首圖定策之功。則封疆諸臣之當誅者又一。

新朝既立之後，謂宜不俟終日，首遣北伐之師；不然，則亟馳一介，間道北進，檄燕中父老，起塞上名王，哭九廟，厝梓宫，訪諸王；更不然，則起閩帥鄭芝龍，以海師下直沽，九邊督鎮，合謀共奮，事或可爲。而諸臣計不出此，則舉朝謀國不忠之當誅者又一。

罷廢諸臣，量從昭雪，自應援先帝遺詔及之；今乃概用新恩，誅閹定案；前後詔書鶻突，勢必彪虎之類盡從平反而後已。則舉朝謀國不忠之當誅者又一。

臣謂今日問罪，當自中外諸臣不職者始。」

詔納其言，宣付史館，中外爲悚動。【考異】宗周此疏，三編系之五月福王監國日中，蓋連起用書之。而明史本傳，宗周以七月入朝，則此疏之上，在五月以後，七月以前，今分書于是年之夏。

31 秋，七月，丙戌朔，明祀高皇帝以下于奉先殿，奉崇禎帝、后祔祭。

32 丁亥，明起吏科給事中章正宸，復故官。

正宸既至，痛舉朝無復讎心，疏言：「今日江左形勢，視晉、宋爲更難，當事者泄泄偷息，處堂自娱。兩月以來，聞文吏錫鞶矣，不聞獻馘；武臣私鬥矣，不聞公戰；老成引退矣，不聞敵愾；諸生捲堂矣，不聞請纓；如此而曰興朝氣象，臣愚亦知其未也。

今惟有進取爲第一義，進取不鋭，則守禦必不堅。比者河北、山左，忠義響應，結營寨，殺僞官，爲朝廷效死力。不及今電掣星馳，倡義申討，是靡天下之氣而坐失事機也。宜亟檄四鎮渡河，聯絡河北、山東諸路，齊心戮力，互爲聲援，使兩京路通；而後塞井陘，絶孟津，據武關以攻隴右。陛下宜縞素誓師，駐蹕淮上；聲靈所及，人切同仇，虎豹貔貅，勇憤百倍。

今部、院、寺、司各署，不稱行在，而工作煩興，議者已占陛下志圖偏安。天下事變，皆生意外，將何以待之！宜嚴敕大臣，速簡車徒，備芻糗，選將帥，繕城塹；進寸則寸，進尺則尺，扼險處要以規中原。天下大矣，安見張、岳、韓、劉之不應運而出也！」

時起用張捷、鄒之麟、張孫振、阮大鋮輩，正宸並疏諫，不納。尋改大理寺丞，請假歸。【考異】正宸上疏，諸書皆系之是月丁亥，初二日也，三編亦系之七月，今從之。

33 戊子，明福王追謚其祖母鄭貴妃曰孝寧太后，考福恭王曰恭皇帝，上適母鄒氏尊號曰恪貞仁壽皇太后。

時太僕少卿萬元吉「請修建文實録，復其尊號，並還懿文追尊故號，祀之寢園，以建文配，而速〔□〕〔褒〕建文死事諸臣，以作忠義之氣」，從之。乃追復懿文太子廟號，追謚建文帝曰惠宗讓皇帝，復封其弟允熥等爲王，並上景帝廟號曰代宗，改謚孝宗張后曰孝成皇后。方孝孺等皆爲贈謚立祠。又聞崇禎太子及永、定二王皆爲李自成所害，乃追謚太子曰獻愍，定王曰哀，永王曰悼。【考異】三編追謚福恭王、鄭貴妃之等，皆系之六月下，因追謚崇禎帝、后連記也，證之繹史、南略，皆在七月戊子，今據之。

34 庚寅，明遣兵部侍郎左懋第求成于我大清。

先是懋第奉巡撫應天之命，以母喪請終制，不許。時大兵連破李自成，河北郡縣亦相繼歸附，朝議遣使通好而難其人。懋第母陳没于燕，欲因是返柩葬，請行，乃拜懋第兵部右侍郎兼右僉都御史，與左都督陳洪範、太僕少卿馬紹愉偕，而令懋第經理河北，聯絡關東諸軍務。

馬紹愉者，故兵部郎官也，嘗爲陳新甲通使。新甲既誅，紹愉以督戰致衂，爲懋第劾罷。及是紹愉已起官郎中，乃進爲少卿，副懋第。懋第請罷紹愉勿遣，略言：「臣此行致祭先帝、后梓宮，訪東宮、二王蹤跡。臣既充使，勢不能兼理封疆。且紹愉臣所劾罷，不當復與臣共事。必用臣經理，則乞命洪範同紹愉出使，而假臣一旅，偕山東撫臣收拾山東以待，不敢復言北行。如用臣與洪範北行，則去臣經理，但銜命而往而勿遣紹愉。」閣部議止紹愉；改遣原任薊督王永吉，命仍遵前諭。

懋第瀕行，言：「臣此行死生未卜，請以辭闕之身效一言。願陛下以先帝讎恥爲心，瞻高皇之弓劍，則思成祖、列聖之陵寢何存；撫江上之殘黎，則念河北、山東之赤子誰卹。更望時時整頓士馬，必能渡河而戰，始能扼河而守；必能扼河而守，始能畫江而安。」衆韙其言。

福王令齎白金十萬兩，幣帛數萬匹，以兵三千人護行。時永吉總督山東軍務，命永吉暫駐河上料理戰守，俟北使還。時史可法銳意進兵河南，以懋第等方行，兵不宜繼進，諭止之。

35 壬辰，明定守護鳳陵戍兵五千人。

36 明以巡按四川御史劉之勃爲僉都御史，巡撫四川。命未至而四川陷。

37 甲午，明以六等定從逆諸臣罪。

是時北都降賊諸臣，紛紛南奔，詣闕自理，章奏雜投；詹事項煜，混入朝班。于是通政司劉士楨，奏「令北歸諸臣，靜候朝廷處分。」會舉朝以逆案攻阮大鋮，大鋮恚甚，見從逆諸臣有附會清流者，倡言曰：「彼攻『逆案』，吾作『順案』與之對。」以李自成僞國號曰順也。于是馬士英上疏劾給事中光時亨、龔鼎孳輩，復摭拾庶吉士周鍾勸進表文，以爲「謀反大逆，宜加赤族之誅，其胞兄周銓，堂弟周鑣，均當連坐。其餘從賊諸臣，請分別定罪」，仿唐制六等，附以各條罪名。

疏上，下三法司議擬，「其自絞以上者，法司行撫按官逮解來京候訊；流罪以下，撫、按官依律訊處具奏。」【考異】逆案分六等定罪，諸書有系之十月者，則解學龍授刑部尚書月日也。三編統系之明年正月者，則學龍以所擬不合，被劾削籍之月日也。證之繹史、南略，始于七月甲午，則馬士英奏請下刑部之月日也。此案展轉議駮，無非恩怨糾纏。即如周鍾之從逆，罪無可逃，而至列其勸進之表，所謂「堯、舜、湯、武」等語，楊士聰亦以爲表文未聞。而吴梅村辨之，謂「此元末紅巾之語，載之輟耕録者，乃以之入爰書，行大法，不亦誣乎！」今但撮書其大略，而其全文實不足録，附識于此。

38 戊戌，明馬士英乞休，不許，以侍郎劉宗周劾之也。

初，宗周被召，辭，因痛陳時政，士英及劉澤清、高傑等銜之，滋欲殺宗周。宗周請告不許，遂抗疏劾士英。略言：「陛下龍飛淮甸，天實與之；乃以扈蹕微勞，晏然入內閣，進中樞者，非士英乎！于是李沾、劉孔昭等譁然聚訟，而群陰且翩翩起矣。高傑一逃將而奉若驕子；劉、黃諸將各有舊汛地而置若弈棋；京營自祖宗以來，皆勳臣爲之，陛下立國伊始，即有內臣盧九德之命；士英不得辭其責。惟陛下首辨陰陽消長之機，出士英仍督鳳陽，聯絡諸鎮；史可法即不還中樞，亦當自淮而北，歷河以南，別開幕府，與士英相犄角；京營提督，獨斷寢之。書之史策，爲第一美政。」

福王優詔答之，而趣其速入。士英大怒，即日具疏辭位，且揚言曰：「劉公自稱『草莽孤臣』，不書新命，明示不臣天子也。」士英之私人候考宗室朱統𨨗，遂劾「宗周疏請移蹕鳳陽，高牆所在，欲以罪宗處皇上，而與史可法擁立潞王，其兵已伏丹陽，當亟備。」而澤清等日夜謀所以殺宗周不得，乃遣客十輩往刺之。宗周時在丹陽，終日危坐，未嘗有惰容，客前後至者，皆不忍加害而去。

會京口軍亂，士英以統𨨗言爲信，亦震恐。于是澤清疏劾「宗周陰撓恢復，欲誅臣等，激變士心。」劉良佐亦言「宗周力持三案，爲門户主盟。倡議親征，圖晁錯之自爲居守。」疏未下，澤清復草一疏，署傑、良佐及黄得功名上之，言「宗周勸上親征，謀危君父；陰結死黨，迫劫乘輿。如宗周入都，臣等即渡江赴闕，正春秋討賊之義。」疏入，舉國大駭。王傳諭「和衷集事，毋自猜疑。」

宗周自丹陽聞之，癸卯，遂至南京入朝。先是澤清疏出，遣人録示傑，傑曰：「我輩武人，乃預朝事邪！」得功則疏辨「臣不預聞」，士英寢不奏。可法不平，遣使徧詰諸鎮，咸曰不知，遂據以入告。澤清輩由是氣沮，而宗周亦不安于其位矣。【考異】馬士英求罷及澤清等劾宗周，諸書皆系之七月戊戌。證之明史宗周本傳，宗周以十八日入朝，戊戌爲十三日，相距五日，其爲入朝之前事可證也。今據書之。

39 己酉，明以吏部侍郎張有譽爲户部尚書，以中旨用之也。大學士高弘圖封還，力諫，不聽。蓋有譽素有清望，馬士英欲借之以開傳陞倖門，爲阮大鋮地也。

未幾，又以張捷爲吏部侍郎。捷因薦逆案吕純如，得罪公論，而士英方欲用大鋮，故亦以中旨起之。

40 辛亥，明釋高牆罪宗唐王聿鍵等三百餘人俱爲庶人。禮臣請復聿鍵王爵，不許，尋命徙居廣西平樂府。

41 是月，我大清攝政睿親王聞南都自立，遣南來副將韓拱薇、參將陳萬春等齎書貽明大學士史可法曰：「予向在瀋陽，即知燕京物望，咸推司馬。後入關破賊，得與都人士相接，識介弟于清班，曾託其手泐平安，拳致衷緒，未審以何時得達。

比聞道路紛紛，多謂金陵有自立者。夫君父之讎，不共戴天。春秋之義，有賊不討，則故君不得書葬，新君不得書即位，所以防亂臣賊子，法至嚴也。闖賊李自成，稱兵犯闕，手毒君親，中國臣民，不聞加遺一矢。平西王吳三桂，介在東陲，獨效包胥之哭。朝廷感其忠義，念累世之宿好，棄近日之小嫌，爰整貔貅，驅除狗鼠。入京之日，首崇懷宗帝、后謚號，卜葬山陵，悉如典禮；自郡王、將軍以下，一仍故封，不加改削；勳戚文武諸臣，咸在朝列，恩禮有加；耕市不驚，秋毫無擾。方擬秋高氣爽，遣將西征，傳檄江南，聯兵河朔，陳師鞠旅，僇力同心。報乃君國之讎，彰我朝廷之德。豈意南州諸君子，苟安旦夕，弗審事機，聊慕虛名，頓忘實害，予甚惑之！

國家之撫定燕都，乃得之於闖賊，非取之於明朝也。賊毁明朝之廟主，辱及先人，我國家不憚征繕之勞，悉索敝賦，代爲雪恥，孝子仁人，當如何感恩圖報！兹乃乘逆寇稽誅，王師暫息，遂欲雄據江南，坐享漁人之利，揆諸情理，豈可謂平！將以爲天塹不能飛渡，投鞭不足斷流耶？

夫闖賊但爲明朝祟耳，未嘗得罪于我國家也，徒以薄海同讎，特伸大義。今若擁號稱尊，便是天有二日，儼爲勍敵。予將簡西行之鋭，轉旆東征，且擬釋彼重誅，命爲前導。夫以中華全力，受制潢池；而欲以江左一隅，兼支大國。勝負之數，無待蓍龜矣。

予聞君子之愛人也以德，細人則以姑息。諸君子果識時知命，篤念故主，厚愛賢王，宜勸令削號歸藩，永綏福禄；朝廷當待以虞賓，統承禮物，帶礪山河，位在諸王侯上，庶不負朝廷伸義討賊興滅繼絶之初心。至南州群彦，翩然來儀，則爾公爾侯，列爵分土，有平西之典例在，惟執事實圖利之！

晚近士大夫，好高樹名義而不顧國家之急，每有大事，輒同築舍。昔宋人議論未定，兵已渡河，可爲殷鑒。先生領袖名流，主持至計，必能深維終始，寧忍隨俗浮沈！取舍從違，應早審定；兵行在即，可西可東，南國安危，在此一舉。願諸君子同以討賊爲心，毋貪一身瞬息之榮而重故國無窮之禍！惟善人能受盡言，敬布腹心，佇聞明教。江天在望，延企爲勞，書不盡意。」【考異】攝政王致書史可法，東華録系之六月，諸書皆系之七月。而可法報書有原札印文，末書「甲申九月十五日」。是時南北阻隔，久而後達，容亦有之。然左懋第奉使在七月，八月渡淮，十月朔，已至都中矣。今仍據野史分書于七月、九月下。

42 李自成遁歸西安。

初，自成西走至定州，我大清兵追敗之，斬賊黨谷可成。賊又西走真定，大兵追擊，大敗之。自成中流矢，創甚，西踰固關，入山西。會大兵東返，自成乃得糾合潰散走平陽，以讒殺其黨李巖。

巖故勸自成以不殺收人心，及陷京師，保護懿安皇后令自盡，又獨于士大夫無所拷掠，牛金星等大忌之。定州之敗，河南州縣多殺僞官自保，巖請率兵往，金星陰告自成曰：「巖雄武有大略，非能久下人者。河南巖故鄉，假以大兵，必不可制。」因譖其欲反。

自成令金星與巖飲，殺之，賊衆俱解體。

至是自成還西安，遣別將陷漢中，降總兵趙光遠進掠保寧，張獻忠以兵拒之，乃還。

自成既屢敗，益强很自用，僞尚書張第元、耿始然，皆以小忤死。製銅鏌，官民坐賕即鏌斬，民盜一雞者死。西人大讋懼。

43 明以開封推官陳潛夫爲河南巡按御史。

潛夫，錢唐人，以崇禎十六年授推官，值河南殘破，有勸之勿往者，不聽。甲申正月，奉周藩渡河，居杞縣，檄召旁近長吏，設高皇帝位，歃血誓固守。賊所設僞巡撫梁啓隆，居開封，他僞官散布郡邑間甚衆。而開封東西諸土寨，剽掠公行，相攻殺無已。潛夫轉側杞、陳留間，朝夕不自保，聞西平寨副將劉洪起勇而好義，屢殺賊有功，躬往説之，五月五日方誓師，而都城失守報至，乃慟哭，令其下縞素。洪起兵萬號五萬，潛夫兵三千，俘杞僞官，啓隆聞風遁去，遂渡河而北，大破賊將陳德于柳園。時李自成已敗走山西，而南陽賊乘間犯西平，洪起引還，潛夫亦隨而南。

福王立南京，潛夫傳露布至，朝中大喜，即擢監軍御史，巡按河南。潛夫乃入朝，言：「中興在進取，王業不偏安，山東、河南地尺寸不可棄。豪傑結寨自固者，引領待官軍，誠分命藩鎮，以一軍出潁、壽，一軍出淮、徐，則衆心競奮，爭爲我用。更頒爵賞鼓舞，計遠近畫城堡俾自守，而我督撫將帥屯鋭師要害以策應之。寬則耕屯爲食，急則披甲乘墉，一方有警，前後救援，長河不足守也。汴梁一路，臣聯絡素定，旬日可集十餘萬人。誠稍給糗糧，容臣自將，臣當荷戈先驅，諸藩鎮爲後勁，河南五郡可盡復，五郡既復，畫河爲固，南連荆、楚，西控秦關，北臨趙、衛，上之則恢復可望，下之則江、淮永安，此今日至計也。兩淮之上，何事多兵！督撫紛紜，並爲虚設。若不思外拒，專事退守，舉土地甲兵之衆致之他人，臣恐江、淮亦未可保也。」當是時，開封、汝寧間列寨百數，洪起最大；南陽列寨數十，蕭應訓最大；洛陽列寨亦數十，李際遇最大。諸帥中獨洪起欲效忠，潛夫請予挂印爲將軍，馬士英不聽，越月，用其姻婭越其杰巡撫河南。潛夫入覲後，便道省親，五日馳赴河上。而其杰老憊不知兵，所建白多不用，復譖之馬士英，卒召潛夫還，以淩𧦬代。𧦬亦尋丁外艱歸。【考異】此據潛夫授巡按月分。據傳中，入覲在九月。而越其杰巡撫河南，諸書皆系之八月。今彙書之。

44 明遣使募兵于雲南。

時故監軍御史方震孺巡撫廣西，聞燕京陷，拜疏請入衛，遽卒。松江知府陳亨亦請募兵措餉以待。

而建陽知縣蔣棻，造火器，募勇士勤王，疏言：「倘邀天幸，迅掃流氛，指日奏凱，社稷之福。不則斷脰決腹，瞑目地下，以報國家三百年養士之恩，以無負臣三十年讀書之志。」聞者壯之。

45 明封吳三桂爲薊國公，以平闖賊之捷，劉澤清等請之也。

監軍萬元吉，奏「三桂牌至濟寧，大清兵將南征」，馬士英謂款使已行，不省。

明通鑑附編卷一下

江西永寧知縣當塗夏　燮編輯

附記一下起閼逢涒灘（甲申），秋八月，盡冬十二月。

大清順治元年（甲申、一六四四）

46 八月，丙辰朔，日有食之。

47 明議復設東廠緝事。

刑科給事中袁彭年疏言：「高皇帝時不聞有廠，文皇帝十八年，始立東廠，内官主之。嗣後一盛于成化，東廠、西廠之設，已不得稱純治；再盛于正德，谷大用等皆倚逆瑾煽虐，天下騷然；三盛于天啓，逆璫魏忠賢幾危社稷；廠衛之盛衰，關世道之治亂，故當時無不營而得之官，中外有不脛而走之賄。逃網之方，即在密網之地；作奸之事，明系發奸之人。前鑒不遠，所宜深戒也。」疏入，責以狂悖沽名，謫浙江按察司照磨。

蘇州巡撫祁彪佳亦上疏極論其弊。略曰：「洪武初，官民有犯，或收繫錦衣衛。高皇帝見非法淩虐，焚其刑具，送囚刑部，是祖治原無詔獄也。後乃以羅織爲事，雖曰朝廷爪牙，實爲權奸鷹狗；舉朝盡知其枉，而法司無敢昭雪；慘酷等來、周，平反無徐、杜。此詔獄之弊也。洪武十五年，改儀鸞司爲錦衣衛，專掌直駕侍衛等事，未嘗令緝事也。永樂間設立東廠，始開密告門；飛誣及于善良，招承出于私拷；欲絶苞苴而苞苴彌甚，欲清奸宄而奸宄益多。此緝事之弊也。古者刑不上大夫，逆瑾用事，始去衣受杖；本無可殺之罪，乃蒙必死之刑。朝廷受愎諫之名，天下反歸忠直之譽。此廷杖之弊也。」

大學士姜曰廣擬俞旨，群奄共撓之，曰廣曰：「緝事不除，宗社且不可知，何廠衛之有！」乃改命五城御史體訪，而罷緝事官不設。

48 甲子，獻賊陷明成都。

先是蜀中聞賊勢急，蜀王至澍謀遷于滇，巡按御史劉之勃持不可，内江王至沂與之力争。王將行而守門卒洶洶亂，輜重有被掠者，遂中寢。已，新撫龍文光與總兵官劉佳允率兵三千自川北來，謀設守，諸王、大姓逸去者半。華陽知縣沈雲祚，謁蜀王陳守禦策，不聽。聞太平王至渌賢，往説之曰：「成都危在旦夕，而王府財貨山積，不及今募士殺賊，疆場淪喪，誰爲王守！」至渌言于王，亦不聽。

至是賊自寶慶陷資陽，執知縣賀應選，遂逼成都。文光等分陴拒守，佳允出戰而敗。

賊穴城，實以火藥，又刳大木長數丈者合之，纏以帛，貯藥向城樓。之勃厲衆奮擊，賊却二三里，皆喜，以爲將去也。至是日黎明，火發，北樓陷，木石飛蔽天，守陴者皆散，賊遂入城。蜀王率妃邱氏、宮人素馨等投井死，至淥亦死之，之勃、文光等皆被執。

賊以之勃同鄉，欲用之，之勃大駡，賊攢箭射殺之。復盡驅文武將吏及軍民男婦于東門之外，將戮之，忽有龍尾下垂，賊以爲瑞，遂停刑。文光、佳允卒不屈，文光見殺于濯錦橋，佳允自投于浣花溪，雲祚與副使張繼孟、陳其赤、僉事劉士斗、張孔教、四川總兵官劉鎮藩、蜀府左長史鄭安民、成都同知方堯相等皆不屈死。

士斗被執，見之勃與獻忠語，大呼曰：「此賊也，公不可少屈！」獻忠怒，命捽以上，士斗反顧，語如初，遂闔門被殺。其赤投百花潭，家人同死者四十餘人。堯相被殺于萬里橋下。賊幽雲祚于大慈寺，遣人饋食，以刃脅之降，不屈，遂遇害。後獻忠復欲用諸人備百官，繼孟不爲屈，亦被殺，妻賀從死之。

而孔教之死，其子以衡奉母孔南竄，匿不使知。踰年，母詣以衡書室，見副使周夢尹請卹孔教疏，隕絶，駡以衡曰：「父死二載，我尚偷生，使我無顔見汝父地下。」遂取刀斷喉死。【考異】事見明史劉之勃、龍文光及忠義劉士斗、張繼孟等傳。傳言「成都初九日陷」，與繹史書之甲子者合。惟明史文光傳言「與劉佳允同不屈死」。「佳允」，明史傳作「佳引」。平觀察云，史中作

「允」，作「引」，又有作「蔭」者，皆廟諱從「胤」、從「乙」之代字。諸書皆書「佳允出戰而敗，後投浣花溪死。」而證之之勃傳，則云「總兵劉鎮藩出戰而敗，後投浣花溪死之」，三編遂遺去鎮藩而但書佳允，于是有以佳允、鎮藩爲一人而名異者。再考殉節録，劉佳蔭，謚烈愍，籍貫未詳。劉鎮藩則謚節愍，四川烏撒衛人，俱云「四川總兵」，亦俱云「投浣花溪死」，是佳允、鎮藩又似二人。蜀碧所記亦同，今並入之。又録言「士斗妾張氏，幼子晋，積薪合署自焚者二十餘人」。與明史本傳「合門被殺」之語合，並附識之。〇又按綏寇紀略載成都之難，成都知縣吴繼善死之。又梅村文集有志衍傳。志衍，繼善字也。中敍其殉難成都，一門四十餘人皆遇害。然據殉節録，言「繼善降賊被殺」，而吴偉業作傳，稱其「大罵捐軀」，足見私集之阿諛。又證之聖安本紀，「繼善爲獻賊草祭天文，賊以爲剌己，並其妻殺之」，宜明史之不載也。又殉節録載「資陽知縣賀應選被執，踰年見殺，一家十七口死」，今但記被執事。

49 獻賊既據成都，即分兵連陷明崇慶州及仁壽、郫、彭、綿竹等縣。

崇慶知州王勵精聞會城陷，州人驚竄，乃朝服北面拜，又西向拜父母，從容大書文信國「成仁取義」四語于壁，登樓，縛利刃柱間，而置火藥樓下，危坐以俟。俄聞賊騎渡江，即令舉火，火發，觸刃貫胸而死。賊歎其忠，斂葬之。仁壽知縣顧繩貽遇害。郫縣主簿趙嘉煒守都江堰，賊誘降不從，投江死。綿竹典史卜大經，與其僕俱縊死。

而一時鄉官之死難者，成都則故順天府治中莊祖詔與其弟故雲南按察使祖誥皆罵賊死。祖詔之死據蜀碧補。綿竹則故户部郎中刁化神，賊在重慶，以書招之，不至，遂死之。

50 戊辰，明福王母妃鄒氏至自河南。

初，洛陽之陷，王與母妃相失，妃居于河南人郭守義家。王既立，遣總兵王之綱奉迎，及是至南京。命于三日搜括萬金以充賞賜，又諭工部，以行宮湫隘，亟修興寧宮慈禧殿，尅期告成以居皇太后。尋又封母妃弟鄒存義爲大興伯。

時土木並興，賜予無節，御用監內官請給工料銀，置龍鳳几榻諸器物及宮殿陳設金玉諸寶，計貲數十萬。工部侍郎高倬奏請裁省，不報。

51 乙亥，明命吏部察舉廢員及舉貢監生才品堪用，願效力危疆者，咨發督撫軍前，酌補守令以下缺官，閣部史可法請之也。

可法言：「擇吏不緩于擇將，而救亂莫先于救民。所謂得一賢守如得勝兵萬人，得一賢令如得勝兵三千人，正今日之謂也。」又言：「今人才告乏，東南缺員，安能復填西北之缺！則銓選法窮，安得不改爲徵辟！況西北危地，人人思避，其有能投袂相從者，必其能從君父起念者也。再如江北、山東、河南一帶，有能保護地方，爲民推服者，即係桑梓之邦，亦可權宜徑用。總乞天恩破格，假臣便宜，決不敢濫用匪人，自誤進取也。」廷議從之，遂有是命。

52 丙子，明下項煜于獄，逮故禮部員外郎周鑣、山東按察司僉事雷縯祚等。

初，鏕以其伯父應秋、叔父維持俱因媚閹列逆案，深耻之，通籍後，即交東林，矯矯樹名節。阮大鋮居金陵，諸生顧杲等出留都防亂揭公討之，以示鏕，鏕力任之，大鋮以故恨鏕。會馬士英以逮治從逆之周鍾，並及鏕，大鋮復羅致鏕與縯祚曾主立潞王，爲姜曰廣之私黨，于是朱統鐼疏劾曰廣，並及二人。而縯祚前以劾范志完、周延儒等，廷臣交忌之，遂有是逮。

鏕等既下獄，大鋮憾不已，復修防亂揭之怨，逮捕復社諸生吴應箕、黄宗羲、陳貞慧、侯方域等，獄未成而南都難作。【考異】鏕、縯祚之逮，據明史姜曰廣附傳。而傳言鏕實主防亂之獄，證之樓山文集、山陽録及鮚埼亭、梨洲神道碑諸書，蓋顧杲、陳定生、吴應箕三人所草以遺鏕，鏕力任之。至是大鋮藉主立潞王爲名，因修防亂揭中舊怨也。今參山陽録及壯悔堂集書之。

53 庚辰，明福王傳母妃命選淑女。于是群奄藉端肆擾，隱匿者致鄰里連坐。兵科給事中陳子龍言：「中使四出搜巷，凡有女之家，黄紙貼額，持之而去，閭井騷然。明旨未經有司，中使私自搜採，甚非所以肅法紀也。」御史朱國昌亦以爲言，乃命禁訛傳誑惑者。

尋復遣太監李國輔等分詣蘇、杭採訪，民間嫁娶一空。

54 辛巳，明賜北京死節諸臣並予贈謚、世蔭，立廟于雞鳴山，賜額曰「旌忠祠」。

其列于正祀者，文臣自范景文以下二十人，增入大同殉難之衛景瑗，宣府殉難之朱之馮，【考異】京師自景文以下二十人姓名見前，有陳純德，無孟章明，以父子不並祀也。此與我大清賜謚及祭田二十人之稍異者。及諸生布衣殉難之湯文瓊、許琰，凡二十四人。武臣劉文炳、張慶臻、鞏永固、劉文燿，而被拷掠死之李國禎及永平被殺之吳襄亦與焉，增入寧武殉難之周遇吉，凡七人。【考異】據明史，正祀武臣七人有吳襄，而綏寇紀略以爲僅六人，其吳襄，則吳偉業以己意增之，並增入劉繼祖。據此，則襄入正祀，或後來所增，而劉繼祖與文炳同死，何以不入正祀也！三編目中所載，亦據明史，今仍之。正祀内臣一人王承恩，正祀婦人成德母張氏、金鉉母章氏、汪偉妻耿氏、劉理順妻萬氏、妾李氏、馬世奇妾朱氏、李氏、陳良謨妾時氏、吳襄妻祖氏，凡九人。【考異】據紀略所載，正祀婦人，有周遇吉妻劉氏、金鉉妾王氏，而無吳襄妻祖氏。又有劉文炳母杜氏一家。證之明史，正祀九人中亦遺之，而文炳一家及遇吉之妻劉氏，不知當日何以不入正祀也，俟考。祔祀文臣，進士孟章明、郎中徐有聲、給事中顧鋐、彭琯、御史俞志虞、總督徐標、副使朱庭煥，凡七人。【考異】據紀略，則孟章明已改入正祀，以給事李清奏請，仿建文顏孝節父子合席而異食；然亦未知其果改否也。又有金鉉之弟錝，紀略亦入之祔祀中。並識之。祔祀武臣，朱純臣、顧肇迹、鄧文明、衛時春、薛濂、楊崇猷、宋裕德、吳遵周，文武臣官爵已見前卷者，不再著。又增武定侯郭培民、永康侯徐錫登、懷寧侯孫維藩、新建伯王先通、安鄉伯張光燦及方履泰、李國禄，二人亦見前卷。凡十五人。【考異】勳戚、武職之等，如郭培民以下五人，或以後考而得者。而勳戚殉難之著者，如前卷所載李尊祖、張光祖、吴汝徵、王國興等四人，何以正祔祀之武臣皆不入，其不足爲據明甚。祔祀内臣，李鳳翔、王之心、高時明、褚憲章、方正化、張國元，凡六人，皆令有司春秋致祭，其餘亦各加贈謚有差。

然是時南北阻隔，所核未真，廷臣恩怨，又多以意增減。如顧鋐、彭琯、俞志虞輩，特爲賊拷掠死，諸侯伯亦大半以兵死，而郎中周之茂，員外寧承烈，中書宋天顯，署丞于騰雲，兵馬指揮姚成，知州馬象乾，皆以不屈死，顧未邀贈卹。至若御史馮垣登、兵部員外鄭逢蘭、行人獻于宣皆拷死，郎中李逢申、知縣鄒逢吉等，或以拷掠，或逼令縊死，而與鋐、琯輩並獲贈謚。其失實濫邀，大多類此。【考異】以上皆據三編。而三編本之明史范景文等二十一人傳後語。惟所記顧鋐、彭琯、俞志虞及馮垣登以下五人，皆以拷掠及逼令自縊死而濫膺贈謚。故三編崇禎十七年目中多删之，而俞志虞獨存。質實載其自縊于新昌會館，殉節録入之通謚節愍内，與此所云「爲賊拷掠死」者迥異。今仍據三編、明史，而附識之以俟考。

三編發明曰：明福王于北都殉難諸臣，概予贈謚，其意未嘗不欲表揚忠烈以激勵人心。顧當擾亂荒迷之際，考核無憑，一時爲賊拷死者，皆得濫廁卹典，而實能臨危授命者，轉有未及。即其于應謚之人，品騭亦多未允協。名實不符，詎足傳信！我朝定鼎之初，范景文諸人既加美謚，近復奉命于勝國殉節諸臣，詳爲蒐輯，核實旌揚，義烈無不闡之幽，奸污削濫膺之典，夫而後尊名壹惠，卓卓不刊，書之史册，炳焉與日月爭光。其福王所謚，掎摭既略，褒貶未公，特附録于此以紀其事，而于各質實下皆削而不載，用以昭千秋論定之公，袪一時虛誣之議云爾。

55 壬午，明以前大學士王應熊爲兵部尚書，督師專討蜀寇。又起前寧夏巡撫樊一蘅爲兵部侍郎，總督川陝軍務。

時獻賊已據全蜀，惟遵義保境自守。應熊、一蘅皆蜀人避居其地，因有是命。先是蜀中告警，福王以御史米壽圖巡按四川，命吏部簡堪任監司守令者從壽圖西行。及應熊等受命，相與縞素誓師，開幕府，傳檄諸郡舊將，會師大舉。始稍稍有應者。

56 癸未，明封總兵鄭芝龍爲南安伯。

芝龍以平劉香，遂專海利，交通朝貴。至是王欲徵其兵入衛，乃有是封。命芝龍鎮守福建，遣其弟鴻逵率舟師駐鎮江防守。

57 乙酉，明中旨以阮大鋮爲兵部添注右侍郎。

大鋮之召，大學士高弘圖以去就爭之，馬士英意稍折，遲四月餘，至是用安遠侯柳祚昌薦，始授職，仍禁廷臣不得把持沮諫。

左都御史劉宗周疏言：「大鋮昔爭吏垣不得，致魏大中死詔獄。殺大中者魏璫，大鋮其主使也。即才果足用，臣慮黨邪害政之才，終病世道。且祖宗故事，九列必用廷推。乃者中旨頻降，司農之後，繼之少宰，未幾而大鋮司馬又繼之，其爲墨敕斜封之漸，有不待問者。大鋮進退，實系江左興亡，乞寢成命。」給事中熊汝霖亦言：「大鋮以知兵擢，當置有用之地。若止優游司馬，則樞輔已優爲之，何必增置！」福王切責宗周，而格汝霖言不聽。尋命大鋮兼右僉都御史，巡閱江防。

58 明馬士英奏童生捐免府州縣試，上户納銀十兩，中户四兩，下户三兩，徑赴院試，從之。

59 是月，闖賊僞總兵李過，自新安糾賊三萬，犯府谷，逼大同，我大清兵擊之，殲殪過半。過中創，竄歸綏德。

60 明兵部侍郎左懋第北上，渡淮。

61 九月，丙戌朔，明總兵高傑以兵襲靖南侯黄得功于儀真。先是揚州既定，閣部史可法奏以劉澤清駐淮安，劉良佐駐壽春，得功駐儀真，傑駐瓜、揚。儀真、瓜洲相去不遠，陰相牽制。

及是登萊總兵黄蜚將之任，蜚與得功同姓，稱兄弟，移書請兵備非常，得功率騎三百由陽州往高郵迎之。傑素忌得功，又疑其圖己，乃伏精卒道中，邀擊之。得功行至土橋，方作食，伏起，出不意，上馬舉鐵鞭，飛矢雨集，馬踣，騰他騎馳。有驍騎舞槊直前，得功大呼反鬥，挾其槊而抶之，人馬皆糜。復殺數十人，跳入頹垣中，哮聲如雷。追者不敢進，遂疾馳至其軍得免。

方鬥時，傑潛師擣儀真，得功兵頗傷，而所從行之三百騎俱没，遂訴于南京，願與傑決死戰。福王命大監盧九德及可法遣監軍萬元吉和解之，不可。

會得功有母喪，可法往弔，語之曰：「土橋之役，無知愚皆知傑不義。今將軍以國故，捐盛怒而歸曲于高，是將軍收大名于天下也。」得功色稍和，終以所殺亡多爲恨。可法令傑償其馬，復出千金爲母賵，得功不得已聽之。

62 癸巳，明大學士姜曰廣罷。

初，曰廣沮阮大鋮進用，益爲大鋮及馬士英所嫉，遂抗疏乞休，大略言：「先帝善政雖多，而頻出口宣，職爲亂階。所得閣臣，則貪淫巧猾之周延儒，奸險刻毒之溫體仁、楊嗣昌及偷生從賊之魏藻德等；所得部臣，則陰邪貪狡之王永光、陳新甲等；所得勳臣，則力阻南遷，盡撤守禦狂穉之李國禎等；所得大將，則紈袴支離之倪寵、王樸等；所得言官，則貪橫無賴之史堃、陳啓新等；後效亦可覩矣。今又創一祕方，但求面對。立談取官，同登場之戲劇；下殿得意，如贏勝之販夫。決廉恥之大防，長便佞之惡習。此豈可爲訓哉！臣待罪南扉，半壁東南，有同幕雀，愧死無地，終夜拊膺，願乞骸骨還鄉里。」

疏入，慰留，士英、大鋮等滋不悅。于是朱國弼、劉孔昭遂以「誹謗先帝，誣衊忠臣李國禎」爲言，交章攻之。

曰廣又與士英面詆王前，曰廣言：「上以親以序自應立，汝何功？」士英厲聲曰：「臣無功，汝輩欲立潞藩，故成臣功耳。」爭辯久之。

士英嗾朱統鑕，啖以官，使訐曰廣。疏不由通政司，爲禮科所駁，不問。未幾，劉澤清復假諸鎮疏攻曰廣，以三案舊事及迎立異議爲詞，「請執下法司，正謀危君父之罪。」頃之，統鑕復劾曰廣五大罪：一，引用東林死黨，把持朝政；二，交聯江湖大俠，日窺南都聲息，非謀劫遷則謀別戴；三，庇從賊諸臣；四，納賄；五，奸媳。」曰廣既連被誣衊，屢疏乞休，至是始得請。

曰廣入辭，諸大臣咸在列。曰廣言：「微臣觸忤權奸，自分萬死。上恩寬大，猶許歸田。但臣歸後，當還以國事爲重。」士英勃然曰：「吾權奸，汝且老而賊也。」因叩頭言：「臣從滿朝異議中擁戴陛下，願以犬馬餘生歸老貴陽。如陛下留臣，臣亦但多一死。」曰廣叱之曰：「擁戴是人臣居功地耶？」士英曰：「汝謀立潞藩，功安在？」爭論久之，王亦不能斷，但諭以「叔父賢明當立，二先生無傷國體也。」既出，復于朝堂相詬詈而罷。曰廣遂還江西。

63 甲午，明左都御史劉宗周罷。

宗周入朝，以阮大鋮方進用，復請告，至是許其乘傳歸。

將行，復疏陳五事：「一曰：修聖政，毋以近娛忽遠猷。國家不幸，遭此大變，今紛紛制作，似不復有中原志者。土木崇矣，珍奇集矣，俳優雜劇陳矣，内豎充庭，金吾滿座，戚畹駢闐矣，讒夫昌，言路扼，官常亂矣，所謂狃近娛而忽遠猷也。

一曰：振王綱，無以主恩傷臣紀。自陛下即位，中外臣工，不曰從龍，則曰佐命，一推恩近侍，則左右因而秉權；再推恩大臣，則閣部可以兼柄；三推恩勳舊，則陳乞至今未已；四推恩武弁，則疆埸視同兒戲。表裏呼應，動有藐視朝廷之心；彼此雄長，即爲犯上無等之習。禮樂征伐漸不出自天子，所謂褻主恩而傷臣紀也。

一曰：明國是，無以邪鋒危正氣。朋黨之説，小人以加君子，釀國家空虚之禍，先帝末造可鑑也。今更爲一二元惡稱冤，至諸君子後先死于黨、死于殉國者，若有餘戮。揆厥所由，止以一人進用，動引三朝故事，排抑舊人；私交重，君父輕，身自樹黨而坐他人以黨，所謂長邪鋒而危正氣也。

一曰：端治術，無以刑名先教化。先帝頗尚刑名，而殺機先動于温體仁，殺運日開，怨毒滿天下。近如貪吏之誅，不經提問，遽科罪名，未科罪名，先追贓罰。又職方戎政之奸弊，道路嘖有煩言，雖衛臣有不敢問者，則廠衛之設何爲！徒令人主虧至德，傷治體，所謂急刑名而忘教化也。

一曰：固邦本，無以外釁釀内憂。前者淮、揚告變，未幾而高、黄二鎮治兵相攻。四鎮額兵各三萬，不以殺敵而自相屠毒，又日煩朝廷講和何爲者！夫以十二萬不殺敵之兵，索十二萬不殺敵之餉，必窮之術耳。不稍裁抑，惟加派横徵，蓄一二蒼鷹乳虎之有司以天下徇之已矣，所謂積外釁而釀内憂也。」

疏入，亦但優旨報聞而已。

64 明自曰廣、宗周相繼去，户科給事中吴适抗疏言：「二臣歷事四朝，忠心亮節，久而彌勁，宜亟賜留。」不報。

吏科給事中熊汝霖復疏言：「臣竊觀目前大勢，無論恢復未能，即偏安尚未可必。宜日討究兵餉戰守，乃專在恩怨異同，勳臣方鎮，舌鋒筆鍔是逞。近且以匿名揭帖逐舊臣，南都甲乙紀：「八月有長安街徧貼匿名揭，指斥吴甡、劉宗周，皆李沾所爲也。」以疏遠宗人劾宰輔矣。輔臣曰廣，忠誠正直，海内共欽，幺麽小臣，聽誰主使！且聞上章不由通政，内外交通，飛章告密，墨敕科封，端自此始。」

又言：「先帝篤念宗藩，而聞寇先逃，誰死社稷；先帝隆重武臣，而叛降跋扈，肩背相踵；先帝委任勳臣，而京營銳卒，徒爲寇藉；先帝倚任內臣，而開門延敵，衆口諠傳；先帝不次擢用文臣，而邊才督撫，誰爲捍禦；超遷宰執，羅拜賊庭。知前日之所以失，即知今日之所以得，及今不爲，將待何時！」疏奏，停俸。

踰月，以奉使陛辭，言：「朝端議論日新，宮府揣摩日熟。自少宰樞貳，悉廢廷推；四品監司，竟晉詹尹；蹊徑疊出，謠諑繁興。一人未用，便目滿朝爲黨人；一官外遷，輒訾當事爲可殺。置國恤於罔聞，逞私圖而得志。黃白充庭，青紫塞路，六朝佳麗，復見今時。獨不思他日稅駕何地耶！」不報。

65 庚子，明大學士史可法遣使報書我大清攝政睿親王曰：「南中向接好音，法隨遣使問訊吳大將軍，未敢遽通左右。非委隆誼于草莽也，誠以大夫無私交，春秋之義。今倥偬之際，忽捧琬琰之章，不啻從天而降也。循讀再三，殷殷致意，若以逆賊尚稽天討，煩貴國憂，法且感且愧。懼左右不察，謂南中臣民偷安江左，竟忘君父之怨，敬爲貴國一詳陳之。

我大行皇帝敬天法祖，勤政愛民，真堯、舜之主也。以庸臣誤國，致有三月十九日之事。法待罪南樞，救援無及，師次淮上，凶問遂來，地坼天崩，山枯海泣。嗟呼！人孰無君，雖肆法于市朝，以爲泄泄者之戒，亦奚足謝先皇帝于地下哉！

爾時南中臣民，哀慟如喪考妣，無不拊膺切齒，欲悉東南之甲，立翦兇讎。而二三老臣，謂國破君亡，宗社爲重，相與迎立今上，以繫中外之心。今上非他，神宗之孫，光宗猶子，而大行皇帝之兄也，名正言順，天與人歸。五月朔日，駕臨南都，萬姓夾道歡呼，聲聞數里。群臣勸進，今上悲不四勝，讓再讓三，僅允監國。迨臣民伏闕屢請，始以十五日正位南都。從前鳳集河清，瑞應非一。即告廟之日，紫雲如蓋，祝文升霄，萬目共瞻，欣傳盛事；大江湧出柟梓數十萬章，助修宮殿；豈非天意也哉！

越數日，遂命法視師江北，刻日西征。忽傳我大將吴三桂借兵貴國，破走逆成，爲我先皇帝、后發喪成禮，掃清宮闕，撫輯群黎，且罷薙髮之令，示不忘本朝。此等舉動，振古鑠今，凡爲大明臣子，無不長跽北向，頂禮加額，豈但如明諭所云『感恩圖報』已乎！謹于八月，薄治筐篚，遣使犒師，兼欲請命鴻裁，連兵西討，是以王師既發，復次江、淮。

乃辱明誨，引春秋大義來相詰責。善哉乎，推言之！然此文爲列國君薨，世子應立，有賊未討，不忍死其君者立説耳。若夫天下共主，身殉社稷，青宮皇子，慘變非常，而猶拘牽不即位之文，坐昧大一統之義，中原鼎沸，倉猝出師，將何以維繫人心，號召忠義！紫陽綱目，踵事春秋，其間特書，如莽移漢鼎，光武中興；丕廢山陽，昭烈踐阼；懷、愍亡國，晉元嗣基；徽、欽蒙塵，宋高纘統；是皆于國讎未翦之日，亟正位號，綱目未嘗斥爲自立，（卒）〔率〕以正統與之。甚至如玄宗幸蜀，太子即位靈武，議者疵之，亦未嘗不許以行權，幸其光復舊物也。

本朝傳世十六，正統相承，自治冠冕之族，繼絶存亡，仁恩遐被。貴國昔在先朝，夙膺封號，載在盟府，寧不聞乎！今痛心本朝之難，驅除亂逆，可謂大義復著于春秋矣。昔契丹和宋，止歲輸以金繒；回紇助唐，原不利其土地。況貴國篤念世好，兵以義動，萬代瞻仰，在此一舉。若乃乘我蒙難，棄好崇讎，規此幅（隕）〔員〕，爲德不卒，是以義始而以利終，爲賊人所竊笑也，貴國豈其然！

往先帝軫念潢池，不忍盡戮，剿撫互用，貽誤至今。今上天縱英明，刻刻以復讎爲念，廟堂之上，和衷體國；介胄之士，飲泣枕戈；忠義民兵，願爲國死；竊以爲天亡逆闖，當不越于斯時矣。語曰：『樹德務滋，除惡務盡。』今逆成未服天誅，諜知捲土西秦，方圖報復，此不獨本朝不共戴天之恨，抑亦貴國除惡未盡之憂。伏乞堅同讎之誼，全始終之德，合師進討，問罪秦中，共梟逆賊之頭，以洩敷天之憤，則貴國義問，炤燿千秋，本朝圖報，惟力是視。從此兩國世通盟好，傳之無窮，不亦休乎！至于牛耳之盟，則本朝使臣久已在道，不日抵燕，奉盤盂從事矣。法北望陵廟，無涕可揮，身蹈大戮，罪應萬死，所以不即從先帝者，實爲社稷之故。傳曰：『竭股肱之力，繼之以忠貞。』法處今日，鞠躬致命，克盡臣節，所以報也。惟殿下實昭鑒之。」【考異】三編連睿親王致書，統書之十月大兵下江南目中，系以「先是」二字，證之東華録所見内閣原札，署九月十五日，則庚子也，今據書之。

恭録高宗純皇帝諭曰：幼年即羨聞我攝政睿親王致書明臣史可法事，而未見其文。昨輯宗室王公功績表傳，乃得讀其文，所爲揭大義而示正理，引春秋之法，斥偏安之非，旨正詞嚴。心實嘉之。而所云可法遣人報書，語多不屈，固未嘗載其書語也。

夫可法，明臣也，其不屈，正也，不載其語，不有失忠臣之心乎！且其語不載，則後世之人將不知其何所謂，必有疑惡其語而去之者，是大不可也。因命儒臣物色之書市及藏書家，則亦不可得；復命索之於内閣册庫，乃始得焉。卒讀一再，惜可法之孤忠，歎福王之不慧，有如此臣而不能信用，使權奸掣其肘而卒至淪亡也！

福王即信用可法，其能守長江而爲南宋之偏安與否，猶未可知。而況燕雀處堂，無深謀遠慮，使兵頓餉竭，忠臣流涕頓足而歎，無能爲力，惟有一死以報國，是不大可哀乎！

且可法書語，初無訢辭不經之言，雖心折於睿王而不得不强詞以辨，亦仍明臣尊明之義也。余以爲不必諱，亦不可諱，故書其事於右，而可法之書，並命附録於後焉。

66 甲辰，明以吏部侍郎黄道周爲禮部尚書，協理詹事府事。

先是，道周聞召，不欲出，馬士英使人諷之曰：「人望在公，公不起，欲從史可法擁立潞王邪？」道周不得已乃趨朝，陳進取九策，至是擢用。而是時朝政日非，大臣相繼去國，道周知不可爲，踰年，乃以遣祭告禹陵行。

67 丙午，明大學士史可法請遣諸將分守要地，高傑移駐徐州。

先是可法出巡淮安，閱劉澤清士馬，返揚州，講餉爲進取計。馬士英靳不發，可法疏趣之，因言：「今日事勢更非昔比，必專主討賊復讎，舍籌兵籌餉無議論，舍治兵治餉無人才。」優旨褒答而不能行。至是可法議分布諸將，奏「請以總兵李成棟鎮徐州，賀大成鎮揚州，王之綱鎮河南，李本身、胡茂楨隸高傑戲下爲前鋒，而令劉肇基駐高家集，李棲鳳駐睢寧以防河，用張天禄爲閣標前鋒，駐瓜洲。」

高傑故跋扈，可法日以君臣大義曉示，傑感其忠，奉約束。可法因與謀恢復，議「調黃得功、劉澤清二鎮赴邳、宿防河。傑自提兵直趨開、歸，且瞰宛、洛、荆、襄以爲根本。」傑遂具疏上之曰：「得功與臣介介前事，臣知報君雪恥而已，安能與同列較短長邪！」然得功終不欲爲傑後勁，而澤清尤狡横難任，可法不得已乃移得功廬州以防桐、皖，調劉良佐赴邳、徐，進復黃、汝，與傑相聲援。

于是傑率兵移鎮徐州，以左中允衛允文兼兵科給事中，監其軍。允文，傑同鄉也，陷賊南還，故傑請用之。【考異】明史史可法本傳，言「可法八月出巡淮安，閱劉澤清士馬，返揚州請餉。九月，解黃得功、高傑事，後遂與傑謀進取，十月，傑既行，可法赴清江浦經略。十一月，舟次鶴鎮，尋進至白洋河。」故三編亦書可法駐清江浦于十一月。徐鼒小腆紀年，系可法駐清江浦于九月丙午，證之諸書，可法在淮上乃八月事，而九月解黃、高之怨，正在揚州，並未出巡，疑徐氏誤以八月駐淮上未回，否則誤以十月駐師清江當之，皆非也。分布諸將，正在是月，而高傑之自揚州啓行在十月中旬，若九月丙午，則傑是時尚在揚州，可法安得先赴清江浦耶！今據本傳次第書之。

68 庚戌，明逮浙江巡按御史左光先。

光先者光斗之弟，故與大鋮世讎，又嘗首劾士英，士英之薦大鋮，光先復争之；故大鋮銜次骨，欲報之。時，許都餘黨復亂，乃奪巡撫黃鳴俊官而逮光先。未至而南都難作。

69 甲寅，明吏部尚書徐石麒罷。

初，南都考選，石麒與都御史劉宗周矢公甄別，擬莊元辰等十三人爲科、道；馬士英庇其私人，更易殆半。御史黄耳鼎、給事中陸朗有物議，石麒以年例出之；朗賄奄人内傳留用，耳鼎尋亦復官。石麒發其罪，朗恚，疏詆石麒，耳鼎亦兩疏劾石麒，并言其枉殺陳新甲。石麒疏辨，求去益力，士英擬嚴旨，令馳驛歸。

石麒剛方清介，值權奸用事，鬱鬱不得志。士英挾定策功將圖封，石麒議格之；中貴田成輩請屬，石麒拒不應；由是内外皆怨，搆之去。

70 是月，明予前大學士孫承宗、太常少卿鹿善繼贈謚祠祀，及湖廣殉難巡按御史劉熙祚、參政許文岐、推官蔡道憲等並予贈謚。

禮部尚書顧錫疇又言：「温體仁得君行政，最專且久，其負先帝罪大且深，乞削其文忠之謚，而補文震孟、羅喻義、姚希孟、吕維祺諸臣謚，庶天下有所勸懲！」從之。

71 明令吏、兵二部量用北來諸臣。

時史可法奏言：「諸臣原籍北土者，宜令赴吏、兵二部録用，不則恐絶其南歸之心。」又言：「北都之變，凡屬臣子皆有罪。在北者責以從死，在南者豈非人臣！即臣可法謬典南樞，臣士英叨任鳳督，未能悉東南甲疾趨北援，鎮臣劉澤清、高傑折而南走，是首應重論者，臣等罪也。乃因聖明繼統，斧鉞未加，恩榮疊被，而獨于在北諸臣毛舉而概繩之，豈散秩閒曹，責反重于南樞、鳳督乎！宜摘罪狀顯著者，重懲示敬，若僞命未污，身被刑辱，可置勿問。其逃避北方，徘徊而後至者，許戴罪討賊，赴臣軍前酌用。」廷議從之。

72 冬，十月，乙卯朔，我大清世祖章皇帝定鼎北京。

73 明兵部侍郎左懋第，奉使，次張家灣，本朝傳令止許百人從行。懋第以國喪，兼有母喪，衰絰入都門，詔館之鴻臚寺。

74 丁巳，獻賊陷明(印)〔邛〕州，知州徐孔徒死之。連陷蒲江，知縣朱藴羅一門死之。

【考異】朱藴羅殉難，見明史忠義傳。而蜀碧所載，「是月丁巳，陷(印)〔邛〕州南道，胡恒與其子之驊戰死。妻樊氏，妾成氏、馮氏，之驊妾周氏與僕、婢四人俱從死。」又云：「知州徐孔徒不屈死。」證之三編及殉節録，胡恒之死，乃孫可望破(印)〔邛〕州殉難，非是年獻賊破(印)〔邛〕州事也。下文言「(印)〔邛〕州舉人劉道貞起兵拒獻賊于雅州小關山，大破之。」證之明史，正是年獻忠陷(印)〔邛〕州時。而徐孔徒之死，據殉節録即在是年，今增入是月陷(印)〔邛〕州下。其胡恒之死，改入後卷，而其妻、妾、僕、婢之等，殉節録亦不具也，附識于此。

75 己未，明以降賊之前兵部尚書張縉彦總督北直、山西、河北軍務。

縉彦隨闖賊西行，至太原脱歸，詐稱收集義勇，克復列城。閣臣王鐸薦之，士英納其賄，遂(口)〔授〕原官，令與前薊督王永吉暫駐河上，料理戰守。

給事中李維樾疏言：「縉彦闒畱失機，寸斬莫贖，逆賊入宮，青衣候點，賊敗竄歸，安能復收河北！總督何官，顧畀賊臣！」不報。

時馬士英掌中樞，日以耡正人、引凶黨爲務。尋以阮大鋮召用，盡起逆案楊維垣、虞廷陛、吴孔嘉等十餘人，及所善蔡奕琛、唐世濟、張孫振、袁弘勳等，布列要路，至是並降賊受僞官者以次進用。于是劉澤清復薦黄國琦、施鳳儀等。

76 庚申，明大學士高弘圖罷。

初，弘圖力言「逆案不可翻」，阮大鋮及馬士英並怒。一日，閣中言及故庶吉士張溥，士英曰：「吾故人也，死，酹而哭之。」姜曰廣笑曰：「公哭東林，亦東林耶？」士英曰：「我非叛東林，東林拒我耳。」弘圖因慫恿之，士英意解。會劉宗周劾疏上，大鋮宣言：「曰廣實使之」，于是士英怒不可止，朝端益水火矣。弘圖因乞休，請召還史可法，皆不許。至是凡四疏乞休，乃許之。

77 甲子，明鳳陽地震。丙寅，再震。己巳，鳳陵一日三震。

78 戊辰，明興平伯高傑率舟師北行。

79 壬申，明以張捷爲吏部尚書，蔡奕琛爲吏部侍郎，楊維垣爲通政使。

時馬士英獨握國柄，一聽阮大鋮計，朝政濁亂，賄賂公行。徐石麒既去，士英欲用張國維掌吏部，而大鋮結内奄，取中旨特擢捷，士英愕眙良久。維垣力謀起官，錢謙益因上疏薦維垣及奕琛，且頌士英功，而盡雪逆案賈繼春等。未幾，遂有是命。

80 癸酉，起前薊督丁魁楚，總督兩廣軍務。

81 丙子，明停冬至郊祀，仍遵太祖制，以明年正月合祀天地于南郊。

82 丁丑，以兵部侍郎解學龍爲刑部尚書。學龍以論救黃道周遣戍，南都立，起故官。至是定治從賊諸臣之獄，遂有是命。

83 戊寅，明定諸鎮兵額，江北督撫四鎮額兵三萬，楚撫額兵一萬，京營額兵一萬五千。于是左良玉、袁繼咸軍餉皆汰之。

84 是月，我大清世祖章皇帝命英親王阿濟格爲靖遠大將軍，率師西行討李自成。復命豫親王多鐸爲定國大將軍，率師下江南。

賜敕曰：「朕以福王及南方交武諸臣，當明國崇禎帝遭流寇之難，陵闕燬，宗社覆，不遺一兵，不發一矢，如鼠藏穴，其罪一也。及我兵進剿，流賊西奔，南方諸臣，不行請命，擅立福王，其罪二也。不思滅賊復讎，而諸將各自擁兵擾害良民，自生反側以起兵端，其罪三也。惟此三罪，天人共憤，因命王充定國大將軍，統師聲罪討江南。王今承命，一切機宜，當與諸將同心協謀而行。毋爲自智，不聽人言；毋恃兵强，輕視敵衆；仍嚴偵探，勿致疎虞。如有抗拒不服者戮之，傾心歸順者撫之。嚴禁兵將，凡係歸順地方，不許肆行搶掠，務使人知朕以仁義定天下之意。其行間將領功罪，察實紀明彙奏，如係小過，即當處分；至于護軍已下，無論大小罪過，俱與諸將商酌，徑行處分。王受茲重任，當益殫忠猷，用張撻伐，立奏蕩平。」

是時明使臣左懋第館都中，請祭告諸陵及改葬先帝，不許。乃陳太牢于旅所，哭奠如禮。以是月二十八日遣還出都。中塗，陳洪範請身赴江南招劉澤清等降附，乃許之行，而留懋第勿遣，于是自滄州追還，改館太醫院。

85 明遣司禮太監孫元德督賦浙江。

先是福王命太監王肇基督催浙、閩金花銀，以給事中羅萬象執奏而止。至是復遣元德往浙督催内庫及户、工二部錢糧，尋以高起潛請餉，又于浙江增派二十萬，令元德催解軍前。

于是户科給事中吴适疏言：「國恥未雪，陵寢成墟；豫東之收復無期，楚、蜀之摧殘彌甚！舊都草創，一事未舉，萬孔千瘡，憂危叢集。伏惟陛下始終兢惕，兼仿祖制，早午晚三朝，勤御經筵，(而)〔面〕咨朝政；親近儒臣，朝期勿更傳免。而躬崇儉約，省工作以寬民力，慎爵賞以重名器。無藝之征，一概報罷；被災之地，酌量蠲振。根本之計，莫急于此。」疏入，不省。

86 漳、贛賊陷明汀州之古城鎮，把總林深、鄭雄死之。

時閩中盜賊蠭起，由興、泉流入漳州，明巡撫張肯堂捕之，賊走汀境。而粵賊閻王總者，亦出没贛州相呼應，汀郡告急，肯堂乃遣林深、鄭雄及傅云麟將五百人援之。未抵汀，賊已陷古城鎮，屠割甚慘。鎮去郡五十里，倉皇中援兵適至。深與雄，皆健將也，誓破賊後傳餐，推鋒徑進。至觀音鋪，墮伏中，左山右澗，急據山則峭不可登，裹創死戰。賊舉火，蓬枯風迅，飛走皆窮，死者三百十二人，深、雄戰死，云麟走免，賊死者亦二百餘人。

始賊輕官兵。既知其敢戰也，退入贛州境，汀郡獲全。【考異】此據徐鼒小腆紀年增入。

87 十一月，戊子，大清兵入宿遷。

先是高傑至徐州，史可法前赴清江浦，遣官屯田開封，爲經略中原計。諸鎮分汛地，自王家營而北至宿遷最衝要，可法自任之，築壘緣河南岸。是日，舟次鶴鎮，諜報大清兵至，可法進至白洋河，令總兵劉肇基往援，復其城。越數日，大兵圍邳州，軍城北，肇基援之，軍城南，相持半月而解。

時可法以闖賊走陝西猶未滅，請頒討賊詔書，言：「自三月以來，大讎在目，一矢未加。昔晉之東也，其君臣日圖中原而僅保江左；宋之南也，其君臣盡力楚蜀而僅保臨安。蓋偏安者，恢復之退步，未有志在偏安而遽能自立者也。

大變之初，黔黎洒泣，紳士悲哀，猶有朝氣。今則兵驕餉絀，文恬武嬉，頓成暮氣矣。河上之防，百未經理，人心不肅，威令不行。復讎之師不聞及關、陝，討賊之詔不聞達燕、齊，君父之讎，置之膜外。

憶臣等迎駕時，陛下言及先帝則泣下沾襟，恭謁孝陵則淚痕滿袖，皇天后土，實式鑒臨。曾幾何時，頓忘斯志！

先皇帝死于賊，恭皇帝亦死于賊；此千古未有之痛；國家變出非常，在北諸臣死節者無多，在南諸臣，討賊者復少，此千古未有之恥。夫庶民之家，父兄被殺，尚思穴胸斷脰，得而甘心，況在朝廷，顧可膜置！臣恐恢復無期，即偏安亦未可保也。今宜速發討賊之詔，責臣與諸鎮，悉簡精鋭，直指秦關，庶海内忠臣義士，聞而感憤。

且陛下嗣登大寶，原與先朝不同。諸臣但有罪當誅，曾無功足録。臣于登極詔藁，特將加恩一款删除，不意後來仍復開載，致貽笑天下。今恩外加恩，紛紛未已；武臣腰玉，名器濫觴。自後尤宜慎重，專待有功，庶猛將武夫有所激厲。

至行兵討賊，最苦無糧，搜括不可行，勸輸亦難繼。請將不急之功程，可已之繁費，一切報罷；朝夕之燕衎，左右之進獻，一切謝絶；即事關典禮，萬不容已者，亦概從節省。蓋賊一日未滅，即有深宮曲房，豈能安處！錦衣玉食，豈能安享！必刻意在雪恥報雠，振舉朝精神，萃萬方物力，盡併于選將練兵一事，庶人心可鼓，天意可回。」疏奏，不省。

時諸鎮位秩已崇，咸逡巡無進師意。可法悔之，語其客；欲斬己及馬士英、高弘圖、姜曰廣四人頭，爲任事不忠之戒，因上疏請責成諸鎮進戰。可法每繕疏，循環諷誦，聲淚俱下，聞者莫不感泣，士英第取優旨報之而已。

時高傑至徐州，與劉澤清書曰：「近日河南撫、鎮，接踵告警，一夕數至；開封上下北岸，俱是兵衆，問渡甚急；惟恐一越渡，則天塹失恃，長江迤北盡爲戰場。時事到此，令人應接不暇，惟有殫心竭力，直前無二，于萬難之中，求其可濟，以報國恩而已！」澤清以聞，閣臣王鐸乃請視師江北，不許。

比大清兵已下邳、宿，可法飛章報聞，馬士英大笑不止。坐客前論德楊士聰方自北來，問故，答曰：「君以爲誠有是事邪？此史公妙用也。歲將暮，防河將吏應敘功，耗費軍資應稽算，此特爲敘功稽算地耳！」識者以是知南都之將亡也。【考異】可法赴清江浦在十月，而大兵入宿遷，明史本傳在十一月初四日可法師次鶴鎮時，故三編彙書之下宿遷之前。今統系之十一月戊子下。

88 己丑，明鳳陽皇陵災，松柏皆燼。

89 庚寅，獻賊僭號于成都。

時王應熊督川、湖軍事，兵力弱，不能討賊。獻忠既陷全蜀，遂僭號大西國王，僞稱大順元年，修蜀王府居之，名成都曰西京。設丞相、尚書、五軍都督府等官，用汪兆麟、嚴錫命爲左右丞相，王國麟、江鼎鎮、龔完敬爲尚書，養子孫可望、艾能奇、劉文秀、李定國等皆爲將軍，賜姓張氏。鼎鎮、完敬尋以小過封剮死。脅川中士大夫受僞職，不從者輒殺之。遣諸將分屠各府州縣，名「草殺」。詭開科取士，集于青羊宮，盡殺之，筆墨成邱塚。坑成都民于中園，殺各衛集軍九十八萬。僞官朝會，呼獒數十下殿，獒所齅者引出斬之，名「天殺」。又創生剥人法，皮未去而先絶者，刑者抵死。將卒以殺人多少敘功，共殺男女六萬萬有奇，賊將有不忍，至縊死者。僞都督張君用、王明等數十人，皆坐殺人少剥皮死，並屠其家。又用法移錦江，涸而闢之，深數丈，埋金寶億萬計，然後決堤放流，名「水藏」，曰：「無爲後人有也。」【考異】明史流賊傳特書獻忠僭號于十一月庚寅，則初六日也，諸書皆系之十六日，則庚子也。蜀碧言「獻忠謀僭號于十月十六日」，而明史列傳中特書日分者，皆確有所據，今仍據正史書之。

90 明下登萊總兵邱磊于獄。

磊嘗與左良玉從軍剽掠，坐法論死，磊願以身任罪，而良玉得免。崇禎十三年，良玉捐萬金救之出獄。侯恂再出督師，奏以磊爲山東總兵，與劉澤清不相能。澤清南下，過安東，磊掠其輜重，澤清銜之甚。南渡後，奏請命磊渡海收登萊。磊于白沙祭海，將以眷屬輜重北發，澤清搆之于督師史可法，謂其有異謀。至是磊以百餘騎至安東，副總兵柏承馥紿磊進署，突兵禽之。未幾，得旨賜自盡，良玉聞而惡之。

91 丁酉，應天巡撫祁彪佳罷。

時群小疾彪佳，競詆諆，以「沮登極，立潞王」爲言。彪佳遂引疾去。

92 乙巳，魯王移居台州。【考異】三編書魯王居處州于是年六月，而明史諸王傳，言「王轉徙台州」。證之明年張國維奉王監國，迎于台州，是始居處州，後移台州也。諸書于是月記命遼王居台州，按遼國除于隆慶間，並無續封之文，蓋野史誤「魯」爲「遼」也。惟南略書移魯王于台州在是月乙巳，今從之，爲明年迎立張本。

93 己酉，明山西道御史沈宸荃、疏劾張縉彥、王永吉等，略曰：「經略山東、河南者，王永吉、張縉彥也。吉永失機，先帝拔爲總督，擁兵近甸，不救國危；縉彥官部曹，先帝驟擢典中樞，乃率先從賊；即加二人極刑不爲過。陛下屈法用之，而永吉觀望逗留，縉彥狼狽南竄，死何以見先帝，生何以對陛下！昌平巡撫何謙，失陷諸陵，罪亦當按。都城既陷，守土之臣，宜皆厲兵秣馬以雪國讎，乃賊塵未揚，輒先去以爲民望，如河道總督黄希憲、山東巡撫邱祖德，尚可容偃卧家園乎！」疏入，謙、祖德等皆命逮治，永吉、縉彦不問。

時朝政大亂，宸荃獨持正要，人多疾之。明年，以年例出爲蘇松僉事，未赴而南都破。【考異】諸書載宸荃上書于十一月二十五日，正張縉彦、王永吉巡防河上後事也，今據書之。

94 庚戌，明五軍都督府左都督許定國充總兵官，鎮守開封、河、雒。

95 是月，桂王常瀛卒于梧州。

初，王自衡州走廣西，遂居梧州，至是以憂悸成疾卒。世子先王卒，次子安仁王由樫嗣，由樫之弟由榔，時封永明王，亦居梧州。【考異】明史諸王傳，言「順治二年，南都破，在籍尚書陳子壯等將奉常瀛監國。會唐王自立于福建，遂寢，是年薨于蒼梧。」據此，則常瀛以明年卒。重修三編目中參之本朝實録，書于是年十一月，今從之。辨見後，爲永曆後立張本。

96 明榷酒税。

馬士英奏請助餉，下部議，從之。又奏請開助工等例，苛斂日甚，民間有「掃盡江南金，填塞馬家口」之謡。

97 南中自五月不雨至于是月。

98 十二月，乙卯，明以練國事爲兵部尚書。

國事以崇禎九年遣戍，久之，以敘前功赦歸復官。南都立，召爲户部左侍郎，改兵部，至是加尚書，仍蒞侍郎事。

99 丁巳，明進劉澤清、劉孔昭皆爲侯，馬士英請之也。

100 辛酉，明命楚撫何騰蛟以原官提督川廣、雲貴軍務。

騰蛟以崇禎十六年巡撫湖廣，南都立，命加兵部右侍郎。至是召總督楊鶚還，騰蛟以故官代之。

101 甲子，我大清兵克河南府。

明高傑在徐州沿河築牆，專力備禦，且遣人通好許定國，爲聯絡河南計。張縉彥亦奏定諸將分地，王之綱自永城至寧陵，許定國自寧陵至蘭陽，劉洪起自祥符至汜水。會大清兵至孟津，先遣精兵渡河，沿河十五寨堡，俱望風歸附。

至是大兵至，明總兵李際遇迎降，縉彥等並走沈邱，河南撫鎮飛章告急，命傑率兵進屯歸德爲備。已而大兵別由濟寧南下，至夏鎮，復自洛陽圍鄧州，史可法、高傑及劉澤清等各具疏告警。士英言：「北兵雖在河上，然闖賊尚張，不無後慮，豈遂投鞭問渡乎！況强弱何常，赤壁三萬，淝水三千，惟在諸將策勵之而已。」卒不應。

102 己巳，陳洪範北使還，馬紹愉遂留京師，降于我大清。

103 明重頒三朝要典，追卹逆案諸臣。

時楊維垣追論三朝要典黨局，力詆王之寀、楊漣等，而爲劉廷元、霍維華等訟冤，乃命將三朝要典宣付史館，尋復令刪定刊行。吏部尚書張捷力稱維華等忠，請表章三案諸臣，因盡追賜卹典，贈、廕、祭、葬、謚全者維華等六人；贈、廕、祭、葬不予謚者徐大化等三人；贈、祭、葬者徐揚先等三人；復官不賜卹者王紹徽等三人；他若王德完、黃克纘、王永光、章光岳等，雖名不麗于逆案而爲清論所不予者，亦贈卹有差。袁弘勳復請追論焚要典諸臣罪，左良玉力言：「要典治亂所關，勿聽邪言，致興大獄。」不聽。

104 明起妖僧大悲之獄。

時有吳憎夜叩洪武門，言語不類，爲京營戎政趙之龍所捕。阮大鋮欲假以誅東林及素所惡者，因造「十八羅漢、五十三參」之目，書史可法、高弘圖、姜曰廣等姓名内大悲袖中，海内人望，無不備列。錢謙益先已疏頌士英，且爲大鋮訟冤修好矣，大鋮憾不已，亦列焉；將窮治其事。獄詞詭祕，朝士皆自危。而士英不欲興大獄，乃當大悲妖言律，誅之。【考異】妖僧之獄，野史或言自稱烈皇，再詰則稱齊王，反稱潞王之弟，又言勘問時自稱定王，皆附會明年僞太子之獄臆度耳。明史奸臣傳，但以「言語不類」書之，而以爲大鋮藉之以誅異己，似得其實，今據書之。

105 戊寅，明以應天府丞瞿式耜爲右僉都御史，巡撫廣西，代方震孺也。

106 辛巳，明福王命罷南郊，改于明年冬至，御史沈宸荃疏諫，不納。

王居興寧宫，將大閲京軍，託疾不出，命馬士英代之。

時工費無度，荒酒漁色，奄人田成等擅寵，士英輩亦因之竊權固位，政以賄成，論者皆知其不可旦夕，而阮大鋮以烏絲闌寫己所作燕子箋雜劇進之。歲將暮，兵報迭至。王一日在宫，愀然不樂。中官韓贊周請其故，王曰：「梨園殊少佳者。」贊周泣曰：「奴以陛下或思皇考、先帝，乃作此想耶！」時宫中楹句有「萬事不如杯在手，一年幾見月當頭」，旁注「東閣大學士王鐸奉敕書」云。

107 是月，加興平伯高傑太子太傅。

豐、沛大盜有程繼孔者，據所居之梧桐山，結黨煽亂，焚掠歸、許、邳、宿間。崇禎癸未，淮撫路振飛與淮徐參議何騰蛟合兵討之，繼孔窮蹙，縛其黨王道善以降，騰蛟擢楚撫，檄入楚從征，不應。馬士英爲鳳督，發兵攻之，禽繼孔，檻送京師。會國變，脱歸徐州，以恢復爲名，仍糾衆謀亂。至是傑北征，繼孔率驍健士六人僞降，傑與歃血訂盟，酒酣，斬之以徇。史可法疏聞，遂有是命。

時以大清兵連下邳、宿，命傑進屯歸德。

108 是冬，獻賊踞成都，遣兵徧屠川中郡縣。

時官吏之死事者，有榮縣知縣秦民湯，興文知縣艾吾鼎，南部知縣鄭夢眉，中江教諭攝劍州事單之賓，皆殉難。而夢眉夫婦並縊，吾鼎闔門殉之。

里居紳士，則故河南布政尹伸，罷歸，工詩善書，獻忠陷敘州，匿山中，搜得之，罵，不肯行，賊重其名不殺。至井研，罵益厲，遂攢殺之。南渡方起太常卿，而伸已先死。

同時在籍死難者，廣元則户科給事中吳宇英，資縣則工部主事蔡如蕙，郫縣則舉人江騰龍。而宗室朱奉鉀，由進士歷御史，劾督師丁啓睿諸疏，爲時所稱，時方里居，並及于難。

是時王應熊、樊一蘅等誓師遵義，諸郡縣多起義兵應之。而安岳進士王起峩，渠縣禮部員外郎李含乙，殉節録作「兵部右侍郎」。皆舉義兵討賊，不克死。

于是獻忠憤怒，誅戮益毒，川中人跡殆絶，列城内至雜樹成拱云。【考異】三編脅士大夫受僞職下，只載尹伸、吳宇英二人，餘皆據明史忠義傳增。若蜀碧及諸書所載，官吏則有瀘州知州蘇瓊，瀘州衛指揮王萬春，潼川知州陳君寵，松潘守將湯名揚，通江知縣李存性，嘉定知州朱儀。又與劉佳允等同守成都死者，有總兵張奏功，——殉節録「功」作「凱」，——敘南衛指揮馬震、張卜昌，四川某官羅大爵，——殉節録作「四川總兵」——雅州指揮阮士奇，撫標參將徐明蛟，都司僉書李之珍。以上或以陷陣死，或以巷戰死。又鄉官殉難者，故東流知縣乾日貞，用磚斃一賊死；故大理寺正王秉乾，合家投井；故宣化同知王履亨，被執投江死；内江故彭澤令張於廉，不就僞職，與妻鍾氏同駡賊死；安岳故兵備副史竇可進，與王起峩現同拒戰敗死；遂寧故教諭姚思孝，西充故御史李完，珙縣故江陵令向科，瀘州故澤州牧韓洪鼎，故推官韓大賓。其舉貢諸生之起義不克死者，合州諸生董克治，起兵拒賊，相守月餘，凡三千人，至死不降，時比之田横云。永州邑人蔣世鉉戰敗不降，與邑孝廉梁士騏俱駡賊死。明經邱之坊及子庠生祖福，被招不往，之坊不食死，祖福被執駡賊死。生員劉繼皋，迫應考，大駡自刎死。安縣明經趙鴻偉，子進士昱，召入監不應，全家遇害。安縣監生李資生，——殉節録作「廣生」，——故宣大總督鑑之子，不屈，與妻董氏並自縊死。某縣舉人鄭延爵，討賊没于陣，或曰，與朱奉錚同死之。諸生費經世，賊欲官之，不從，爲所殺。資陽諸生劉弘芳，投石橋下死。新津貢生王源長，與妻徐氏同死。彭縣諸生劉昌祚、祝丕傳，與民人魯城隍，並被執不屈死，丕傳母子並罹害。業醫徐履端赴水死。緜竹邑人楊國柱巷戰死。仁壽舉人賈鍾斗、諸生劉士愷、龍明新並戰死。貢生顧鼎鉉不屈，賊抉其兩目死。諸生陳素、陳應新、左灼，並抗節死，灼妻閔氏亦駡賊不從死。汶川故教諭高仲選，攜子女投江死。龍安諸生梁道濟，同妻楊氏，被執，俱駡賊不絶口死。潼川孝廉李永蓁，舁至成都，引頸受刃死。中江廩生李錦，不應考，閉户自經死。遂寧諸生羅璋戰死。通江童子某，佐李存性拒戰死。東鄉貢生冉璘及子宗孔，舉家自焚死。廣元諸生李猶龍，抗節不屈被殺。南充諸生樊明善、陳懷西等，並拒賊死。營山諸生王光先，大竹武生王蘋，俱脅降不從死。儀隴邑人王爾讀，禦賊死。烏江貢生黎應大，倡義討賊，不克，被賊支解，子照斗、照逵、照鸞同遇害。嘉定庠生郭大年被殺，妻楊氏投江死。犍爲舉人周正、陳天祜，並抗節死。成都邑人彭大同、張廷機，並以不赴試死，廷機妻梅氏投水死。敘州諸生熊兆桂、李師武，又諸生魚嘉鵬，殺僞官，被賊剮死。諸生劉苞、晏正寅、王應世，俱不屈死。郭大勳闔門罵賊死。李合宗、梁爲憲，械至成都，罵獻賊死。慶符人張祖周，投繯死。隆昌諸生劉玆，抗賊被殺，强其妻盧氏行，大罵，亦死之。瀘州諸生方旭、方伯元、曾薦祚、鍾子英，俱不屈死，子英與妻攜手投于江。又，七寶寺僧晞容，率鄉勇五百人破賊于豹子洞，力屈死。又，藩宗朱氏兄弟某某死，妻李氏姊妹爲娣姒，俱聯袂投江死。井研義民雷應奇，起兵不克死。其他婦女之死難者，不可勝紀。其最著者，賊陷緜州，關南道劉宇揚妻李氏，侍郎劉宇烈妻張氏，大學士劉宇亮妻宋氏，俱避西山，賊將劉文秀訪得之。三氏相謂曰：「吾姑昔日涪水遇盜，懼辱投水死，吾輩受污，何以見先姑于地下。」同縊死。宇亮子裔盛受僞官，妻王氏曰：「汝作賊官，吾不能爲賊妻也。」亦縊死。餘俱見蜀碧，不具載。○又按殉節録所載，有建昌督餉道盧懋鼎，被執不屈死。威茂道羅銘鼎拒守，城陷，罵賊死，妻段氏攜三子兆鶴、兆桂、兆昌俱赴水死。敘南衛指揮曾印昌，分守白水江，賊圍成都，戰死。建昌都司指揮丁運選，調援成都，力戰陣亡。大寧知縣高日臨，獻賊自鹽井至，求援不報，被執，罵賊磔死。蘆山知縣金鼎祚，合門殉節。松陽知縣孫鵬舉，賊陷城，罵賊，一門十餘人同死。通判王懋烈，起義兵敗，全家死之。順慶知府史覲宸，募兵禦賊，被執罵賊死。新都知縣包洪策，城陷罵賊死。東鄉知縣——一作「梓潼知縣」——趙德遴，賊穴地道入，力不支，投井死，一家死者十七人。龍安知縣羅應選，全家遇害。銅梁知縣顧旦，城陷，被執不屈死。墊江知縣歐陽東昌，彭山知縣何大衢，監軍道盧安世，俱不屈死。巴縣縣丞覃文應，與子懋德俱投井死。何教授，佚其名，城破，夫婦並縊死。又里居之殉難者，有蓬溪故車駕主事譚文化，賊招致之，不屈死。生員儀隴席雙楠、劉義國、楊正道、訾山泉、應厚泉、應化冉良富、李尚聰、太平羅維先、譚樸，敘州舉人周元孝，犍爲拔貢周正選，西充廩生馬孫鸞，漢川生員陳雲鵬，劉州生員王才啓，彭縣生員徐端履，洪雅生員余飛，慶符生員何察，又周壩渡子，佚其姓名，罵賊被殺。以上皆著明四川陷獻賊之難者。然崇禎間張獻忠再入四川，至是而三，諸書所記，亦多參錯，今悉據正史。其有年月可考，如王萬春、楊國柱、韓洪鼎、方旭、方伯元、曾薦祚、僧晞容之等，皆見前卷，餘則多據殉節録參蜀碧所載，彙識于此。

明通鑑附編卷二上

江西永寧知縣當塗夏燮編輯

附記二上旃蒙作噩（乙酉），起春正月，盡夏五月。

大清順治二年（乙西、一六四五）明福王弘光元年，至五月，南都亡。

1 春，正月，庚寅，明以南京宮殿成，推恩加史可法太保，馬士英少師，王鐸少保，予廕。仍以士英掌文淵閣印，充首輔辦事。可法力辭太保，許之。【考異】南略、繹史俱云「加可法太師」，而明史可法本傳，亦云「以宮殿成加太師」。按可法前敘定策功加少保，以太后至加少傅，敘江北戰功加少師，則此時加太保，是其次第也。三編推恩目中作「加可法太保」，今從之。

可法爲督師，行不張蓋，食不重味，夏不箑，冬不裘，寢不解衣。年四十餘無子，其妻欲爲置妾，太息曰：「王事方殷，敢爲兒女計乎！」在軍中絕飲。除夕，遣文牒，至夜半倦，索酒設肉，分給將士已盡，乃取鹽豉下之。思先帝，泫然淚下，凭几卧，比明，將士集轅門外，門不啓。左右遥詰其故，知府任民育曰：「相公此夕卧，不易得也。」命鼓人仍擊四鼓。可法寤，怒曰：「誰犯吾令？」左右述民育意，乃已。

2 癸巳，明命黃得功、劉良佐率師進屯潁、亳，皆不行。高傑率師次歸德，遂入睢州。

3 乙未，明總兵許定國誘殺興平伯高傑于睢州。

初，定國嘗上書詆傑爲賊，遂交惡。定國駐睢州，已遣使納款于我大清，且送其二子渡河爲質，乞濟師往援。傑微聞之，招定國來會，不應，復邀巡撫越其杰、巡按陳潛夫同往睢州，定國始郊迎，毁其軍而以羸見，且故爲屈服狀。傑心輕定國，遂欲入城，其杰止之，不聽。

是日，定國置酒享傑，傑飲酣，爲定國刻行期，且微及送子事，定國益疑，無離睢意。傑固促之行，定國怒，夜，伏兵傳礮大呼，其杰等急遁走，傑醉卧未起，衆擁至定國所，殺之。

先是傑以定國將去睢，盡發兵戍開封，所留親卒數十人而已。定國僞恭順，多選妓侍傑，而以二妓偶一卒寢，卒盡醉，及聞礮欲起，爲二妓所掣，不得脱，皆死。

明日，傑部將回軍攻城，自東門入，老弱無孑遺，定國遂走降于大清軍。

傑以掠揚州，揚民聞其死，皆相賀。然是行也，進取意甚鋭，時頗有惜之者。

黃得功聞傑死，復引兵襲揚州，將盡殺其妻子以報，城中大懼。閣部史可法急命同知曲從直諭解之，乃引兵去。【考異】高傑被殺，明史傑傳特書「是月十一日」，即乙未也。南略、繹史皆書「乙未」，而計氏書高傑見誘事云「十二日」，蓋十一之夜，十二之辰也。小腆紀年書之丁丑，今從明史。

4 辛丑，明中旨以吏部左侍郎蔡奕琛兼東閣大學士，預機務，阮大鋮援之也。尋復以唐世濟爲右都御史。

5 壬寅，我大清兵克西安。

先是師至潼關，闖賊遣僞將劉方亮迎戰，我軍奮擊，大敗之。自成親率馬步兵至，復大破之，遂克潼關，僞伯馬世耀以七千人來降，斬之。進克西安，自成已焚宮室，由龍駒寨走武岡，入襄陽。

6 甲辰，明定北都從逆諸臣罪。

初，朝議以六等定讞，會尚書解學龍蒞刑部，遂定爰書，分別上之。「其一等應磔者，吏部員外郎宋企郊，舉人牛金星，平陽知府張嶙然，太僕少卿曹欽程，御史李振聲、喻上猷，山西提學參議黎志陞，陝西布政使陸之祺，給事中高翔漢，潼關道僉事楊王休，檢討劉世芳，十一人也。其二等應斬秋決者，刑科給事中光時亨，河南提學僉事鞏焴，庶吉士周鍾，兵部主事方允昌，四人也。其三等應絞擬贖者，翰林院修撰兼戶、兵二科都給事中陳名夏，户科給事中楊枝起、廖國遴，襄陽知府王承曾，天津兵備副使原毓宗，庶吉士何孕光，少詹事項煜，七人也。其四等應戍擬贖者，禮部主事王孫蕙，翰林院檢討梁兆陽，大理寺正錢位坤，總督侍郎侯恂，山西副使王秉鑑，御史陳羽白、裴希度、張懋爵，禮部郎中劉大鞏，吏部員外郎郭萬象，給事中申芝芳、金汝礪，舉人吴達，修撰楊廷鑑及黄繼祖，十五人也。五等應徒擬贖者，通政司參議宋學顯，諭德方拱乾，工部主事繆沅，給事中吕兆龍、傅振鐸，進士吴剛思，檢討方以智、傅鼎銓，庶吉士張家玉及沈元龍，十人也。六等應杖擬贖者，工部員外郎潘同春，禮部員外郎吴泰來，主事張琦，行人王于曜，行取知縣周壽民，進士徐家麟及向列星、李棡，八人也。其留北俟核定奪者，少詹事何瑞徵、楊觀光，太僕少卿張若麒，副使方大猷，户部侍郎黨崇雅，吏部侍郎熊文舉，太僕卿葉初春，給事中龔鼎孳、戴名説、孫承澤、劉昌，御史涂必泓、張鳴駿，司業薛所藴，通政參議趙京仕，編修高爾儼，户部郎中衛周祚及黄紀、孫襄，十九人也。其另存再議者，給事中翁元益、郭充，庶吉士魯㮚、吴爾壎、史可程、王自超、白孕謙，梁清標、楊棲鶚、張元琳、吕崇烈、李化麟、朱積、趙熲、劉廷琮，吏部郎中侯佐，員外郎左懋泰，禮部郎中吴之琦，兵部員外郎鄒鳴魁，行人許作梅，進士吴顯，太常博士龔懋熙及王之牧、王皋、梅鶚、姬琨、朱國壽、吴嵩孕，二十八人也。其已奉旨録用者，兵部尚書張縉彦，給事中時敏，諭德衛孕文、即允文。韓四維，御史蘇京，行取知縣黃國琦，施鳳儀，兵部郎中張正聲，內閣中書舍人顧大成、姜荃林等，十人也。」奏入，諭以「周鍾等不當緩決，陳名夏等未蔽厥辜，宋學顯、潘同春等擬罪未合，令再議。」惟方拱乾名在五等，以結納馬、阮，特免其罪。

至是學龍更擬「周鍾、光時亨等各加一等。潘同春諸臣皆候補小臣，受僞無據，仍執前律。」時馬、阮急欲殺周鍾，學龍欲緩其死，謀之王鐸，乘士英注籍上之，且請停刑。鐸即擬俞旨，褒以詳慎平允。士英大怒，然事已無及。

大鋮暨張捷、楊維垣等聲言欲劾學龍，學龍引疾。命未下，保國公朱國弼、御史張孫振等詆其曲庇行私，遂削籍。

後周鍾、光時亨仍同周鑣、雷縯祚並論殺。大鋮等即傳旨，「二等罪斬者謫雲南金齒軍，三等罪絞者充廣西邊衞軍，四等以下俱爲民，永不敘用。」然學龍所定案亦多漏網，而所擬一等諸犯，皆隨賊西行，實未嘗正刑辟也。

7 辛亥，明以監高傑軍衞允文爲兵部侍郎，總督開歸軍務。

傑既死，部下兵將大亂，互爲雄長；睢州旁近二百里，殺戮無遺。史可法聞之，流涕曰：「中原不可爲矣！」速馳至徐州，以李本身乃傑甥，用爲提督，代統其軍，立傑子元爵爲世子，請卹于朝，一軍乃定。

時黄得功、劉澤清、劉良佐皆欲并其軍，而馬士英忌可法威名，于是允文希指疏誚可法，士英喜，即擢允文總督興平軍以分可法權，自是可法益不得展布矣。尋又撤傑兵還揚州，改命良佐防歸德。【考異】南略系之是月辛亥，蓋正月二十七日。青燐屑謂「定議在下弦之夕」者近之，今據書之。

8 方明之重頒要典也，九江總督袁繼咸上言：「人臣之義，在後私門而急公讎。臣每歎三十年來，徒以三案葛藤，血戰不已。若要典一書，已經先帝焚毁，何必復理其説！書苟未進宜寢之，即已進宜毁之。至王者代興，從古亦多異同。平、勃迎立漢文，不聞窮治朱虚之過；房、杜決策秦邸，不聞力究魏徵之非。固其君豁達大度，亦其大臣公忠善謀，翊贊其美。請再下寬大之詔，解圜扉疑入之囚，斷草野株連之案。」福王降旨俞其言，群小皆不喜。

會定諸鎮兵額，汰繼咸軍餉六萬，軍中有怨言，繼咸疏争不得。至是以江上兵寡，鄭鴻逵戰艦不還，議更造，檄九江僉事葉士彦于江流截買材木，士彦家蕪湖，與諸商暱，封還其檄。繼咸以令不行，疏劾士彦，士彦同年御史黄耳鼎亦劾繼咸，言「繼咸有心腹將校，勸左良玉立他宗，良玉不從。」良玉聞之，益疑懼，上疏明與繼咸無隙，耳鼎受人指使而言。由是南京藉藉，益言繼咸與良玉倡和，脅制朝廷矣。

9 四川舉人劉道貞，初擊獻賊于雅州。賊還據邛州，道貞謀復之，不克。賊執道貞妻王氏，脅其夫降，大罵，一家百口俱死。道貞子暌度没于陣。

10 二月，己未，明以阮大鋮爲兵部尚書，仍兼都察院左副都御史，巡閱江防。大鋮雖掌中樞，置一切兵事不問，顧時時撓六部權，任劉應賓爲文選司，濁亂銓政。再舉考選，擢其私人二十餘人爲給事、御史。嘗欲罷撫、按糾薦，令納金于官，糾者免，薦者予。時九江〔總〕督袁繼咸請以陳麟、鄧林奇爲總兵，大鋮索賄，始給敕印。諸白丁練役，輸重賂立躋大帥。

時又有中書舍人林翹，善星術，以嘗決馬士英必大用，半歲間遂躐授左都督銜，蟒服趨事。時人爲之語曰：「職方賤如狗，都督滿街走。」

11 明以工部侍郎高倬爲刑部尚書。

12 丁卯，明禮部尚書顧錫疇罷。

錫疇以請奪温體仁謚，馬士英惡之。至是嗾張孫振力頌體仁功，請復故謚，遂勒錫疇致仕去。

13 戊寅，李自成爲大清兵所追，走承天。

14 三月，甲申朔，明起僞太子之獄。

初，北都之變，闖賊挾太子慈烺西走，不知所終，或傳其已遇害。是時有自北來稱太子者，福王召勳臣朱國弼等、閣臣馬士英等、翰林劉正宗等入見武英殿，面諭府部、九卿、科、道辨驗真僞。日午，群臣奏：「係故駙馬都尉王昺姪孫王之明，曾侍衛東宮，家破南奔，鴻臚少卿高夢箕家丁穆虎教之詐稱太子」，乃下之中城兵馬司獄。越四日，復逮夢箕、穆虎，鞫于午門，皆具服，亦下刑部獄。

時都下士民，皆以太子爲真，衆論藉藉，謂「士英等朋奸，導上滅絶倫理。」黄得功抗疏争之，疏略曰：「東宫未必假冒。先帝子即上子，未有了無證明，混然雷同者。臣恐在廷諸臣，諂徇者多，抗顔者少，即明白識認，亦不敢抗論取禍矣。」福王命三法司覆訊王之明等，遂令「煅得功原疏以絶奸謀。」又傳諭：「穆虎若非奸人，豈敢挾王之明冒認東宫！主使附逆，實繁有徒，著法司窮治。」蓋士英意在姜曰廣輩也。

左良玉亦疏請保全東宫以安臣民之心，謂：「東宫之來，實有符驗。滿朝諸臣，但知逢君，不惜大體。明知窮究並無別情，必欲輾轉誅求，遂使陛下忘屋烏之德，臣下絶委裘之義，普天同怨。陛下獨與二三奸臣保守天下，無是理也。親親而仁民，願陛下省之！」

江督袁繼咸亦疏言：「太子真僞，非臣所能懸揣，真則望行良玉言，僞則不妨從容審處，多召東宫舊臣辨識，以解中外之疑。」

湖撫何騰蛟亦力奏北來太子不可殺，謂：「太子到南，何人奏聞，何人物色，取召至京？馬士英何以獨知其僞？既是王昺姪孫，何人舉發？內官、公侯多北來之人，何無一人確識？此事關天下萬世是非，不可不慎。」

時以王之明自供甚明，命法司將審明節略各諭之而已。

15 壬辰，明復起王妃童氏之獄。

初，福王爲郡王時，娶妃黃氏卒；及爲世子，娶妃李氏，以洛陽陷遇害。童氏者，本周府宮人，逃難至尉氏縣，依王于旅邸，生一子，已六歲。王南奔，各不相顧，太妃鄒氏與童氏亦各逃散。太妃自河南來，巡按御史陳潛夫奏妃尚在，王不召。至是妃自言福王繼妻，總兵劉良佐信之；巡撫越其杰具儀從送之南都；潛夫至壽州，亦稱臣朝謁。比入都，王以爲假冒，下童氏錦衣衛獄。時潛夫已得代將歸，馬士英素忌之，乃以私謁，並逮下獄按治。良佐上言：「童氏非假冒」，而士英亦言，「苟非至情所關，豈敢自詣！宜迎入宮。」密諭河南撫、按護送皇子來京，不聽。及童氏入獄中，細書相遇月日及睢州情事甚悉，付掌衛馮可宗呈覽，棄不視。可宗辭審，王改命屈尚忠，嚴刑拷掠，卒斃之獄中。

【考異】大悲、僞太子、童妃三獄，野史所記，率多支離傅會之詞，今悉不取，第參明史潛夫傳及三編書之。然童妃一事，似不誤也。古今多棄其糟糠之妻而不顧者，何況童氏之遇于旅邸，與左傳庚宗婦人事絕類，王即棄之，亦何至不令入宮而斃之于獄！宜野史傳疑，以爲童妃不僞而福王之僞也，「人無釁焉，妖不自作」，三案之妖，適以速南都之亡而已。

16 明罷四川巡撫馬乾，以太僕少卿耿廷籙代之。

初，龍文光殉難，乾時爲川東僉事，值川中道阻，蜀人共推乾攝巡撫事。先是南都以張獻忠亂蜀，命廷籙赴雲南監沙定洲軍，由建昌入川討賊。至是加右僉都御史，令撫四川，未赴而沙定洲亂作，不果行，乾攝巡撫行事如故。

17 壬寅，明以思宗忌日，設壇遥祭，以獻愍太子、定哀王、永悼王祔祀。是日，大學士史可法望祭，上書自劾「師久無功」。

18 乙巳，我大清兵取歸德。

先是大師南下，出虎牢關口，分兵自龍門關及南陽三路並進，遂徇河南之郾城、上蔡等縣，進克歸德，巡按御史淩駧及其從子潤生死之，南陽副將李好降。河南地悉定。

19 己酉，明左良玉舉兵反。

初，良玉與馬士英有隙，士英謀築板磯城爲西防，良玉歎曰：「今西何所防？殆防我耳！」及黄澍被逮，匿其軍中，憤士英甚，與諸將日以清君側爲請，良玉躊躇弗應。會王之明事起，良玉爭不聽，心甚不平。澍欲借此激衆以報己怨，召三十六營大將與之盟。

良玉亦以士英裁其餉，益大憾，反意遂決。

乃傳檄遠近，以討士英爲名，復上疏請誅之，略言：「臣竊見逆賊馬士英，無日不聞其罪狀，無人不恨其奸邪。先帝皇太子至京，道路洶傳，陛下屢發矜慈，士英以真爲假，必欲置之死而後快其謀，臣自此義不與奸賊共天日矣。臣已提師在途，將士眦目指髮，人人必欲快食其肉。臣恐百萬之衆，發而難收，震驚宮闕。且聲其罪狀，正告陛下，仰祈剛斷，與天下共棄之。

自先帝之變，人人號泣，士英利災擅權，事事與先帝爲難。欽案先帝手定者，士英首翻之；要典先帝手焚者，士英復修之。罪不容于死者一也。

國家提衡文武，全恃名器，自賊臣竊柄以來，賣官鬻爵，殆無虚刻，都門有『職方賤如狗，都督滿街走』之謡。如越其杰以貪罪遣戍，不一年而立陞部堂，張孫振以贓污絞犯，不數月而貪緣僕少；袁洪勳與張道濬，皆詔獄論罪者也，借起廢例復原官。凡此之類，直以千計，罄竹難書。罪不容于死者二也。

閣臣司票擬，政事歸六部，至于兵柄，尤不得兼握。士英已爲首輔，猶復掌樞，是弁髦太祖法度。且又引其腹心阮大鋮，爲添設尚書，各操重柄，以爲呼應。罪不容于死者三也。

陛下選立中宫，典禮攸關，士英居爲奇貨，先擇其尤者以充下陳，罪通于天。而又私買妓女，寄養阮大鋮家，希圖進選，計亂中宫。陰謀叵測。罪不容于死者四也。陛下即位之初，恭儉神明，士英百計誑惑，進優童艷女，損傷盛德，每對人言，惡則歸君。罪不容于死者五也。

國家遭此大難，須寬仁慈愛以收人心。士英自引用阮大鋮以來，睚眦殺人，如雷縯祚、周鑣等，煅鍊周内，株連蔓引。尤其甚者，借題三案，深埋陷阱，將生平不快意之人一網打盡，令天下士民重足解體。罪不容于死者六也。

九重祕密，豈臣子所敢言！士英遍布私人，凡陛下一言一動，無不窺視。又募死士竄伏皇城，詭名禁軍，以觀陛下動静，曰『廢立由我』。罪不容于死者七也。

率土碎心號痛者，先帝殉難，皇子猶存，授受分明，臣前疏已悉。士英乃與阮大鋮一手拏定，不畏天道神明，不畏二祖、列宗，不畏天下公議，不畏萬古綱常，忍以先帝已立七年之嗣君爲四海謳歌訟獄所歸者，付之幽囚。天昏地慘，神人共憤，凡有血氣，皆欲寸磔士英、大鋮等以謝先帝。此非臣之私言，諸將士之言也；非獨臣標將士之言，天下忠臣義士愚夫愚婦之公言也。

伏乞陛下立將士英等肆諸市朝，傳首四方，用抒公憤。臣等束兵計刻以待，不禁大聲疾呼，激切以聞！」

疏上，遂引兵而東，自漢口達蘄州，列舟三百餘里。士英大懼；急命阮大鋮、劉孔昭率兵會黃得功趨上江堵禦。袁繼咸請敕太子以遏止之，不聽。

20 壬子，我大清兵下潁州、太和，明命史可法馳扼徐、泗。

21 是春，故明蜀中義師大起。

先是明督師王應熊、總督樊一蘅駐遵義，檄諸郡會師大舉。會巡撫馬乾復重慶，松潘副將朱化龍、同知詹天顏擊斬賊將王運行，復龍安、茂州，一蘅乃起舊將甘良臣爲總統，副以侯天錫、屠龍，合參將楊展、游擊馬應試、余朝宗所攜潰卒，得三萬人。至是攻敘州，應試、朝宗先登，展等繼至，斬馘數千級，僞都督張化龍走，遂復其城。一蘅乃犒師江上。

初，乾復重慶，賊將劉廷舉走，求救于獻忠，獻忠命養子劉文秀攻重慶，水陸並進。副將曾英與參政劉麟長自遵義至，與部將于大海、李占春、張天相等夾擊，破賊兵數萬，英威名大振。諸別將皆屬兵二十餘萬，奉一蘅節制。

楊展既復敘州，賊將馮雙禮來寇，每戰輒敗，孫可望以大衆援之。隔江持一月，糧盡，一蘅退屯古藺州，展退屯江津。賊追截朱化龍及僉事蔡肱明于羊子嶺，化龍率番騎數百衡賊兵，賊驚潰，死者滿山谷。化龍以軍孤，還守舊地，他將復連敗賊于摩泥滴水。一薊乃命展、應試取嘉定、邛、眉，故總兵官賈連登及其中軍楊維棟取資、簡，天錫、高明佐取瀘州，占春、大海守忠、涪。其他據城邑奉征調者，洪、雅則曹勛及監軍副使范文光，松、茂則監軍僉事詹天顏，夔、萬則譚弘、譚詣。一薊乃移駐納溪，居中調度，與督師應熊會瀘州，檄諸路刻期並進。

獻忠頗懼，盡屠境内民，沈金銀江中，大焚宫室。火連月不滅，蓋將棄成都走川北也。【考異】三編統系之去年成都目中，因終書其事。蜀碧及諸書分系是年正月，明史樊一薊傳亦系之三月，今統系之是年春下。

22 夏，四月，丙辰，左良玉兵陷九江。

時，李自成兵敗南下，江督袁繼咸命部將郝効忠、陳麟、鄧林奇守九江，自統副將汪碩畫、李士元等援袁州。已登舟，聞良玉反，復還九江。良玉舟在北岸，（胎）〔貽〕書邀繼咸入舟中，至則語及太子下獄事，大哭。次日，舟移南岸，良玉袖出皇太子密諭，劫諸將盟。繼咸正色曰：「先帝舊恩不可忘，今上新恩亦不可負。密諭何從來？」良玉色變，乃改檄爲疏，駐軍候旨。

繼咸歸，集諸將灑泣曰：「兵諫非正。晉陽之甲，春秋惡之，可同亂乎！」遂謀拒守，而效忠等已陰納良玉兵入城，縱火殺掠。繼咸聞之，欲自盡，黄澍入署拜泣曰：「寧南無異圖，公以死激成之，大事去矣！」繼咸因出責良玉。

會良玉疾篤，夜，望城中火光，太息曰：「吾負臨侯！」——臨侯，繼咸字也，——嘔血數升，遂死。其子夢庚祕不發喪，諸將推爲帥，移舟而東，連陷湖口、彭澤、東流、建德等縣，南都戒嚴。馬士英等請亟調劉良佐等入衛。劉澤清亦以勤王爲名，大掠而東。

時史可法以大清兵將及淮南，連疏告警，且言：「左兵不過以清君側爲名，未敢爲難。若北兵一至，則南都不保。」乃移書士英趣選將增兵，而士英惟以左兵爲急。

時大理寺卿姚思孝、御史喬可聘、成友謙亦請毋撤江北兵，亟守淮、揚，士英厲聲曰：「若輩東林，猶藉口防江，欲縱左逆入犯邪？北兵至，尚可議款，左逆至，則若輩高官，我君臣獨死耳。」力排思孝等議，淮、揚備禦自此益弱。

23 左兵之發武昌也，邀明楚督何騰蛟偕行，不可，良玉則盡殺城中人以劫之。騰蛟解印付家人，令速走，將自刎，良玉部將擁之去。良玉欲與同舟，不可，乃置之別舟，以副將四人守之。舟次漢陽門，乘間躍入江中，其所守之四人懼誅，亦先後赴水死。騰蛟既入江，漂流十餘里，漁舟救之起，則漢前將軍關壯繆侯廟前也，家人懷印者亦至，相視大驚。覓漁舟，忽不見，時遠近謂騰蛟忠誠，獲神祐云。

左兵陷九江，城中將吏皆與之通。其守城殉難者，有九江監紀同知郭之麟，不從左夢庚，遇害。推官余士偉直入左營大罵，號慟死。經歷彭永春，冠帶焚署，率子女六人赴火死。都司董四民，知城不守，先令妻史、妾姚並二子投池死，己登城樓射殪數人，自刎死。世襲指揮僉事徐行可自經死，母任、妻周、子婦陳俱投井殉之。里居則故福建通判傅弘祖，德化人，致仕歸，遇害。德化生員李獨明，投府學泮池死。生員李全昌，依母殯不忍去，城破，入陽明祠縊死，妻孫氏投水殉之。生員李鴻負母逃，遇賊不忍舍，冒白刃死。

尋陷湖口，主簿成啓被執不屈死。陷東流，知縣程九萬死之。而左兵自武昌過蘄水，則蘄水教諭鄒孕孝被執罵賊死。【考異】以上據殉節録所載殉左兵之難者，今並增入。

24 己未，明命靖南侯黄得功駐師于銅陵之荻港，以扼左軍，又以兵部侍郎朱大典爲尚書，與阮大鋮巡防上江。大典以馬、阮進，故命之。

25 庚申，明誅北都降官光時亨、周鍾、武愫，並賜周鑣、雷縯祚死。

鍾與時亨等既以從逆加等，而鑣遂從坐。阮大鋮尤憾鑣，必欲殺之，于是御史羅萬爵、王儀等連疏詆鑣及縯祚，至比縯祚爲成濟，請亟正西市。會左良玉稱兵，人情洶洶，而良玉檄中復斥其搆陷鑣、縯祚狀，士英等益怒，因謂「鑣實召良玉兵」，遂賜二人自盡。

故事，小臣無賜死者，因良玉兵東下，故馬、阮輩亟殺之。

26 辛酉，我大清兵自歸德分道南下，明總兵李成棟遁，遂入徐州。

27 壬戌，明黄德功敗左軍前鋒于銅陵之灰河。明日，復沈其舟三十艘。南都報捷，命賜諸將銀幣。

28 乙丑，左夢庚陷安慶，巡撫張亮被執，後挾之北行，乘間赴水死，參將孟振邦及同知王治心皆不屈死。懷寧胡士恂遇害，二子再寅、紹虞俱悲憤不食死。尋破銅陵，知縣胡鯤化、典史胡國璠、訓導張緯俱死之。

29 丙寅，大清兵克泗州。未至泗州二十里，遣將先奪泗北淮河橋，守將焚橋遁，我兵遂乘夜渡淮。

先是閣部史可法移軍駐泗州，護祖陵，將行，左良玉稱兵犯闕，召可法入援。渡江抵燕子磯，明兵已敗良玉軍，可法乃趨天長，檄諸將救盱眙。俄報盱眙已降于大清，泗州援將侯方巖全軍敗没，可法一日夜奔還揚州。俄傳許定國兵將至，殲高氏部曲，城中人悉斬關出，舟楫一空，可法檄各鎮兵，無一至者。而總兵劉澤清已自淮安納款于大清。

30 己巳。明暴左良玉罪狀。

是日，左夢庚軍至池州，良玉之舊將惠登相者，本降寇，所稱過天星者也，時爲後營總兵，感良玉恩，有忠實心。夢庚自九江東下，連陷郡縣，獨池州不破，貽書登相，言：「留待後軍。」登相大詬曰：「若此，則反不如我前爲流賊時矣，如先帥未命何！」撤其軍返。夢庚索輕舸追之，相見大慟。登相以夢庚不足事，遂引兵絶江去。左軍諸將乃議還師，而大清兵已至江北。

踰月，黄得功復大破左軍于板子磯，夢庚遂謀納款于我大清。

31 辛未，大清兵至揚州。

先是豫親王率師至揚州城北，獲船百餘艘。是日，大兵距揚州城二十里列營，又至揚州城南，獲船二百餘艘，遂薄揚州城下。

32 丁丑，我大清兵克揚州，明督師兵部尚書大學士史可法等死之。

可法駐揚州，檄諸鎮兵不至，惟總兵官劉肇基自白洋河趨赴，請背城一戰，可法持重，不許。先是大清兵屯班竹園，招諭可法及衛允文等降，不從，總兵李棲鳳、監軍副使高岐鳳拔營出降，城中勢益單。諸文武分陴拒守舊城，西門險要，可法自守之，作書寄母、妻，且曰：「死，葬我高皇帝陵側。」及我大清兵薄城下，用巨礮擊城西北隅，城遂破。可法自刎不殊，一參將擁可法出小東門。既，就執，可法大呼曰：「我史督師也。」遂遇害。

肇基分守北門，發礮傷圍者，及城破，率所部四百人巷戰，格殺數百人，後騎來益衆，力不支，與副將乙邦才、馬應魁、莊子固等皆戰没。

揚州知府任民育，緋衣端坐堂上，遂見殺，合家男婦盡赴井死。同知曲從直，與其子死東門。同知王纘爵，工部尚書佐孫也，亦死之。江都知縣周志畏，以遭高傑將士窘辱求解職，以羅伏龍代之，受代甫三日，兩人俱死。兩淮鹽運使楊振熙，監餉知縣吴道正，江都縣丞王志端，賞功副將汪思誠，皆殉城死。【考異】繹史又有監餉僉事黄鋐。——「鋐」一作「鉉」。小腆紀年所載，有訓導李自明。附識之。「端」野史作「瑞」。衛允文亦赴水死。

其以戰死者，又有副總兵樓挺、汪應龍、明史劉肇基傳作「江雲龍」，今據三編。李豫、參將陶國祚、許謹、馮國用、陳光玉、李隆、徐純仁、游擊李大忠、孫開忠、都司姚懷龍、解學曾等，凡十餘人。

其以參軍事從死者，有遵義知府何剛。初，剛以給事中陳子龍薦治水師，擢員外郎，其兵隸可法。可法大喜得剛，剛亦自喜遇可法知己。而馬士英惡之，出剛守遵義。可法垂涕曰：「子去，吾誰仗！」剛亦泣，願死生無相背。踰月，揚州被圍，佐可法拒守。城破，投井死。

庶吉士吴爾壎，陷北都賊中，賊敗南還，謁可法，請從軍贖罪，可法遂留參軍事。其父之屏，方督學福建，爾壎斷一指畀故人祝淵曰：「君歸，語我父母，悉出私財畀我餉軍。我他日不歸，以指葬可也。」從高傑北征，至睢州，傑被難。爾壎流寓祥符，遇一婦人，自言福王妃。爾壎因守臣附疏以進，詔斥其妄言，逮之，可法爲救免，從守揚州新城。城破，投井死。

幕客死者，有盧渭，長洲諸生。可法出鎮淮揚，渭率諸生伏闕上書，有「秦檜在內，李綱在外」語。可法才渭，留居禮賢館。渭方歲貢，當得官，不受職，而擬授崑山歸昭等二十餘人爲通判、推官、知縣。甫二旬，城陷，渭監守鈔關，投于河，昭死西門，從死者十七人。【考異】據繹史所載，又有書記顧起龍、龔之厚、陸皖、唐經世，連盧渭、歸昭共幕客十九人，其佚去姓名者十三人。明史可法傳言「十七人」者，蓋除渭、昭二人數之也。又按衛允文、吴爾壎皆以甲申陷賊者，故殉節録皆不予謚。

里居之殉節者，有故兵部侍郎張伯鯨，揚州被圍，與當事分城守，城破，自經死，妻韓、子婦郝俱從殉。【考異】南略：「伯鯨標下游擊龔臣，被執不屈死。」諸生高孝纘、王士琇、王纘、王績、王續等，又有武生戴之藩、醫者陳天拔、畫士陸愉、義兵張有德、市民馮應昌、舟子徐某，及婦女死節者，不可勝紀。【考異】以上揚州殉節，皆據明史史可法、劉肇基傳。三編增入衛允文，蓋允文以附馬、阮，故温氏繹史删之，殉節録亦無其名，今依三編例之官吏下。若殉節録所載，又有故浙江知縣韓鼎新、指揮馬一麟，俱江都人，並城陷死。江都生員宋祥遠、韓默，默與妻蕭、子彥超及祥遠之妻皆從死。又生員汪應坤、張映發、劉慶遠、金飈、呂家齊、饒餘、汪自盤、監生王廷珮，俱丹陽人，揚州破，俱死之。又布衣許德溥，如皋人，聞揚州陷，刺其臂曰：「生爲明臣，死爲明鬼」，後事發，見殺，妻朱氏亦死之。又繹史所載史可法之家人史書從死之。今所載悉據明史、三編，而附識其不見者。

可法死，覓其遺骸，天暑蒸變不可識。踰年，家人以袍笏招魂，葬于揚州之梅花嶺。可法無子，遺命以副將史德威爲之後。我大清豫王命特釋德威，俾世祀可法，給粟帛恤其家。

時有傳可法不死，踰年，四方弄兵者多假其名號以行。後有奉命手刃可法者爲證其事，蓋即在破城之日也。【考異】野史所載，或曰「公如姚平仲故事，跨白騾去」，或曰「縋城走，自沈諸江。」而温氏繹史謂「被執至大營，留三日，不屈，殺之。」實則公之死，後詢之史德威及萬季野所記安珠護事，皆云「公即以城破之日被執見殺」。而公之幕下應廷吉，以護餉出得免，其所撰青燐屑，以爲「某弁手刃」者，尤得其實。今仍系之是日下。

可法之弟可程，以庶吉士陷賊中。賊敗，南歸，可法請置之理，福王以可法故，令養母，遂居南京。後流寓宜興，閲四十年而卒。

33 五月，丙戌，我大清兵臨江，明總兵鄭鴻逵、鄭彩以水師守瓜洲，副使楊文驄駐金山，扼大江而守。

會南都擢文驄巡撫常鎮，兼督沿海諸軍，文驄乃還駐京口，合鴻逵兵，南岸與大清兵隔江相持。我軍編大筏，置燈火，夜放之中流。南岸軍發礮石，以爲獲勝也，日奏捷。

己丑夜，我軍乘霧潛濟，陸續引渡，又留舟師于北岸，敵至則以礮夾攻之。及迫南岸，明諸軍始知，倉皇列陣甘露寺，鐵騎蹴之，悉潰。蘇松巡撫霍達及文驄俱走蘇州，鴻逵等縱兵大掠，遁還閩中。【考異】丙戌，是月初五日也，己丑，初八日也，明史楊文驄傳書「初九日」者，蓋初八之夜，初九之朝也。凡四、五兩月月日，皆參野史及東華録所載豫王原奏。而丙戌臨江，己丑渡江，三編皆據世祖實録，今遵書之。

34 辛卯，明福王由崧出奔太平。

時京口敗軍奔還，南京大震。王猶酣宴，至夜半，騎馬自通濟門出走，蓋欲倚黄得功也。劉孔昭斬關遁。

35 壬辰，明馬士英以黔兵四百人爲衛，挾福王母、妃走浙江。亂兵入獄，擁王之明立爲太子，百官多逃者。

36 癸巳，明福王至蕪湖。

時靖南侯黄得功聞京口之變，方收兵屯蕪湖，王潛入其營，得功驚泣曰：「陛下死守京城，臣等猶可盡力，奈何聽奸人言，倉猝至此？且臣方出戰，安能扈駕！」王曰：「非卿無可仗者。」得功泣曰：「願效死！」

37 乙未，大清兵自丹陽趨句容，則隊駐郊壇門。丙申，豫親王入南京，營于城北，明總督京營忻城伯趙之龍奉表納款。勳戚則魏國公徐州爵、駙馬齊贊元、靈璧侯湯國祚、安遠侯柳祚昌等，大臣自大學士王鐸、禮部尚書錢謙益等文武數百員，並城內官民迎降，興平伯高傑子元照、廣昌伯劉良佐等，亦于沿途歸附。凡收兵得馬步二十三萬八千三百，遂定江南。

38 癸卯，豫親王遣兵及降將劉良佐等襲太平。

時明福王已走蕪湖，（間）〔聞〕大軍至，登舟欲渡江，我軍據京口，截其去路。靖南侯黃得功，以戰荻港時傷臂，衣葛衣，以帛絡臂，佩刀坐小舟，方督麾下八總兵結束前迎戰。而良佐大呼岸上招降，得功怒叱曰：「汝乃降乎！」忽飛矢至，中其喉左偏。得功知不可爲，擲刀，拾所拔箭刺吭死，其妻亦自經死，總兵翁之琪投于江。

得功粗猛，不識文義，南中初立，王詔書多出群小，得功得詔紙，或對使罵裂之。然忠義發天性，不阿權要。每戰，飲酒數斗，酒酣氣益厲。喜持鐵鞭戰，鞭漬血沾手腕，以水濡之，久乃得脱，軍中號曰「黃闖子」。始爲偏裨，隨大帥立功名，及專鎮封侯，不及一年餘，而南北轉徙，主逃將潰，卒至束手坐斃，與國俱亡。論者謂大命將傾，良將顛蹶，得功蓋終之云。

39 丙午，執明福王至南京。

黃得功既死，劉良佐縱兵劫營，得功麾下左協總兵田雄、右協馬得功等挾王出降。雄遂入王舟負王以獻。【考異】自己丑大清兵渡江後月日，俱散見明史本傳中。而福王及馬士英之出奔及入蕪湖被執，明史本傳特書干支曰：「辛卯，王走太平」，則初十日也，「壬辰，士英挾福王母奔杭州」，則十一日也，「癸巳，王至蕪湖」，十二日也，「丙申，大兵至南京」，十五日也，「丙午，執王至南京」，二十五日也。證之諸書，大略相同。而阮大鋮傳言「五月三日，王走太平」，楊文驄傳言「十三日，大清兵破南京」，皆轉寫有誤字也，今據福王本傳。

40 是月南都之陷，文武百官率多迎降，大臣惟刑部尚書高倬投繯死，而逆案起用之張捷、楊維垣亦死焉。或曰：「南都方亂，擁立王之明，以王鐸斥其爲僞而毆之，捷懼禍及，遂至雞鳴寺以佛幡自縊也。」維垣偕其妾朱氏、孔氏並自縊死，或曰：「二妾先死，維垣置三棺，中題『楊某之柩』而寢其下，夜，遁至秣陵關，爲怨家所殺也。」其庶僚之殉難者，則有儀制司主事黃端伯，迎降不出，捕繫之；閱四月，諭之降，不從，卒就戮。【考異】三編載行人陸培殉難于南都。蓋三編所記至順治二年五月止，故類記之，若輯覽則系之二年六月。證之明史陳潛夫傳，言「培以潞王降自縊死。」今改入六月。户部郎中劉成治，南都破，趙之龍將降，封户部府庫，成治憤，手搏之，之龍跳而免。成治歸寓，遂自經。户部主事吳嘉允，奉使出都，聞變還，謁方孝孺祠，投繯死，一僕亦自殺。中書舍人龔廷祥、馬世奇門人也，城破，衣冠步至武定橋投水死。時又有欽天監博士陳于階、國子生吳可箕、武舉黄金璽、布衣陳士達並死焉。

一時聞南都之難而死者，長洲生員文乘，故大學士震孟子也，【考異】南都亡，絶粒死。並見殉節録。與震孟之弟震亨，並以世臣殉國難死焉。

其以諸生死者，又有六合馬純仁、邳州王台輔爲尤著。六合歸附，純仁題名橋柱，抱石自沈于河。台輔當南都立，劉澤清等張樂大宴于睢寧，台輔衰絰直入，責之曰：「國破君亡，此公等卧薪嘗膽，食不下咽時，顧置酒大會邪！」左右欲鞭之，御史王燮曰：「此狂生也。」命引去。至是聞南京陷，視其廩曰：「此吾所樹；盡此死。」明年粟盡，北面再拜自縊死。【考異】以上皆見明史。而南略諸書所載，又有中書陳爊及子舉人伯俞、光禄卿葛徵奇、户部郎中劉光弼、禮部郎中劉萬春及孝陵衛參將杜學仲等。又有投秦淮河中之馮小璫，百川橋下之乞兒，皆同時殉南都之難者，並識之。時有石樓寺僧者，斂台輔畢，亦死于尸旁。

41 大清兵執明福王至南京，乃改南直隸爲布政司，以應天府爲江寧府。郡縣無不歸附，江南悉定。于是豫親王遣貝勒博洛等統兵趨浙江，並分徇常州、蘇州諸郡縣。

明通鑑附編卷二下

江西永寧知縣當塗夏燮編輯

附記二下 旃蒙作噩（乙酉），起夏六月，盡冬十二月。

大清順治二年（乙酉、一六四五）

42 夏，六月，甲子，【考異】據甲乙紀在是月甲子，又云「十三日甲子」，正六月十三月也，今據之。大清兵克杭州。

時故明潞王常淓徙居于杭，明故臣聞福王見執，請王監國，不許。不數日，大兵至，王從巡撫張秉貞及陳洪範等計，率衆開門迎降。

時監司及郡邑長吏多逋竄，惟錢塘知縣顧咸建，故大學士鼎臣曾孫也，守官不去。潞王降，咸建獨不至，尋被執，死之。臨安知縣唐自綵，與從子階豫逃山中，有言其受魯王敕，陰部署爲變，遂被執。自綵麾階豫走，不從，遂同死。

鄉官則錢塘陸培，以行人奉使，事竣歸省，聞南京既覆，潞王又降，以繩授二僕，從容就縊死。王道焜以崇禎末授邵武同知，方待命而都城陷，微服南還，會杭州失守，遂投繯死。【考異】據殉節録所載，有臨安訓導過俊民，縊死功臣山。又有仁和諸生方天眷，衣冠自剄死。諸復，巾、服詣羅木營死之。

43 是月大清分兵取江西。

降將金聲桓，左軍部將也。左夢庚降于九江，三十六營諸將皆從之北去。聲桓不欲行，請取江西自效，豫親王命闖賊降將王體忠與合營屯九江規進取。聲桓遣牌招撫江西，巡撫曠昭棄城走，聲桓遂入南昌，南康、九江郡縣皆望風下。德化李含初，傾家起兵，謀復德安、瑞昌，不克，死之。乃遣部將分徇撫、建等郡。

44 明馬士英之奔浙江也，道經廣德州，知州趙景和閉户拒守。士英攻破，執景和，殺之，大掠而去。至杭州，守臣以總兵府爲福王母、妃行宮。未幾，阮大鋮亦自上江逃至。及大兵下杭州，士英聞魯王監國，遂與大鋮走浙東。

45 大清兵之東也，分兵徇西平，明河南勸農總兵官劉洪起，軍于新息、光、固之間，力不支，中流矢死。同時有故明游擊朱賢，亦以分防徐、邳，死之。【考異】洪起屢破闖賊，後以戰死。明史及殉節録皆不著年月，綏寇紀略補遺系之是年六月，蓋亦大兵克南都之前後事也。朱賢之死，亦據殉節録彙書之。

46 閏月，辛巳朔，大清兵徇江陰，明典史閻應元、陳明遇等拒守不下。

時南京亡，列城皆下，江陰諸生許用倡言守城，遠近應者數萬人。明遇初主兵事，戰不利，而應元前任典史，平海賊有功，遷英德主簿，道阻未赴，寓居江陰，衆推爲知兵。明遇乃請之入城，屬以兵事，凡拒守者兩月餘。

47 丁亥，故明唐王聿鍵監國于福州。

王徙居廣西，未行，南都破，次杭州，遇總兵鄭鴻逵、户部主事蘇觀生，奉之入閩。總兵鄭芝龍，巡撫都御史張肯堂，與故禮部尚書黃道周等定議，奉王監國。——肯堂，華亭人。

48 己丑，明餘姚在籍前九江僉事孫嘉績，吏科都給事中熊汝霖，起兵拒守。壬辰，明鄞縣在籍刑部員外郎錢肅樂，起兵拒守。——嘉績，忠烈公燧五世孫也。

先是汝霖聞大兵將至杭，奔告潞王，欲發羅木營兵拒之，而王已定計迎降，不聽。汝霖歸，見都御史劉宗周而泣，宗周嘆曰：「吾已絶粒待死，諸君倘有能爲田單即墨之守者，天下事未可知也。顧悠悠之輩，其誰足語者！子其勉之。」汝霖歸而謀于嘉績，遂以書告鄞，于是鄞之貢生董志寧等推肅樂爲主，而是時故督餉僉都御史張國維亦起兵于東陽。

故明魯王以海，方居台州，國維謁，請監國，而嘉績、肅樂亦遣鄞舉人張煌言奉箋勸進。于是魯王遂自台州至紹興，用故大學士方逢年議，稱魯監國。【考異】輯覽系魯王監國于六月，因唐王彙記也，諸書亦多系之六月。而證之明史張國維傳，國維朝王于台州在閏六月。鲒埼亭孫嘉績傳言「起兵于閏月初九日」，蓋自餘姚發也。錢肅樂傳言「起兵于十二日」，蓋自鄞發也。迎魯王監國當在起兵以後。今據全氏月日書之。

49 庚子，明兵部侍郎左懋第就刑于京師。

懋第在館，聞南都亡，慟哭。其從弟懋泰，先爲刑部員外郎，降賊，後歸于我，授官矣，來謁懋第。懋第曰：「此非吾弟也！」叱出之。至是不屈，與從行兵部司務陳用極、游擊王一斌、都司張良佐、劉統、王廷佐，俱以不降死之。【考異】明史懋第本傳書其被殺于十二日，證之繹史、南略諸書，言懋第初館太醫院，以勸降不從，乃于是月十九日下之獄。攝政王復勸之降，不從。次日，死西市。疑明史「十二日」字倒誤也，今據野史日分。

50 丁未，故明唐王聿鍵稱號于福州，建元隆武，改福州爲天興府。以天興、建寧、延平、興化四府爲上游，汀州、邵武、漳州、泉州爲下游，各設撫按。進鄭芝龍、鄭鴻逵皆爲侯，鄭芝豹、鄭彩皆爲伯。賜芝龍子森國姓，名成功。——森乃芝龍娶倭婦所生子也。以黃道周爲大學士，蘇觀生學士，張肯堂兵部尚書，尋遷吏部。召前户部侍郎何楷爲户部尚書，故太僕少卿郭維經爲吏部侍郎。餘拜官有差。

51 自六月至閏月，大兵連下蘇、常，克嘉興，于是紹興諸郡亦多望風納款。

明遺臣之殉難者，故大學士高弘圖，流寓會稽，逃野寺中，絕粒死。故左都御史劉宗周，以與馬、阮不合，退居山陰，聞杭州破，即慟哭不食。時山陰已歸附，門人張應煜曰：「此非先生死所也。」即日移居郭外。有勸以文、謝故事者，宗周曰：「北都之變，可以死，可以無死，以尚有望于中興也；南都之變，主上自棄其社稷，尚曰可以死，可以無死，以俟繼起有人也；今吾越又降矣，老臣不死，尚何待乎！若曰身不在位，不當與城爲存亡，獨不當與土爲存亡乎！」出辭祖墓，舟過西洋港，躍入水中，水淺不得死，舟人扶出之。凡絕粒二十三日，以閏月八日卒。故應天巡撫右僉都御史祁彪佳，聞杭州失守，亦絕粒，以閏月四日卒。故詹事府少詹事徐汧，聞蘇州不守，慨然太息，作書戒其子舉人枋，投虎邱新塘橋下死，閏月十一日也。汧之死，郡人赴哭者數千人，時忽有一人儒冠襴衫而來，躍入虎邱劍池中，土人憐而葬之，卒不知其何人也。嘉興之拒守也，故明翰林屠象美率兵禦于三塔灣，大敗，象美死之。吏部郎中錢棅，大學士升子也，復集衆拒大兵于震澤，衆潰，亦死之。【考異】野史記同時死者，前薊遼守備項嘉謨，與二子、一妾俱投水死。諸生張翃、錢應金，皆以不屈死。又生員鄭宗彝、宗埼俱戰没。又南雷文約，錢棅之同宗錢澄之之妻方氏，抱幼女投水死。

時故吏部尚書徐石麒，居嘉興郡城外，城將破，石麟曰：「吾大臣也，城亡與亡。」復入居城中，朝服自經死，閏月二十六日也。宗周之死，舉人祝淵，諸生王毓蓍，皆門人也，方宗周絶粒未死，毓蓍上書曰：「願先生早自裁，毋爲王炎午所弔！」毓蓍之友勸以陶淵明故事，答曰：「不然，吾輩聲色中人，久則難持，及今早死爲愈。」召故交，奏樂歡飲罷，攜燈出門，投柳橋下，先宗周一月死。淵方葬母，趣竣工。既葬，還家設祭，即授繯卒。踰二日，宗周始卒。一時布衣之死事者，有山陰潘集、周卜年等，皆繼毓蓍等殉焉。【考異】杭州之失在六月，其殉難之大臣，如劉宗周之等皆在閏月，明史各傳皆著其月日以表異之，今並系之閏月下，而仍著其日分焉。潘集、周卜年之死，明史彙記于朱大典傳中，而南略所載，言「集聞毓蓍死，爲文哭之，出東門半里許，袖二石，渡東橋下自沈死。卜年聞王毓蓍潘集俱死，肅衣冠趨出，自磯上躍入海中死，時閏六月初六日也。」據此，則二人之死乃在劉宗周殉節之前後。若朱大典，則明年殉難于金華者也，今分書之。又潘集亦山陰人，見全氏子劉子配享碑。

52 是月，左夢庚降于我大清，執江督袁繼咸、安撫張亮北去。時諸鎮多納款，繼咸勸夢庚旋師，不聽。已，夢庚遣郝效忠紿繼咸赴其軍。將及湖口，夢庚、效忠降，遂執繼咸以行，明年三月，不屈死。繼咸被脅去，猶遺書于部將鄧林奇、汪碩畫，毋爲不忠事。至是繼咸北行，林奇死之，後碩畫亦殉節死。【考異】夢庚之降，據二臣傳在閏六月。東華録豫王所奏亦在是月，今從之。亮在途赴水死，見上。

53 故明僉都御史金聲起兵于徽州。

先是我大清破南京，列郡望風迎降。聲糾集士民，保績溪黃山，分兵扼六嶺。時徽州知府秦祖襄及僚屬皆遁，推官温璜嘆曰：「城無主，民且自相屠」，乃盡攝其印。會聲起義師，璜與相犄角，且轉餉給其軍。于是前山東巡撫邱祖德，職方郎中尹民興，故副貢吴應箕，皆起兵于寧國，池州應之。聲乃遣使通表唐王，授聲右都御史兼兵部侍郎，總督諸道軍務，以應箕爲監紀推官。

54 是夏，闖賊李自成兵敗，走死通山。

初，自成敗走襄陽，我大清兵兩道追躡，蹙之于鄧州、承天、德安、武昌等處，窮追至賊巢，連破走之。當是時，左良玉東下，武昌虚無人，自成屯五十餘日，賊衆尚五十餘萬。改江夏曰瑞符縣。湖廣糧儲參議王喬棟死之。【考異】喬棟時駐興國州城，城陷死。

自成尋爲我兵所追，部衆多降，或逃散。自成走咸寧、蒲圻，至通城，竄于九宫山。已而自成留李過守寨，自率二十騎掠食山中，爲村民所困，不能脱，遂縊死。或曰：「村民方築堡，見賊少，争前擊之，人馬俱陷泥淖中，自成腦中鉏死。剥其衣，得龍衣金印，眇一目，村民乃大驚，謂爲自成也。」我兵遣識自成者驗其尸，朽莫辨，獲其兩從父僞趙侯、僞襄南侯及自成二妾，金印一，又獲僞汝侯劉宗敏、僞總兵左光先、僞軍師宋獻策。于是斬自成從父及宗敏于軍，牛金星、宋企郊等皆遁亡。自成兄子過，改名錦，偕諸賊帥奉自成妻高氏降于明總督何騰蛟。【考異】闖賊之死無月日，明史流賊傳以爲九月，疑據野史騰蛟奏聞之月分。而東華録聖武記，載豫王奏，自成之死在閏六月，則其事必在六月以前。綏寇紀略以爲四月事者，亦傳聞之語，然斷非九月，則可證也。通城、通山，皆在武昌府之西南。明史言「至通城，竄九宮山」，不言至通城之九宮山，而諸王傳則直云「走死通山」，尤得之。蓋九宮山，實隸通山，爲通城之交界，非明史之誤。故東華録亦注云，「山在武昌府通山縣南九十里」，是也。

55 秋，七月，癸丑，大兵攻嘉定，克之。明故左通政侯峒曾、進士黃淳耀等死焉。

峒曾，故給事中震暘子也，嘉定拒守，推峒曾爲主，淳耀佐之，與同里舉人張錫眉、故秀水教諭董用圓、諸生馬元調、唐全昌、夏雲蛟誓死守城。我軍大至，峒曾乞師于吴淞總兵吴志葵，志葵遣游擊蔡祥以七百人來赴，一戰失利，束甲遁，外援遂絶，城中矢石俱盡。先一日，大雨，城崩，駕巨木支之。是日，雨益甚，城大崩，大兵入。峒曾拜家廟，挈二子元演、元潔並沈于池，錫眉、用圓、元調、全昌、雲蛟皆死之。【考異】此據明史侯峒曾傳。而嘉定屠城紀略，董用圓，「董」作「龔」，又「用圓兄用廣，弟用厚，皆諸生，兄弟三人同殉」云。又有縉紳李廉，貢生王雲程。而鄉兵之敗，邑中孫小溪守南橋被殺。諸生朱衷恂，以留髮故梟首東門。諸生婁復聞被縛，並其妻子及娣及外甥悉斬首。又吴志葵所遺之游擊蔡喬，戰没東關。有徐福者，奮力往救，與喬俱死，未知與蔡祥一人二人否。又，城未破之先，有諸生唐培，率鄉兵巷戰死。諸生朱霞，被數創，號呼竟日死。諸生唐景耀，大書白牌諭李成棟降，被磔死。成棟，即降將，導大兵攻城者也。並附識之。

淳耀偕弟諸生淵耀入僧舍，將自盡，僧曰：「公未服官，可無死。」淳耀曰：「城亡與亡，豈以出處貳心！」乃索筆書曰：「弘光元年七月初四日，進士黃淳耀自裁城西僧舍。嗚呼！進不能宣力王朝，退不能潔身自隱；讀書寡益，學道無成；耿耿不寐，此心而已！」遂與淵耀對縊死。【考異】明史黃淳耀本傳，「以七月二十四日自裁」，然諸書皆作「初四日」，即癸丑也。嘉定屠城紀略亦書之初四日，疑明史誤也。淳耀走城西僧舍，去城咫尺。峒曾既死，大兵入城，主城守者，次即淳耀，豈能待至二十日之久，仍聽其自縊僧舍耶？蓋即以峒曾死之日自縊也。又屠城紀略，「淳耀有僚壻諸生徐文蔚，亦以領鄉兵，與執旃之杭文若俱死之。」又言，「嘉定既下，明把總吴之蕃謀起兵復城，不克，被殺。」並附識于此。

56 庚申，明魯王大學士張國維等，會師于西興。

先是魯王至紹興，即監國位，以國維爲太傅、兵部尚書、武英殿大學士，督師江上，畫錢塘而守，熊汝霖、孫嘉績、錢肅樂並右僉都御史，分防江上。

時總兵方國安自金華至，總兵王之仁自定海至，明故文臣沈宸荃、馮元飂，武臣黃斌卿、張名振，皆起義師爲聲援，而故總兵張鵬翼、會稽諸生鄭遵謙，亦倡衆應焉。乃封國安荆國公，之仁、鵬翼、遵謙皆爲伯。尋定分地分餉之議，以國安兵最多，之仁次之，乃以爲正兵，取寧波、紹興、台州三郡田賦以給；而義兵取于富室之樂輸者，謂之「義餉」。未幾，正兵並取義餉，而肅樂等軍恒缺食。國維督兵連復富陽、於潛，樹木城于緣江要害，聯絡諸營爲持久計。

57 辛未，明唐王大學士黄道周出師江西。

道周學行，王雅重之。時召故相何吾騶、蔣德璟未至，道周遂爲首輔。而鄭芝龍、鴻逵兄弟横甚，王一日召宴，芝龍以侯爵，欲位道周上，衆議抑之，由是文武大不睦。有諸生上書，詆道周迂，不可居相位，王知出芝龍意，下督學御史撻之。王將郊天，芝龍稱疾不出，何楷劾其不陪祀，無人臣禮，王奬其風節，命掌都察院事，芝龍不懌。又屢薦其私人爲清要官，王皆不從，以是益懷怨望。會大清遣御史黄熙允招撫福建，熙允與芝龍同里，芝龍密使通款，王屢趣出兵，輒以餉絀辭。

道周知芝龍無意出關，乃自請募兵江西，號召群帥，王給空劄百道。至是啓行，僅齎一月糧，以虚聲鼓動，得卒九千餘人，從廣信出衢州。道周所至，撫輯遺黎，聯絡聲勢，遠近頗響應。【考異】道周以是年之七月出師江西，見明史本傳，繹史系之辛未，輯覽目中所云「二十二日」者是也。廣信之下，在明年道周被執之後，輯覽書于七月，蓋因克江西彙記耳。

58 是月，大清兵克建昌，明江西布政使夏萬亨等死之。

先是大兵取南昌，連下袁州、臨江、吉安等郡，遂攻建昌。萬亨以南昌失守，避居建昌。副使王養正，時分巡建昌，遂與萬亨及知府王域、推官劉允浩、南昌推官史夏隆起兵拒守，會明益王由本在建昌，推奉之。閱三日，有客兵内應，城即破。由本奔走，歸唐王于福州，萬亨、養正等械至南昌，俱被殺，養正妻張氏聞之，亦絶粒九日死。萬亨妻顧、子婦陸及一孫、一孫女先赴井死，僕婢死者復十餘人。時守臣同死者六人，其一人失其姓名。【考異】明史本傳失其一人姓名，蓋據温氏繹史也。有以爲建昌通判胡縝者，並詳後贛州之役下。建昌人哀其忠，裒而瘞之，表曰「六君子之墓」。

初，建昌南城諸生有鄧思銘者，聞北都陷，集其儕數十爲庠兵，期朔望習射學技擊，爲國復仇，請于有司，有司笑曰：「庠可兵邪？」衆志遂懈。思銘尋鬱鬱不得志，至是城破，亦死之。

59 大兵既取吉安，遂長驅至萬安。

是時江西列郡皆下，惟贛州孤懸上游，兵力單寡。會故明益府永寧王慈炎招降峒賊張安，——時號「龍武新軍」者也，遣復撫州。南贛巡撫李永茂命副將徐必達扼泰和，戰敗，至是大兵至萬安，遇永茂，永茂遂奔。贛有叛將白之裔者，初偕守將鄧武泰扼峽江，我軍至，武泰死之。之裔降，遂導大兵入萬安，江西巡撫曠昭被執死，萬安知縣梁于涘亦死之。【考異】明史萬元吉傳，「八月破萬安」。證之繹史，言「于涘繫獄五十有三日，以九月十三日自縊死。」據此，則萬安之下亦在七月，江西通志亦書于是年七月之下，今從之。

同時又有袁州同知李時興攝府事，會城已降，時興力城守。無何，守將蒲纓兵潰，湖廣援將黄朝宣五營亦譟歸。時興度不能守，自縊于萍鄉官舍，一僕殉焉。

60 大清兵克崑山，明貢生朱集璜等死之。

集璜學行素爲鄉里所推，教授弟子數百人。南京既亡，崑山議拒守，而縣丞閻茂才已遣使迎降。縣人共執殺茂才，以六月望推舊將王佐才爲帥，集璜及故儀封知縣周室瑜、諸生陶琰、陳大仕等共舉兵，參將陳弘勛、前知縣楊永言率壯士百人爲助。——佐才亦邑人，嘗官狼山副總兵，年老矣。

大兵至，弘勛率舟師迎戰，敗還，游擊孫志尹戰没；城陷，永言遁去。佐才縱民出走，而已冠帶坐帥府被殺，集璜投東禪寺後河死。門人孫道民、張謙同日死，室瑜、琰、大任亦死之，室瑜子朝鑛、大任子思翰皆殉焉。時以守禦死者，蘇達道、莊萬程、陸世鎧、陸雲將、歸之甲、周復培、陸彦沖；代父死者，沈徵憲、朱國軾；救母死者，徐洛；自盡者，徐澂、王在中、吴行貞云。【考異】事見明史本傳，諸書皆系之閏六月，惟南略書崑山城破于七月初六日，三藩紀事作初七日。輯覽敘其事于八月破松江目中，注云，「是年七月事」，今系之七月下。而南略所記，又有故將王揚，年七十，奮勇力戰死。未知即王佐才否，詳其上下文，則與佐才爲二人。而繹史所載，室瑜妻諸，被執不辱，死之，朝鑛妻王亦自縊，大任妻張氏亦赴水死。陶琰，「琰」作「瑊」。並附識于此。

永言之起兵于崑山也，辟崑山諸生顧炎武佐軍，炎武遂偕嘉定諸生吳其沆及歸莊共起兵。魯王監國，授炎武兵部司務。及崑山下，永言遁去，其沆死之，炎武與莊得脱歸。是夏炎武母守貞王氏，避兵常熟之郊，以曾受旌于明，語炎武曰：「我雖婦人，然受國恩矣。果有大故，我則死之。」至是遂絶粒卒。

61 大兵之下蘇、常諸郡也，諸以義兵拒守及不屈而死者，蘇州既降，諸生陸世鑰聚衆焚城樓，福山副總兵魯之璵率千人赴之，入城戰敗，世鑰等走，之璵戰死。【考異】南略又有韋武韜與之璵同戰死。太倉已下，諸生王湛與兄淳集里中人數百圍城，城中兵出，淳赴水死，湛被斫死。宜興故中書舍人盧象觀，前督師象昇弟也，奉明瑞昌王盛瀝起兵，謀復宜興，不克，從弟諸生象同及其部將陳安殉節録一作「坦公」。陣没。安連殺七人，據橋力戰，兵潰，被礫死，象觀赴水死，弟諸生象晋爲僧，一門先後赴難者百餘人。長洲諸生顧所受，作捲堂文投泮池死。【考異】殉節録有顧咸受，崑山諸生，城破死，而無所受名。未知是一人二人否，俟考。常熟諸生徐守質，以母病不忍避，兵至，母及妹投井死，守質與里人馮知十出門格鬥死。【考異】二人同時死，見殉節録。南略言守質之叔徐懌先自縊死，而録中不具，附識之。同里貢生項志寧，亦絶吭死。無錫諸生嚴紹賢，與妾張氏相對經死。常州諸生張龍文，無錫諸生王謀，皆以謀起兵，事敗被執死。【考異】乙酉大兵之至，據殉節録所載，職官有常熟知縣王鐵與孫道煥同殉，入祠。士民中有呂雲奇，太倉人，城破，救父被殺。吴江周瑞，與吴易舉兵，被獲死之。

南都之亡也，故明吏部員外郎華允誠，屏居墓田，越三年，戊子，以不薙髮爲鄉人所訐，執至江寧，不屈，賦絶命詞，與其從孫尚濂同日駢斬于市，僕薛成、宋孝殉焉。

62 八月，壬午，大清兵克松江。

先是明故兵部右侍郎兩廣總督沈猶龍，偕中書舍人李待問、羅源知縣章簡等募壯士數千人守城。會吴淞總兵吴志葵自海入江，結水寨于泖湖，總兵黄蜚擁千艘自無錫至，猶龍等聯絡二帥，而明故參將侯承祖守金山衛，遥相應援。

及大兵克嘉定，進取松江，志葵、蜚敗于春申浦，城遂被圍，至是破，猶龍出走，中矢死。待問守東門，簡守南門，城破，俱被殺。華亭教諭眭明永，題詩明倫堂，投繯死。諸生戴泓赴池死。嘉定舉人傅凝之參志葵軍事，兵敗，赴水死。【考異】據繹史所載，尚寶司丞徐念祖及妻張，二妾陸、李俱投繯死，明史沈猶龍傳不載。又有衣工陸厚元，積薪與妻子女皆焚死，並識之。又念祖殉松江，並載殉節録。

大兵遂攻金山，承祖與子世禄猶固守。城破，承祖巷戰被獲。説之降，曰：「吾家食禄二百（人）〔八〕十年，今日不當以死報國邪？」遂戮之。世禄中四十矢，亦被獲不屈死。【考異】明史，松江破在八月，繹史八月初旬，而南略及平吴紀略、三藩紀事，皆書八月初三日，今據之，蓋在下嘉定之後，破江陰之前也。

63 庚寅，故明唐王命總兵黃斌卿出鎮舟山。

64 庚子，大清兵克江陰。

典史閻應元、陳明遇等拒守兩月餘，及松江破，吴志葵、黃蜚皆被執至江陰城下，令説城中人降，志葵説之，蜚不語，應元等屹不爲動。我兵來益衆，四圍發大礮，城中死傷無算，猶自守。至是大兵從祥符寺後城入，衆猶巷戰，男婦投池井皆滿。明遇及諸生許用皆舉家自焚。應元赴水，被曳出，斬之。訓導馮厚敦冠帶縊于明倫堂，娣及妻土結袵投井死。【考異】據殉節録，又有江陰訓導潘文先，罷官居城中，城破，與馮厚敦俱死之。諸書皆不見，附識之。里居中書舍人戚勳，令妻侯、妾程、葉、梁及子女、子婦先縊，乃舉火自焚，從死者二十人。舉人夏維新、諸生王華、吕九韶自刎死。貢生黃毓祺，與門人徐趨舉兵行塘，以應城內兵，及城陷，皆逸去。毓祺避江北，其子大湛、大洪被收。兄弟方争死，而毓祺以敕印事發，逮繫江寧獄，將刑，其門人告之期，命取襲衣自斂，趺坐而逝。【考異】據南略，又有南通州薛生者，改稱周相公，與毓祺俱解至南京，殺之。薛生失其名，其父監生，名繼周，皆同時起義者。趨以明年冬偵江陰無備，率壯士十四人襲之，不克，亦死焉。同時顧端文之孫杲，亦以援兵敗于砂山而没。

凡城守八十一日，城中死者九萬七千餘人，城外死者七萬五千餘人。【考異】明史閻應元傳，言「江陰以八月二十一日，大兵從祥符寺後城入，陷之。」輯覽亦系之目中，與江陰城守記合。記中言「應元赴水，義民陸正先救之出，應元既誅，正先亦殉焉」，餘皆與本傳同。顧杲，據繹史，「以援江上師，過江陰之砂山，爲亂兵所害」。以非援江陰，故江陰城守記不載。今彙記之。

65 是月，明唐王以故輔黃景昉、尚書呂大器及故漕運總督路振飛、禮部侍郎朱繼祚、工部侍郎曾櫻俱爲大學士。

初，王以罪錮高牆，振飛保護之，捕治守陵中官之淩虐者，又以私錢助王，而上疏乞概寬罪宗，竟得請，王甚德之。及稱號，即拜振飛左都御史，尋赴召，道拜文淵閣大學士。櫻嘗爲福建參政，力保鄭芝龍，芝龍感之，遂薦焉，起爲工部尚書兼東閣大學士；無何，命掌吏部，而移張肯堂于都察院。王所置閣臣至多，前後幾三十人，然不令票旨，王率親爲之。時鄭芝龍爲政，議簡戰守兵，自仙霞關外，宜守者一百七十處，計兵十萬，戰兵如之。閩、浙、兩粵之餉不足支其半，乃請預借兩稅一年，令臣下捐俸，勸紳士輸助，徵府縣銀穀未解者，官吏督迫，閭里騷然。

66 明魯王將方國安、王之仁謀自富陽渡江，大兵迎擊，斬首四千級，復退據富陽。

初，王之監國也，故分巡寧紹台道于穎與鄭遵謙謀起兵。穎請畫江而守，一軍扼潭頭，一軍扼橋司，一軍扼海門，一軍扼七條沙。會大軍突至，復入富陽，部將劉義勷等死之。潁自漁浦渡江赴援，富陽復定。【考異】富陽之扼江而守，明史以爲張國維。證之全氏于公事略，實始于潁。且謂「方國安之駐七條沙，大兵所以不克遽渡者，潁之取富陽，其首功也。」今追記之。而江干之役，八月一戰，十月再戰，輯覽彙書于是年之八月。蓋大兵入富陽，江干軍始敗時也。潁以明年六月江干之敗，由海道還京口，爲黄冠以終。並見全氏本傳中。

67 故明靖江王亨嘉，守謙十世孫也，世居桂林，聞南京破，招集諸蠻起兵，自稱監國，謀僭號。時廣西巡撫瞿式耜甫抵梧州，亨嘉召之，不往，而檄思恩參將陳邦傳助防，止蠻兵勿應。亨嘉至梧，劫式耜，幽之桂林，遣人取其敕印。

初，式耜議立桂王常瀛子，聞唐王監國，以爲倫序不當立，不奉表勸進。至是爲亨嘉所囚，乃遣使賀唐王，因乞援，王喜。而亨嘉爲兩廣總督丁魁楚所攻，勢窘，乃釋式耜。式耜與中軍官焦璉召邦傳，共執亨嘉，械送福州，廢爲庶人，尋殺之。

唐王封魁楚平粵伯，留鎮兩廣，擢式耜兵部右侍郎，召入閩協理戎政，以晏日曙代撫廣西。式耜不入閩，退居廣東。

68 南都之陷也，明故巡撫楊文驄敗于京口，遂走蘇州。時大清遣鴻臚丞黄家鼒往蘇安撫，文驄襲殺之，遂走處州。唐王在鎮江時，與文驄交好，至是文驄遣使奉表稱賀，鄭鴻逵又數薦之，乃拜兵部右侍郎兼右僉都御史，提督軍務，令圖南京。

而是時馬士英擁殘兵渡江，欲謁魯王，王之諸臣力拒之，乃投總兵方國安軍，謀窺杭州。

大兵之下吴江也，明在籍職方主事吴易走太湖，與同邑舉人孫兆奎、諸生沈自駉、自炳、武進吴福之等謀舉兵，旬日得千餘人，屯于長白蕩，出没旁近諸縣，道路爲梗。唐王聞之，授易兵部右侍郎，加右僉都御史，總督江南諸軍。楊文驄奏易斬獲功多，進兵部尚書。魯王監國亦授易兵部尚書，封長興伯。以上據明史，皆七月事。至是大兵至，易遂敗走，父承緒、妻沈及女皆投水死。自駉、自炳、福之亦死焉，兆奎被獲，一軍盡殲。福之，魯王禮部尚書吴鍾巒子也，兆奎兵敗，福之慮易妻女被辱，視其死而後行，故被獲。械至江寧，殺之。【考異】南略言「福之約任源邃同就總兵某，兵敗，源邃投湖死。」又，「武進徐安遠從黃蜚，兵敗，亦死之。」

69 大兵之下松江也，明故吏部考功司主事夏允彝死之。

初，允彝與同邑陳子龍皆負重名，南都立，召允彝授職，疏請終制，不赴。時御史徐復陽希要人指，劾允彝及其同官文德翼居喪授職爲非制，以兩人皆東林也。兩人實未嘗赴官，無可罪，吏部尚書張捷遽議貶秩調用。未幾，南都失，允彝傍皇山澤間，欲有爲，聞友人侯峒曾、黃淳耀、徐汧等皆死，乃以是月中賦絶命詞自投深淵以死。【考異】明史本傳，允彝以是年八月中賦絶命詞死。證之陳子龍年譜，注中作九月，又載宋徵輿私謚説，言「允彝八月自沈于淵」，則明史固有所據。松江以八月三日陷，所謂「八月中」者尤得之。子龍念祖母年九十，不忍割，遁爲僧，踰二年，亦以謀起兵敗。

70 大清兵之下撫州也，明在籍吏部考功主事揭重熙謀復之，與同邑故吏部文選主事曾亨應先後起兵。亨應聞列城皆不守，命弟和應奉父入閩，而己與重熙及東鄉舉人艾南英謀城守。會永寧王慈炎招峒兵復建昌，入撫州，寓書亨應，而重熙亦奉唐王命，以故官聯絡建昌兵，比戰而敗。

亨應力募兵數百相犄角，一日，方置酒宴客，大兵至，亨應避石室，其從弟指示之，遂被執，並執其長子筠。亨應顧謂筠曰：「勉之！一日千秋，毋自負！」筠唯唯，先受刑死。釋亨應縛，諭之降，不答，被戮。總兵謝上達、副將王坤、參將賴明標、游擊蕭奠邦、都司汪一貴、守備杜有聲、都督蔡欽、金世任、副將林引等，俱見執死。和應聞兄死，曰：「烈哉！兄爲忠臣，子爲孝子，復何憾！」既，奉父入閩，又走避之肇慶，乃拜辭其父，投井死。先是亨應叔父栻，爲蒲圻知縣，其後栻兄益爲貴州僉事，並死難，人稱「曾氏五節」云。

重熙被劾，明唐王用大學士曾櫻薦，命以考功員外郎兼兵科給事中，從大學士傅冠辦湖東兵事。久之，亦敗。

南英入閩，唐王召見，陳十可憂疏，授兵部主事，尋改御史。明年八月，卒于延平。

71 九月，甲寅，大清豫親王多鐸以故明福王由崧歸于京師。明年五月卒，閩中、浙東皆遥上尊號云。

72 庚午，故明御史黄澍降于大清。

澍，徽人，與右都御史金聲同里，遂導大兵間道襲績溪，破之，聲被執，械送江寧。壬申，大兵入徽郡，澍復以城獻。

明推官温璜，時寄其帑于村舍，聞難，將拔刀自刎，既，念家屬必不保，乃趨歸，語妻茅同死，先刃其長女，茅攜幼子同整衣卧，璜以刀截其喉，少頃，茅呼曰：「未也。」再刃而絶。璜自刎不殊，絶粒五日，以手自抉其創而死。

璜爲故大學士温體仁之族弟，體仁當國，附之者如騖，璜獨夷然自守，反與東林諸君結契，名在復社第一集。年近六十，始成進士，出給事中吴甘來門下，釋褐得是官，甫之任而國難作，至是遂闔門殉之。【考異】金聲兵敗被執，事見明史本傳，書于九月之下旬，諸書或云二十日，或云二十二日。按大兵以二十四日壬申破徽州，見温氏繹史。績溪去郡百餘里，況我兵是時由寧國踰嶺，分道而入，則以爲二十二日者，正與本傳「下旬」之語合。璜爲哂園之世父，其死也，哂園之父迎其喪，故記其殉難月日甚詳，而獨于不附體仁事略之，蓋爲家族諱也，今參鮚埼亭〔集〕推官傳書之。

73 明金聲之起兵也，故山東巡撫邱祖德，成都人，時成都已陷，無家可歸，以曾爲寧國推官，遂流寓焉。至是偕邑舉人錢文龍、諸生麻三衡、沈壽蕘等，共舉兵以應聲。及大兵下寧國，祖德駐華陽，三衡駐稽亭，約他部共攻郡城，不克。壽蕘陣没，祖德退還山中，我軍攻拔其寨，被獲，磔死，其子亦死。越四日，三衡軍敗，亦死。

三衡之起，旁近吴太平、阮恒、阮善長、劉鼎甲、胡天球、馮百家與之俱，時號「七家軍」，皆諸生也。三衡既敗，太平等亦死。

74 是月，故明湖廣總督何騰蛟，撫降闖賊餘黨，得勝兵數十萬。

初，自成之死，其將劉體仁、郝摇旗以衆無主，議歸騰蛟，率四五萬人驟入湘陰。長沙人不知其歸降也，懼甚，攝偏沅巡撫傅上瑞請騰蛟出避，騰蛟曰：「死于左，死于賊，一也，何避爲！」乃與監軍荆西道僉事章曠謀，遣部將萬大鵬等往撫，持騰蛟手書召之曰：「若輩歸朝，誓永保富貴。」摇旗等大喜，與大鵬至長沙，騰蛟開誠拊慰，宴飲盡歡。摇旗招其黨袁宗第、藺養成、王進才、牛有勇皆歸騰蛟，驟增兵十餘萬。

未幾，李錦偕自成妻高氏見上。及高氏弟一功，復擁衆三十萬驟至澧州乞降，故明湖南巡撫堵胤錫議撫之。會騰蛟馳檄至，胤錫乃躬入其營，開誠慰諭，稱詔犒軍，皆踴躍拜謝。奏聞唐王，王大喜，加胤錫爲兵部右侍郎兼右僉都御史，總制其軍。授錦前部左軍，改名赤心，一功右軍，改名必正，皆掛將軍印。封高氏貞義夫人，名其營曰「忠貞營」。自成亂天下二十年，陷帝都，覆廟社，其衆尚數十萬，悉歸騰蛟，一時詫異事。而騰蛟上書，但言「元凶已除，稍洩神人憤，宜告謝郊廟」，卒不言己功，王猶疑自成死不實，騰蛟復上書證其事。乃拜騰蛟東閣大學士兼兵部尚書，封定興伯，仍督師。騰蛟固辭封爵，不允，命規取湖廣、江西。

是時降卒既衆，騰蛟欲以舊軍參之，乃題授部將黃朝宣、張先璧爲總兵官，與劉承胤、李赤心、郝永忠、袁宗第、王進才及董英、馬進忠、馬士秀、曹志建、王允成、盧鼎並開鎮湖南、北，所謂「十三鎮」者也。——永忠即摇旗，英則騰蛟中軍，志建則故巡按劉熙祚中軍，餘皆左良玉舊將也。

然騰蛟終慮赤心跋扈，他日，過其營請見高氏，再拜，執禮恭，高氏悦，戒其子「毋忘何公」，赤心自是無異志。胤錫亦深相結，倚以自强。然赤心書疏，猶稱自成「先帝」，高氏「太后」云。

75 江西之下也，惟贛州獨存，明唐王手書加故左庶子楊廷麟爲吏部右侍郎，修撰劉同升爲國子祭酒。

同升自雩都至贛，與廷麟謀大舉，乃偕巡撫李永茂集紳士于明倫堂。會大兵屯泰和，徐必達戰敗，事見上。廷麟、同升乘虚復吉安、臨江，王再加廷麟兵部尚書兼東閣大學士，賜劍，便宜從事。來幾，復擢故監軍萬元吉兵部右侍郎兼右副都御史，總督江西、湖廣諸軍。尋召永茂還，以張朝綖代爲南贛巡撫。朝綖甫任事，復召還，以同升代之。

76 明魯王授故明諸生黄宗羲爲職方主事。

孫嘉績等之起師江上也，宗羲糾黄竹浦子弟數百人應之，江上人呼曰「世忠營」。尋餘姚知縣王正中，以宗羲所作監國魯元年大統曆上之，王命宣付史館頒行。【考異】宗羲從軍，當在七月孫、熊諸公起師之後。其上魯元年監國曆，諸書及全氏集皆系之是年九月，今據之。

時又徵湘潭舉人郭金臺、寧化諸生李世熊，皆不赴。

77 是秋，福建土寇閻、羅、宋三姓擾及江西之撫州，東湖守備黄克嘉死之。別賊擾南康，通判吴賜玉死之。【考異】克嘉，「嘉」，一作「善」；賜玉，「賜」，一作「錫」，今據殉節録書之。是秋則據繹史也。又殉節録，有南康典史宋本忠殉難，未詳何時，附識之。

78 冬，十月，丙戌，明魯王大學士張國維等出師于江上。

時總兵方國安駐七條沙，王之仁守西興，鄭遵謙守小亹，孫嘉績、熊汝霖、錢肅樂分守瀝海，至是謀復攻杭州。連戰十日，前鋒副將鍾鼎新以火攻，會諸將追截大清兵于草橋門。會大風雨，弓矢不能發而退，大兵迎擊，敗之于關頭，追奔二十餘里，斬國安子士衍。錢肅樂請率兵由海道窺吴，不聽，遂及于敗！

是時浙西義旗四起，蘇、松、嘉、湖列營數百里，相爲聲援，杭州危甚。【考異】繹史言出師于初八日，與全氏錢忠介傳合，而以初八日爲壬辰則誤也。是月己卯朔，初八日爲丙戌，而壬辰則傳中所謂「第七戰」者也。是日，以大風雨退師，又二日遂敗，則自丙戌至是爲乙未也。今據全氏傳系之初八日，蓋出師之始，而輯覽統系之八月者，蓋據諸軍進次富陽月分耳。

79 丙申，明唐王右都御史金聲被執至江寧，門人江天一從焉。聲語天一曰：「子有老母，不可死。」對曰：「天一從公起兵，可不同公殉義乎！」

時總督洪承疇招撫江南，在江寧，諭之降，天一朗誦明莊烈諭祭承疇文譙之，遂與聲同受刑于通濟門。部下中軍吴國楨、副將陳有功、守備萬全、游擊余元寅皆死之。總兵范雲龍與聲之弟經，尋死于旌德。【考異】從死諸將，皆據輯覽書之。繹史所記，同死者，天一外，有陳際遇、余元英，疑元英即元寅也。同起兵者，歙諸生項遠、洪士魁、副將羅騰蛟、都司汪以玉，先後被執不屈死，而天一族孫孟卿亦從死。附識之。

80 是月，明唐王遣給事中劉中藻頒詔于浙東，時求富貴者，争欲應之，兵部侍郎熊汝霖，獨出檄嚴拒不納。

杭州之降，故兵部尚書朱大典還金華，據郡城自保，唐王立，就加東閣大學士；會魯王監國于浙東，亦加大典大學士。閩中詔至，大典及右副都御史錢肅樂議，以「大敵在前而同姓先爭，豈能成中興之業！請權宜稱皇太姪以報命。」

大學士張國維復馳疏爭之，略言：「國當大變，凡爲高皇帝子孫臣庶，所宜同心併力，共圖興復，成功之後，入關者王。且監國當人心渙散之日，鳩集爲勞，一旦南拜正朔，鞭長不及，悔莫可追。臣老矣，豈能朝秦暮楚，左右于其間哉！」遂不報，唐王乃召中藻還。自是浙、閩如水火矣。【考異】明史朱大典傳不載爭頒詔一事，且言「大典就唐王督師」，不及魯王。而野史皆言魯王亦加大典大學士。又證之全氏朱大典、錢肅樂諸人傳，是時閩中詔至，大典與肅樂議受而報之。據此，則大典是時固周旋于唐、魯間也。今據全集。

81 明唐王故元妃曾氏至福州。

妃知書，性警敏，同王在高牆中，食淡攻苦相憐愛。王之稱號也，遥册妃爲皇后，並封其父文彦爲伯。至是妃自浙至，頗預國政，群臣奏事，輒于屏後聽之，共決進止，王頗嚴憚焉。大學士張肯堂疏言：「本朝高、文二后，皆有聖善之德，助成王業，然皆宫闈之中嘿爲贊助。若垂簾之制，非盛世所宜，不可以示遠人。」疏入，妃恚之，自是頗疏肯堂。王在莊烈時有英察之稱，及是内溺曾妃，外牽鄭氏，識者已知其不能成大功也。

路振飛之至也，王大喜，與宴，抵夜分，撤燭送歸，解玉帶賜之。王嘗責諸臣怠玩，振飛進曰：「上謂臣僚不改因循，必至敗亡；臣謂上不改操切，亦未必能中興也。上有愛民之心而未見愛民之政，有聽言之明而未收聽言之效，喜怒輕發，號令數更。見群臣庸下而過于督責，因博覽書史而務求明備。凡上所自謂長者，皆臣下所甚憂也。」其言頗曲中王短云。【考異】曾妃之至，諸書多系之八月壬辰，惟南略以爲十月迎入宮，而八月之立乃遥册也。輯覽亦載妃至福州于十月，今從之。

82 明唐王掌都察院事何楷罷。

鄭芝龍以被劾銜楷，而鴻逵扇殿上，楷呵止之，兩人益怒。楷知不爲所容，乃請去。途中遇盜截其一耳，則芝龍使部將楊耿爲之也。明年，漳州破，楷遂抑鬱而卒。

83 大兵攻吉安，明副將徐必達戰敗，赴水死。會廣東援兵至，大兵退屯峽江。克臨江，明楊廷麟兵敗于樟樹鎮，退守吉安。

84 十一月，明唐王始議出師。

時楊廷麟等請王出江右，何騰蛟請出湖南，浙中諸將請出衢州。會故臨清知州金堡朝行在，言「騰蛟足倚急」。于是王欲出贛入楚。大學士蘇觀生，見鄭氏不足與有爲，且事權悉爲所握，請出贛州，經略江西、湖廣。王遣觀生先行，赴贛州募兵，以曾櫻、鄭芝龍留守福州，司轉餉。

王乃誓師西郊，先期類于上帝，禋于太廟，禡于社稷。以鄭鴻逵爲御營左先鋒，出浙江，鄭彩爲御營右先鋒，出江西。王甲胄誓師，乃鳴金鼓，揚旌旗而出。時風雨晦冥，大風起，壇上燭盡滅，鴻逵出城，馬蹶踣地，識者已知其不祥也。【考異】繹史書「十一月甲午，類于上帝，乙未，禋于太廟，丙申，禡于社稷，丁酉，以鄭鴻逵爲先鋒。」以曆推之皆十月干支。然王十二月始發福州，則誓師當在前月，蓋誤以十月干支入之也。今據輯覽系之十二月前，而不書日。

85 明魯王駐師西興，仍拜方國安爲帥，以圖再舉。

敘草橋功，加錢肅樂右副都御史，肅樂辭不受，時以頒詔議不合，爲方、王所忌，乃以不受副都之命爲懷貳心于閩，肅樂不得已乃受官。而餉乏，四十日連疏告糴，不能得，諸軍士至行乞于道，卒無叛者。

是時故太僕卿陳潛夫，以家財募軍，列營江上，及財竭，請支四百金之餉，肅樂言：「潛夫破家爲國，今聽其軍之餓死而不恤，何以鼓各營！」復爲潛夫請，皆不應。戚臣張國俊，魯王妃父也，外倚方、王，內通客、李二奄。

肅樂疏言：「國有十亡而無一存，民有十死而無一生。翹車四出，無一應命，一也；憲臣劉宗周之死，關係甚巨，謚贈蔭恤，未協輿情，敕部改正，遲久未上，二也；張國俊以戚畹倚就藩，權侔人主，三也；諸臣以國俊故相繼進言，主上以爲不必，幾于防口，四也；新進鼓舌摇唇，罔識體統，五也；反覆之徒，借推戴以呈身，覬望之徒，冒薦舉而入幕，六也；楚藩江干開詔，欲息同姓之争，李長祥面加斥辱，淩蔑至此，七也；咫尺江波，烽煙不息，而褒衣博帶，滿目太平，燕笑漏舟之中，迴翔焚棟之下，八也；所與託國者，强半弘光故臣，鴞音不改，九也。

此猶枝葉也，請言根本：

七月雨水不時，漂廬舍以千百，以水死；滷潮衝入，西成失望，以饑死；壯者殞鋒鏑，弱者疲轉輸，以戰死；絳票赤紙，日不暇給，以供應死；東南澤國，倚舟爲命，今士卒争舟，小民束手，以無藝死；入鄉抄掠，雞犬不遺，以財死；富民即曰應輸，非有罪於官也，而拘繫之，有甘心雉經者，以刑死；沿門供億，淫污横行，以辱死；劣矜惡棍，羅織鄉里以爲生涯，以憂死；今也竭小民之膏血不足供藩鎮之一吸，繼也合藩鎮之兵馬不足衛小民之一髮，凜凜乎將以髮死。

由前九亡，并此而十，臣未知税駕矣。」

未幾，肅樂拜表，即棄軍行，言「臣從今披薙入山，永與世辭，決不入閩以遭殄滅。」遂之温州。王知不可留，乃降旨令往海上同藩鎮黄斌卿議，由海道窺三吴，遂依斌卿于翁洲。

86 十二月，己卯，明雲南土司沙定洲作亂。

定洲，王弄山長官沙源子。源在萬曆中，數從征調有功，累加至宣撫使，號沙兵。源死，定洲嗣。

初，崇禎中，阿迷土官普名聲謀叛，官兵進討，名聲懼，陰以賄求援于元謀土官吾必奎。時官軍已調必奎隨征，必奎佯敗而走，官軍望見，遂大潰，布政使周士昌戰死。未幾，名聲就撫，而驕恣益甚，廣西知府張繼孟道出阿迷，以計毒殺之。必奎聞名聲死，遂反，連陷武定、禄豐、廣通諸縣及楚雄府。明故黔國公沐天波，調各土司會剿，必奎伏誅。

先是天波調定洲兵從征，定洲不欲行，出怨言。會奸徒饒希之、余錫朋者，逋天波金無以償，錫朋常出入土司家，誇黔府富盛，定洲心動，陰結都司阮韻嘉諸人爲内應。至是定洲既至，知必奎已平，乃託以辭行入城見天波。天波以家諱日，不視事，定洲譟而入，焚劫其府。天波聞變，由小竇遁，走楚雄，母陳、妻焦皆走城北自焚死。定洲據黔府，盤踞會城。

時故禮部尚書王錫衮，家居禄豐，被定洲執至會城，詭草錫衮疏上明桂王，請以定洲代黔國公鎮滇。錫衮大恨祈死，數日卒，復劫巡撫吴兆元題請。傳檄州縣，全滇震動。

天波至楚雄，時金滄副使楊畏知奉調駐城中，以計説天波走永昌，身守楚雄。定洲至，城閉不得入，乃去，遣其黨王翔、李日芳等攻陷大理、蒙化。而楚雄以畏知拒守，定洲還攻者再，迄不能下。

時被沙兵先後死者，武定參將高其勳，固守月餘，城陷，衣冠望北拜，服毒死。時有陳正者，世爲大理衛指揮，未嗣職，沙賊陷城，督衆巷戰，手馘數賊而死。王承憲者，襲祖職爲楚雄衛指揮，擢游擊，爲畏知前鋒，定洲來攻，凡守禦備悉，畏知深倚之。賊去復至，承憲偕土官那龠等出城衝擊，賊皆披靡，俄爲流矢所中死，弟承瑱力戰死，一軍盡殁。

賊進圍大理，時太和縣丞王士傑，佐上官畢力捍禦，城陷死。城上同死者，大理府教授段見錦，經歷楊明盛及子一甲，司獄魏崇治。而故永昌府同知蕭時顯，解任，以道阻寓居大理，亦自經。士人同死者，舉人則高拱極投池死，楊士俊同母妻妹自焚死。諸生則尹夢旗、夢符、馮大成，倡義助守，罵賊死。楊憲偕妻、女、子婦、姪女、孫女、弟婦一門自焚死。楊憖既死復甦，妻竟死，人稱太和節義爲獨盛云。單國祚者，會稽人，爲通海典史，城陷，握印坐堂上，罵賊被殺，印猶在握，縣人葬之諸葛山下。【考異】沙賊之役，殉節録所載（自）〔有〕大理衛指揮陳楨，督衆巷戰，手馘數賊而死，即陳正也。又有大理守備陳誨，分門守禦，殺賊力屈死。寧州土司禄永命，守土戰死。知州朱家梁，罵賊死。都司沐天澤，天波之弟，巷戰被執，不屈死。指揮邵元齡，陸涼陷，罵賊不屈死。昆明故知府陳爰謀，城破逼降，不屈死。蒙化故巴縣知縣陳于宸，城陷死。大理千户關維翰，土官楊洪，及維翰子大忠，皆以殺賊死。大理千户楊昌印、王象乾、鮑洪，皆率妻子闔户自焚死。百户黃恩，巷戰死。天波將高遷，援剿不克，合户自焚死。附識之。

87 甲申，明唐王自福州登舟，大學士何吾騶等隨行。越數日，駐師建寧。

故明廣東布政使湯來賀，運餉十萬由海道至，王擢來賀户部侍郎。然兵食匱乏，人心離散，迄不能成軍也。

88 壬寅，明唐王大學士督師黃道周兵敗于婺源。

先是道周師至廣信，聞徽州破，乃疾趨，分道進兵。俄聞樂平陷，信州士大夫致書相迓，道周以諸軍既出，義不反顧。行次婺源，遇大兵，戰敗，其將程嗣聖陣亡。道周僅三百人，馬十匹，齎三日糧，行次明堂里，遇揚州降將張天禄導大兵猝至，遂被執，送至江寧。諸軍潰走，大兵追至開化，總兵曾德、黃光輝、副將蔡璋、龍勝、陳辰等俱死之。

方道周之出婺源也，有故汜水知縣胡海定與德興海川董氏起兵應之，斷我大兵糧道，兵敗，被執，海定及董正經皆死之。【考異】見三藩紀事本末及江西通志。殉節録言「海定故汜水知縣」。今據之。又同時死者有揭新云。

89 是月，明南贛巡撫劉同升卒。時萬元吉已至贛州，遂以元吉兼巡撫代之。

90 大清兵克撫州，明知府高飛聲死之。

飛聲由玉山知縣遷同知，乞養家居，黃道周出督師，邀與偕，令攝撫州事。至是遣家人懷印入閩，而身守城死焉。【考異】殉節録，「撫州訓導桂有煃，兵入城，自經死。」按大兵兩克撫州，有煃之死無年月，附識之。

91 故明益王之起兵建昌也，故給事中陳泰來，奉唐王命加僉都御史，提督江西義軍。會益王起兵，泰來欲從之。泰來，新昌人，同里故按察使漆嘉祉、舉人戴國士持不可。已而新昌破，國士出降，泰來惡之。時上高舉人曹志明等起義師，泰來與相結，是月，攻取上高、新昌、寧州，殺國士妻子，遂取萬載。已而大兵逼新昌，守將出降。泰來走界埠，志明等從上高移師會之，進攻撫州，兵敗，皆死。

92 是冬，明監紀推官吴應箕兵敗于池州，死之。

應箕起兵應金聲，比聲敗被執，應箕方治兵于距郡十里之泥灣，有怨家偵得之，以告。大兵進攻，應箕敗，走山中，尋被執至郡，不屈，賦絶命詞，從容就戮，其受刑處血跡洗之不去，觀者異之。

應箕爲諸生，尚氣節，與復社諸生倡逐阮大鋮。南都立，大鋮柄用，逮周鑣獄中，應箕身至江寧視鑣，幾被獲；亡命歸，卒以國事死。歸德侯方域爲文祭之云：「讀萬卷書，識一字是；明三百年，獨養此士。」【考異】事見明史本傳。繹史、南略諸書，謂死于金聲被執至江寧之後，聲之死在十月，則應箕之死又在後。冒氏以爲乙酉之深冬，蓋十一二月間事也，今系于是年之冬下。

明通鑑附編卷三

江西永寧知縣當塗夏燮編輯

附記三柔兆掩茂(丙戌),盡一年。

大清順治三年(丙戌、一六四六)

1 春,正月,己酉朔,明唐王駐建寧,不受朝賀,以三大罪自責。

2 庚申,故明瑞昌王誼泐結衆謀犯江寧,丙寅夜,率衆二萬餘,分三路來犯。大兵擊敗之,誼泐被執,與其部下經略常爾韜、總兵楊三貫、夏含章等俱死。

時又有崇陽王者,率兵寇歙縣,兵敗,與其總兵閔士英、鄭鵬遠俱見執死。

又高安王常淇與監軍道江于東等據婺源之小坑,遂平王紹鯤、職方主事楊謨等,擁衆太湖,遥應魯王,亦先後見執而死。【考異】見輯覽目中,注云:「順治三年」。證之東華録,入寇江寧,乃正月十二十八等日。而是時金聲事敗,歙縣之犯,蓋謀應金聲;而太湖之役,疑即尹民興等起事時。今類書于正月下。

3 是月，大清命肅親王豪格爲靖遠大將軍，統兵征四川。

4 明魯王遣使臣柯夏卿、曹維才聘于唐。唐王手敕，加夏卿兵部尚書，維才光祿寺少卿，報魯王曰：「予無子，王爲皇太姪，同心戮力，共拜孝陵。予有天下，終致于王。浙東所用職官，悉列朝籍，無分彼此。」尋遣僉都御史陸清源齎餉十萬犒浙東軍。

5 明督師尚書何騰蛟師次湘陰，與監軍御史李膺品謀大會諸將于岳州，副將張先璧逗留不赴，諸將亦觀望，惟李赤心自湖北至，遇大清兵，戰敗而還。諸鎮兵遂罷，騰蛟威望由此損。

6 明唐王大學士楊廷麟赴贛州，招集龍武軍張安等四營，聞王將由汀州赴贛，欲往迎王，乃以萬元吉代守吉安。

7 明宣城諸生吳漢超兵敗于寧國。

初，明故職方郎中尹民興，流寓涇縣，與諸生趙初浣等，謀應金聲，據城拒守。及大兵破城，初浣死之，民興走免。漢超亦以南都覆，棄家走涇縣，從民興起兵，兵敗，匿華陽山中。會邱祖德、麻三衡諸兵潰，保華陽，有徐淮者部署之，漢超與之合，連取句容、溧水、高淳、溧陽、涇、太平諸縣。至是襲寧國，夜，緣南城登，兵潰。城中捕按首事者，漢超已出城，念母在，且恐累族人，入見曰：「首事者我也。」剖其腹，膽長三寸，妻妾自擲樓下死。

同時先後舉兵者，又有故青陽知縣龎昌允，南京覆，走匿九華山謀起兵，事泄被執，夜死旅店中。溧陽諸生謝球，一作「琢」。故僉事鼎新子也；毀家募兵，兵潰，被執死。鹽城諸生司石磐，與都司酆某同舉兵，兵敗，被執，酆言：「此儒生，吾劫之爲書記耳！」石磐曰：「吾首事，奈何諱之！」繫獄六十餘日，與酆偕死。【考異】以上皆據明史邱祖德等傳。而殉節録所載，又有太平訓導王明德，兵入城，偕妻赴水死。惟月日不可考，附識之。

8 二月丁亥，閩中大雨雹，晝晦。

9 明鄭鴻逵等之出師也，各擁衆數千，號數萬。既出關，託候餉，駐不行，唐王屢趣之，不應。王乃決意出汀州入贛，與湖南爲聲援。鄭芝龍不欲王行，令軍民數萬人遮道呼號，擁駕不得前，王不得已駐延平，以府署爲行宮。

吏部司務王士和，疏陳時政闕失，凡數千言。王刊賜文武諸臣，召士和入對，嘉獎備至，擢兵部主事，未一月，擢延平知府。

王以事殺建陽知縣施煉、邵武知府吴炆煒、推官朱健，大學士曾櫻論救，不省，人情惴恐。

故兵部郎中王期昇，御史彭遇颽，自浙中遁至，王加期昇總督，遇颽僉都御史。中旨内降，大學士路振飛等封還，謂：「遇飈依附馬士英，期昇在太湖奉朱盛徵稱通城王，派餉苛虐，不可用。」王乃止。

10 是月，馬脛嶺兵變，明唐王遣大學士路振飛至浦城安撫之。

11 大清命貝勒博洛，爲征南大將軍，率師征福建、浙江。

12 三月，戊申，明魯王總兵王之仁，率水師駐錢唐江上。

會大清兵驅船開堰入江，之仁自江心襲擊鄭遵謙，獲鐵甲八百餘副，謀乘勝進攻杭州，不克而還。

13 明唐王封鄭成功爲忠孝伯，掛招討大將軍印。

鄭芝龍有異心，獨成功不附，嘗對王曰：「臣受厚恩，義不反顧，願以死捍陛下。」尋復陳控守進取事宜。王嘉其忠，故有是命。

14 明督師大學士黄道周殉節于江寧。報至，唐王痛哭輟朝。

先是道周被執至江寧，幽别室中，囚服著書。聞當刑，書絶命詞衣帶間，過東華門，坐不起，曰：「此與高皇帝陵寢近，可死矣！」監刑者從之。幕下士中書賴雍、蔡紹謹、輯覽二人姓名紅本作「蔡雍、賴紹謹」。——紅本，即進呈實録也。「蔡雍」，野史又作「蔡春溶」。兵部主事趙士超、一作「蔡士超」。廣信通判毛玉潔、輯覽紅本「玉」作「至」。游擊朱家第等皆死之。

道周學冠古今，所至學者雲集。銅山在孤島中，有石室，道周自幼坐卧其中，學者稱「石齋先生」。精天文、曆數、皇極諸書，所箸易象正、三易洞璣及太函經，學者窮年不能通其説，而道周用以推驗治亂。没後，家人得其小册，自謂「終于丙戌，午六十二」，始信其能知來也。【考異】道周之死，繹史書于三月戊申朔，臺灣外紀書于壬子。而温氏道周本傳及野史皆作「二月初七日」，朱氏詩話亦云「二月」。蓋温氏所紀據關中聞報月日，傳則據就刑月日，非矛盾也。惟明儒學案言「道周以三月七日兵解」，疑傳中誤「二」字爲「三」字也。據寒支集，李世熊請卹道周疏，爲通政司所格，則道周二月死，時尚未報也。今仍據温氏報聞之月書之。

辛未，大清兵克吉安，明總督萬元吉敗，退屯皂口。

初，崇禎末，命中書舍人張同敞調雲南兵，及抵江西，兩京已相繼失，因退還吉安；楊廷麟留與共守，以客禮待之。其將趙印選、胡一青，頗立功，而元吉至，約束甚嚴，諸將漸不悦。時廣東兵亦以赴援至，而廷麟所招龍武新軍張安者，爲汀、贛間峒賊四營之一，驍勇善戰，既降，有復撫州功，且招他營盡降。元吉以新軍足恃也，蔑視雲南、廣東軍，二軍皆解體。然安卒故爲賊，居贛淫掠，遣援湖西，所過殘破。及是大兵逼吉安，諸軍皆内攜，而新軍又在湖西城中，軍不戰而潰，城遂破。

元吉至皂口，檄諭贛州，極言雲南兵棄城罪，其衆遂西去。踰月，元吉退守贛州。【考異】吉安之破，野史所載，有明職方主事郭錕，死之。

16 是月，大兵克寧州，明監軍許文龍死之。

初，降將金聲桓遣人招降，文龍不從，逐我所置官吏，屯兵奉鄉。聲桓乘間破寧州，遂攻奉鄉。圍守三月，文龍糧絕，走保界首寨，被執，殺之。

17 明唐王駐延平，屢趣出關，鄭彩不得已出屯廣信，而鴻逵在關，仍託以候餉，駐不行。先是吏部尚書張肯堂累疏請出兵，乃加少保兼户、工二部尚書，總制北征，鄭芝龍沮之，不成行。肯堂之孫茂滋，家居華亭，方以吴淞起義師敗，與肯堂故將都督汝應元亡命入閩，因言「吴淞事雖不克，而敗卒猶保聚相觀望，倘有招之者，可一呼而集。」肯堂乃請王由浙東親征，而己以舟師由海道抵吴淞，招諸軍爲犄角。尚書曹學佺力贊之，謂「徼天之幸在此一舉」，乃捐餉一萬以速其行。肯堂乃請以故福州推官徐孚遠、故吏部郎中朱永祐從行，參軍事，——二人皆肯堂同里，領袖吴淞義師者也。

肯堂方奉詔行，芝龍復尼之，遣其將郭必昌將步卒先發，而令肯堂待命島上。必昌受命，不出三關一步，肯堂以數舟入海，徘徊島上。未幾而芝龍遂降于我大清。

18 明唐王使者陸清源至浙東，魯總兵方國安縱兵奪其餉，留清源于軍中，且出檄數唐王罪。大學士張國維嘆曰：「曲在我矣。」

時魯王兵力孱弱，而武將横甚，競營高爵，請乞無厭。故庶子余煌，初起禮部侍郎，再起户部尚書，皆不就，至是拜兵部尚書，上言：「今國勢愈危，朝政愈紛，尺土未復，戰守無資。諸臣請祭則當思先帝烝嘗未備，請葬則當思先帝山陵未營，請蔭則當思先帝子孫未保，請謚則當思先帝光烈未昭。」時以爲名言。

清源留軍中，卒不遣，及國安敗，白沈于江。【考異】野史俱言清源被殺于浙東，或云爲國安所殺，或云馬士英遣人殺之。證之輯覽，言「國安敗，清源沈江死。」殉節録言「清源以犒軍爲國安所留，江防潰，投江死。」據此，則清源乃殉國難，非被殺也，今據之。

19 夏，四月，大清兵克廣信，明唐王兵部侍郎詹兆恒等死之。

兆恒，廣信廣豐人，南都時，争逆案，與馬、阮有隙，遂以奉命祭告行，事竣旋里。及黄道周出師，請加兆恒官，協守廣信，而是時巡撫周定礽，「礽」，明史傳作「仍」。與兵部員外郎萬文英、湖東副使胡奇偉、廣信同知胡甲桂共舉兵保廣信。

及是大兵克鉛山，鄉官胡夢泰方授兵科給事中，奉使旋里，大兵逼城下，夢泰傾家募士，與文英分守鉛山，被圍數月，城破，夫婦俱縊死。文英舉家赴水死。未幾，廣信亦破，定礽、奇偉兵敗，死之。

甲桂輯覽作「嘉桂」。從道周議城守，道周敗没，勢益孤，效死不去。至是被執，諭降不從，幽別室，自經死。兆恒兵敗，走懷玉山，聚衆數千人自保。已，進犯開化，兵潰，没于陣。

同時殉難者，都司劉芳伯、黄國治、參將謝良才、王之樞、監紀官李奇、餘干知縣楊時秀、兵部員外郎戴伍儁、守備陳壽、陳傑、總兵江天衢、推官王象乾、胡珮、游擊胡接輝等，俱先後死。

又有畢貞士者，貴溪人，舉于鄉，同守廣信，城陷赴水，家人救之，行至五里橋，望拜祖塋，觸橋柱死。【考異】廣信之下，事見明史詹兆恒傳。而同殉之劉芳伯以下，據輯覽注，皆系之黄道周兵敗目中。證之明史，廣信之破在三年四月，今分書之。殉難官紳，輯覽所載最詳。然自劉芳伯以下十三人，繹史、南略皆無之，殉節録亦不具也。若繹史所載，鉛山之敗，有諸生唐倜陷陣死。又有進士徐敬時者，與楊文、李克升舉兵廣信之九仙山，至甲午之正月，寨破，皆被殺。此又輯覽所遺，附識之。

20 明鄭彩聞廣信之急，棄不守，將由建昌之新城遁入杉關。

初，建昌既破，事見去年七月。新城知縣譚夢開迎降，民潛導守關兵殺之，兵民相殘，彌月不靖。唐王乃以邵武貢生李翔諸書「翔」作「翱」。爲新城知縣，翔至，禽殺餘黨，衆遂定。然民習于亂，佃人以田主徵租斛，大聚數千人譟縣廷，翔潛遣義兵三百，詭稱彩軍，殺亂民，明日復斬百餘級，亂乃靖。

已，彩兵數萬由新城遁入關，會大兵克吉安，再攻撫州，明永寧王慈炎求救于彩，彩遣監軍張家玉以三營往援。圍暫解，已而復合，撫州遂破，慈炎死之，所招峒蠻兵亦散，彩奔入關。

家玉走新城，故御史徐伯昌邀與共佐翔守城。及是我兵來攻，家玉出戰，中矢，墮馬折臂，亦走入關。翔與伯昌率民兵千餘拒守，我軍從間道入城，民兵皆潰，翔與伯昌俱死之。【考異】新城之役，諸書及江西通志皆書于乙酉七月下，證之明史王養正、張家玉傳，皆是年破廣信後事，故傳中特書之三年。繹史言「是年四月，撫州亦破」，錢澄之所知録亦云，「三月吉安陷，四月撫州陷」，是翔等殉難，乃在撫州再陷時也。今據二書年月。

撫州敗問至，舉朝震驚。唐王命削彩職，戴罪圖功。

21 大兵自吉安乘勝直薄贛州城下，明萬元吉拒守，給事中楊文薦奉命湖南過贛，入城留共守禦，城中賴之。

文薦，元吉門生也。元吉素有才，蒞事精敏。及失吉安，士不用命，昏然坐城上，對將吏不交一言。隔河大營偏山麓，指爲空營，兵民從大營中至，言敵勢盛，輒叱爲間諜，斬之。

江西巡撫劉遠生，令張琮者將兵趨湖東，及贛圍急，遠生自出城召琮于雩都，贛人曰：「撫軍遁矣。」怒，焚其舟，拘遠生妻子。俄遠生率琮兵至，贛人乃大悔。

琮軍渡河抵梅林，中伏，大敗。還至河，争舟，多死于水，遠生憤甚。五月，丙午朔，遠生渡河再戰，身先士卒，遇我軍被獲，復逃歸。

而龍武新軍在湖西潰散者，聞吉安復失，仍回雩都。時楊廷麟方召赴行在，以吉安警留駐贛州城外。至是贛圍急，廷麟遣使調廣西狼兵，而身往雩都趣新軍張安來救。庚申，與大兵再戰于梅林，安敗，退保雩都，廷麟乃散其兵入城，與元吉憑城而守。【考異】梅林再戰，一在五月之朔，一在五月之望，皆據明史元吉本傳。惟「劉遠生」，繹史作「劉廣允」，所知録、江西通志皆同。疑即遠生也。今據正史。○平觀察云：「廣允字遠生，號同菴，即劉湘客之兄也。廣允後以字行，湘客字客生，可證。」踰月，廣東副將吴之蕃以五千兵赴援，圍漸解，未幾復合，城中守如初。

唐王聞贛圍久，奬勞之，賜名忠誠府，加元吉兵部尚書，文薦僉都御史。

22 乙丑，大清征南大將軍貝勒博洛等至杭州。

時明魯王諸軍列營錢唐江東岸，綿亘二百餘里，艤舟江上以待。大兵未具舟楫，不能渡，忽江沙暴漲，水淺可涉，壬申，大兵策馬徑渡，魯總兵方國安拔營走紹興，江上諸軍悉潰。

大兵克嚴州，明魯王總兵顧勳死之。【考異】諸書皆記大兵渡江于六月之朔，蓋連取紹興梟記也。輯覽言「五月二十日，貝勒抵杭城，二十七日，渡錢唐江，六月初一日，克紹興」，皆據本朝實録報捷原奏也。乙丑即二十日、壬申即二十七日，克嚴州，據航海見聞增。

時明魯王方加孫嘉績、熊汝霖皆以大學士督師，而餉終不給，乃以衆付職方主事黃宗羲、御史王正中領之，合軍得三千人。正中爲之仁之從子，故不乏食，太僕卿陳潛夫、尚寶卿朱大定、兵部主事吴乃武、查繼佐等各募數百人來附。

會水師議起，諸軍議由海寧取海鹽，入太湖，百里之内，牛酒日至。整軍抵乍浦，約崇德義士孫奭爲内應。

俄而江上師潰，正中敗歸，餘皆散去。宗羲結寨四明山，從者尚四五百人。而山民畏禍，焚其寨，部將茅涵、汪翰死之，宗羲乃走剡中。

23 明唐王殺魯使者都督陳謙。

先是謙奉使入閩，久駐衢州，唐王御史錢邦芑，劾其「久住三衢，徘徊閩、浙之界，以舉足左右爲重輕。」比至，遂下之獄。

謙故與鄭芝龍有舊，南都封芝龍南安伯，謙齎詔往，至是芝龍力爲申救。而王以謙進見仍執二王敵體禮，稱皇叔父，銜之。芝龍入見，請以官贖謙死，王與語，久留不出，過期則謙已斬矣。芝龍伏尸哭之哀，厚斂之。自此，芝龍益懷異志。

24 六月，丙子朔，大兵克紹興。

先是方國安走紹興，即挾魯王南行。而是時馬、阮方在國安軍，與國安計，獻魯王來降，遣人守之。會守者病，王得脱，走台州，航海去。

丁丑，兵部尚書余煌赴水，舟人拯起之，居二日，復投深處，乃死。時先後殉難者，大理寺少卿陳潛夫，走至山陰化龍橋，偕妻妾二孟氏同赴水死。職方主事高岱，絶粒祈死，子朗知父意不可回，先躍入海中死，數日岱亦死。兵部主事葉汝萓，偕妻王氏居桐塢墓所，並赴水死。

魯王之去也，命大學士張國維防遏四邑，圖後舉，國維還守東陽，知勢不可支，作絶命詞三章，赴水死。禮部侍郎陳函輝，從王航海，已而相失，哭，入雲峰山投水死。諸生諸暨傅日炯、鄞縣趙景麟、山陰朱瑋、浦江張君正等皆殉義死。而魯總兵王之仁者，自沈其妻妾，械至江寧，不屈死。【考異】以上殉江上之難者，皆據明史朱大典（傳）及輯覽分書之。蓋會稽之潘集，山陰之周卜年，皆係去年與王毓蓍等同殉者，故輯覽不入紹興殉難中，惟漏去山陰朱瑋，今據明史補。又殉節録所載，有布衣倪文徵，山陰人，爲蒙師，紹興破，掘坎坐缸中自瘞死，並見繹史補。南略所載，有通政司吴從魯，不薙髪死。故山西僉事鄭之尹，沈水死，——即遵謙父也。又有會稽諸生方炯赴水死。蕭山諸生楊雲門，自縊死。温氏繹史所載，有故御史何弘仁，追扈監國不及，過關山嶺，書絶命詞衣帶間投崖死。故太常博士李山，在吴中絶粒死。主事謝震龍，被執不屈死。野史所載，又有蕭山沈

八十九、張鋸匠、會稽鍾皂隸之屬，皆被執不屈死。而鮚埼亭集有明錦衣徐啓睿墓柱銘，言「啓睿，鄞縣人。少負才任氣，喜爲俠烈之行，尤嗜擊劍，卧起常佩之。以謾駡，不爲時所容，棄爲僧。甲申之變，哭七日夜不絶聲。踰年，南都再陷，杖劍趨督師錢肅樂營。肅樂請于監國，授以錦衣衛指揮，不拜。自稱『白衣參軍』。見江上諸軍不出，數謾駡。一日晨起，佩劍集其麾下，徑自東岸渡江，直薄西岸，大兵以爲游騎，遣裨將禦之。啓睿則奮劍直前，掩殺過半。乃亟出鋭師，令生致之。未幾，長圍四合，啓睿力竭，陷泥淖中，遂被執。諭之降，則謾駡。乃殺之，刳其腹，實以草，懸之江門。監國聞之震悼。令以原官加贈都督，其子世襲指揮，招魂葬之。」又婁秀才空石志，言「江干之破，象山婁文焕，正衣冠，哭謝先聖廟及祖祠，欲投繯，家人環哭止之。兀立海濱沙上，有頃，潮大至，浮海死。」據此，則亦江干之敗前後事也。又諸書言禮侍郎王思任不食死。明季遺聞，則云「入雲門山數月卒」。今並識之。

25 **明魯王之航海也，督師大學士孫嘉績方治水師，聞江上之敗，急還會稽，則王已登舟，嘉績遂泛海入翁洲。時疽發于背，至翁洲，尚書錢肅樂已先至，視嘉績疾，相向哭。嘉績尋賦絶命詞，語其子延齡曰：「倘聞王所在，宜亟從之。」語畢而卒。**【考異】據全氏外集孫公傳，言「行至翁洲，卒于道隆觀，時六月二十四日也。」據此，則嘉績之卒正在是月，並入之。

王之元妃張氏者，在會稽，其父張國俊頗豫政，妃脱簪待罪。至是江上失守，王自江入海，保定伯毛有倫扈宫眷自蛟關出，期會于舟山。道逢叛將張國柱，劫張妃北去，中途自刎死。【考異】張妃之死據吴興楊氏跋繹史，言「魯紀年、海上見聞紀，並言『張妃被劫』。而魯春秋、江東閏位紀、舟山紀略諸書皆言『魯王之出，妃再拜辭曰「勿以妾故，爲主上累。」遂手碎磁盆自刎死。』又野史言劫之北去者乃宮妃周氏，非張氏也，亦中途自刎死。今按全氏舟山宮井碑，亦言，「張妃被劫，次妃陳氏在副舟中，伏荒島數日，張肯堂遣人護之，得達長垣。辛卯舟山之役，安洋將軍劉世勳議分兵先送宮眷，時陳氏已册元妃，傳諭辭曰：『將軍意良厚。然蠣灘鯨背之間，懼爲奸人所賣。則張妃之續也。』」據此，則張妃被劫之語，疑得其實，今據之。陳妃之死，別見後。

26 大兵渡江，遣人招撫浙東諸大郡。

時明督師大學士朱大典殺我招撫使，不降，故御史傅巖，家在義烏，爲强宗，請盡以子弟赴援。大典部將吳邦璿、何武，驍勇善戰。而方國安方降于大清，銜爭頒詔之怨，導大兵以大礮攻城，城中亦以火藥禦之。攻圍三月，大師至日衆，守者漸疲，紛投坑塹，城遂崩。

大典子萬化尚巷戰，力盡被執。大典麾其愛妾幼子及萬化妻章氏投井。邦璿曰：「城中火藥尚多，不可資敵，盍焚之，爲吾輩死所。」大典已袖火繩待之，環坐庫中，賓從侍者二十餘人。大典聞萬化死，即命從者舉火，頃刻藥發，聲如地震。大兵入城，則大典闔門燼焉。

巖還至義烏，被執，與子齡熙、齡發並不屈死。邦璿妻傅亦死。都督蔣若來，先焚其妻子，巷戰經日，力竭自刎死。故吉安同知葉向榮，家居金華，城陷，投向村崖死。【考異】

巖至義烏死，據全氏朱大典事狀，而殉節録並載其子二人同死之。蔣若來、葉向榮，據殉節録及繹史增。録中又有金華訓導潘大成，新昌人，城破父子死之。南略有武進人鄭邠，館大典家，亦死。並附識之。○又按，金華之役，在渡江下紹興後，故輯覽及諸書同系之六月中。然全氏事狀中言「攻圍三月」，似下金華當在秋間也，今據輯覽圍城之始書之。又，殉節録有故編修徐復儀，浙東破，奔蹲山，投空谷死，云拒抗死，其地方月日不可考，疑亦浙東破前後事也，附識之。

時方國安之父方逢年俱降于我大清，而阮大鋮在國安軍，亦偕故太僕卿謝三賓等赴江干降，遂從我軍攻衢州，出仙霞關，閩中震動。鄭芝龍假言海寇入犯，請往備禦，拜疏即行，盡撤兵回安平守關，將士隨之。仙霞嶺二百里間，遂空無一人。

27 是月，大兵復討太湖，平之。

初，吴易之敗也，太湖中之舉事者，潛謀應援于明之唐、魯間。是春，易鄉人周瑞復聚兵于長白蕩，迎易入其營。至是大師入閩，分兵靖湖寇。會易以輕舠潛出武塘，爲游騎所獲，遂與瑞並執至杭州草橋門戮之。易總兵程槐、沈茂及職方主事倪曼倩、監軍道朱世昌、通判馮時敏、馮一鷺俱死焉。【考異】明史楊文驄傳，言易兵敗被執在是年八月，諸書所載，皆云六月。證之東華録浙閩總督張存仁奏，「太湖逆黨吴日生、主事倪曼倩俱被獲」，——日生即易也。原奏六月，與獲馬士英同在一奏中。據此，則明史「八月」字疑「六月」之誤也。輯覽亦系之六月目中，今從之。

28 秋，七月，乙巳朔，明魯王次海門石浦，富平將軍張名振遣使迎王，謀入翁洲。時總兵黃斌卿守舟山，名振遺書勸迎王，不聽。故職方郎中荆本澈，時總督蘇松，自松江航海從王，爲斌卿所襲，與其子元相全家死之。

29 是月，大清兵克衢州。

先是明兵部侍郎楊文驄，奉唐王命提督軍務以圖南京。比衢州告急，王命與誠意伯劉孔昭赴援。大兵至，文驄不能禦，城遂破。巡按金、衢二府兼視學政王景亮、衢州知府伍經正、推官鄧巖忠皆不屈，景亮、巖忠自經死，經正赴井死。鎮將永豐伯張鵬翼及伯吴凱、總兵項鳴斯等没于陣。【考異】吴凱、項鳴斯二人，諸書皆不見，此據輯覽增入。

江山知縣方召，集父老告之曰：「兵且至，吾義不可去。然不可以一人故致合城被誅，若輩可迎附。」遂封其印，冠帶自縊死。

文驄敗走，爲追騎所獲，與監紀職方主事孫臨俱不降被戮，明宗室朱盛濃、朱誼石皆死之。而鵬翼弟鵬飛、季熊，皆戰没于浙東，時稱「張氏三忠」云。【考異】克衢州，諸書系之六月，今據輯覽。明宗室二人，據東華録貝勒奏報之文，雖野史所載，亦多歧異。而盛濃後從桂王，豈又一人耶，抑奏報偶誤耶？姑據書之。

30 大兵由紹興間道奪盤山，克温州，明副將周茂戰没。故太僕寺卿王瑞枏，方督餉温州，避入山，尋有薦之仕者，乃辭家廟，入室自經死。瑞安諸生鄒欽堯、永嘉諸生鄒之琦皆死之。

故明尚書顧錫疇罷歸，唐王起故官，不赴，寓居温州江心寺。總兵賀君堯撻辱諸生，錫疇將論劾，君堯使人殺之，投其尸江中，三日，温人得而斂之。

時又有唐王職方主事監軍道王之栻，奉王命宣諭江上，至永康，遇大兵，被執，不降死。

尋克台州，明守將李唐禧、張廷綬兵敗死。【考異】廷綬、唐禧之死，見全氏都督張公行狀，諸書不載。而野史謂唐禧投降，誤也。全氏屢述唐禧殉難事，當不誤。今據增。

31 馬士英之至浙東也，以方國安同鄉，依之。而阮大鋮先投朱大典軍中，爲金華士民所逐，亦送之國安嚴州營。大鋮日掀髯指掌談兵事，國安喜甚。而士英以南都之壞半由大鋮，而己居惡名，頗以爲恨，已，士英助國安渡江窺杭州，大兵擊敗之，溺死者無算。士英不得志，又欲擁殘兵入閩，唐王以罪大，不許。至是江干師熸，大兵靖湖，遂與吴易同被禽，並士英總兵趙體元俱斬之。會大鋮導大兵攻仙霞關，聞之懼，僵仆石上死。或曰：「士英遁至台州山寺爲僧，爲我兵搜獲，遂降。尋唐王走順昌，大兵搜龍扛，得士英、大鋮及國安父子通閩疏，遂駢斬士英、國安于延平城下。大鋮方遊山，自觸石死，仍戮屍」云。【考異】此二說，俱見明史奸臣傳。其前說云據國史。若或說則據東華録所載張存仁原奏，似爲僧之說近實，蓋以六月獲，七月伏誅也。今仍據明史書之。

32 八月，甲申，大清兵克建寧。

時唐王總兵鄭鴻逵駐關外，聞兵至，徒跣疾走，三日而抵浦城，王聞之，削鴻逵爵。大兵至仙霞嶺，關門無一守兵，遂從容過嶺，長驅直入。輯覽，「大兵入關者，或由建，或由汀，或由福寧，俱走山谷間，不必定由仙霞嶺也。」

先是浙、閩以爭頒詔之嫌，欲遣使而難其人，魯職方主事倪懋熹請往，果稱旨，唐王留之，命以僉事分守建寧。時鄭芝龍盡取閩中兵餉歸于己，道標故有兵千人，至是一空，懋熹捐俸爲餉以募兵。我軍猝至，一戰不支，全軍盡没，懋熹死之，從者十八人，僅脱其一。【考異】倪懋熹殉難于建寧，諸書皆不見，此據全氏倪僉事壙版文，且言「建寧之破，在丙戌八月十一日」，正大兵出關時也，今據之。

33 甲午，明唐王自延平出奔。

先是鄭芝龍去，群情益離沮，王視朝，命内侍出一篋示群臣曰：「賴諸卿擁戴，越在海隅，布衣蔬食，曉夜焦勞。祗是上爲祖宗，下爲百姓，無負卿等立君之意。昨關上主事搜得閩中出關迎降書二百餘封，今具在此。吾不欲知其姓名，令錦衣衛對衆焚之，卿等宜無負初終也。」

已，仙霞關敗問至，王決計赴贛。會何騰蛟遣郝永忠來迎，至是欲之韶州，道阻，遂倉猝出奔，留兵部侍郎曹履泰偕延平知府王士和居守，猶載書十餘簏自隨，遂走汀州。

34 乙未，大兵克浦城。

先是唐王命御史鄭爲虹巡視仙霞關，駐浦城，尋命巡撫上游四府，兼領關務。及大兵入關，爲虹亟還浦城，縱士民出走，自守空城，兵至，被執，與給事中黄大鵬並死之。大鵬，建陽人，唐王以仙霞關要地，欲令閩人守之，乃以大鵬佐爲虹守關，至是亦被執不屈死。時閩中故巡撫楊廷清、李暄，俱被獲見誅。【考異】爲虹、大鵬之死，並見明史本傳。而南略所載，有故浦城千户張萬明，與其子翔鸞及都督洪祖烈，爲虹之僕陳龍俱殉焉。祖烈並見殉節録，云「從王出，死于浦城」。其楊廷清、李暄二人，野史不載，惟輯覽系之克浦城目中。證之東華録貝勒奏，「大兵破浦城，斬僞巡撫楊廷清李暄。」則二人亦殉難于浦城者也。今參輯覽書之。

35 丁酉，大清兵克延平，明知府王士和死之。

唐王既奔，士和居守。俄警報疊至，士和召父老曰：「吾雖一月郡守，當與城存亡。若輩可速去，毋使數萬生靈盡膏斧鑕。」衆泣，士和亦泣。退入内署，謂友人曰：「吾一介書生，數月而忝二千石，安敢偷生！」其友人勸止之，正色曰：「君子愛人以德，姑息何爲！」從容正衣冠，閉户投繯死。

時唐王抵順昌，聞追兵將至，騎而奔。庚子，王至汀州。

36 辛丑，大兵克汀州，閩中從官奔散，唐王與妃曾氏俱就執。曾妃行至九瀧，投于水，唐王卒于福州。明曲陽王盛渡、西河王盛淦、松滋王演漢、西城王通簡俱死之。【考異】繹史紀略，唐王以是月丁酉自延平出奔，乃大兵克延平之月日也。王以八月二十一日自延平出奔，二十四日至順昌，二十七日抵汀州，而大兵已隨其後，故二十四日克延平，二十八日克汀州，執王至福州，野史所記皆同。而輯覽目中，言「八月二十一日自延平倉猝出走」，則據紅本奏報之月日，尤得其實。今日分皆參正史、野史書之。總兵忠誠伯周之藩追護王于汀州，巷戰，矢集其身而死。

37 大兵之至延平也，偵知明唐王將由汀州趨江右，乃遣降將李成棟領兵邀截。貝勒自統兵徑取福州，破明總兵師福于分水關，陷崇安，明巡撫楊文忠被執死。

遂襲福州，克之。明唐王禮部尚書曹學佺衣冠自縊死。通政使馬思理，自縊不死，尋入魯。【考異】馬思理後爲魯王大學士，野史言其詐死遁去，三編、輯覽則書其與學佺同死。平觀察云，「馬思理實不預于福州之難。而據傅氏明書及李世熊寒支集，皆言其後事魯王，報命無期，望闕殉節，則其終于一死，不可誣也。」附識于此。兵科給事中郭符甲，戰敗，身被數創死。給事中熊緯，扈唐王至汀州，聞難奔赴，遇大軍，死之。都督僉事胡上琛亦從至汀州，王被執，上琛奔還福州，語家人曰：「吾世臣，不可苟活，爲我採毒草來。」妾劉，年二十，請同死，上琛喜，遂整冠帶，與劉共飲藥酒卒。【考異】福、汀之下，據殉節録所載，百户閔時扈王，追及之，守麗奉門，矢洞胸死。游擊張兆鳳，守備李國英，皆戰没于汀州。里居則莆田舉人林説、林曾賓，福清舉人林化熙、卓震，福安舉人繆士珦，侯官貢生元綸。又南略所載，有鄧文昌者，寧河王之後裔，與曾櫻留守福州，死之。繹史所載有部郎賴垓，又御史王國翰父子，隨駕死。故尚書姜一洪，追扈王行，至贛州之木榔菴，聞難，投江死。

38 是月，明督師楊廷麟、萬元吉敗于贛州。

贛圍既久，唐王遣尚書郭維經、御史姚奇允赴援，沿途募兵得八千人。元吉部將江起龍，率師數千，雲南援將趙印選、胡一青，率師三千，大學士蘇觀生遣兵如之，兩廣總督丁魁楚亦遣兵四千，廷麟又收集散亡得數千，于是各路援兵先後集。諸將欲戰，而元吉欲待水師至。時中書舍人袁從諤募砂兵三千，吏部主事龔芬、兵部主事黎遂球募水師四千，皆屯南安不敢下。主事王其弦謂元吉曰：「水師帥羅明受，海盜也，桀驁難制，棻等若慈母之奉驕子。且今水涸，巨舟難進，豈能如約！」不聽。

至是大兵聞水師將至，即夜截諸江，焚巨舟八十，死者無算，明受遁還舟中，火藥戎器盡失。

于是雲南、兩廣軍不戰而潰，他營亦稍稍散去。城中僅部卒四千餘人，城外僅水師後營二千餘人，參將謝志良擁衆萬餘雩都，不進，廷麟所調廣西狼兵八千亦踰嶺不即赴。會聞汀州破，人情益震懼。給事中揭重熙謀攻撫州，不克，中軍洪深死之，湖東援亦絶。

39 九月，辛亥，大兵入泉州。

明總兵鄭芝豹方入城索餉，聞大兵至，遂走安平。故大學士蔣德璟方家居，病，聞變，憂憤卒。【考異】諸書皆言「德璟見鄭師逗留，自請行關偵察。及至，見事無可爲，告病去。至是聞變絶粒卒。」證之明史本傳。言「德璟以足疾辭歸。九月閩事敗，而德璟適病篤，遂以是月卒。」按大兵下泉州在九月，則德璟之卒蓋亦憂憤而死。温氏所記閩中殉難，亦無德璟名。而朱氏詩話，或傳其吞金而死。今仍據明史本傳書之。

先是上杭流寇蜂起，里之舉人李魯受唐王職方主事，撫定之，聞王將至汀，趣汀帥周之藩往迎駕。及汀州敗問至，魯避入福員山，至是貝勒招降，魯不從，上杭民執之以獻，椎心泣血，絶吭而卒。時諸生鄒家善聞之，亦輟食自縊死。【考異】南略，大兵下泉州在九月八日，即辛亥也。魯之死見殉節録，言「隱于福員山，邑令强之仕，椎心泣血，絶吭卒。」與李世熊寒支集職方本傳大略相同。而鄒家善聞其死，輟食自縊，並見傳中。「家善」，録中作「宗善」。據傳言「魯死于九月初五日」，則正大兵破汀州之後，下泉州之前事也，今據之。

40 是月，明叛臣鄭芝龍，自安平奉表降于我大清。

41 冬，十月，丙子，大清兵克贛州。

時贛城圍久，守者疲甚。大兵用嚮導夜登城，鄉勇猶巷戰，黎明，兵大至，城遂破。明督師大學士楊廷麟，走西城投水死。輯覽紅本作「城上見殺」。

兵部尚書萬元吉之守贛也，禁婦女出城，其家人潛載其妾縋城出，元吉遣飛騎追還，捶其家人，故城中無敢出者。及城破，部將將擁元吉出城，元吉嘆曰：「爲我謝贛人，使闔城塗炭者我也，我何可獨存！」遂赴贛江死。

吏部尚書郭維經，入嵯峨寺自焚死。巡按御史姚奇胤，自經于文廟。御史楊文薦，病困不能起，執送南昌，絶粒卒。湖西兵備僉事彭期生，先駐吉安，吉安不守，走贛州，偕廷麟招降張安等，加太常卿，仍視兵備事，城破，冠帶自縊死。

一時同殉者，職方主事周瑚，被礫死。編修兼兵科給事中萬發祥，吏部主事龔棻，户部主事林琦，兵部主事王其弦、黎遂球、柳昂霄、魯嗣宗、一作「曾嗣宗」，一作「魯嗣曾」。錢謙亨，中書舍人袁從鶚、劉孟鍹、劉應試，推官署府事吴國球，監紀通判郭寧登，通判王明汲，臨江推官胡縝，【考異】據明史楊廷麟傳，則胡縝乃殉贛州之難者，故王養正傳不入六君子之數，以爲失其姓名。殉節録兩存其説。此仍據明史書之。贛縣知縣林逢春，皆被戮。鄉官盧觀象，盡驅男婦大小入水，乃自沈死。舉人劉日佺，偕母、妻、弟婦、子姪同日死。參將陳烈，數力戰，衆以其弟已降，疑之，烈益奮勇疾鬥，及見執，不屈，顧謂贛人曰：「今乃知我無二心也。」遂就戮。又，通判涂君鼎，副將馬觀鵬，參將朱永盛，兵部主事於斯昌，訓導程必進，中書龍嘉震，湖東道姚生文，推官吴世安等，俱不降死。

時東鄉、安仁、貴溪、瑞州、餘干、萬年，俱聚兵遥應閩中，大兵分道進剿。故明文武官之死者，東鄉有副將傅潛龍，參將黄騰，都司文而武，守備劉威振等，安仁則有參將傅鼎乾、都司徐德、守備洪士邦等，貴溪則有總兵陳輝、汪碩畫，副將汪洋，監紀廖汝健等，瑞州雞公嶺、棠山一帶，則有副將黄英，都司敖高，參將晏性等，餘干則有都司趙祖、參謀舒奇謀等，皆先後殉焉。【考異】自陳烈以上，並見明史楊萬諸人傳，而佚去通判王明汲，今據輯覽增，並增入涂君鼎以下八人。而殉節録所載，涂君鼎次子弘裕、三子弘祐俱見殺，孫關生、秀貞及妻熊氏、子婦熊氏、李氏、婢吕氏、瑞香俱赴井死。馬觀鵬方乞假歸娶，事急，諸堅守，力戰死，妻譚氏，未婚矢節。黎遂球之弟遂珙同死之。王其弦之兄其窿亦死之。姚奇胤之子端，後亦死節于柳州。又入祠士民有零陵生員唐周慈，從萬元吉守贛城死。布衣楊文奇，從楊廷麟守贛城死。贛州紳士月世光、謝瓚、楊萬言，孫經世、徐餘慶、郭其昌、聶邦晟，董讃、謝明登、馮復京、楊麗天、徐孝義、金之杰，又劉日佺之子良竑、良翊，皆從日佺死。李氏繹史摭遺所載，又有都督僉事劉天駟、雩都訓導胡董明，而聶邦晟之子士爌、士焕，合門殉焉。里居則薦授萬州判官周世光，——疑殉節録「月」字誤也，攜幼孫赴水死。謝瓚之死，其子允縛，從子允斗殉焉。諸生余學義，——疑即徐學義，歐陽麗天，——疑即楊麗天，與諸生董纘卿、馮復京，咸率母、妻、子、女死之。諸生郭必昌——疑即郭其昌也，哭三日夜，偕妻死之。又金之杰巷戰力屈，挈妻赴水死。王統、王純，入文廟自經死。周葵、陳君猷，積薪自焚死。鄉約謝明登，攜妻子投井死。書工趙廷瑞亦自盡。又孫經世之死，其弟緯世、紘世俱殉焉。又流寓被難者，廣東提學副使符遡中、與其兄述中，廬陵諸生段之渾、新喻諸生蕭瑛、寧都楊燧，——殉節録言殉于寧都，並識之。

42 **丙戌，故明桂王由榔始監國于肇慶。**

初，王居梧州，桂王常瀛及子由櫻相繼薨，事見崇禎十七年十一月。**王當襲爵，議遣使至閩，請册封桂王。及汀州變聞，兩廣總督丁魁楚，廣西巡撫瞿式耜，巡按御史王化澄，與舊臣呂大器議奉王監國。母妃王氏曰：「吾兒不勝此，願更擇可者。」魁楚等議已決，遂合謀迎王于梧州，監國肇慶。是日，即位，以魁楚爲東閣大學士，大器、式耜俱人學士兼兵部、吏部尚書。自化澄以下，皆進官有差。**【考異】明史桂端王傳，言「南都亡，在籍尚書陳子壯等將奉桂王常瀛監國。會唐王自立于閩中，遂寢。是年，王薨于蒼梧。」據此，則端王以順治二年卒，而三編特書于甲申十一月，據本朝實録改正也。錢氏所知録。言「乙酉閏六月，唐王即位，封安仁王爲桂王。」安仁即由櫻也。據此，則南都之亡，子壯等所欲擁立者乃安仁王。證之明史瞿式耜傳，亦云『議立桂端王子安仁王監國』，則端王卒之在前一年明矣。所知録又言「永明王聞贛警，自肇慶返梧州。未一月，安仁薨」，贛圍在是年五月，安仁之卒疑五月後事。永明以弟後兄，遂即桂王位，故聞唐王之卒，贛亦旋破，因謀監國也。今據書之。

43 辛卯，大兵克漳州，明福建糧道參議傅雲龍、漳州同知金麗澤、龍溪知縣涂世名等死之，世名子常吉及僕黄薛、黄揚、王亨、蔣三皆殉焉。

同時下興化。知府劉永祚死之。——永祚，故殉難御史熙祚弟也。【考異】南略言「雲龍、麗澤已降，爲鄉兵所殺。」證之殉節録，皆云「大兵入漳，死之」，本朝俱賜謚節愍。且事見福建通志，今與涂世名並入死事中。

44 大兵之下福建也，官吏之殉明者，閩清知縣陳其禮，被執不屈死，子龍玉、子婦吴氏、壻徐應宜皆殉焉，男女死者十五人。浦城訓導王兆熊，城破，入山寺不食死。建陽知縣崔攀龍，拒守死。都督同知傅啓耀，城破全家死。把總張天威，赴援漳浦，力戰死。

里居則故中書舍人鄭羽儀，閩縣人，故懷遠知縣江振鵬不食死。及子白龍、懷龍，泰寧人，户部主事劉之謙，上杭人，故處州知府汪宗明初名景宋，投水死。及其中子載，泉州人，故贛州教授黄廷柱，歸化人，北向再拜死。舉人陳鼎，泉州人，進士吴煌，永定人，廩生張璇光，同安人，投井死。布衣趙宗人，侯官人，江豫、江復，泰寧人，兄弟同死節。李上林、陳颺言，長樂人，皆殉城死。

又有徐英者，侯官人，以負販爲生，後折節讀書，城破，不食卒。又，永豐人劉景瑗，寓居浦城，城破，自縊于泮宮。【考異】以上皆據殉節録。又野史所載，有永嘉趙子章、汀州陳若水、閩縣民趙卯等，録中不見，附識之。

45 丁酉，明魯王自舟山入閩。

王之至舟山也，黄斌卿不納。會故將鄭彩至，與張名振謀，乃以其兵扈王入閩。

46 十一月，甲辰，明故唐王大學士蘇觀生擁立唐王弟聿鐭于廣州。

初，觀生奉唐王命赴贛州，以兵餉不繼，不能出師。贛州被圍，觀生走南康，發三千人助守贛，已而贛破，三千人皆引去。時觀生移駐南安，閩中急，不能救。及汀、贛連破，觀生退入廣州。監紀主事陳邦彦，勸觀生疾趨惠、潮，扼漳、泉，兩粤可自保，觀生不從。會丁魁楚等議立永明王，觀生欲與共事，魁楚拒不與，吕大器亦叱辱之。

適聿鐭與大學士何吾騶至，南海關捷先，番禺梁朝鍾，首倡兄終弟及議，觀生遂與吾騶及布政使顧元鏡、侍郎王應華、曾道唯等擁立聿鐭。稱號紹武，就都司署爲行宮。即日，封觀生建明伯，掌兵部事，進吾騶等秩，擢捷先吏部尚書，旋與元鏡、應華、道唯並拜東閣大學士，分掌諸部。時倉猝舉事，治宮室、服御、鹵簿，通國奔走，夜中如晝。不旬日，除官數千，冠服皆假之優伶云。【考異】諸書皆作「是月初五日立唐王弟聿鐭」，初五日乃丁未也。明史蘇觀生傳作「初二日」，蓋甲辰也，今據明史。

47 庚申，明桂王稱號于肇慶。

先是王既監國，會大清兵破贛州，司禮太監王坤輯覽，「王坤，即王肇基，崇禎時監餉宣府。甲申之難，奔南京，福王敗，復入閩。唐王不用，又入粵事永明王，命掌司禮監，遂擅政事。」走告王，遂奉王倉猝奔梧州，瞿式耜等力爭不得。

時蘇觀生已遣陳邦彥奉表勸進，甫至梧謁桂王，而觀生在廣州，別議立唐王聿鐭。邦彥不知也，夜二鼓，桂王召入舟中，丁魁楚侍，語以廣州事。邦彥亦以天潢之序宜屬桂王，乃請「亟還肇慶，正大位以繫人心，調南雄勁卒取韶，制粵東十郡之七，而以其三委之聿鐭，使代受敵，然後從而承其敝。」桂王大悅。魁楚、式耜等乃定議奉王還肇慶，至是遂稱尊號。改元永曆，以明年丁亥爲永曆元年，頒詔中外。

遣給事中彭燿、主事陳嘉謨齎敕往諭唐王聿鐭。燿至廣州，以諸王禮見，備陳宗支倫序及監國先後，語甚切至，因歷詆觀生諸人，觀生怒，執燿，殺之，嘉謨亦不屈死。即日發兵攻肇慶，以番禺人陳際泰督師。

48 癸亥，明故大學士傅冠避居泰寧，爲大兵所獲，執至汀州，不屈，死之。

初，唐王以江西之警，命冠督師辦湖東兵事。及瀘溪告急，冠不能救，爲給事中揭重熙所劾，或又言其嗜酒，乃許致仕。冠，進賢人，聞大兵連下吉、贛，走匿泰寧門人汪亨龍家，亨龍竟執以獻。冠衣冠南向拜曰：「臣負國無狀，死不足贖。」復西向拜曰：「祖父暴骨，惟冠之辜。」引頸受刃，血漬地，久而猶鮮，行人過者無不掩涕。踰年，其子始乞骸骨歸，合身首斂葬之。【考異】事見明史本傳，而其受刑于是年十一月二十一日，見李氏寒支集，即癸亥也，今據書之。

49 丙寅，明魯王至廈門。

時王之舊臣從者，兵部尚書熊汝霖，翰林院編修張煌言。石浦鎮將張名振，以扈從功晉封定西伯，與永勝伯鄭彩左右王。

而是時鄭芝龍已謀降附，密令彩執王歸命，彩不可。乃匿王，以南夷貌類者，服王冠服居舟中，語守者曰：「苟事急，則縊以示之。」芝龍之叛唐也，其子招討使成功獨不可，時方屯師廈門，以前頒詔之隙，致寓公之敬于王而不爲用。于是彩復奉王走南澳。

50 十二月，癸酉朔，故明唐王招討使鄭成功起兵于南澳，仍稱明年丁亥爲隆武三年。于是魯王復移次長垣。

51 甲戌，明桂王兵部侍郎林佳鼎敗績于三水。

廣州之攻肇慶也，王遣佳鼎禦之于三水。佳鼎故粵中監司，與林察同姓相善，察使群盜詐降，佳鼎信之，乘勝追至三山口。亂作，全師皆覆，佳鼎同僉事夏四敷赴水死。【考異】王夫之永曆實録，又有水師游擊將軍管燦，並識之。

時肇慶大震，瞿式耜視師峽口，以王化澄爲兵部侍郎代佳鼎，尋晉尚書。起前巡撫李永茂爲大學士，未幾罷。【考異】三水之敗，據明史蘇觀生傳，書「十二月二日」，即甲戌也。南略引粵事記，則云「紹武立，學臣林佳鼎位總憲，行大司馬事，提兵西上三水，欲侵肇慶。瞿式耜出東峽，設礮禦之，遂殲佳鼎。偵者訛傳式耜敗，肇慶震驚，永曆復奔梧州。據此，則佳鼎乃紹武臣，且勝負各異，並誌之以俟考」云云。按計氏所引粵事記，即風倒梧桐記也，蓋傳聞之異詞耳。然據臺灣外紀，佳鼎後歸鄭成功。東明聞見録，亦有「佳鼎不知所在，或曰與四敷同死」云云，是佳鼎之死亦似未確，今仍據史書之，俟考。

52 丁亥，大清兵克廣州，明唐王聿𨮁死之。

先是蘇觀生敗肇慶之師，意自得，務粉飾爲太平事，而委任關捷先及梁朝鍾。捷先小有才，便筆札，朝鍾善談論，浹旬三遷至祭酒。有潮州人楊明競者，好爲大言，詭稱精兵滿惠、潮間可十萬，即特授惠湖巡撫。又有梁鍙者，妄人也，觀生才之，用爲吏科都給事中，與明鏡大納賄賂，前後薦用數十人。觀生本乏猷略，兼總內外任，益昏瞀，招海盜資捍禦。其衆白日殺人，懸肺腸于貴官之門以示威，城內外大擾。

時大兵自福建趨潮州、惠州，皆下之，長吏皆降附，即用其印移牒廣州報無警，觀生信之。是日，唐王聿鐭方視學，百僚咸集。或報大兵已逼，觀生叱之曰：「潮州昨尚有報，安得遽至此！妄言惑衆，斬之！」如是者三。我軍已自東門入，觀生始召兵搏戰，兵精者皆西出，倉猝不能集。

觀生走梁鍙問計，鍙曰：「死爾！復何言！」觀生入東房。鍙入西房，各拒户自經。觀生慮其詐，稍留聽之，鍙故扼其吭，氣湧有聲，且推几仆地，久之寂然。觀生信爲死，遂自縊。明日，鍙獻其屍出降。朝鍾聞變赴池，遇救出，復自經死。

唐王方事閲射，亟易服踰垣，匿王應華家。俄縋城走，爲追騎所獲，饋之食，不受，曰：「我若飲汝一勺水，何以見先人地下！」投繯而絶。明益王、周王等，皆遇害。【考異】輯覽，「周、益、遼等凡二十四王，皆遇害。」何吾騶、王應華等悉降，惟故袁州知府霍子衡一門死之。

子衡，南海人，唐王立，召爲太僕卿。至是聞廣州不守，乃召妾莫氏及三子應蘭、應荃、應芷，語之曰：「禮，臨難毋苟免。若輩知之乎？」三子皆應曰：「惟大人命。」子衡援筆大書「忠孝節烈之家」六字懸中堂，易朝服北向拜，又易緋袍謁家廟，先赴井死，妾從之，應蘭偕妻梁氏及一女繼之，應荃、應芷偕其妻徐氏、區氏又繼之，惟三孫得存。有小婢見之，亦投井死。

未幾，龍門破，里居故新城知縣廖翰標，以二幼子託從父，從容自經死。番禺破，行人梁萬爵曰：「此志士盡節之秋也。」赴水死。

53 丁酉，明桂王復奔梧州。【考異】丁酉，是月二十五日也，南略及諸書皆同。惟輯覽目中作「二十二日」。

時司禮王坤用事，銓政軍務，任意顛倒，數以內批授官，諸臣爭之不聽。給事中劉鼒疏劾坤，幾得罪；大學士瞿式耜力救，乃免。

及是聞廣州破，肇慶大震，式耜請駐峽口禦之，坤不從。以肇慶知府朱治憪爲兩廣總督，守肇慶。王遂駕輕舟西上，駐梧州。

54 是月，大清兵至順慶，張獻忠伏誅。

初，獻忠謀走川北，是春，明參將楊展等盡取上川南地，屯嘉定，與洪雅、松、茂諸軍相爲聲援。而督師王應熊在遵義，巡撫馬乾在重慶，部將王祥、曾英皆宿重兵，賊勢日蹙。惟保寧、順慶爲賊將劉進忠所守，進忠又數敗，獻忠怒，遣孫可望、劉文秀、王尚禮、狄三品、王復臣等攻川南郡縣，應熊與巡撫樊一蘅，急令展及副將侯天錫、游擊馬應試等連營犍爲、敘州以禦之，賊連戰不利。英及祥乘間趨成都，獻忠立召可望等還。

會大清兵入蜀境，獻忠將北走，欲盡殺川中兵，于是進忠懼，遂奔我軍于漢中請降，乞爲鄉導。是秋，獻忠棄成都，走順慶，入西充之鳳皇山。進忠偵得之，導入山。至鹽亭界，天大霧，獻忠曉行，猝遇大兵于山坡中。進忠與善射者俱，指示之，以一矢中其額。墜馬，蒲伏積薪下，于是我兵禽獻忠出，斬之，降及敗死者二三十萬。其黨僞平東將軍孫可望、僞安西將軍李定國、僞撫南將軍劉文秀、僞定北將軍艾能奇、僞都督白文選、馮雙禮等，俱潰走川南。

時故明川中諸將，自王應熊以下，競擁兵自固，重慶曾英兵最强，可望等率殘兵驟至，英出不意，戰敗，沈江死。賊遂陷綦江，應熊退走永寧山中，尋卒于畢節衛。明桂王乃以大學士呂大器盡督西南諸軍代應熊，賜劍，便宜從事。

明通鑑附編卷四

附記四 起彊圉大淵獻（丁亥），盡著雍困敦（戊子），凡二年。

江西永寧知縣當塗夏燮編輯

大清順治四年（丁亥、一六四七）

1 春，正月，癸卯朔，明大學士瞿式耜聞桂王在梧州，趨赴之。而是時王聞大兵方西取肇慶，復越梧州而西，遂走平樂。未幾，大兵克肇慶，明總督朱治憪棄城走。復遣別將徇高、雷二府，進逼梧州。

時王欲幸楚依何騰蛟，而王化澄走潯州，丁魁楚走岑溪，皆棄王去，惟式耜及兵部尚書吴貞毓、侍郎吴炳從焉。癸亥，王由平樂奔桂林。

辛未，大兵克梧州，廣西巡撫曹煜降，蒼梧知縣巫如衡死之。如衡，故南海丞，廣州之陷，如衡奔肇慶告急，因扈桂王至梧州，尋命署蒼梧縣事，至是梧屬官吏悉上印綬及尺籍，如衡獨持印不予，曰：「朝廷以此屬我，身當殉之。」再三諭，不屈，遂遇害。

時明湖廣總督何騰蛟遣湖南道副使陳象明徵餉廣西，至則廣東地盡失，象明乃徵調土兵，與陳邦傳連營，東至梧州溶樹潭，遇大兵。戰敗，死之。【考異】梧州之破，繹史系之正月乙丑，諸書皆作「二十九日」，蓋辛未也。如衡殉難，見殉節録，有「懷印不納」語，與寒支集巫丞傳同。證之東明聞見録，是時蒼梧知縣爲萬思夔，後遁去，意巫衡時以思夔遁，因兼攝縣事也。今據傳書之。

2 是月，明魯王在長垣，以熊汝霖爲東閣大學士，張煌言右僉都御史，禡牙誓師。

時故提督楊耿、總兵鄭聯以兵來會，進鄭彩建國公，張名振定西侯，耿同安伯，聯定遠伯，故將周瑞閩安伯，周鶴芝平夷伯，阮進蕩胡伯。又以前僉都御史劉中藻爲兵部尚書兼東閣大學士。

初中藻奉唐王命，頒詔浙東，還至金華，朱大典薦其才，遂命巡撫金衢。閩事敗，中藻入括蒼，攻慶元、壽寧、泰順、福安、寧德、古田、羅源七縣守之。至是率衆歸魯，遂有是命。

3 獻賊餘黨孫可望等陷遵義，入貴州境。

時大清兵追至重慶，明故巡撫馬乾敗死，遂入遵義，以餉乏旋師，于是明故將王祥等復取保、寧二郡。故明總督樊一蘅，再駐江上，爲復窺全蜀計，乃列上善後事宜及諸將功狀于桂王。王拜一衡戶、兵二部尚書，加太子太傅，祥及侯天錫等俱進爵有差。

時王應熊已卒，而明故宗室朱容藩、故偏沅巡撫李乾德並以總制至，楊喬然、江爾文以巡撫至，各自署置，官多於民。諸將袁韜據重慶，于大海綏雲陽，李占春據涪州。譚詣據巫山，譚文據萬縣，譚弘據天字城，侯天錫據永寧，馬應試據蘆衛，王祥據遵義，楊展據嘉定，朱化龍、曹勛仍據故地，而李自成餘孽李赤心、郝摇旗等十三家亦在夔、巫間，一衡令不行，保敘州一郡而已。

4 二月，壬申朔，明魯王圍海澄。癸酉，攻漳州，不克，總兵陳國祚戰没。明日，我大清兵復海澄，魯王退入于海，知縣洪有文死之。【考異】洪有文，見明史朱繼祚傳。野史，又作「洪有楨」。繹史言「魯王克漳浦，授有文漳浦知縣，四月城破，死之。」證之殉節録，「有文，海澄知縣，城破死之」，與明史合，今從正史。

5 丙戌，明桂王自桂林奔全州。

先是王至桂林，以吴炳、方以智爲大學士，同瞿式耜入閣辦事，以周堪賡、郭都賢、劉遠生等爲六卿，丁時魁、金堡等爲給事中，遣使勞何騰蛟，趣兵入衛。

會大兵已自梧州西向平樂，而明武岡鎮將劉承胤方以兵至全州，王坤以桂林之急，請赴之。式耜極陳桂林形勢可守，且言：「留粵則粵在。去粵則粵危。我進一步，人亦能進一步，我去速一日，人來亦能速一日。去而不守，則拱手授人矣。」不聽。式耜自請留守，許之。進文淵閣大學士兼吏、兵二部尚書，賜劍，便宜從事。以麾下焦璉爲總兵官，陳邦傳封思恩侯，守昭平。王遂入全州。

初，王爲張獻忠所執，璉率衆攀城上，破械出之。王病，璉負以行，得免，王以是德之，遂見擢用。

6 是月，明桂王總督丁魁楚被殺于大藤江。

魁楚之走岑溪也，輜重累多，舳艫相屬，聞李成棟導大兵自廣州而西，復懷觀望。成棟貽書誘之降，遂移四十艘順流東下。成棟款之舟中，旋以計殺之，遂盡取其帑賄。惟魁楚一妾過船投水死。【考異】明史陳邦彦傳，但言「大兵克梧州，殺丁魁楚」，而諸書所記，謂魁楚敗死于大藤峽，皆以其死國事而諱之也。南略所引粤事記，本末頗詳，然亦似怨家語。惟「魁楚擁重貲在岑溪，觀望進退，李成棟誘之降而殺之」，此實録也，今據粤事記節而書之。

7 四川賊黨孫可望等入貴州，故明布政使張耀亟言于巡撫米壽圖，請發兵守禦，壽圖以衆寡不敵，難之。俄，賊衆突至貴陽，耀率家丁乘城拒守，興寧知縣吳子騏、户部主事劉琯、同知楊元瀛等亦以鄉兵扼賊。賊來益衆，子騏等戰敗，被執死，城遂陷。賊帥與耀皆秦人，説之曰：「公若降，當以爲相。」耀怒詈，不屈。賊執其妾媵怵之曰：「降則免一家死。」耀詈益甚，遂並其家屬十三人皆遇害。壽圖出奔沅州。賊尋陷安平，僉事曾益集衆拒守死。陷平壩衛，户部郎中譚先哲與里人寧前、兵備參議石聲和俱闔門殉難。寇定番州，知州陳新第、都司陳徵死之。威遠守備陶世顯，血戰没于陣。鄉官顧人龍，率士民拒守，殺賊甚衆，城破，大罵而死。賊既陷貴州，將長驅入雲南。永寧知州曾異撰，與其客江津進士程玉成、貢生龔茂勳謀曰：「州據盤江天險，控扼滇、黔，棄之不守，事不可爲矣。」遂集衆登陴守。城陷，自焚死。

8　三月，壬子，大兵攻桂林。

明桂王既奔，桂林危甚，總督侍郎朱盛濃走靈川，巡按御史辜延泰走融縣，布政使朱盛瀾、副使楊垂雲、桂林知府王惠卿等俱遁，惟瞿式耜與通判鄭國藩、縣丞李世榮及都司林應昌、李當瑞、沈煌在焉。

桂王在全，令兵部右侍郎于元煜代盛濃，御史魯可藻代延泰。——元煜，故明大學士慎行子也。未至，【考異】于元煜，諸書多作「於」，非，元煜，平觀察云，凡史中人名作「煜」者，大半廟諱「火」「華」之代字也。大兵已薄城下，以騎數十直入文昌門，登城樓，瞰式耜公署。時明總兵焦璉在黄沙鎮，聞警，率騎三百人赴援，值山水泛溢，水及馬腹，至江，得漁舟二艇先後渡，以初十日即壬子前一日。薄暮抵留守府，式耜拊背勞之。是日，方運糧入城而大師數萬猝至。式耜令璉拒戰，璉袒背控弦，發數矢，皆應弦而倒，自寅至午，斬獲甚衆，大兵已退復合圍。凡戰守三月，璉功最多。式耜身立矢石中，與士卒同甘苦。積雨城壞，吏士無人色。式耜督城守自如，故人無叛志。援兵索餉而譁，式耜括庫不足，妻邵捐簪珥佐之。

時劉承胤遣援桂兵五千人至，與璉兵主客不和，擊傷璉，大掠城中去，璉兵亦出城赴黃沙鎮，城幾破者數矣。會明陳邦彥襲廣州，大兵東還，桂林遂獲全。【考異】諸書皆系文昌門之役及劉承胤、焦璉相擊傷事于五月，證之瞿式耜奏稱，「自二月十五日移蹕之後，至五月二十九日，凡百有六日中，遇清變者二，遇兵變者一。」而明史式耜傳亦言「戰守三月」，則「五月解圍」之語近是。然文昌門之戰，則大兵甫至而焦璉先一日入城。明史傳中所載，具有日分，則三月初十、十一日也。劉、焦兵變，疑亦三月事，若五月則王已在武岡，而焦璉仍守桂林。諸書蓋牽連記之，不免前後矛盾。今仍據明史，統系之三月下。

9 癸亥，明劉承胤以桂林之急，挾桂王走武岡。

10 是月，大清兵克長沙及湘陰。

初，明總督何騰蛟聞闖破，唐王遇害，大慟，厲兵保境如平時。會桂王立，進騰蛟武英殿大學士，加太子太保。至是，闖賊降將王進才，故守益陽，聞大軍漸逼，走長沙，揚言乏餉，大掠，並及湘陰。比我軍至長沙，進才走湖北，騰蛟不能守，奔衡州，湖南巡撫章曠奔寶慶，于是長沙、湘陰，皆相繼下。【考異】長沙之陷，據王氏永曆實録，副總兵滿大壯死之。野史所載，有長沙僉事趙廷璧率妻古氏、子熼、子婦馬氏，俱自盡。

11 是春，明桂王兵科給事中陳邦彦起兵于高明，僉都御史張家玉起兵于東莞，新會王興、潮陽賴其肖等皆以兵應之。

初，邦彦以廣州争立，遂變姓名入高明山中，比廣東列城悉下，乃潛謀起兵。有余龍等千餘人，本萬元吉所募，未行而贛州已失，龍等無所歸，聚甘竹灘爲盗，他潰卒多附，至二萬餘人，桂王總督朱治憪招降之，既而譟歸。會大兵下平樂，將攻桂林，邦彦乃説龍等乘間襲廣州，而已發高明兵，由海道入珠江與龍會。且貽家玉書曰：「桂林累卵，但得牽制毋西，潯、平間可完葺。是我致力于此而收功于彼也。」家玉以爲然，遂與同里舉人韓如璜結鄉兵攻東莞城，知縣鄭霖降，乃籍前尚書李覺斯等貲以犒士。甫三日，大兵至，家玉敗走，如璜戰死。

家玉居西鄉，祖母陳，母黎，妹石寶，俱赴水死，妻彭，被執不屈死，鄉人殲焉。西鄉大豪陳文豹，復奉家玉取新安，襲東莞，戰于赤岡。未幾，大兵大至，攻數日，家玉敗走鐵岡，文豹等皆死焉。

而邦彥所統龍卒，故無紀律，大兵自桂林還救，揚言取甘竹灘，龍等顧其家，輒退，邦彥亦却歸。既，乃遣門人馬應芳會龍軍取順德，無何，大兵至，龍戰敗，應芳被執赴水死。踰月，龍再戰黃連江，亦敗没。

會家玉亦敗于新安，邦彥乃棄高明，收餘衆徇下江門，據之。【考異】邦彥、家玉之起兵，諸書或系之正月，或系之二月，以時事考之，蓋大兵西攻桂林時事，攻桂林不克，東還，蓋以廣州被襲也。明史邦彥傳，書于四年之春，並系黃連江之敗于四月，而邦彥、家玉之敗，皆與陳子壯同在是年之冬，今分書之。

12 四川賊孫可望等入雲南。

初，沙定洲逐黔國公沐天波，踞會城，分兵掠滇中諸郡縣。惟楚雄以金滄副使楊畏知堅守，不能下，事見二年十二月。定洲乃築長圍困之。至是可望聞滇亂，兼程赴滇，聲言黔國焦夫人弟來復仇，滇民久困沙兵，喜其來，迎之。定洲解楚雄圍去，禦可望于草泥關，大敗，遁歸阿迷。

可望遂破曲靖，明巡按雲南御史羅國瓛，方按部曲靖，與知府焦潤生俱被執。可望欲降之，國瓛不屈，挈至昆明，自焚死，潤生亦不屈死。曲靖推官署道事夏衍虞，貽書國瓛，約共討賊，事泄，闔門死之。都司經歷徐道興，方署師宗州事，集士民固守。及賊入署，道興大駡。賊令出迎其將，道興擲酒盃擊之，駡不絕口，遂被殺。

賊屠曲靖及交水，遂由陸涼、宜良入雲南會城。僉都御史朱壽琳，方奉桂王命募兵于滇，賊至，知不免，張麾蓋往見之，行三揖禮曰：「謝將軍不殺不掠之恩。」可望諭之降，不從，繫他所，使人誘以官，亦不從，從容題詩于壁。或以詩報可望，遂遇害。

可望分遣李定國徇迤東諸府，而自與劉文秀率兵西出。畏知禦于啓明橋，兵敗，投水不死，踞而駡。可望下馬慰之曰：「聞公名久。吾爲討賊來，公能共事，相與匡扶明室，非有他也。」畏知瞠目視之曰：「給我爾！」可望曰：「不信，當折矢誓。」畏知因要以三事：「不用獻忠僞號。不殺百姓，不虜婦女。」可望皆許諾。乃與至楚雄，略定大理諸郡，使文秀至永昌迎沐天波歸。

時永昌推官王運開攝監司事，通判劉廷標攝府事，方發兵守瀾滄，而天波已降。可望諭兩人以印往，兩人堅不予。永昌士民聞賊所至屠戮，泣請納款紓禍，兩人慰遣之。既去，兩人相謂曰：「衆情如此，吾輩唯一死自靖耳。」是夕，運開先自經，廷標聞之曰：「我老，當先死，王公乃先我邪！」遂沐浴賦詩三章，亦自經。可望等重兩人死節，求其後，或以運開弟運閎對，即聘之。行至潞江，謂其僕曰：「吾兄弟可異趣耶！吾死，若收吾骨，與兄合葬。」乃躍入江死。

時李定國東徇臨安，與沙賊部目李阿楚力戰，破其城，殺城中官民七萬八千餘人，盡掠子女而回，所過無不屠滅。河西陷，里居故僉都御史耿廷籙赴水死，妻楊被執，亦不屈死。姚安陷，姚州知州何思、舉人席上珍不屈死，舉人金世鼎自殺。晉寧陷，知府冷陽春死之，舉人段伯美、諸生余繼善、耿希哲助陽春城守亦殉焉。呈貢陷，知縣夏祖訓死之。富民陷，貢生李開方率妻子同死，其友諸生王朝賀，掩埋訖，即自經。在籍知縣陳昌裔，不受僞職，爲賊杖死。兵科給事中廖履亨、楚雄舉人杜天禎亦先後死。

迤東之殺與獻忠同慘，而迤西八府以畏知在軍得保全。于是可望遂據雲南。

13 夏，四月，乙亥，明桂王駐武岡。

時劉承胤挾王自重，跋扈不可制，逐司禮王坤于永州，又矯王命晉己爵爲安國公，總督戎政，賜上方劍，封其弟承永武岡伯，錦衣指揮馬吉翔文安伯，郭承昊太和伯，嚴雲從清江伯。御史毛壽登爭之，吉翔怒。疑出編修劉湘客指，乃激承胤脅王杖壽登及湘客、吳德藻、萬六吉于牙門外，承胤又力爲申救，得免，皆奪職。六部、九卿、科、道頌承胤功德者，章無虛日。至是復揚言「桂林已下，瞿式耜降」，王乃定居武岡，改曰奉天府。

時何騰蛟敗，副將張先璧大掠衡、永間，欲與承胤爲難，伏兵邀于路。王至武岡，甫渡河，浮橋斷，獲免。先璧遂大掠新寧，承胤請敕諭解，久之始去。自是桂王政事皆決于承胤矣。

時桂王遣降將李赤心即李錦，自成兄子，見前。等攻荊州，月餘，大兵來援，赤心等大敗，走入蜀，數日不得食，乃散入施州衞，聲言就食湖南。承胤在武岡，懼其偪，謂非堵胤錫，不能禦，乃加胤錫東閣大學士，封光化伯，賜劍，便宜行事。胤錫疏請給空敕鑄印頒賜秦中舉兵者，時頗議其專云。

14 己卯，大軍克興安，明守將孫守法死之。

守法，故陝西副總兵，乙酉之夏，大清兵徇秦地，守法奉明秦藩起兵復鳳翔，謀攻西安不克。是年三月，復寧州，拔興安之蕎麥山據之。陝督孟喬芳，降將也，潛引輕騎誘守法出，擒之。守法執鐵鞭格殺百十人乃死，傳首西安。

15 乙酉，松江提督吳勝兆，叛我大清，降于魯。

初，勝兆以遼人納款從征，洊擢開府，而與巡撫土國寶不相能。會以濫收降卒被劾，奉嚴旨切責。有長洲諸生戴之儁者，故給事中楊廷樞門人也，在勝兆幕中，因以危詞動之，令通款于舟山黃斌卿，約合力取南都，斌卿猶豫不欲應，張名振力勸之。

時明故侍郎沈廷揚總督海師，名振請以爲鄉導，遂泛海由崇明抵福山以覘變，舟泊鹿苑，颶風大作，軍士溺死者過半。會大兵在岸上，大呼「降者不死」。名振與監軍御史張煌言、侍郎馮京第，皆雜降卒中逸去，名振之弟名遠被執，死之。

廷揚嘆曰：「風波如此，其天意邪！吾當以一死報國，然死此無名。」乃呼謂游騎曰：「吾都御史也。」遂解至江寧。總督洪承疇以松山之役與廷揚有舊，遣人説之降，廷揚曰：「承疇以松山之徇，先帝賜祭十三壇，建祠都下，安得尚有其人！此唐子也。」承疇知廷揚不可屈，乃行刑。部下贊畫職方主事沈始元、總兵官蔡德、游擊蔡耀、戴啓、施榮、劉金城、翁彪、朱斌、林樹、守備畢從義、陳邦定及廷揚從子甲皆死之。麾下親兵六百人，斬于婁門，無一降者。

而勝兆太湖起事之謀，與水師約以十五六日至松江，及期寂然。于是勝兆中軍張世勳、都司高永義中變，以兵劫勝兆，矯其令箭，召勝兆所親信者之儁及標將李魁、吴著、喬世忠、王興邦、黄國楨、孟學孝等凡二十七人，皆誅之。執勝兆送江寧，窮治其獄。詞連故兵科給事中陳子龍等，遂下大索之令。【考異】沈廷揚被執事，見明史本傳。而諸書所載，與松江吴勝兆事絶不相涉，陳忠裕公年譜亦不涉沈廷揚一字，以時事考之，實一事也。年譜引明季忠烈紀實子龍傳，言「勝兆通款舟山，約水師于丁亥四月十五、六兩日至松江，爲謀不密，遣其將張世勳、高永義偵海師至，而海師已于十四夜爲颶風所没，世勳等因中變，劫勝兆」云云。證之全氏外編沈尚書傳，廷揚之覆舟被執，即是年四月十四日事也，勝兆之通款舟山及舟山之起師相應，全氏傳中紀其本末甚詳，而年月亦脗合。是月壬申朔，十四日即乙酉也。子龍之遇害在五月，考其先後皆在太湖一獄中，温氏繹史系廷揚舟師之敗于壬辰，誤也。今月日悉據陳譜，參全氏傳書之。

16 五月，明魯王師敗于海口，總兵趙牧、參謀林籥舞死之。【考異】據輯覽所載，即是月克崇明事，蓋陸師之敗也。繹史系之五月，即覆舟後事。

17 大清兵靖太湖。

時吳勝兆事發，巡撫土國寶謀乘此盡除三吳名士，以陳子龍爲首，次則楊廷樞也。廷樞遭國變，隱居鄧尉山，浙東遥授翰林院檢討兼兵科給事中。至是以戴之儁株連被逮，慨然曰：「予自幼慕文信國之爲人，今日之事，素志也。」舟中書血衣並詩以見志。是月之朔，大帥會鞫于泗洲寺，好言慰之。廷樞嫚駡不已，遂遇害。臨刑，首已墮，聲從項中出，駡益厲。門人迮紹原購其尸葬焉。廷樞妻費氏，女觀慧適張氏，皆先死之。

子龍亡命，與諸生夏之旭，——故考功允彝兄也，同奔嘉定，匿于太學生侯岐曾家。——岐曾，故通政使峒曾弟也，恐事不密，以屬其義僕劉馴居數日，捕者益急，展轉匿于故延安推官顧咸正家，——咸正者，故錢唐知縣咸建之兄，其子天逵，子龍壻也，居崑山。大兵蹤跡之，遂遣兵圍天逵家，獲子龍，械之舟中。癸丑，子龍乘間過跨塘橋，躍入水中死。子龍母韓氏聞變，亦自沈死。

一時以匿子龍死者，岐曾及咸正、天逵、天逵弟天麟，皆先後就逮死。而之旭從子完淳，允彝子也，時方拜表謀入閩從魯王，亦以子龍事捕得下獄，年方十七，賦絶命詞，慷慨臨刑。之旭亦縊死文廟顔子位旁。官生徐爾穀，故尚書石麒長子也；嘉善職方主事錢栴，棅之從兄也；與松江中書殷之輅、金山張寛、婁縣徐開祚等凡數十人，皆以獄詞連及，被執先後死，而爾穀妻孫氏、栴妻徐氏並殉焉。

時又有故南昌知縣劉曙者，蘇州破，亦避居鄧尉山。有通款舟山之諸生，疏吴中忠義士二十三人，廷樞及曙名最先，爲游騎所獲，上其事。會廷樞被逮，乃及曙，曙至，膝不屈，詰曰：「反乎？」曙答曰：「誠有之。愧事未成耳！」然曙實不與謀也，下獄八旬，與咸正、完淳等同就戮。

而太湖自吴易以來，先後阻兵者，有鎮南伯金公、王安撫、許耕奇、徐明道、參將李世忠、總兵王元震、史弘弼、田希成、毛濟宇、同知吴任蘭、藩鎮汪碩德、參謀陸美初、副將施子昭及朱大定、曹辰、沈君晦等，俱次第被獲死，蓋閲三年而後靖云。【考異】陳子龍之死，以吴勝兆連及，楊廷樞之死，以戴之儁連及，而二人尤名重一時，故獨居首。然廷樞被逮先至，據其舟中血書，言「其年丁亥之歲，其月孟夏之終」，是四月晦日絶筆。野史記其被殺于五月之朔者爲得其實。若子龍，展轉于侯、顧兩家，南略記其投水于五月二十四日，證之忠裕年譜，特書云「五月十三日」，蓋得之目擊者。而子龍以未正大辟，一時守者皆被刑，復取子龍尸，梟于松江之西門，其本末具見年譜注中。南略云「二十四日」者，蓋梟首日分也。一時同難之人，皆據年譜書之，而太湖先後阻兵十五人，參輯覽書之。年譜引堯峰文鈔侯岐曾之僕俞兒、朱山、鮑超、陸二、李愛五人，皆從死。

18 是月，大清兵克衡州。

先是明何騰蛟退駐衡州，總兵盧鼎從之。未幾，張先璧兵突至，大掠，鼎不能抗，走永州，先璧遂挾騰蛟走祁陽，又間道走辰州。騰蛟脱還，走永州，甫至，鼎部將復大掠，鼎走道州，騰蛟與督餉侍郎嚴起恒走白牙市。【考異】永曆實録，「衡州之役，臨武知縣李興瑋死之。」大兵遂克衡州。

初，騰蛟建十三鎮以衛長沙，而先璧及黄朝宣、劉承胤、李赤心之等，大抵李自成餘黨及左良玉舊將也，十三鎮姓名，見上卷二年九月中。及是以湖南不守，皆自爲盜賊。朝宣守衡州，遂降于大清，大帥稔其貧殘，因數其罪，支解之，遠近大快。

尋進克永州，以一知府守之。故明副將周金湯，知城内虚，夜譟鼓而登，知府出走，金湯遂復取永州。

19 六月，庚午朔，明督師何騰蛟朝桂王于武岡。

初，騰蛟薦劉承胤，由小校擢至大將，稱門生，已漸倨。騰蛟在長沙，徵其兵，承胤大怒，言「先調黄朝宣、張先璧軍，皆巡撫章曠親行，今乃折箠使我。」遂馳至黎平，執騰蛟子，索餉數萬。子走訴騰蛟，乃遣曠行，承胤始至。騰蛟爲請于王，得封伯，且與爲姻，承胤益驕。至是忌騰蛟出己上，欲奪其權，請用爲户部尚書，專領餉務，王不許。而承胤專甚，王懼其偪，欲召騰蛟圖之，于是騰蛟自白牙市入謁，王及太妃皆召見，然騰蛟亦無如承胤何也。

騰蛟無兵，王命以雲南援將趙印選、胡一青兵隸之，仍遣還白牙。陛辭，賜銀幣，命廷臣郊餞，承胤伏千騎襲騰蛟，印選力戰，盡殲之，遂退駐白牙。

章曠以騰蛟入朝，代理兵事，移駐永州，見諸大將擁兵，聞警輒走，遂抑鬱而卒。

20 是月，明魯王攻漳州，不克，以前兵部侍郎錢肅樂爲兵部尚書。

初，肅樂在翁洲，閩中復召之，未赴而閩已破，遂隱于福清海壇山，采薯爲食。比聞魯王入閩，肅樂入覲琅江，王大喜，進尚書。肅樂自陳無功，請以侍郎署部事，不許。因疏請「申軍令，嚴賞罰，停止一切封拜，鑄掛印將軍印以待有功者」，皆從之，兵威爲之一振。又疏薦故太僕卿劉沂春、廣東糧道吴鍾巒，皆召之，沂春進右副都御史，鍾巒進通政使。

王之初至閩也，鄭成功修頒詔之怨，仍稱隆武三年，至是肅樂請頒明年戊子監國三年曆，自是海上遂有二朔。

21 秋，七月，甲辰，明故給事中陳邦彦謀再襲廣州。

初，廣州之圍，大兵知謀出邦彥，求其家，獲其妾何氏及二子，厚遇之，爲書招邦彥，邦彥判書尾曰：「妾辱之，子殺之，皆唯命。身爲忠臣，義不復顧妻子也。」故禮部尚書南海陳子壯，以粵東争立，沮之不得，退居邑之九江村。桂王立，授子壯東閣大學士兼兵部尚書，督廣東、福建、江西、湖廣軍務。會大兵入廣州，聿鐭被執死，子壯止不行。至是邦彥以書密約復攻廣州。未幾皆敗。

22 明桂王遣兵陷平樂、梧州諸郡。

先是，大兵解桂林圍去，而粵東義師四起，大學士瞿式耜，遂乘間遣總兵官焦璉連取陽朔及平樂，陳邦傳由賓州取潯，合兵攻梧州，復之，于是粵西全省地復歸于明。王以功封式耜臨桂伯，璉新興伯，式耜請王返全州，又請還桂林，皆爲劉承胤所脅，不果行。

23 是月，明桂王大學士陳子壯起兵于九江村。

兵多蜑户番鬼，善戰，乃與陳邦彥約共襲廣州，結故指揮使楊可觀爲内應。子壯先至，駐五羊驛，事洩，可觀等死。將引退，邦彥軍亦至，謀伏兵禺珠洲側，伺我軍，還救會城而縱火以焚舟。子壯如其計，果焚舟數十。我軍引而西，邦彥尾之，會日暮，子壯不能辨旗幟，疑皆大兵也，陣動，我軍順風追擊，遂大潰。子壯走還九江村，長子上庸陣没，邦彥奔三水。

24 明魯王次長垣，親率鄭彩、阮進之師攻福州，敗績。

25 八月，己巳朔，明桂王以户部侍郎嚴起恒爲東閣大學士。起恒謁王于武岡，王奇其狀貌，與語，悦之，遂有是命。

26 丙戌，明魯王襲連江。

27 壬辰，大清兵克武岡。

先是衡州既下，遂攻寶慶、常德，明大學士堵胤錫走永順衛。至是我軍突入武岡、薄城外，太監馬吉翔擁桂王倉猝走靖州，劉承胤以武岡降。兵部尚書傅作霖，冠帶坐堂上，承胤力勸之降，不從，遂就戮。其妾鄭，有殊色，亦就執，驅之過橋，躍入水中死。

王之出奔也，命大學士吴炳護世子走城步，比至，城已爲大兵所破，遂被執，送至衡州，炳不食，自盡于湘山寺。吏部主事侯偉時從炳扈行，亦死之。【考異】吴炳殉難，見明史本傳。粤事記言其「踉蹌奔，卒于道」，而王氏永曆實録書其降，蓋炳被執至衡州，故一時誤傳以爲降也。輯覽據明史，且賜謚忠節，今從之。

28 九月，明桂王復自靖州奔柳州，道出古泥關，降將劉承胤導大兵追及之。參將謝復榮，趣馬吉翔等扈王疾馳，身自斷後力戰，與總兵王景熙俱死之。

會明總兵侯性、太監龐天壽率舟師迎王，天雨，宫眷内竪狼藉泥淖中，饑餓無人色，性供帳儲峙皆備，王喜，封性商邱伯，以天壽掌司禮監。時從官皆失王所在，從行者惟吉翔，各部諸司事，皆吉翔一人掌之，尋進吉翔爵爲侯。

時故兵部侍郎李若星寓居貴州，桂王召爲吏部尚書，以武岡之破，遇亂兵死之。【考異】謝復榮之死，輯覽系之武岡陷目中。證之諸書，復榮扈王至靖州，中途遇追兵，斷後力戰，敗没于王家堡，五百人殲焉，輯覽因吴炳、傅作霖之死，牽連並記耳。今分書之。

29 大清兵盡定湖南地，分兵趨廣西、貴州。

30 故明大學士陳子壯，故給事中陳邦彦，兵敗死之。

先是子壯敗還九江村，會故御史麥而炫破高明，迎子壯，以故主事朱實蓮攝縣事。——實蓮，子壯邑子也。至是大兵克高明，實蓮戰死，子壯、而炫俱被執。

邦彦至三水，(口)〔會〕清遠指揮白常燦以城迎，邦彦乃入清遠，與諸生朱學熙嬰城固守。

邦彦自起兵，日一食，夜則坐而假寐，與其下同勞苦，故軍最强，嘗分兵救諸營之敗者。及是精鋭盡喪，外無援軍，越數日，城破。常燦死，邦彦率數十人巷戰，肩受三刃不死，走朱氏園，見學熙縊，拜哭之。旋被執，饋之食，不食，繫獄五日被戮。

踰月，子壯、而炫執至廣州，不降，亦被戮。子壯母朱氏自縊。

31 冬，十月，丁丑，明桂王復自柳州奔象州。

初，土司覃遇春，繹史，「覃」作「單」，今據明史。統狼兵肆淫掠，大學士瞿式耜召至桂林，誅之。王至柳州，遇春妻子迎訴，王復以其子鳴珂爲總兵，領父部曲。至是鳴珂聲言復仇，與柳州守道龍文明相攻殺，文明走，鳴珂大掠城中，矢及王舟，王遂南走。

32 癸未，大清兵再克永州，分兵下黎平。

明總兵蕭曠，本武昌諸生，以劉承胤偏裨，何騰蛟擢授總兵，仍管黎平參將事。及承胤降，令降將陳友龍招曠，曠不從，已，城破，曠力戰死之，友龍遂盡刼騰蛟眷屬以去。

武岡之敗，騰蛟及趙印選、胡一青奔還桂林，嚴起恒、劉湘客等亦至。時城中止焦璉一軍，至是騰蛟率諸將助守，而十三鎮郝永忠、盧鼎兵亦先後至。永忠調兵萬餘，與璉兵欲鬥，騰蛟調劑，桂林以安。乃與留守瞿式耜議，遣璉、永忠、鼎、印選、一青分扼興安、靈川、永寧、義寧諸州縣。

遂合疏言：「柳州猺、獞雜處，地瘠民貧，不可久駐。慶遠地鄰黔、蜀，南寧地逼交夷，未可遠幸。邇來將士瞻雲望日，以桂林爲杓樞，諸臣間關重趼，率以此爲拯救之聲援，請亟返桂林以圖恢復。」不聽。

33 是月，明桂王兵部尚書張家玉敗績于增城，死之。

初，家玉敗走，里人故尚書李覺斯，以籍家之怨發家玉先壟，毀其家廟及村族，家玉過故里，號哭而去。道得衆數千，取龍門、博羅、連平、長寧，遂攻惠州，克歸善，還屯博羅。比大兵來攻，家玉走龍門，復募兵萬餘人。

家玉好擊劍任俠，多與草澤豪士游，故所至歸附，乃分其衆爲龍、虎、犀、象四營，攻據增城。至是，大兵步騎萬餘來擊，家玉三分其兵，犄角相救，倚高崖深谿自固。大戰十日，力竭而敗，被圍數重。諸將請潰圍出，家玉嘆曰：「矢盡礮裂，欲戰無具；將傷卒斃，欲戰無人；烏用徘徊不決，以頸血濺敵人手哉！」因徧拜諸將，自投野塘中以死，年三十有三。

事聞，桂王嗟悼，贈少保、大學士、增城侯，謚文烈。其父兆龍猶在，以子爵封之。【考異】家玉以曾降闖賊故，本朝賜謚不及焉。今據明史本傳，書其死事之烈。

34 明魯王遣兵復福寧州。

初，唐王在（關）〔閩〕以涂登華守福寧。此魯王徇閩地，遣大學士劉中藻諭之，登華疑未決，曰：「海上豈有天子？舟中豈有國公？」兵部尚書錢肅樂致書曰：「將軍獨不聞南宋之末，二帝並在海上，張、陸並在舟中乎？」登華遂以城附焉。

王復遣其兵部侍郎林汝翥、文選員外郎林垐以鄉兵犯福清，戰敗，垐没于陣。汝翥被執，諭降不從，繫之，吞金屑而死。

時明中書舍人陳世亨，與鄧藩理以一旅復瑞安，援兵不繼，被執不屈，亦死之。【考異】世亨、藩理二人，見繹史，惟藩理失其官。原文「復安固」，徐氏言「晉置安固，後更名瑞安」，是也，今據書之。

35 十一月，戊戌，【考異】諸書戊戌朔，大清曆是月丁酉朔。蓋明是時仍用大統曆也，今不書朔。明桂王在象州。壬子，王自象州返桂林。

時大兵攻全州、灌陽，何騰蛟率焦璉、郝永忠、盧鼎、趙印選、胡一青五將，合力拒守，大戰全州城下。會大兵解圍去，王乃敘騰蛟等功，加騰蛟太師，與璉並進爵爲侯，封印選新寧伯，一青興寧伯。

未幾，大兵再逼梧州，時陳邦傳在梧，遣舟師將犯肇慶，遇我軍游騎至，輒驚潰，遂溯流追擊，薄梧城，邦傳急遁還潯州，遂入之。

桂王初欲自象州走南寧，瞿式耜再疏争之。乃遣司禮龐天壽、閣臣王化澄等扈三宮入南寧。王溯流而上，馬吉翔左右王，遇淺水輒力挽之，王爲之揮淚。

36 是月，大清兵克沅州，明偏沅巡撫傅上瑞降。時貴州巡撫米壽圖在沅州，死之。

37 十二月，己巳，明桂王還桂林，大學士瞿式耜與王化澄、嚴起恒並入直，何騰蛟仍出督師。【考異】諸書皆作「初三日，王還桂林」，行在陽秋書之是月己巳，即三日也。輯覽作「初五日」。

時馬吉翔以扈駕功方用事，瞿式耜勸王攬大權，明賞罰，親正人，納正言，以圖興復，時不能用。

騰蛟出師全州，未至而大清兵已抵州城。時郝永忠駐全州，有言陳邦傳將襲其輜重之在會城者，永忠即撤兵馳還桂林，盧鼎從之；焦璉不知其故，亦倉猝走平樂，人情震駭。守全諸將議遣使請降，監軍御史周震力争不可，衆怒，曳出斬之。州人孟泰仰藥死。于是全州鎮道遂以城降。

38 是月，浙東山寨之獄起。

初，江上之潰，浙東士大夫之樹義旗踞山寨者，故御史李長祥軍于上虞之東山，都御史張煌言軍于上虞之平岡，故職方主事王翊、副都御史王江軍于四明之大蘭山，故都督章欽臣軍于會稽之南鎮。其他則故御史張夢錫之大蛟寨，「蛟」，全氏傳中作「皎」。諸生杜懋俊、施邦炌之管江寨，皆在鄞江。時則職方主事華夏佐長祥，推官楊文琦佐翊，大理評事王家勤主施、杜軍事，而評事董志寧奔走聯絡諸寨間。故主事屠獻宸，推官董德欽，招兵寧波，遇降將海道中營游擊陳天寵，仲謨二人，故史閣部麾下也，與之盟，請效死爲內應。

會錢肅樂謁魯王于長垣，以兵部尚書部署海上諸軍，連復閩海州縣，且逼福州，于是大兵之在浙者撤以備閩。志寧語夏曰：「此可乘之隙也。」將以舟山之師會大蘭，王翊軍下寧波，而已以天寵等之師翻城應之，復連東山李長祥軍下紹興，則監國故疆可復，乃入舟山乞師于黄斌卿，不應，憤而歸。會夏以與故御史馮京第書，往來海上，事洩，爲慈谿大俠所告，捕之入獄，家勤爲營救，得出。再詣舟山，極陳「山寨諸軍刻期並集，百里之内牛酒日至」，斌卿爲之心動，許之。于是夏與文琦、家勤飛書發使，諸寨響應，而斌卿卒猶豫不發，遂爲降紳謝三賓所告。大兵捕之急，志寧脱走，夏等俱被執。

初，志寧擁錢肅樂起兵于鄞，同預議者，家勤、夢錫、夏及陸宇爓、毛聚奎，時所稱「六狂生」者也。三賓已降，復貽書王之仁，請斬肅樂及六狂生，而之仁旋歸于魯，洩其謀。志寧等縛三賓，夾長刀而下，三賓哀號，請輸餉萬金，乃得免。

至是三賓以計賺取夏貽大蘭帛書，告之大府，密調慈谿兵襲大蘭，翊走避四明山中。

先是翊與黄宗羲招山寨兵，爲大兵所覺，捕之急，因其弟翃、令以書招翊，翊不顧，遂殺翃。【考異】屠、華等五君子獄，諸書皆系之戊子，蓋被殺之年月也。證之全氏華氏忠烈合狀，其就刑在戊子五月初二日，而王家勤之死遲一月，然其起兵謀襲寧波，則在大兵入福州之前後事，故黄氏行朝襲東山、長祥走奉化，前軍章有功死之。乃下令大索。

録繫之是年十二月。而全氏大蘭王公墓碑記其事，亦云「丁亥十二月」。華氏狀中再勸斌卿出師，有「今十一月十四日，直指使者之天台」之語，則其事發于丁亥之冬，刑于戊子之夏，敘次分明。自甲申以來，蘇州、太湖及浙東山寨，爲殘明殷頑之兩大獄，明史于山寨事獨遺之，今據全集增。

順治五年（戊子、一六四八）

1 春，正月，丁酉朔，明桂王在桂林。魯王自閩安鎮移次壺江琅琦嶼。

2 癸丑，明魯王將鄭彩潛害其大學士熊汝霖。

時王竄居海島，彩專政，與汝霖有隙。會彩部下兵與定遠伯周瑞兵鬨，送汝霖治，汝霖笞而逐之，彩遂激衆怒，夜分，破門入，執汝霖沈之海，並其幼子。【考異】全氏謂「熊僅一子，在北未歸。」今仍據輯覽，不書名。義興伯鄭遵謙不平，彩復遣人殺之，亦投尸于海中，並其愛妾金氏。【考異】汝霖遇害，諸事皆云「望後二日」。航海遺聞作「十七日」，蓋癸丑也。金氏，見繹史，或云自盡。

3 癸亥，降將金聲桓叛，以江西附明桂王。

聲桓以左良玉部將歸附，乙酉之夏，與降將王體忠合兵取江右，聲桓計殺體忠，以其黨王得仁代之。——得仁亦闖部裨將，所稱王雜毛者也。江西既平，授聲桓總兵，恃衆驕恣，江西撫、按每裁制之，聲桓、得仁心怏怏。

初，明萬元吉曾識聲桓于楊嗣昌軍中，及守贛，貽聲桓書，勸之納款于唐，聲桓對衆撻其使，夜深，親解其縛而遣之。未幾，桂王立，聲桓潛遣其客雷德復通款粵中，以其妻子在京師，未敢發。會有以聲桓陰事告巡按御史董學成者，並及得仁，適聲桓之孥亦自京師至，二人叛志遂決。先一夕，閉城門，部勒全營，圍學成官署，殺之，並及副使成大業。比明，遂執巡撫章于天于江中，迎故明大學士姜曰廣入城以資號召。遣人奉表桂王，王封聲桓昌國公，得仁新喻侯。聲桓遂以反正爲名，仍用永曆二年正朔。

4 是月，故明宗室朱容藩僭稱監國于夔州。

初，容藩受桂王總制，駐蜀，與巡撫李乾德等不相下，川中諸將李占春附容藩，袁韜附乾德，互相争殺。

會廣西危迫，相傳桂王已没，容藩遂僞稱監國、天下兵馬副元帥，建行臺于夔州，稱制封拜，明御史錢邦芑傳檄討之。堵胤錫以湖南地失，無所歸，由貴州走蜀，見容藩，責以大義，曉譬利害，其黨頗散。

占春與韜戰不勝，退至涪州。時明大學士呂大器督師四川，至涪州，過占春營，具言「桂王無恙，容藩乘機僭竊，當得罪。」占春以爲然，乾德乃檄諸鎮討之。【考異】容藩僭號，諸書皆系之去年，蓋謀殺乾德在去年十一月長至之日，而韜與占春相争殺則今年正月事也，今據輯覽年月書之。

5 二月，庚午，叛將金聲桓，遣王得仁統兵陷南康、饒州，遂攻九江，揚言將窺江寧。

或説聲桓曰：「昔宸濠反江西，武宗擇王守仁而任之，居上游之贛州，宸濠不備，遽下潯陽，攻安慶，而守仁順流疾趨會城，遂搤其吭而拊其背，卒擒之。今文武督皆在贛州，宜先攻之。不然，且伺我後。」聲桓從之，立召得仁還，與并力犯贛。以宋奎光守南昌，己與得仁出師，遂圍贛州。

6 丁亥，明桂王奔南寧。

初，郝永忠駐師桂林，與城外團練兵鬨，大掠水東十八村，與瞿式耜搆難，式耜力調劑，永忠兵乃移駐興安。至是大兵前驅至靈川，永忠戰敗，奔桂林，請王即夕西走，式耜力持不可。時何騰蛟方出師在外，式耜言：「督師警報未至，無大恐。若播遷不已，國勢愈弱，兵氣愈難振，民心皇皇，復何所依！」不聽。王左右皆請速駕，式耜又言：「俟督師還，背城借一，勝敗未可知。若以走爲策，則何地不危！」反覆數百言。王曰：「卿不過欲予死社稷爾。」式耜爲泣下沾衣。嚴起恒曰：「明日當議之。」迨夜半，王已駕行。甫出城，永忠即大掠，捶殺太常卿黄太元，式耜家亦被掠，家人矯騰蛟令箭，乃得釋。日中，趙印選諸營自靈川至，亦大掠，桂林内外如洗。永忠走柳州，印選等走永寧。

明日，式耜息城中餘燼，安撫遠近。焦璉及諸鎮周金湯、熊兆佐、胡一青等各率所部至，騰蛟亦自永福至，民心粗定。

時大兵進克興安，破嚴關，興安總兵三人史佚其名。及副、參、游以下死者四百人。

7 是月，故明崇陽王襲黎平，爲降將陳友龍所敗，諸營俱潰降。獨興化土司迎奉國將軍暉奎入寨，以兵千人守之，復爲友龍所破，暉奎死之。

8 明魯王拜錢肅樂爲東閣大學士，三辭，不許。

鄭彩既害熊、鄭二人，逆節大著，諸鎮皆惡之。肅樂辭相位不得，請每日繫艑于王舟之次，票擬章奏封進，即解維別去。其所票擬，不過上疏乞官，循故事而已，大者則彩主之，雖王亦不得而問也。肅樂每入見，即流涕不止，曰：「朝衣拭淚，昔人所譏，臣不能禁。」王亦爲之潸然。

9 三月，乙巳，明桂王入南寧，隨駕者自馬吉翔外，惟內閣嚴起恒、兵部尚書蕭琦、科臣許兆進、吴其靁、尹三聘、洪士彭等數人而已。

王意欲進土州，琦上疏言十不便，乃止。起恒以首揆兼吏部。時君臣資斧空乏，乃懸示通衢，廣爲開選，二十四土州檳榔鹽布諸賈及土樂户，皆注仕籍，流品益淆雜矣。

10 戊申，大清兵入順慶。

11 丁巳，大兵攻桂林。

時桂林空虛，我軍直薄北門。明督師何騰蛟分三面出，胡一青以滇兵出文昌門，周金湯、熊兆佐以楚兵出榕樹門，騰蛟偕焦璉出北門。璉左右衝擊，一青繼之，我軍合而復散者再，遂解圍，退駐全州。

桂王在南寧，瞿式耜遣使問王及太妃起居，王始知式耜無恙，爲之泣下。王至南寧，故少詹事朱天麟，寓居安平土州，先是王在武岡，以禮部侍郎召，辭不赴，至是復召擢禮部尚書。天麟請率士兵略江右，不聽，乃趨謁王，尋拜東閣大學士。

12 是月，大兵克興化，明魯王大學士朱繼祚及參政湯芬、給事中林嵋、知縣都廷諫並死之。

王自監國二年正月至長垣，至是年正月，連克建寧、邵武、興化三府，福寧一州，漳浦、海澄、連江、長樂等二十七縣，軍聲頗振。及是得者復失。

大兵尋克永福，里居給事中鄢正畿、御史林逢經俱投水死。克長樂，里居御史王恩及服毒死，妻李氏殉焉。克建寧，守將王祁巷戰不勝，自焚死。【考異】此據明史朱繼祚傳中彙書自去年正月至今年正月，凡克三府、一州、二十七縣。而諸書以魯王取興化系之是年正月。按王以正月竄居海島，若是時興化已復，軍威尚振，似不至此，疑興化之復仍在去年，今據輯覽大兵克興化年月彙書之。復海澄在去年二月，旋爲大兵所克，洪有文死之，故輯覽分書于四年犯崇明目中。而永福、長樂、建寧之破，輯覽所記在克興化之後，今據書之。

13 夏，四月，丙寅朔。【考異】黄氏行朝録及木拂甲行日注皆書閏三月，而以乙未爲四月之朔，是用明曆也。然是時，桂、魯二王所頒之曆，亦各不同。南略據粵事記，是年閏六月，疑閏三月者海上之曆，而閏六月者粵中曆也。魯監國曆進自黄宗羲，錢肅樂在閩，復請頒戊子監國三年曆，亦即宗羲本也，南雷自書之閏三月，必非傳聞之誤，且與賜姓本末同。而粵中事係在粵者所寄，亦見南略中，其爲身歷之月日，亦屬可信。若夫野史所載，或據魯王曆，或據桂王曆，所謂傳聞異詞，不能辨也。今遵依大清曆，閏在四月，而所記殘明事，明史式耜傳亦書閏三月。今附識之，以資考證。明留守瞿式耜，以王在南寧，經筵無講官，乃撰八箴以進，王嘉納之。

14 乙亥，降將李成棟叛我大清，以廣東歸附明桂王。

初，成棟本高傑部將，乙酉之夏，以徐州總兵來降，從王師平粵，擢提督。成棟不樂受總督佟養甲節制，常懷異謀，及是金聲桓叛于江西，誘之同反，計益決。先一日，令其兵集教場，聲言索餉，越日，成棟請養甲出城撫輯，衆兵呼噪，劫之以叛，成棟遂脅養甲傳檄各屬，遣使通款于王。廣西巡撫耿獻忠聞之，亦舉梧州叛降。

15 癸巳，大兵克九江。分徇南康、饒州，皆下之，進薄南昌。

16 閏月，乙未朔，明桂王遣吏部侍郎吴貞毓、祥符侯侯性勞李成棟軍，封成棟惠國公，佟養甲襄平伯，耿獻忠爲兵部尚書。廣東布政使袁彭年，與成棟養子元胤，實主歸附之謀，進彭年左都御史，元胤錦衣指揮使。

成棟尋遣明舊臣洪天擢、「擢」一作「耀」。潘曾緯、李綺齎奏敦駕蹕端州，一時明故官之家居者，或以反正爲名，或以彈冠相慶，于是晏清至自田州，授吏部尚書，張鳳翼以兵科兼翰林院修撰，張佐辰自貴州來，管文選司。初，大兵之克廉州也，推官張孝起以兵拒，被執不屈，羈之軍中，至是脱歸，入謁，授吏科給事中。

17 是月，降將劉承胤、傅上瑞以謀叛爲大兵所覺，皆伏誅。

18 五月，辛未，大清兵圍南昌，先遣別將搜麥源、清嵐諸道，薄西山，未下營，已血刃數百里。方合圍，金聲桓兄成功密約來降，宋奎光諜知，殺之。癸酉，大兵攻得勝門，城壞數處，奎光囊土塞之，得不破。

時聲桓等圍贛州不克，聞報大懼，撤兵急回，贛人掩擊，亡其大半。至南昌，中伏，大敗于七里街，遂盡撤城外屯兵入城，堅壁不出。其部將請戰，不聽。遣所署江西巡按吴尊周乞師于粤，尊周盡匿敗狀，盛稱其捷，桂王喜，以尊周爲總督。

大兵見聲桓終無出兵意，乃用鎖圍法，東自王家渡屬灌城，西自雞籠山屬生米渡，掘濠載版起土城，自是内外耗絶。

王得仁自軍敗後，不復親督師，方娶武都司女爲繼室，繡旆親迎，金鼓喧闐。我軍方大駭，徐偵之，則皆曰：「王雜毛娶婦也。」已，城中糧盡，人相食，乃大出居民，城中情實盡爲我軍所得，因以餘暇略定諸郡縣。

而是時明故僉都御史揭重熙，奉桂王拜兵部尚書，總督江西兵，故檢討傅鼎銓以贛州破，退隱山中，亦起爲兵部侍郎兼翰林院侍讀學士。重熙召募萬餘人薄邵武，敗還，鼎銓往援贛州，亦敗焉。聲桓外援盡絶，但守空城而已。

19 是月，大清兵以金聲桓、李成棟相繼叛，旋師應援，在全州者先退，至是在湖南者亦退。

明桂王督師何騰蛟，乘間復取全州，復遣保昌侯曹志建、宜章侯盧鼎、新興侯焦璉、新寧侯趙印選攻永州。而荊江侯張先璧亦克靖州，遂克沅州，光化伯堵胤錫亦遣馬進忠、王進才等取常德、桃源、澧州、道州、臨武、藍山、荊門、宜城諸州縣，一時楚南響應。

20 明浙東山寨之獄，其爲首者，故職方主事華夏，次則主事屠獻宸，推官楊文琦，董德欽，評事王家勤，時所稱「五君子」者也。夏入獄，直指使者令寧波知府大陳刑具，究黨與，夏慷慨曰：「心腹腎腸，吾同謀也。」三拷之，終不承。有勸獻宸、德欽等孫詞以避禍者，文琦獨不可，並論死。而謝三賓再揭獻宸、德欽，遂以是月初二日同就刑于鄞市。

家勤主管江軍事，大兵擣大蘭、東山二寨，遂及管江，明都督施邦炌、茂才杜懋俊，據寨拒捕，力戰三日，矢石如雨，夷傷殆盡。寨陷，懋俊猶率家丁巷戰，中矢如蝟，傷重倚牆而斃，屍不仆者三日。懋俊之仲父兆萜，亦力竭被執，斫其首十二刀而後踣。邦炌焚其營，尋拔其先世所遺佩刀自刎死。時家勤至翁洲招海師入援，中途被執，繫之錢唐獄中，累訊，瞠目無一語，遂以越月見殺。

謝三賓之告變也，列文琦名，並及其弟故御史文瓚、都事文球。方事之殷，文琦以其父在，謀獨承之，而遣文瓚、文球入閩，文瓚不可，獨遣文球變服走。比就訊，文琦慷慨無他詞。但言文瓚不預謀。請釋之以養父而自求速死。于是當事亦議坐文琦而釋文瓚，文瓚卒不可，遂繼五人死之。

文瓚妻張氏負其尸，紉其首斂之，尋飲藥以殉，毒不即發，復投繯而絶。文琦妻沈氏聞之，噭然而哭曰：「吾姒烈矣，吾後之哉！」亦自經。而夏妻陸氏，聞變絶粒七日，或以有姑在勸之，乃日進一餐。已而有令，徙諸家妻子入都，陸氏託其子于夏之故交評事林時躍，變姓名匿之，遂自經。獻宸之妻朱氏亦殉焉。時以爲四明忠烈之盛事云。

先是獄未成，詞連故都御史高斗樞、禮部主事李㭿（大），訊于杭，里中諸義士捐數萬金救之，得解。㭿出獄，嘆曰：「吾前此不欲隕黑阱耳，今得見白日而死，可矣。」遂絶粒數日卒。【考異】此據全氏楊氏四忠雙烈狀及屠董二君子事狀書之，而殉節録所載，遺去楊文琦妻沈氏，今據增。至其月日之先後，據諸書皆在戊子，而全氏事狀記五君子事，則華、楊、屠、董之死在五月，家勤死在六月，而御史楊文瓚之死亦同在五月，時又稱「六君子」者是也。李㭿之死，亦具見全氏阡表，據書就訊于是年正月，㭿以二月死，並彙書之。

21 六月，戊戌，明魯王大學士錢肅樂卒。

肅樂自再謁魯王，兼吏、兵二部事，閩中郡縣連復，皆其功也。嗣聞連失守，肅樂素有血疾，遂劇，熊、鄭二人之死，憂憤益增，以頭觸牀卒，年四十三。

王震悼，輟朝，賜祭，贈太保，謚忠介。没後六年，故相葉向高曾孫尚寶丞進晟，始葬之福清黄檗山中。【考異】忠介之卒，繹史系之六月戊戌，全氏神道碑以爲「初五日」者，是也，至其卒在琅琦，没後六年，始葬福清。而汪氏航海遺聞，謂其遇風覆舟，披薙入山，卒于福清，則誤以江上破後之事當之，而忘其再出也。今據全氏碑文。

22 癸卯，明桂王自南寧至潯州。

先是李成棟請王入廣州，王將赴之。瞿式耜請還桂林，疏言：「駕若東幸，軍中將帥謂朝廷樂新復之土，成棟亦有邀駕之嫌，號令既遠，人心涣散，臣不能制也。」再疏令檢討蔡之俊往迎，又令給事中蒙正發敦蹕，俱不報。

遂至潯州，封潯帥陳邦傳爲慶國公，邦傳請世守廣西如黔國公故事，大學士朱天麟執不允。邦傳怒，以慶國公印、尚方劍擲天麟舟中，要必得。會瞿式耜持疏劾之，廷臣亦多争之者，邦傳乃止。【考異】天麟沮邦傳世守事，據明史本傳書之。然天麟固黨于邦傳者，今删去「終執不允」四字，並載式耜之劾，以著世守之終寢，乃式耜也。

23 秋，七月，甲子朔，明桂王次梧州，謁興陵。即桂端王陵也。

李成棟遣其將羅成耀率甲士五千，趣駕入廣州，瞿式耜慮成棟將挾王如劉承胤故事，復上疏力争。廷臣重違成棟意，乃議「肇慶本監國舊駐，地居兩省之中」，遂定計移蹕趨肇慶。

24 八月，癸巳，明桂王至肇慶，拜成棟大將軍，子元胤亦封南陽伯。

成棟言：「式耜擁戴元臣，不宜久在外。」王召式耜，式耜願留桂林，終不入，然聞政有闕失，必具疏力争，嘗曰：「臣與主上，患難相隨，休戚與共，不同他臣，一切大政，自得與聞。」王雖褒納，不能盡從也。

時諸臣各樹黨援，從成棟至者，曹燁、耿獻忠、洪天擢、潘曾緯、毛毓祥、李綺，自誇降附功，氣陵朝士；自廣西從王至者，嚴起恒、朱天麟、王化澄、吴貞毓、吴其靁、晏清、洪士彭、尹三聘、許兆進、張孝起，皆自恃舊臣，詆斥曹耿等。久之，復分吴、楚兩黨：主吴者，天麟、孝起、貞毓、化澄及李用楫、堵胤錫、萬翱、程源、郭之奇，皆內結馬吉翔，外結陳邦傳；主楚者，袁彭年及少詹事劉湘客、給事中丁時魁、蒙正發、金堡，皆外結瞿式耜，内結李元胤。

元胤方握政柄，彭年等依爲心腹，攬權殖貨，勢甚張，時人目爲「五虎」。彭年嘗論事王前，語不遜；王責以君臣之義，彭年勃然曰：「倘向者惠國以五千鐵騎鼓行而西，君臣義安在！」王變色，大惡之。

彭年等謀攻去吉翔、邦傳，權可獨擅也，令堡疏陳八事，劾邦傳十可斬，吉翔及中官龐天壽、大學士起恒、化澄與焉。起恒、化澄乞去，天麟奏留之，堡與時魁等復相繼劾起恒、吉翔、天壽不已。太妃召天麟，面諭「武岡危難，賴吉翔左右」，令擬諭嚴責堡等，天麟爲兩解，卒未嘗罪言者，而彭年輩怒不止。王知群臣水火甚，令盟于太廟，然黨益固，不能解。

25 甲辰，叛將李成棟爲明桂王提兵下南雄，謀度嶺犯贛以援南昌也。

26 冬，十月，辛丑，明桂王殺降將佟養甲。

養甲爲李成棟所忌，密請王除之，至是，王命養甲至梧州祭桂端王陵，遂遣盜殺之白沙洲。

27 丁巳，李成棟大敗于贛州。

成棟駐南雄，率部衆及峒蠻、土寇共二十萬，號稱百萬，犯贛州。營柵未立，成棟忽夢中驚聞城上呼董大哥者三，以爲董大成已降，——蓋大成乃成棟中軍也。成棟軍中大亂，我巡撫劉武元、總兵胡有陞等乘機出擊，大敗之。成棟單騎走，十大營皆潰。我軍斬首萬餘級，俘獲無算。成棟退屯南康。

28 十一月，辛酉朔，明桂王督師何騰蛟克永州。

騰蛟遣曹志建等圍永州三月，大小三十六戰，至是遂克之。時寶慶、衡、永諸郡縣大半復入于明，騰蛟議進兵長沙。瞿式耜以機會可乘，請王還桂林圖出楚之計，不納。【考異】東明聞見録、行在陽秋皆系騰蛟復永州于是年九月，而王氏永曆實録系圍永州于十月，皆傳聞之異詞也。明史騰蛟傳言「圍城三月」，疑九月爲圍城之始，而十一月朔始克之，正與「圍城三月」之語合，今據之。

29 十二月，明桂王督師堵胤錫，招忠貞營李赤心軍自夔州至。

時馬進忠取常德，駐其地，胤錫惡進忠，令讓常德以與赤心。進忠大怒，盡驅居民出城，焚廬舍，走武岡，而寶慶守將王進才亦棄城走，他守將皆潰。赤心等所至皆空城，旋棄走，東趨長沙，騰蛟時駐衡州，大駭，乃檄胤錫率赤心等入湘潭，而己自衡州與之會。

30 降將姜瓖叛我大清，據大同，號稱反（止）〔正〕，易明冠服。諸生在籍鄉官萬練、劉遷、王永强等舉兵應之，遂略偏關、雁門及代州、繁峙、五臺等縣。

31 是歲，明魯王故職方主事王翊復自四明入大蘭山，遂以三月破上虞，殺其署縣事者。

時浙東山寨復嘯聚，而小寨支軍亦以百數，于是大兵欲靖山寨，以大蘭最强，乃合寧、紹、台三府之軍，由四明之清賢嶺而入，翊合諸寨軍屯于丁山以待之，久而弛。大兵猝至，翊敗，喪其卒四百人。有孫説者，不知何許人，來救翊，翊得免，而説中流矢死。我軍不能久駐山中，翊得復振，與明故侍郎馮京第合軍守杜嶴。大清復調浙西兵，選四明山民團練兵爲鄉導，遂破杜嶴關口，長驅而入。翊走天台，乞天台洞主俞國望之兵，沿途招集流亡，一月間復得萬餘人，間道入杜嶴，擊破團練山民，復據之。

明通鑑附編卷五

附記五 起屠維赤奮若（己丑），盡重光單閼（辛卯），凡三年。

江西永寧知縣當塗夏　燮編輯

大清順治六年（己丑、一六四九）

1 春，正月，庚申朔，明桂王在肇慶。魯王次福寧之沙埕。

2 辛未，明桂王給事中金堡再疏攻陳邦傳，邦傳訐「堡官臨清，嘗降流賊，受其職」，且請堡爲己監軍，曰：「以觀臣十萬鐵騎也。」

閣臣朱天麟，因票擬有「金堡從來朕亦未悉」語，堡大恚。其黨丁時魁，乃鼓言官十六人是日早朝詣閣詆天麟，徑入桂王所居殿大譟，棄官擲印而出。王方坐與侍臣論事，大驚，兩手交戰，茶傾于衣，急取還天麟所擬而罷。越日，天麟遂辭位，王慰留再三，不可；陛辭，叩頭泣，王亦泣，曰：「卿去，予益孤矣。」初，時魁等疑嚴起恒在閣同預票擬，欲入署毆之，會起恒不至，而天麟獨自承，遂移怒天麟，逐之去，【考異】明史天麟傳言「丁時魁等，以所擬出起恒意」，疑失實也。票擬出自天麟，證之起恒本傳，起恒不預其事，而丁時魁等之欲毆起恒，即有其事，亦疑其在閣同預票擬耳。觀起恒之周旋于五虎間可見也。今删去「疑出起恒意」語，而但以爲同預票擬云。並逐其弟爲行人、兩子爲御史、中書舍人者，天麟移居慶遠。王化澄貪鄙無物望，亦爲時魁等所攻，碎冠服辭去。乃召何吾騶入閣。【考異】諸書皆云「召何吾騶、黄士俊入閣不久尋罷」，證之明史朱天麟傳，吾騶尋罷，士俊與起恒仍在閣。又證之全氏跋行朝録，據周順德所記粤事，「吾騶既罷，始以士俊代之。庚寅，士俊亦去。」據此，則吾騶之罷，士俊之代，皆在是年二月也，今分書之。

3 戊寅，我大清兵克南昌，叛將金聲桓伏誅。

先是聲桓困守城中以待李成棟之援，比成棟敗，諸將益無固志。會大雨連旬，城多壞，聲桓部將湯執中守進賢門，遣人約降爲內應。大兵因佯攻德勝門，礮聲震三百里，聲桓等悉衆赴之，而奇兵已從進賢門登雲梯而上，城遂破。聲桓中二矢，赴水死。生禽王得仁及宋奎光、劉一鵬、郭天才等，皆誅之。故明大學士姜曰廣投偰家池死。

初，曰廣赴聲桓之召，謀之處士徐世溥，不答。固問之，則曰：「明之所以亡天下者，非左與闖邪？金則左孽，王乃闖枝，公與侯安所授之哉！且二人名雖歸明，實叛清耳，今擅除授，筦刑權，不待明主之命而自爲之。僭與僞，春秋之所不許，而公與之同事，後世且以公爲何如人？」曰廣沈吟無以答。在圍城中，徘徊太息，思其言而悔不能用也。

【考異】此語具載繹史曰廣本傳。證之全氏題江變紀略，謂「巨源深譏姜公燕，及謂其不知人而預事」，則此語即出江變紀略。今所傳非完本，而佚史亦不著世溥姓名，但云「隱士漢儒裔」。漢儒，即指徐孺子，其爲巨源無疑也。又紀略末言：「金、王二將，始爲貳臣，終爲叛逆，始終一賊而已矣。」此論甚正，則其沮姜公宜也。今附著之。

4 庚辰，大清兵入湘潭，明督師大學士何騰蛟死之。

先是騰蛟謀復長沙，檄馬進忠由益陽出師，而親詣忠貞營邀李赤心入衡。部下卒六千人，懼忠貞營掩襲，不護行，止攜吏卒三十人往，將至，聞其軍已東，即尾之至湘潭。湘潭空城也，赤心不守而去，騰蛟乃入居之。大軍知騰蛟入空城，遣降將徐勇引軍入。勇，騰蛟舊部將也，率其卒羅拜，勸騰蛟降。騰蛟大叱，勇遂擁之去，絶粒七日，乃殺之。【考異】據王氏永曆實録，「湘潭之陷，副總兵楊進喜力戰死之。」

明桂王聞之，哀悼，賜祭九壇，贈中湘王，謚文烈，官其子文瑞僉都御史。【考異】騰蛟被執在正月二十一日，死在二月，故諸書多系之二月，繹史以爲「二月朔」者，近之。然破湘潭在正月，明史輯覽皆同，今據書之。

5 是月，大清兵克階州，明將趙榮貴、宗室朱森釜死之。【考異】此據東華録。諸書作「龍安」，亦無朱森釜名。

6 二月，庚寅朔，明桂王將張先璧攻辰州，不克。

7 乙卯，李成棟兵潰于信豐。

先是大兵克南昌，分徇撫州、建昌，遂溯流入贛，直趨信豐。成棟諸將欲拔營歸，成棟不可。會天久雨，召諸將議事，去者已大半。成棟命酒痛飲，既大醉，左右挽之上馬，渡水水漲，人馬俱沈。三日後，見成棟植立水中，始知其死，諸營皆潰，大兵追至南雄城下而還。

是時何騰蛟、金聲桓及成棟敗問連至，粤中大驚，桂王乃以杜永和爲兩廣總督，駐廣州，代成棟。閻可義守南雄，尋死，以羅成耀代之。李赤心等走廣西。王命堵胤錫與胡一青守衡州，瞿式耜以留守督師兼江楚各省兵馬。

8 是月，明兵部尚書揭重熙、侍郎傅鼎銓往救江西，甫出粤，遇大兵于程鄉，大敗。監軍桂洪戰没，重熙僅以身免。

9 三月，明桂王復拜黄士俊爲大學士，以何吾騶尋罷也。

10 大清兵克衡州，堵胤錫、胡一青戰敗。一青退屯東安，胤錫走桂陽。未幾，克寶慶，馬進忠、王進才退屯武岡。【考異】諸書俱系胤錫等守衡州于三月，大清克衡州于四月，惟干氏永曆實録系之三月。輯覽連守衡州並入之三月目中，是其在騰蛟既死之後，蓋承上起下之書法也，今據輯覽月分。

11 是春，明桂王大學士吕大器率蜀中諸將李占春等討朱容藩，誅之。

初，大器至涪州，獨與占春深相結，而楊展、于大海、胡雲鳳、袁韜、武大定及譚弘、譚詣、譚文之等皆受約束，遂合兵敗容藩于夔州，走死雲陽。

已，大器見蜀中諸鎮，謂監軍道陳計長曰：「楊展志大而疏，袁韜、武大定忍而好殺，王祥庸懦不足仗，事可爲乎！」行至思南，鬱鬱得疾，次都匀而卒。

12 大清兵討英、霍及潛山、太湖之山寨，平之。

初，戊子之春，廬州馮弘圖謁言史可法未死，假其名號，遠近信之，攻英、霍、六安，旬日皆下，未幾敗没。而是時英、霍間山寨四起，有明故饒州推官周損，故泗州教諭傅夢鼎，故潛山典史傅謙之，鄱陽諸生桂蟾，又有故公安貢生，爲僧稱義堂和尚，皆奉故明宗室石城王統錡起事，未幾，事敗，俱伏誅。又霍山侯應龍、張圖容、楊國士等，有衆萬餘，與故羅田舉人王爆合攻霍山，不下，返，取舒城、潛山，攻太湖。大兵征討兩年，至是始靖。【考異】此據温氏繹史。其時山寨之起，惟浙、皖最衆，故張煌言己亥鎮江、無湖之敗，義士魏耕説之入英、霍山寨招集義旅，相去十年，猶懷觀望，此可見矣。諸書于浙中事詳而皖事略，今彙記之。據繹史，平皖山寨在是年之春。

13 夏，四月，甲午，蜀賊孫可望遣使求封于明桂王。

初，可望既得雲南，桂王已稱號于肇慶，而詔令不至。故明在籍御史任僎，議尊可望爲國主，以干支紀年，鑄興朝通寶錢。而李定國、劉文秀，故可望同輩，一旦自尊，兩人不爲下。一日，赴演武場，定國先至，放礮升旗，可望怒曰：「欲我爲主，必杖定國。不則軍令不能行，何以約束諸將！」定國不服，衆將抱持之，勉受杖責，令取沙定洲自贖。定國不得已率所部兵馳至普洱，禽定洲及其妻萬氏數百人回雲南，剥其皮市中。——萬氏本江西寄籍女，淫而狡，先爲阿迷土官普名聲妻，後改嫁定洲者也。定國既并定洲之地，勢益强，可望不能制，益有隙。

可望聞桂王在肇慶，李赤心等並加封爵，念得朝命加王封，庶可相制，議遣使奉表，巡撫楊畏知亦素以尊主爲言。至是乃遣畏知及永昌故兵部郎中龔彝赴肇慶，進可望表請王封。大學士嚴起恒、給事中金堡等皆持不可，畏知曰：「可望欲權出劉、李上爾，今晉之上公，而（卑）〔畀〕劉李侯爵可也。」乃議封可望景國公，賜名朝宗，定國、文秀皆列侯，遣大理寺卿趙昱爲使，加畏知兵部尚書，彝兵部侍郎同行。

14 辛丑，大清兵克福安。

初，明魯王大學士劉中藻陷福寧，旋移駐福安，是時閩地盡失，僅餘福安、寧德二城而已，中藻固守不下。至是大清兵破寧德，遂圍福安。城陷，中藻冠帶坐堂上，爲文自祭，吞金屑死。兵科給事中錢肅範，忠介公肅樂之第五弟也，賦絶命詞投繯，兵至被執，不屈死，僕張貴從焉。【考異】錢肅範殉福安之難，明史劉中藻傳中遺之，惟繹史、紀略具焉，證之全氏箕仲些詞，蓋是月十三日辛丑也。輯覽系破福安于三月，據攻城月分耳。又福寧府志載中藻子諸生思沛殉之，具見徐氏紀年中。

時鄭彩專權，見事勢日蹙，遽棄王去。

方王之入閩也，定西侯張名振請歸浙中招石浦故部以壯其軍，及還，而石浦已入大清，乃之翁洲依黄斌卿。丁亥吴勝兆之役，名振出師崇明敗歸，斌卿以其無軍，頗侮之。名振乃招故部營于南田，復與故部將阮進合。至是以閩地盡失，乃奉王入南田。

五月，明桂王以兵部侍郎張同敞總督軍務。

同敞，故大學士居正曾孫也，以崇禎間授中書舍人。唐王在閩，念居正功，復其錦衣世蔭，授同敞指揮僉事。尋奉使湖南，聞汀州破，依何騰蛟于武岡，桂王用廷臣薦，授同敞侍讀學士。爲劉承胤所惡，言同敞非甲科，乃改尚寶卿。至是以瞿式耜薦，遂有是命，仍兼翰林侍讀學士。

同敞有文武材，意氣慷慨，每出師，輒躍馬爲諸將先；或敗奔，同敞危坐不去，諸將復還戰，或取勝；軍中以是服之。

16 李赤心之入廣西也，緣道掠衡、永、郴、桂，龍虎關守將曹志建惡之，並惡堵胤錫，胤錫不知也。或説志建，「胤錫將召忠貞營圖志建」，志建夜發兵圍胤錫，殺從卒千餘。胤錫及子逃入富川猺峒，志建索之急，猺潛送胤錫于監軍僉事何圖復，間關達梧州。會明桂王遣大臣嚴起恒、劉湘客安輯忠貞營，至梧而赤心等已走賓、横二州，乃載胤錫謁王于肇慶。志建遷怒于圖復，誘殺之，闔門俱盡。然志建鋭卒亦盡喪，不能抗王師，惟守道州所屬縣而已。志建尋悔之。

17 明故滇將趙印選、胡一青、王永祚，初隸何騰蛟部下，事見四年六月。騰蛟死，印選等相謂曰：「閣部死，軍新破，不可復振。將死則我輩無封疆責，將降則當日之出滇者謂何！瞿留守慈仁好士，可與共當一面。」乃收殘卒萬餘，宵走桂林。式耜大喜，遣使郊迎，乃請封印選開國公，一青興寧侯，永祚寧遠伯。

18 六月，己丑朔，明桂王都御史袁彭年免。彭年以母喪不去官，爲人所訐。王太妃亦惡之，宣敕，詰「丁艱不守制，是何朝祖制？」彭年窘甚，乃請罷，許之。其後五虎之敗，彭年竟以丁艱獲免。

19 是月，明桂王命光化伯堵胤錫督師于梧州。胤錫至肇慶，時馬吉翔及李元胤等專柄，各樹黨，胤錫乃結歡于吉翔，激李赤心等東來與元胤爲難，移書瞿式耜，言王有密敕，令已與式耜圖元胤。王頗不悦元胤黨，丁時魁、金堡又論胤錫喪師失地，乃令總統兵馬，仍駐梧州。【考異】諸書皆系堵胤錫晉大學士封光化伯于是月，誤也。胤錫之進官加封，乃四年桂王在武岡時。明史本傳言「藉以制李赤心等」是也。若是時胤錫失衡州，狼狽走梧州，達肇慶，又爲李元胤、丁時魁等所忌，督師梧州，外之也。胤錫以十一月卒，大學士、光化伯乃其前所進封，但不奪之耳。今據明史書進官加封于四年下，此則但書督師梧州。

20 明魯王定西侯張名振，以南田之兵復健跳所，遣使迎王。

21 秋，七月，壬戌，明魯王復入浙，次健跳。從王者，大學士沈宸荃，劉沂春，禮部尚書吴鍾巒，兵部尚書李向中，户部侍郎孫延齡，都御史張煌言，副都御史黄宗羲，兵部職方郎中朱養時，户部主事林瑛。王御舟中，每日朝于水殿。

壬午，大清兵圍健跳，會明蕩胡伯阮進以樓船至，遂解去。

明封王朝先爲平西伯。朝先，翁洲人，驍勇善戰，初從張國柱入海，黄斌卿招之，朝先以二艦渡横水洋。斌卿標將朱玖、陸偉以僞迎劫之，朝先跳水得免，妻子死焉。既見，斌卿留之部下而不以事任；鬱鬱不得志。張名振解衣衣之，贈千金，朝先遂歸心焉。請于斌卿，劄奉化之鹿頭鎮，有衆數千，名振遣阮進招之來，遂有是封。王之次健跳也，斌卿獨不至，及被圍，名振遣人告羅于斌卿，又不應，乃結進與朝先圖之。

22 是月，明桂王遣兵度嶺，犯南安，別分兵兩路，窺信豐，逼崇義，大兵會擊，奪其木城，大破之，遂敗走。

23 蜀賊孫可望之求封于明桂王也，聲言「不得王封即提兵入粤」，陳邦傳聞之，大懼。其部將胡執恭者，時爲邦傳中軍，守泗城州，與雲南接壤，欲結可望，言于邦傳，先矯命封可望秦王，曰：「藉其力可制李赤心也。」邦傳乃鑄金章曰「秦王之寶」，填所給空敕，令執恭齎詣滇。可望大喜，郊迎，遂假其名號以威衆。

未幾，趙昱奉景國公敕與楊畏知往，知可望必不受，過梧州，謀于堵胤錫。胤錫私念赤心等不足恃，亦欲結可望爲强援。胤錫曾賜空敕，許便宜行事，事見四年四月。乃矯命封可望平遼王，易敕書以往，然邦傳之封一字王，此則（三）〔二〕字也。

昱至，可望不受，曰：「我已封秦王矣。」畏知曰：「此僞也。」執恭亦曰：「彼亦僞也，所封實景國公，敕印故在。」可望益怒，辭敕使，下畏知及執恭獄。

24 明桂王封鄭成功爲延平公。

初，成功據南澳，仍奉唐王正朔，連寇海澄、同安、泉州，皆不克。比聞桂王立，奉表稱賀。久之，遂有是命。【考異】三藩紀事作「廣平公」，今據貳臣傳作「延平」。

25 八月，戊子，明桂王將焦璉遣兵出全州，敗績。

先是留守瞿式耜聞大兵漸近，檄趙印選及璉分兵堵禦。璉行至陽朔，病，部將劉起蛟、張明綱請先行，以全營疾趨興安而敗。璉按軍法斬起蛟，式耜言：「起蛟貪功致敗，法所不宥。但今兵驕將悍，獨起蛟等能身先士卒，一往不顧。忠義之氣，有足嘉者。請以其子襲職。」從之。【考異】東明聞見録，「全州之敗，璉部將白貴戰死。」

26 是月，明故偏沅巡撫李乾德殺蜀將楊展。

先是展駐嘉定，與遵義守將王祥有隙，遣子璟新攻之，戰敗而歸。乾德之督師于蜀也，任用袁韜、武大定等取重慶，大會諸將，韜以位高坐李占春上，占春怒，並及乾德，欲襲取之。乾德占星氣有異，走匿山谷間；占春襲韜，不克，搜乾德船，取其帑而返，尋還之，諸將益相猜。

韜與大定久駐重慶，士卒饑，乾德説展與合，兵因其餉，而所求輒不遂意，又見展資占春以銀萬兩，米萬石，益不悦。會展兵敗歸，乾德利展富，説韜、大定，殺展而分其貲。展智勇冠諸將，川東、西之起兵者，倚爲長城，既死，人心解體。占春率兵爲展報仇，不勝。總督樊一蘅貽書責之，自是蜀事大壞。

27 叛將姜瓖伏誅。

瓖之叛也，大兵薄大同，遣人諭降，許自新。而瓖託言軍民脅之起事，欲以自解，請免罪。會我豫親王多鐸薨于軍，瓖益負固堅守。萬練、劉遷復分犯太原，皆敗，練自焚死，遷伏誅。大同城中食盡，死傷枕藉。至是僞總兵楊震威及僞官裴季中等，斬瓖並其兄琳、弟有光首出降，遂復大同。

瓖之起兵也，明故寧夏巡撫李虞夔，與其子弘聚兵于平陸山寨，大兵既克大同，山寨不守，弘投崖死，虞夔匿于其壻家，尋被獲，伏誅。

明故大學士李建泰，以甲申明亡降于大清，亦授大學士。未幾，以事罷歸，家居曲沃，會瓖叛，山西土寇亦起，建泰遂合賊將李大猷、房箕尾等馬步千餘，據太平遥應之。越二月，大兵圍太平，建泰勢迫，請降，踰年正月，逮至京師誅之。

28 九月，丁丑，明魯王定西侯張名振等擊殺舟山總兵黄斌卿。

先是名振與諸將議，「海上諸島，惟翁洲稍大，而斌卿負固，不若共討而誅之，則王可駐軍」，乃與阮進、王朝先等傳檄討斌卿。斌卿見諸軍大集，度不能抗，而明故大學士張肯堂時在翁洲，亦勸斌卿奉迎，且爲之上章待罪，王許之。

而朝先蓄憾于斌卿，名振復從中慫恿之，乃厲兵誓師，以王命命阮進會朝先水陸並進，名振復陽救之，請王手敕赦斌卿。是日，斌卿得敕，方著冠服跽聽宣讀，而朝先密飭其部下尹明詐見斌卿，遂揮刀殺之舟中，沈之于海。

斌卿頗能以小惠得士心，其死也，多惜之者，且以爲名振之奪其地而誘殺之也。【考異】魯王以丙戌之冬入翁洲，因斌卿不納，去而之閩，至是以閩中盡失，再入翁洲，而斌卿仍不納，名振始傳檄討之。全氏定西碑所謂「斌卿一拒監國于丙戌，微公棄地扈從，則監國閩中之二年不可得延。再拒監國于己丑，微公合軍誅討，則翁洲之二年不可得延」，是也。三藩紀事乃入殺斌卿事于丁亥，蓋忘却魯王入閩一段，而誤以丙戌入舟山之事當之，誤矣。汪氏航海遺聞亦漏却入閩一段，而于殺斌卿書之是年九月二十一日者，恰不誤。丁丑即二十一日，繹史書之丁酉，而九月無丁酉，蓋「酉」字即「丑」字之誤也。按名振之殺斌卿，假公濟私，始藉手于王朝先，繼又殺朝先以擅翁洲之柄，全氏定西碑中頗曲爲之諱。然我朝賜謚殉節諸臣，於明之降賊在前殉難在後者，俱不予謚，而斌卿得賜謚節愍。然則斌卿之于明，固非叛臣之比，而名振此舉，亦非問罪之師明矣。今參航海遺聞書之。

29 是秋，大清兵定湖南。

先是衡州、寶慶既下，分兵徇沅州、靖州，守將皆望風棄城走。至永州，明桂王將周金湯、熊兆佐等立柵大松橋拒戰，敗之，下其城。復克黎平府，郝永忠奔永從縣，大兵躡其後，永忠返戰，擊破之，永忠攜妻子潛遁。

30 冬，十月，乙巳，【考異】繹史作「己巳」，「己」蓋「乙」之誤。明魯王次翁洲。

大學士沈宸荃以疾請罷，以張肯堂耆德宿望，請爲首揆，從之，即日拜肯堂爲東閣大學士，晉名振太師。時黄斌卿死，國事遂盡歸名振。肯堂居相位，不得有所預，每飛書發使，不如意者十九，嘗憤恨不食，咄咄終日。然老成持正，中外倚之。

31 是月，明大蘭山寨故職方主事王翊遣使奔問魯王，附貢方物。張名振以表貢不由己達，銜之，以監國命授翊河南道御史。副都御史黃宗羲言：「諸營文則稱侍郎、都御史，武則稱將軍、都督。惟翊不自張大，而兵又最強，品級懸殊，非所以待有功也。」會翊來朝，授右僉都御史。

時故僉都御史李長祥，東山師敗，遁至奉化依王朝先，至是亦朝王于舟山，晉兵部左侍郎。故兵科給事中徐孚遠亦至，擢左僉都御史。

32 十一月，丙辰朔，大清兵克延平之將軍寨，明德化王慈煒死之。

時福建盡復，惟延、漳、汀三郡界連江西，而延平所屬又在萬山中，王師退。慈煒據將軍寨，連陷大田、龍溪、順昌、將樂等縣，至是大兵至，破其寨，慈煒伏誅。

33 辛未，大兵靖永州，分遣別將敗明兵于燕子窩，桂王巡撫鄭愛没于陣。副將陳勝、彭昌、高勝、談玉等，戰于白虎關，被獲，俱死之。

34 辛巳，明桂王督師大學士堵胤錫卒于潯州。

胤錫以五虎用事，憂憤成疾，遺疏請簡任老成以圖恢復。卒，贈潯國公，謚文忠。

35 十二月，戊申，明桂王始開科取士。

時史館乏員，誥敕多出中書，王欲歸其職于翰林，乃臨軒試士，取劉茝、錢秉鐙、楊在、李來年、吴龍楨、姚子壯、涂弘猷、楊致和八人，俱授庶吉士。

36 甲寅，大清兵克南雄。

時平南王尚可喜、靖南王耿繼茂等率師征廣東，除夕，潛兵襲南雄，明桂王守將江起龍倉皇棄城去。【考異】時閻可義守南雄，諸書多言其病卒，東明聞見録言「可義力戰而死」。輯覽亦不載，附識之。韶州守將羅成耀聞之，亦棄輜重走高州。

37 是冬，明魯王遣使乞師于日本。

初，平夷伯周鶴芝，以明季爲海盜，往來日本，與其國之薩摩島王善。日本三十六島，島各一王，其最强者主國事，與其國之大將軍相左右，國王居東京，擁虚位而已。乙酉之冬，鶴芝以水軍都督駐舟山，遣人至日本，言：「中國喪亂，願假一旅之師，如齊之存衛，秦之復楚。」薩摩王慨然許之，約以明年四月出師。而是時黄斌卿在翁洲，沮之，不果行，鶴芝怒而入閩。

戊子，魯王在閩，御史馮京第復謀于斌卿，乃遣其弟孝卿偕京第及副都御史黄宗羲以行。會日本方以逐大西洋天主教搆兵，島中戒嚴，京第遂不得請，乃效申包胥乞秦師故事，拜哭不已。薩摩王聞之，言于國王，議發各島罪人出師，並致中外古錢數十萬。京第等還，而日本之師卒不出。

至是有僧湛微自日本來，言「其國最敬佛經。誠得普陀山藏經爲贄，事必諧。」時斌卿已誅，張名振疏請再乞師日本，乃遣澄波將軍阮美爲使，偕湛微行。——美，蕩胡伯進從子也。——湛微前在日本，自署金獅子尊者，妄自高大，有譖于大將軍者，以爲西洋之天主教，遂逐之。比美至日本長琦島，述以梵篋乞師，其國王聞之，大喜；已，知舟中有湛微，則大駭，將發兵攻之。美始悟湛微之賣己也，廢然載經而返，事遂不行。【考異】事見黄氏行朝録。全氏梨洲神道碑言：「是年王自健跳至翁洲，召公副馮公京第乞師日本。抵長琦，不得請，公爲賦式微之章以感將士。」據此，則己丑之冬也。行朝録但書京第乞師，不自言其副行，蓋亦追悔此舉，而自諱之耳。然證之録中所云，則與京第同行者乃戊子之冬，己丑再乞師則阮美爲使。而全氏碑中又注云，「是馮公第二次乞師事」，似是兩使日本，馮、黄二公皆預焉。然行朝録係其自記，乃己丑前一年。若己丑之行，並無京第，但有阮美。恐謝山偶誤記，或別據其來狀云云。今仍據行朝録，但書遣使，而述其事之本末于下。○又按黄氏録中，言「日本國不自鼓鑄，但用中國古錢，故所致皆洪武錢也。」此似不然。先名宦公嘗言，「今市中所行之寬永古錢，寬永乃日本國王年號，故老相傳以爲當日魯王乞師時所致，遂流行于江、浙間。」然則是時日本所致之錢凡數十萬，亦不盡洪武年號，而彼國之有洪武，亦猶中國之有寬永也，今但云致中外古錢數十萬而已。

順治七年（庚寅、一六五〇）

1 春，正月，乙卯朔，明桂王在肇慶。魯王在翁洲。

2 庚申，大清兵克韶州，明總兵吴六奇降。

先一日，桂王聞南雄失，庾關不守，召群臣議移蹕西幸，給事中金堡争之不得。太監馬吉翔趣王登舟，南陽伯李元胤曰：「百官皆去，將委空城以待敵邪？廣東一塊土，臣父成棟立功于此，隕命于此。主上若猶顧念東土，臣願留守肇慶，與杜永和相爲聲援。此元胤職也。」王手敕元胤留守，督理各營軍務，遂行。

時上下奔潰，尚書晏清、吏科丁時魁擁厚貲者，中途悉被劫掠。督師瞿式耜疏言：「粤東自成棟反正，始有寧宇，賦財繁盛，十倍粤西。且肇慶去韶千里，材官兵士，南北相雜，内可自强，外可備敵，强弩乘城，連營堅守，亦可待勤王兵四至。傳曰：『我能往，寇亦能往。』以天下之大，止存一隅，退寸失寸，退尺失尺。今朝聞警而夕登舟，將退至何地邪？」疏再上，而王已移德慶，抵梧州界矣。

總督杜永和，甫聞梅嶺之變，倉猝棄城，登舟入海口，元胤檄責之，乃還廣州。

3 庚辰，明桂王至梧州，駐舟江干。

黄士俊以疾罷，復召朱天麟入閣。天麟以五虎在朝，上言：「年來百爾搆争，盡壞實事。昔宋高宗航海，猶有退步，今則何地可退？不圖進步而責票擬，以爲主持政本，則今日政本安在？」王不能從，但趣天麟入，再進官而已。

[4]是月，故明岐陽王李文忠裔孫錫祚、錫貢航海入翁洲，魯王命佐阮進守螺頭門。

[5]二月，甲申朔，明桂王駐梧州。慶國公陳邦傳來謁，王以其將茅守憲率兵入衛。

[6]丁亥，明桂王下金堡、劉湘客、丁時魁、蒙正發于獄。

堡等連逐三相，勢益横，户部尚書吴貞毓等欲排去之，畏李元胤爲援，不敢發。會王走梧州，元胤留肇慶，邦傳復至，貞毓及侍郎萬翺、程源、郭之奇合諸給事御史劾袁彭年及堡等五人把持朝政罔上行私罪。王以彭年反正有功，免議，下堡等錦衣獄，杖之。大學士嚴起恒跪王舟力救，留守大學士瞿式耜復七疏請宥堡等，皆不納。下法司議，堡以語觸時忌，與時魁並謫戍，湘客、正發贖配追贓。

[7]戊戌，大清兵破武岡，明奉天總督劉禄、監軍御史毛壽登死之，馬進忠走靖州。

[8]己酉，大清兵圍廣州，分兵克惠州，明惠州總兵黄應杰，分巡道李士璉，知府林宗京，執明趙王由棪及郡王十三人以叛，降于我大清。

[9]三月，丁丑，大清兵克永州之龍虎關，明總兵官向明高、姚得仁戰没，曹志建走灌陽，推官唐諠被執不屈，死之。——諠，明故御史紹堯之子，以忤魏忠賢下獄者也。

10 是月，明桂王罷其大學士嚴起恒。

先是起恒力救金堡等，吴貞毓等並惡之，乃請召還王化澄而合攻起恒。給事中雷德復劾其二十餘罪，比之嚴嵩，王不悦，奪德復官。起恒力求去，王挽留之不得，放舟竟去。

11 夏，五月，明桂王遣慶國公陳邦傳、鄖國公高必正援廣州。

時李赤心走死南寧，養子來亨代領其衆，推必正主之，至是率來亨東援。邦傳故與李元胤有隙，意在修怨，又惡必正等之屢擾其境也，陰令副將姚春登等連結土司，會來亨等調兵土司，遂相仇殺，必正怒而歸。

邦傳駐清遠，馬吉翔駐三水，俱不敢進，廣州被圍久，不能救，惟元胤弟建捷拒戰甚力，王封爲安肅伯，又進杜永和爲侯。

五虎既敗，吴貞毓等欲結援于勳鎮，乃晉焦璉宣國公，胡一青衛國公，曹志建保國公。時諸帥喪師失地，桂王不能問，惟寬假之而已。

12 六月，明桂王復召嚴起恒入閣。

起恒之罷也，會高必正入朝，貞毓等憾未已，欲藉必正力以傾起恒，言：「朝事壞于五虎，主之者起恒也。公入見，請除君側奸，數言決矣。」必正許之。有爲起恒解者，謂必正曰：「五虎攻嚴公。而嚴公反救五虎，此長者，奈何以爲奸？」必正見王，乃力言「起恒虚公可任」，遂手敕召之還。

時明故祭酒文安之謁王于梧州。初，安之爲明故相薛國觀所搆，削籍歸，福王時起爲詹事，唐王復召拜禮部尚書，安之方轉側兵戈間，皆不赴。桂王立，以瞿式耜薦，與王錫衮並拜東閣大學士，亦不赴。至是見國勢日危，慨然欲起扶之，乃就職。起恒以安之宿德，讓爲首輔而自處其下。

13 孫可望欲真得秦封，遣使至梧州問故，廷臣始知矯詔事。瞿式耜上疏請斬胡執恭，不納。馬吉翔議封可望澂江王，使者言「非秦不敢復命。」大學士嚴起恒、文安之皆持不可，兵部侍郎楊鼎和、給事中劉堯珍等助之，且請却所獻白金玉帶。

時高必正尚在梧州，因召使者言：「本朝無異姓封王例。我蕩覆北京，蒙恩宥赦，亦止公爵爾。張氏竊據一隅，可望爲張獻忠養子。封上公足矣，安敢冀王爵！自今當與我同心，洗去賊名，毋欺朝廷孱弱。我兩家士馬足相當也。」又致書可望，詞義嚴正，使者唯唯退，議遂寢。可望不得封，益怒。

14 是夏，大清兵平江、閩界，金、王潰卒張自盛等掠邵武山中，伏誅。

有畫網巾者，里居姓氏不可考，遯跡邵武光澤山中，仍故明衣冠。防將捕得之，逮至邵武，鎮將池鳴鳳訊無反狀，但摘其網巾，叱之去。乃令二僕畫網巾于頭上。至是自盛之亂，並俘，鳴鳳以獻閩督，遂誅于泰寧之杉津，二僕殉之。閩人收其遺骸葬之，題曰：「畫綱巾先生之墓。」【考異】事見李世熊寒支集。張自盛，即四營潰卒之一也，見後。

15 秋，八月，丙申，明桂王以中秋節朝賀水殿。時廷臣嚴起恒、王化澄侍，王與三宮置酒繫龍洲爲樂。起恒書「水殿」二字以進，時以爲清人之續云。

16 是月，明鄭成功取廈門、金門。

初，成功歸自南澳，而廈門、金門爲同安之雙島，鄭彩、鄭聯實據之。是年，成功寇潮州，爲我總兵王邦俊所敗，還自揭陽，遂入兩島，襲聯而殺之，彩度不敵，遂遁去。成功既據兩島，威震海上。

先是成功遣其部將施琅、何宸樞等寇詔安，屯分水關，爲大軍所擊，敗于盤陀，宸樞死焉。

17 九月，己未，大清兵克灌陽，明知縣李遇昇被執死之。曹志建走恭城，馬進忠復敗于瓜里，走武岡山中，桂林大震。

18 是月，孫可望自雲南東襲貴州。

粵西民苦諸鎮鈔掠，競爲鄉導以迎王師，遂長驅入全州，克之。

初，可望棄黔入滇，明總兵皮熊遂報恢復，敵封匡國公，至是聞可望至，走清浪衛，可望追執之，奪其兵。又遣白文選攻破遵義，守將王祥自刎死，降其衆二十餘萬。十三鎮之舊將多歸之，勢益强。

又聞楊展死，欲圖蜀，乃託爲展訟冤，遣其將王士奇由川南進，而別遣劉文秀渡金沙江，出黎州趨嘉定。袁韜、武大定方拒士奇于川南，撤師還救，士奇尾擊之，韜、大定大敗，悉被禽，遂降。

尋陷（印）〔邛〕州，知州胡恒死之。總制李乾德，以其父之死于獻忠也，曰：「吾不可以再辱。」驅其家人與弟御史升德俱赴水死。

文秀復引兵而東，譚弘、譚詣、譚文悉降。乃遣別將盧名臣下涪州，李占春敗走。于大海在忠州，引兵出夔入楚，與占春來降于我大清。文秀遂據蜀，蜀中大亂。

明總督樊一蘅勢益孤，謝事避山中，明年正月，遘疾卒。【考異】劉文秀渡金沙江攻建昌，原任長沙知縣高明，盡室自焚死。陷黎州，土千户馬亭、李華宇等戰死，指揮丁應選以年老没于陣。同時起兵之姜、黄、李、奈、蔡、包、張七姓子弟俱戰死，無一降者。陷榮經，知縣黄儒死之。又，文秀屯兵天生城，余飛單騎出戰，殺數十人，死陣中。又陷越巂，指揮王自敏妻周氏挽所親唐氏合室自焚死。同時王氏、俞氏、宋氏、唐氏俱赴火死，皆未嫁女。以上事見蜀碧，皆在是年，並識之。

19 孫可望之再入貴州也，下教，令所屬文武呈繳濫劄，各署銜名以聽除授。明巡撫僉都御史郭承汾、威清道黄應運及總兵姚、劉等六人姚、劉二總兵失其名，餘並姓名佚之。詬賊求死，可望怒曰：「爾等願死，不與爾良死。」縛六人于地，驅劣馬數十蹴踏之，陳尸四門，以怖不順己者。

應運初授平越知府，已復攝分巡道事，按行安順，可望聞其遠出，遣李定國襲安順，據之。應運聞報，徑詣定國，説以「中山、開平之業，毋爲不王不霸，令人以寇盜疑之。」定國欣然受教，與之歃血定約，可望聞之，不善也。應運家在平越，可望遣馮雙禮襲而執之，送之貴陽。應運見可望，不拜，下之獄；遣人説降，不屈，遂與承汾等同遇害。【考異】郭、黄等六人殉難，諸書皆不載，殉節録入之謚節愍中。此據李世熊寒支集黄際飛傳增入。際飛，應運字也。傳言其事在是年之九月朔，正孫可望入貴州之先後事。

20 明魯王定西侯張名振襲殺平西伯王朝先。

朝先以預平翁洲功，又殺黄斌卿而併其兵，勢益强，遂爲名振所忌，以計誅之。

朝先驍勇，翁洲人倚以捍禦。名振一殺黄斌卿，再殺朝先，而朝先本斌卿舊將，于是諸部之散者，多降于我大清，請爲鄉導，而翁洲勢益蹙。【考異】名振殺朝先，繹史、紀略系之辛卯二月乙卯，按汪氏航海遺聞，在庚寅九月，證之全氏定西碑，亦以殺朝先爲庚寅事。且辛卯二月亦無乙卯日分。而黄氏所據魯曆，亦與粤西曆不同，徐氏以爲大清之閏二月者亦非。

21 冬，十月，壬辰，明留守大學士瞿式耜遣其孫昌文詣行在告警。癸巳，集諸鎮，議搜括懸賞。而是時所恃者，自宣國公焦璉外，惟滇營三將而已。時于元煊見前。來督軍務，有女許嫁王永祚子。而趙印選爲其子强委禽焉。又與胡一青争總統，大鬨。一青出守榕江，而印選居城内老營，擁姬妾自娱樂，諸帥心不平。璉兵在平樂，猝不能至，式耜知事不可爲，惟以忠義相激勸而已。

22 是月，大清兵破大蛟山寨，明魯王御史張夢錫死之。

初，夢錫以翻城之獄得免，事見順治四年。仍誓守山寨，與都御史張煌言平岡之軍相望。夢錫善弓矢戈矛，諸營呼煌言爲「大張軍」，夢錫爲「小張軍」。

先是明故僉都御史王翊據杜嶴，破新昌，拔虎山諸山寨復起應之。大兵乃定計下翁洲，以爲不洗山寨無以塞内顧，乃分兵一由奉化，一由餘姚，會于大蘭，連營三十里，游騎四出，仍用團練兵爲鄉導，諸寨望風請降，或四竄。明故侍郎馮京第，爲叛將王昇所殺，翊累戰不能抗；煌言自平岡航海入衛，翊亦以兵走翁洲。

是時夢錫孤軍五百餘人，大兵猝至，挾長矛出門，衆寡不敵，五百餘人皆殲焉。其中突圍而出者三人。異日有負夢錫尸葬之大蛟之南麓者，則前突圍而出之三人也。【考異】此據全氏王僉都墓碑及張侍御哀辭。夢錫之死在十月，而大蘭之克又在其前，蓋皆是年秋、冬間事也，爲明年下翁州張本。

23 十一月，辛亥，大清兵克廣州。

廣州城三面臨水，李成棟在時，復築兩翼，附于城外爲礮臺，水環其下。大兵攻圍十閱月不下，總督杜永和、偏將范承恩約内應，決礮臺之水，我軍藉薪徑渡，遂奪礮臺，梯城而入，克之。承恩來降，永和由海道奔瓊州。

24 癸丑，大清兵自全州進。甲寅，克興安，遂入嚴關。

時胡一青、王永祚入桂林分餉，榕江無戍兵。明留守大學士瞿式耜檄趙印選出，不肯行；再趣之，則盡室逃。一青及武寧侯楊國棟、綏寧伯蒲纓、寧武伯馬養麟亦逃去，永祚迎降，桂林城中遂無一兵。

式耜端坐府中，家人亦散，部將戚良勛請式耜上馬速走，式耜堅不聽，叱退之。俄總督張同敞自靈川至，見式耜，式耜曰：「吾爲留守，當死此，子無城守責，盍去諸！」同敞正色曰：「昔人恥獨爲君子，公顧不許我共死乎？」式耜喜，取酒與飲。一老兵侍，式耜令召中軍徐高，付以敕印，屬馳送桂王。是夕，兩人秉燭危坐，黎明，數騎至，式耜曰：「吾兩人待死久矣。」遂與偕行。擁至靖江王府，見我大清定南王孔有德，踞地坐。有德不怒，自言不殺忠臣，勸之降，不從，乃幽之民舍，與同敞各一所，而聲聞相通，日賦詩唱和，得百餘首，曰浩然吟，凡在獄四十餘日。

25 己未，明桂王奔潯州。

大清兵自灌陽至平樂，明征西將軍朱旻如固守，城破，旻如殺其妻子自刎死。焦璉走梧州。【考異】桂王自梧州出奔，繹史、紀略系之是月乙卯，初六日也。據所知録及瞿昌文始安事略，移蹕在初十日，爲己未，今從之。

26 十二月，丙申，【考異】粵西曆是年閏十一月，明桂王所頒曆也。南略言桂林城中官府，自北來者，悉以十二月朔爲辛卯元旦，蓋大清曆明年辛卯二月置閏，故不同耳。黄氏行朝録謂瞿式耜被殺在十一月，而繹史、南略及昌文始安事略所載月日詳明，明史亦據之。今依大清曆仍書十二月，而附識明曆于此。丙申爲十二月十七日，若粵西曆則閏十一月十七日也。明留守大學士瞿式耜、總督兵部侍郎張同敞就刑于桂林。

式耜、同敞，久在繫中，求死不獲。孔有德數遣人諭降，不從；勸之薙髮爲僧，亦不從。會式耜以檄趣焦璉赴援桂林，爲降人所得，獻之有德。是日，有數騎至繫所，式耜書絶命詞畢，肅衣冠南向拜。遂出門，遇同敞，曰：「吾兩人多活四十一日。今得死所矣。」行至獨秀峰巖，式耜曰：「吾生平愛山水，願死此。」遂與同敞並遇害。同敞屍植立，首墜，躍而前者三，有頃，天大雷電，空中震擊者亦三，遠近稱異。

同死者，旗鼓陳希賢，錦衣衛楊芳齡，家人陳祥雲，而齎印之中軍徐高，行至陽朔山中，被獲，亦死之。明光祿少卿汪皞時在城中，投水死。靖江王亨歅棄城遁，其世子及長史李某自經于宮中。三人亦佚其名。

時明故大學士方以智，故給事中金堡，已棄家爲僧，並請收葬式耜、同敞。會吴江義士楊藝自陽朔山中來，號泣軍門，請收故主屍，有德許之，遂合同敞權厝于桂林門風洞山之麓。

27 明桂王之走潯州也，亂卒夜掠街市，火光燭天。時陳邦傳在清遠，聞廣州破，飛帆先歸，謀劫王以降，王亟解維衝雨而去，不及發。乃劫從官于藤江，殺部郎潘駿觀、童英、「童」一作「董」。許玉鳳等。王踉蹌奔南寧，王化澄、晏清等俱走北流，惟嚴起恒、馬吉翔追扈及之。至南寧，百官稍稍集，皆飢凍無人色，乃括行囊並吉翔所獻四千金散給焉。胡一青、趙印選率兵駐賓州。

28 孫可望索秦封不得，及廣州破，明桂王走南寧，事急，遣編修劉薳封可望冀王，可望仍不受。兵部尚書楊畏知曰：「秦、冀等耳，假何如真！」可望不聽。李定國等勸可望遣畏知終其事，可望從之。【考異】繹史系封可望冀王于八年二月，證之明史楊畏知傳，蓋以十一月封可望，明年二月，可望使至，索沮秦封者，遂殺嚴起恒等。據此，則正廣州、桂林連失時也。爲明年殺起恒張本。

順治八年（辛卯、一六五一）

1 春，正月，己酉朔，明桂王在南寧。魯王在翁洲。

2 是月，明桂王大學士文安之總督川湖。

時大兵日迫，雲南又爲孫可望所據，不可往。安之念川中諸鎮兵尚强，欲結之共獎明室，乃自請督師，加諸鎮封爵。王從之，加安之太子太保兼吏、兵二部尚書，賜劍，便宜從事；進諸將王光興、郝永忠、劉體仁、袁宗第、李來亨、王友進、塔天寶、馬雲翔、郝珍、李復榮、譚詣、譚弘、譚文、黨守素等公、侯爵，即令安之賫敕印行。可望聞而惡之。

3 二月，大清兵連克肇慶、高州、梧州、柳州諸府，分兵徇羅定州，南陽伯李元胤、安南伯李建捷自肇慶走南寧，尋請出靈山收高、雷兵，復擾廣東郡縣。

4 孫可望知明桂王播遷，遣其將賀九儀、張勝、張明志等，率勁卒五千迎王至南寧，遂索沮秦封者。九儀直上大學士嚴起恒舟，怒目攘臂，問：「王封是秦非秦？」起恒曰：「君遠迎主上，功甚偉，朝廷自有隆恩。若專問此事，是挾封，非迎主上也。」九儀怒，格殺之，投屍于江，遂殺給事中劉堯珍、吳霖、張載述，追殺兵部尚書楊鼎和于崑崙關，皆以沮封議故也。

起恒既死，屍流十餘里，泊沙渚間，虎負之登崖，葬于山麓。

初，起恒持可望封，朱天麟及王化澄獨謂宜許，至是可望使至，天麟力請從之，而廷臣以起恒被殺故，皆不可，乃命天麟經略左、右兩江土司，而真封可望爲秦王。兵部尚書楊畏知旋至，痛哭自劾，語多侵可望，王因留畏知爲東閣大學士，與吳貞毓同輔政。可望聞之怒，使人召至貴陽，面責數之，畏知大憤，除頭上冠擊可望，遂被殺。楚雄人以畏知守城功爲立祠祀焉。

明鄭成功師次平海衛，謀援廣州。

時鄭芝莞守廈門，成功慮單弱，復屬鄭鴻逵回師助守。未至而我大清巡撫張學聖偵成功遠出，檄總兵馬得功取廈門，芝莞遁。得功以島嶼孤懸，不敢留，出篔簹港，而鴻逵部將楊朽素、吳渤已至，截諸港。渤戰死，得功遂逸去。

初，明故大學士曾櫻，以福州不守，櫻留守福州事見順治三年。避居廈門，至是廈門陷，家人趣之登舟，櫻曰：「此一塊乾净土，吾死所也。」以是月之晦自縊死。其門人陳泰負其屍走三十里，付其家人殯斂，歸，不食三日卒。【考異】明史櫻傳言「福州破，櫻挈家避海外中左衛。越五年，其地被兵，遂自縊死。」按廈門即明之中左所也。福州以三年不守，至是越五年。諸書系之是年二月，正大兵入廈門時也。徐氏紀年，據夕陽寮存稿，以爲死于是月晦日者近之。惟徐氏以粵西之閏在去年十一月，故于本年二月事皆系之閏二月，非也。是時粵西之朔閏，與浙中未必同，而況海上亦有二朔。鄭成功雖已改奉桂王，而據三藩紀事及賜姓本末，皆無去年閏十一月之語。且是時大清一統，即明季諸人所載，亦多循用我朝正朔。粵西之閏十一月，以瞿、張二公之死書之耳，若據此以改年月，則鑿矣。今仍據諸書系之二月。閏月無事則不書。

6 三月，大清兵克嘉定。

劉文秀既據蜀，旋還雲南，留白文選守嘉定，劉鎮國守雅州。

初，張獻忠之亂蜀也，明故監軍副使范文光，偕邛州舉人劉道貞等起義兵，黎州參將曹勛爲副總兵，統諸將，故松茂僉事詹天顏亦應之。既克雅州，文光等入居之；獻忠死，文光保境如故。明桂王擢爲右僉都御史，巡撫川南，而天顏時任安緜道，遂擢巡撫川北。

至是大兵南征，文選、鎮國戰敗。勛故屯雅州，與楊展爲聲援，展屯嘉定事見六年。展死，勛勢益孤，遂爲劉文秀所取，仍居雅州。文選、鎮國既敗，挾勛走。

文光以李乾德殺展，惡之，遂入山不視事，大兵至嘉定，文光賦詩一章，仰藥死。天顏兵敗于石泉，被執不屈，與松潘副將朱化龍俱死之。【考異】據明史樊一蘅傳，劉文秀取嘉定在七年秋，大兵克嘉定在八年三月，輯覽據之。而蜀碧則以爲八年九年事，相差一年，三藩紀事則又以二事同入之七年，皆誤也。今據明史、輯覽年月。

7 夏，四月，丁未，明鄭成功復踞廈門，大會文武誓師，斬鄭芝莞以徇。鴻逵懼，以所部付成功，退居白沙。

8 甲寅，明故兵部侍郎傅鼎銓招兵至廣信，爲守將所執，送之南昌。

初，金聲桓起兵江西，明桂王命鼎銓及兵部尚書揭重熙往應，未至而聲桓之潰卒張、洪、曹、李四營亡竄閩、粵間，敗于程鄉，諸營潰散。惟張自盛有衆數萬，走保閩界，曹大鎬駐軍廣信，相爲聲援，鼎銓、重熙往依之。

自盛既敗，鼎銓復入廣信，行至張村，爲守將所執，繫之南昌獄。諭之降，不從；令作書招重熙，亦不從。越三月，從容受刑。

鼎銓以甲申陷賊中，爲鄉人非笑，嘗欲求一死所，至是得死，鄉人更賢之。【考異】明史鼎銓傳書其就刑于是年八月朔，而其絶命詞則以浴佛日，蓋被執之月日也，今據之。

9 是月，明鄭成功部將施琅降于我大清，授水師提督。

琅有標兵曾德，犯法當死，匿成功所，琅就執之；成功馳令勿殺，不從。成功怒，遣部將蘇茂收琅，茂陰以小舟逸之去，歸詣軍門待罪。成功雖不殺茂，而頗惜琅之去，以爲恐貽後患云。【考異】施琅之降，三藩紀事系之是月，蓋即誓師廈門殺鄭芝莞前後事也。書此爲後文取臺灣張本。

10 五月，明鄭成功寇南澳。

11 秋，七月，大清兵分道取舟山，遣降將張天禄出崇安分水關，馬進寶出台州海門，陳錦總督全師出定海。

時明魯王御史沈履祥，大學士宸荃族子也，督餉台州，城陷，被執，不屈死。舟山聞警，定西侯張名振，請以蕩胡伯阮進守橫水洋，大學士張肯堂留守舟山，而己奉魯王督舟師泛海，親擣吴淞以牽制之。有議其藉此避敵者，名振曰：「吾老母、妻子、諸弟皆在城中。吾豈有他心哉！」時名振之弟左都督名揚，偕安洋將軍劉世勳任城守事也。議定，遂與都御史張煌言扈王以行。

12 八月，己未，明兵部侍郎王翊被殺于定海。

先是翊聞大兵三道下翁洲，請復入山招集散亡以爲援，及回山中，諸將潰死殆盡，旁皇故寨。山中有勸翊招兵于榆林、臼溪間，乃出奉化，將由天台至北溪，中途爲團練兵所執。同行者，參軍蔣士銓也。

時我大師皆在定海，械翊至，總督陳錦訊之。翊據地坐，曰：「毋多言，成敗利鈍皆天也。」是日行刑，部卒憤其積年崛强，聚而射之，中肩、中頰、洞胸者三，如貫植木不稍動，封額截耳，不仆，斧其首而下之，始仆。從死者二人：一曰石必正，揚州人；一曰明知，餘姚人；皆跪向翊，死其旁，見者爲之雨泣。士銓先翊十日受刑，全氏傳在初五日。賦絶命詞，翊時在獄，爲文祭之。翊死，年三十有六，一女，許嫁副都御史黃宗羲子百家，時年十三，以例没入勳貴家，遂爲杭州將軍部下參領所養。參領憐其忠臣之女，撫之如所生，女亦相親依如父。及參領欲爲擇配，女出不意自刎，參領大驚，葬之臨平山中。

時以翊首梟示寧波西關門，鄞之故觀察陸宇㸅謀之故都督江漢，以計竊得，藏之陸氏書柜中。越十二年，宇㸅之弟宇燝，乃束蒲爲身而葬之城北馬公橋下。【考異】事見全氏王侍郎本傳，其梟首一節，即本之黄氏陸周明墓志銘。周明即宇㸅字也。明史于山寨諸公皆無傳，雖張蒼水亦遺之，今悉據全氏傳（甲）（中）並月日記之。

13 丙寅，大兵渡横水洋，明蕩胡伯阮進以火毬擲敵舟，反風自焚，全師熸焉。

14 九月，乙亥朔，明左都督張名揚，安洋將軍劉世勳，統兵五百，義勇數千，背城力戰。丙子，大兵乘霧集螺頭門，時明大學士張肯堂率城中兵六千，居民萬餘，凡堅守十餘日。至是城中食盡，力竭，大兵掘地道破之。

肯堂衣蟒玉南向坐，令四姬及子婦、女孫各自盡，于是姬方氏、周氏、畢氏、姜氏投水死，冢婦沈氏、女孫茂漪投繯死，肯堂乃從容賦絶命詩自經，一時奴婢之從死者又二十人。

肯堂所居邸中有雪交亭，即其所自築，夾以一梅一梨，開花則兩頭相接。嘗謂幕府中書舍人蘇兆人及都督汝應元曰：「此吾止水也。」至是縊于亭下。大兵入，見遺骸二十有七，廡下之死者，則兆人及諸部將，亦有浮尸水面者。皆驚愕嘆息而返，命扃其門。

時先後同殉城而死者，兵部尚書李向中，聞召不赴，發兵捕之，以衰絰見。大帥呵之曰：「聘汝不至，捕即至，何也？」向中從容曰：「前則辭官，今就戮耳。」遂死之。禮部尚書吴鍾巒，往來普陀山中，大兵至寧波，鍾巒慷慨語人曰：「昔仲達死璫禍，吾以諸生不得死；君常死賊難，吾以遠臣不得從死；今其時矣！」乃亟渡海入昌國衛之孔廟，積薪左廡下，抱先聖木主自焚死。——仲達者，鍾巒弟子李應昇；君常者，鍾巒友馬世奇也。

左都督張名揚，奉其母范氏及名振妻馬氏以下數十人皆自焚死。吏部侍郎朱永祐，安洋將軍劉世勳，通政使鄭遵儉，兵科給事中董志寧，兵部郎中朱養時，户部主事林瑛，江用楫，禮部主事董元，兵部主事朱萬年，顧珍，李開國，工部主事顧中堯，工部所正（繹史作王正兵。）戴仲明，定西侯參謀顧明楫，諸生林世瑛，錦衣指揮王朝相，内官監太監劉朝，凡二十人，其最著者也。

肯堂之以死自誓也，蘇兆人嘗曰：「公死，某必不獨生。」及城破，肯堂投繯，梁廛甫動，家人報「蘇舍人縊廡下矣」，肯堂亟呼酒往酹之，乃復入繯。

魯王之出也，欲攜其世子行，名振不可，至是被獲，不知其所終。王元妃陳氏，貴嬪張氏，義陽王妃杜氏，皆投井死。王朝相護從入井，以巨石覆之，自刎其旁。

諸臣則自名振一門外，向中長子善毓從死，有義士匿其母妻及次子得免。而永祐家

屬，亦多死者。開國之母及林瑛、顧明楫之妻皆殉之，其姓氏蓋不可考云。志寧死，其妻羅氏聞赴，仰藥而卒。【考異】明史張肯堂傳，言「李向中以下同死者二十一人」，自蘇兆人從肯堂死外，則二十人也。此與三藩紀事同，輯覽亦據之。而汪氏航海遺聞所載，有吏部文選主事楊鼎臣，與董元、李開國俱驅妻子入井，亦投井死。定西監軍御史梁隆吉，手刃全家自刎死。中書舍人顧玢、江中汜、陳所學、顧行、翁健，副使馬世昌，俱合門自焚死。他本所載，又有御史董廣生、太醫副使章有期及名振妻馬氏之姪馬呈圖、馬貢圖，同時焚死。又全氏董志寧傳，言「與志寧同死者，有吏部楊思任、工部戴仲謀」，——疑思任即鼎臣，或名或字，傳聞各不同。而工部戴仲謀，即仲明也。又，輯覽所載，肯堂子婦二人，而全氏及諸書則冢婦沈氏一人，蓋奏報之異詞耳。又全氏舟山官井碑，言「尚書李公、朱公、兵曹李公、都閫吳公之家，死者不一。」又證之朱永佑、李向中事狀，即此二人。兵曹李公，即開國也。惟都閫吳公，並其本人之死，皆不可考，附識于此。○又按阮進横水洋之敗，諸書皆言其死，惟航海遺聞言其「墮水被禽，我督師命其縋城，招撫守城將士，不從」，亦無被殺之事，是進逸去未死也。辛卯舟山既克，大兵師還。而明之遺臣復入據之，因有丙申大兵再下舟山之役。而遺聞特記進之敗死在丙申之八月，尤可證辛卯之實未嘗死也。「進」，繹史作「駿」。而遺聞所載，進有姪浚授英義將軍，疑即「駿」字之誤，蓋阮進之姪，有阮騂、阮驊，則「浚」即「駿」，而進與駿確爲二人。徐氏紀年因疑辛卯之死者爲蕩胡伯阮進，其丙申之死者爲英義伯阮駿。而證之遺聞，則進以辛卯被禽得脱，至丙申始戰敗而死，前後實是一人。況是時文武之死，三藩紀事及明史張肯堂傳所載二十一人，獨無阮進姓名，其爲丙申之死無疑也。今但記其反風熠師事，而分書其死于十三年。

15 初，閣部張肯堂故將汝應元，自吳淞敗歸，攜肯堂幼孫茂滋泛海入浙。及明魯王再入翁洲，肯堂爲首揆，見國勢日蹙，誓以死報，嘗撫茂滋顧應元曰：「下官一綫之託，其在君乎！」應元曰：「諾。」遂棄官赴普陀爲僧。

至是舟山陷，肯堂一門死之，獨命茂滋出亡以存宗祀，遂俘入鄞。應元自山中聞變，馳入城謁帥府，乞葬故主，諸大將怒曰：「汝主久抗天師，敢求葬邪！」命驅出斬之。應元曰：「山僧本戴頭而來，得葬故主，當歸就戮。」提督金礪曰：「是出家人，姑貰之。」應元乃舁肯堂尸出城，與鄞之諸生聞性道募鄉民舁其眷屬及賓從等出。而倉猝無所得棺，乃火化，貯以三大甕，其一貯肯堂骨，其一貯四姬、一婦、一女孫及諸婢骨，其一貯兆人以下骨，葬于補陀之茶山，應元築寶偁菴以奉春秋祀。而茂滋亦以鄞之義士陸宇燝等以合門四十餘口保之，踰年得放歸。未幾，茂滋亦卒，應元遂守墓補陀終其身。

16 是月，大清兵克潯州，分路略定廣西郡縣。

陳邦傳時在潯州，宣國公焦璉，兵敗走武靖，邦傳邀與俱降，不從，邦傳遂殺之，函其首，遣使以潯南之地及所部兵來降于我大清。

17 冬，十月，明桂王自南寧出奔。

先是孫可望請王移蹕雲南，吳貞毓等持不可，議遂寢。至是可望移駐貴陽，議移王自近，挾以作威，其將掌塘報者曹延生，以惎貞毓，言不可移黔。而廣西地盡失，南寧危迫，王乃召諸臣共議。有請走海濱依李元胤者，有議入安南避難者，有議泛海抵閩依鄭成功者；惟馬吉翔、龐天壽結可望，堅主赴黔，貞毓入延生言，不敢決。元胤疏請出海，王不欲就可望，而以海濱遠，再下諸臣議，不決。會聞潯州破，倉皇出走，次新寧。

18 十一月，丁丑，故明兵部尚書揭重熙被執，不屈死之。

初，重熙依張自盛掠邵武，戰敗，自盛死，重熙走依廣信曹大鎬，至百丈磜，適大鎬還軍鉛山，惟空營在，衆就營炊食。會大兵偵得之，率衆至，射重熙中項，執至建寧，下之獄。重熙日呼高皇帝祈死不得，至是昂首就刃，顏色不改。同時都昌故督師余應桂，亦自里中起兵相應，戰敗死之，大鎬亦相繼伏誅。自是江右兵遂盡。【考異】明史書重熙就刑于是年十一月，蓋其被執在傅鼎銓後，殺在十一月，三藩紀事在是月初三日。惟輯覽書八年被執，九年五月伏誅，疑別有據。

19 十二月，甲辰朔，大清兵下賓州。庚戌，克南寧。

明桂王將趙印選、胡一青殿後軍，戰敗奔還，請王速行。時王在舟中，急由水道走土司，抵瀨湍。二將報大兵逼近，相距止百里，從官失色，皆散去。已，次羅江土司，追騎相去止一舍，會日晡引去，乃稍安。次龍英，將入廣南，歲已暮矣。

會孫可望已受秦封，遣其將狄三品、陳國能、高文貴等，率兵三千來迎，請駐蹕安隆，從之。

【考異】克南寧，行朝録作是月初七日，即庚戌也。繹史書之庚午，爲二十七日，與奔廣南歲暮之語不合。今據行朝録。

20 是月，明鄭成功寇漳浦。

明通鑑附編卷六

附記六起玄黓執徐（壬辰），盡閼逢執徐（甲辰），凡十三年。

江西永寧知縣當塗夏　燮編輯

大清順治九年（壬辰、一六五二）

1 春，正月，戊子，明桂王次廣南。二月，戊申，至安隆州，改爲安龍，遂居之。孫可望歲以銀八千兩、米百石爲供，從官皆取給焉。宫室卑陋，服御粗惡，守護將承可望意，無復人臣禮，王不堪其憂。

時馬吉翔掌戎政，龐天壽督勇衛營，俱諂事可望，惡大學士吴貞毓不附己，令其黨冷孟銋、吴象元、方祈亨交章彈擊，且語孟銋等曰：「秦王宰天下，我具啓，以内外事盡付戎政、勇衛二司。大權歸我，公等爲羽翼，貞毓何能爲！」吉翔遂遣門生郭璘説主事胡士瑞擁戴秦王，士瑞怒，厲聲叱退之。他日，吉翔遣璘求郎中古其品畫堯舜禪受圖以獻可望，其品拒不從，吉翔譖于可望，杖殺其品。而可望果以朝事盡委吉翔、天壽，于是士瑞與給事中徐極、員外郎林青陽、蔡縯、主事張鐫連章發其奸謀，王大怒。兩人力求救于太妃，乃得免。

2 是月，大清定南王孔有德以大兵駐柳州，自率輕騎七百由廣西出河池向貴州，謀征孫可望也。

3 是春，明魯王航海再入閩，定西侯張名振、大學士沈宸荃、兵部侍郎張煌言等扈王次廈門。

時鄭成功軍甚盛，而已奉永曆正朔，乃謁王，以千金爲贄，諸宗室從官皆致餼焉。方舟山不守，宸荃咎名振恃險輕出致敗，至是扈王至，不數月，航舟南日山，遭風失維，遂没于海，時有疑名振殺之以弭謗者。【考異】名振殺宸荃一事，全謝山定西碑辨之，然于他傳頗有微詞。明史本傳亦不載，今附爲疑案。

4 夏，四月，大清兵取敘州，明守將王復臣、「復」行在陽秋作「俊」，今據輯覽。白文選走保寧，明提學道任佩弦降。

5 明鄭成功寇長泰，不克，遂圍漳州。

6 五月，孫可望聞大清分兵入貴州，遂乘間犯楚、粵，遣李定國、馮雙禮由黎平出靖州，馬進忠由鎮遠出沅州，會于武岡以圖桂林；又遣劉文秀、張先璧由永寧出敘州，白文選出遵義出重慶，會于嘉定以圖成都。可望言于桂王，封定國西寧王，文秀南康王。定國進攻靖、沅、武岡，俱陷之，我定南王孔有德還守桂林。

7 六月，大清兵連克高、雷、廉、瓊四府。

明桂王將李元胤，自肇慶之敗，走入高、廉一帶，駐欽州。大兵自雷州進抵廉州，分徇欽州、靈山，元胤爲土兵執送軍前，不順命，與弟建捷俱繫之獄。遂下瓊州，明總督杜永和降。永和之降也。元胤在獄聞之，慟哭三日夜。孔有德怒，遂殺其兄弟，投屍江中。

時明僉都御史張孝起巡撫高、雷、廉、瓊四府，城破，走避龍門島，島陷被執，絶粒不食七日卒。

8 秋，七月，癸酉，明李定國陷桂林，我定南王孔有德死之。

定國既連陷沅、靖、武岡，分兵下寶慶，偵知桂林空虛，遂率諸將由西延大埠疾趨廣西。西延在全州之西，爲武岡入廣西之間道。大兵遇于全州，不利。戰于嚴關，定國驅象陣來攻，我師潰。定國遂營城北山上，攻城，陷焉。有德自經，妻、妾白氏、李氏及家屬皆自焚。

定國執降將陳邦傳及其子曾禹，送之貴州，孫可望數其劫駕害從官及誘殺焦璉罪，活剝其皮而戮之，曾禹亦伏誅。有德遺一子庭訓，亦被獲，尋遇害于安隆，惟一女四貞奔歸京師。

9 可望之殺邦傳也；傳首至安隆，明桂王御史李如月，劾「可望不請旨擅殺勳鎮，罪同莽、操」，而請「加邦傳惡謚以懲不忠。」王知可望必怒，留其疏，召如月入，諭以「謚本褒忠，無惡謚理，小臣妄言亂制！」杖四十，除名，意將解可望。而可望大怒，遣人至王所執如月，至朝門外抑使跪。如月憤甚，極口大罵，其人遂剔其皮，斷其手足及首，實草皮內紉之，懸于通衢。

10 劉文秀復取敘州及重慶。

11 是月，明李定國分兵犯廣西郡縣，梧州、柳州相繼陷。又遣白文選攻陷辰州，總兵徐勇戰没。

12 八月，丁巳，明桂王大學士朱天麟卒于廣西之西坂村。桂王自南寧出奔，天麟扶病追扈。是年四月，抵廣南，王已先駐安隆，天麟病劇，不能入覲，至是遂卒。

13 九月，大清兵復梧州。

14 冬，十月，川賊孫可望遣劉文秀襲我大兵于保寧，敗績。初，文秀取重慶，遂薄成都，我軍退守保寧。至是文秀悉衆來攻，直薄城下，連營十五里。我軍迎擊，大敗之，斬其將王復臣，文秀解圍去。

15 明鄭成功圍漳州凡七閱月，城中食盡，人相食，枕藉死者七十餘萬。我金衢總兵馬逢知，入城固守，出戰屢敗，棄陣奔回，外援遂絕。至是我都督金礪督騎兵分三隊進，成功以火軍迎敵，忽西北風起，反風自焚，成功大敗，遂率師退屯海澄。

漳州圍解，存者才一二百人。相傳有士人，素慷慨，率妻子一慟而絕，鄰舍兒竊煮食之，見腹中皆故紙，字畫隱然可辨，鄰舍兒亦廢箸而絕。論者以爲析骸易子之慘不是過也。

16 十一月，辛卯，【考異】繹史、紀略作「辛未」，行在陽秋言「十九日大兵抵湘潭，二十三日復衡州」，與東華録奏報月日合。二十三日即辛卯也，今從之。大清兵擊破李定國于衡州。

時楚、粵郡縣連失，詔定遠大將軍敬謹親王尼堪等率師南征，次湘潭，明將馬進忠等遁去。大兵遂進，去衡州三十里，擊退其衆。兼程趨衡州。

會李定國兵至，我軍奮力衝擊，定國兵敗走，敬謹親王自率精騎追之，遇伏，没于陣。定國乃收兵退屯武岡。

17 十二月，大清兵復取藤縣，遂克平樂，明總兵羅超、守將彭俊死之。

18 是冬，明桂王在安隆，塗葦薄自蔽，日食脱粟米，益窮困，而孫可望擁兵勢愈横。

初，可望欲設六部翰林官，慮人議其僭，乃以其黨范鑛、馬兆義、任僎、萬年策爲吏、户、禮、兵尚書，並請加行營之號，後又以程源代年策。而僎最寵，與故主事方于宣屢勸可望僭號，可望令待王入黔議之。及王久駐安隆，僎等屢勸進于可望，至是遂自設内閣六部等官，立太廟，定朝儀、改印文爲八疊，盡易其舊。

王聞之憂懼，密謂中官張福禄、全爲國曰：「聞李定國已定廣西，軍聲大振，欲密下一敕，令統兵入衛，若等能密圖乎？」二人言：「徐極、林青陽、張鐫、蔡縯、胡士瑞，曾疏劾馬吉翔、龐天壽，宜可與謀。」王即令告之。五人許諾，陰以告閣臣吴貞毓，貞毓曰：「主上憂危，正我輩報國之秋。諸君中誰能充此使者？」青陽請行，乃令佯乞假歸葬，而使員外郎蔣乾昌撰予定國敕，主事朱東旦書之，福禄等持入用寶。青陽受命，遂于歲盡馳至定國軍中。【考異】林青陽使于李定國，諸書皆系于是月之冬，正定國陷廣西後事也。輯覽書于十年之秋，蓋連兩次奉使之事並書之。九年之使乃林青陽，而十年之使則周官也。此事南略、安隆紀事年月詳明，其書青陽奉使詣李定國事，則云「此六年十一月事也」。永曆之六年，即順治九年壬辰，下文記十年事，則云「癸巳六月，上以青陽去久不回，欲差官往催。吴貞毓請遣翰林院孔目周官行，因有遣馬吉翔往祭興陵之事，蓋恐吉翔在安隆爲可望耳目也。」繹史、紀略并兩事爲一事，遂誤以林青陽之使入之十年，而不知十年之使則周官也。三藩紀事則併遣青陽及遣馬吉翔祭興陵合爲一事，統系之十年癸巳，而反以可望襲定國及定國走廣西事入之九年，則尤誤矣。今分書之九、十兩年。

19 初，明桂王大學士文安之之督師于川湖也，可望銜前阻封事，遣兵伺于都勻，邀止之，追奪所齎敕印，留數月，乃令入湖廣。安之遠客他鄉，無所歸，將謁王于安隆，可望坐以罪，戍之畢節衛，久之，遂走川東。

順治十年（癸巳、一六五三）

1 春，二月，乙丑，【考異】此據東華録奏報日分，行在陽秋同，蓋二十八日也。我大清兵克永州。時敬謹親王没，以副將軍貝勒屯齊代領兵衆。明李定國連陷楚、粵諸郡，兵力益强，不復稟孫可望約束，可望忿甚。會定國敗于衡州，可望使人召之赴沅州議事，將以爲罪而殺之，定國覺其意，辭不行。

至是定國率馬進忠等犯永州，我貝勒率師自衡州進擊，未至，定國已遁，出龍虎關，入廣西。時我軍已克復桂林。定國乃據柳州。

2 三月，辛巳，孫可望自率兵追李定國，由靖州進次寶慶，遇大兵自永州迎擊，可望與馮雙禮等拒戰于周家坡。雙禮營山頂，據地險，可望率前軍乘夜至，與之合。明日，率衆下山來犯，我軍分路奮擊，可望大敗，斬馘甚衆。可望遁還貴州，盡殺明宗室之在黔者。

時我軍鑒衡州之失，亦不追，以武、寶之間爲界，定國仍據廣西。

3 是月，明魯王以鄭成功禮遇漸疏，乃自去監國號。時舊臣從者，兵部侍郎張煌言，時時激發諸鎮使爲王致貢，且以成功始終爲唐，推其忠，王始稍稍安之。

定西侯張名振，以軍入長江，直抵金、焦而還。

4 夏，四月，降將郝尚文「文」，一作「人」。以潮州叛我大清，降于明，挾諸鄉紳入城，殺我所署惠潮道沈時，知府薛信辰，自稱復明將軍。大清圍其城，閱五月，克之，尚文父子投井死。

5 五月，大清兵攻明海澄，不克。

6 六月，明桂王以林青陽久不還，欲遣使往趣之。青陽之詣定國也，定國奉敕感泣，許以奉迎，而以兄事可望久，未敢輕發。【考異】輯覽于此下注云，「事在順治九年」，則青陽奉使在前之確證。

至是王將擇使，閣臣吴貞毓以翰林孔目周官對，都督鄭允元曰：「馬吉翔晨夕在側，假他事出之外，庶有濟。」王乃令吉翔奉使祭興陵及太妃墓于梧州南寧，而遣周官詣定國。時青陽亦已還，至南寧，爲守將常榮所留，密遣親信劉吉告王，王喜，改青陽給事中；諭貞毓再撰敕，鑄「屏翰親臣」金印，令吉還付青陽。至廉州，周官與青陽遇，偕至高州賜定國，定國拜受命。

7 閏月，明李定國犯廣東。

時孫可望憾定國益甚，而以其將兵在外，未敢輕樹敵，仍厚養其妻子于滇中。定國亦防可望襲之，益思據地自固，乃與馬寶由懷集犯廣東，攻圍肇慶。我軍自廣州來援，敗之四會河口，定國走。【考異】輯覽書「夏」，無月分，今據行在陽秋。

8 秋，七月，明李定國復分兵取化州、吴川、信宜、石城，遂犯廣西。丙午，陷賀縣及平樂，府江道周永緒、平樂知府尹明廷等遇害。甲寅，攻桂林，圍七晝夜。會我大清援兵至，遂解圍去。

9 冬，十月，大兵復吴川石城。

10 十二月，乙酉，明桂王親行考選。

先是，馬吉翔奉命祭陵，聞有密敕至李定國營，遣人偵之。主事劉議新者，道遇吉翔，意其必預密謀也，告以兩使齎敕狀。吉翔驚駭，啓報孫可望。王見吉翔黨與布列，孤立自危，乃臨軒親策從臣，授蔣乾昌、李元開檢討，張鐫給事中，李頎、胡士瑞御史，蔡縯、徐極、朱東旦及御史林鍾，以久次皆予加秩。

于是龐天壽及吉翔弟都督雄飛忌甚，與其黨方謀陷之，而鍾、縯、極、鐫、士瑞等亦知事泄，倉皇劾「吉翔、天壽表裏爲奸」，王見事急，下廷臣議罪。天壽懼，與雄飛馳赴貴陽告可望，而十八人之獄起矣。【考異】考選一獄，事見明史吴貞毓傳，安隆紀事以爲十二月二十四日，即乙酉也，今據書之。

11 是月，大清兵復郴州桂東，明巡撫朱俊臣死之。

12 明魯王定西侯張名振、兵部侍郎張煌言等師次崇明，遇大兵于平陽沙洲上，明將王善良挺矛當先，姚志卓及煌言等左右衝擊，我軍失利，退入海塘。于是名振等勢復張。【考異】據航海遺聞，在是年十二月，證之全氏張尚書碑，亦言「癸巳冬，公間行入吴淞，尋招軍于天台。因有明年再入長江之役。」今據書之。

順治十一年（甲午、一六五四）

1 春，正月，甲辰，明魯王定西侯張名振，會兵部侍郎張煌言之師再入長江。辛亥，登金山，望石頭城，遥祭孝陵，題詩慟哭。遂掠瓜、儀，抵江寧之觀音門。時以上游有蠟書約爲内應，失期不至，遂沿江東下，復屯軍南田。【考異】張名振以癸巳、甲午兩入長江，而甲午入長江，南略記其題詩痛哭，並自書詩後年月。若據全氏定西碑及張尚書碑，似題詩在癸巳，不在甲午，亦傳聞之異詞耳。今據其自題年月，分書于是年正月下。

2 是月，明鄭成功敗績于崇明，明平原將軍姚志卓、定南伯徐仁爵死之。【考異】事見東華録，航海遺聞亦記崇明之敗于是年，今據奏報分書之。

3 二月，明李定國寇高州。

4 三月，丙申，川賊孫可望遣人脅明桂王殺其大學士吳貞毓等。

先是馬吉翔以密敕事報可望，可望大怒，並疑吉翔預謀，遣其將鄭國赴南寧逮之，國遂械吉翔至安隆與諸臣面質。貞毓謝不知，國怒，因挾貞毓直入御所，迫王素主謀者。王懼，不敢質言，謂「必外人假敕寶爲之」。國遂怒（自）〔目〕出，與龐天壽至朝房，械貞毓並刑科給事中張鐫、中軍左都督鄭允元、大理寺丞林鍾、太僕少卿趙賡禹、檢討蔣乾昌、李元開、吏科給事中徐極、江西道御史周允吉、廣西道御史朱議（尿）〔㞙〕、福建道御史胡士瑞、兵部郎中朱東旦、工部郎中蔡縯、內閣中書易士佳、吏部員外直誥敕房事任斗墟十四人，繫之私室。又以用寶出自中官張福祿、全爲國二人手，二人求救于太妃，天壽直入坤寧宮曳之出。逆黨冷孟銋、朱企鋘、蒲纓、宋德亮等逼王速具主名，王悲憤而退。翊日，國等嚴刑拷掠，獨貞毓以大臣免。衆不勝楚，大罵。時日已暮，風雷忽震烈，縯厲聲曰：「今日直承此獄，稍見臣子報國苦衷。」由是衆皆自承。國又問曰：「主上知不？」縯大聲曰：「未經奏明。」乃復收繫，以欺君誤國，矯詔爲罪報可望，可望奏請王親裁。

王不勝憤，下諸臣議。吏郎侍郎張佐辰及纓、德亮、孟銋、企鋘、蔣御曦等謂國曰：「此輩盡當處死，倘留一人，將爲後患。」于是御曦執筆，佐辰擬旨，以鐫及福祿、爲國爲首罪，淩遲；餘爲從罪，斬。王以貞毓大臣，言于可望，罪絞。諸臣就刑，顏色不變，各賦詩大罵而死，其家人合瘞于安隆北關之馬場。給事中林青陽，時奉使未還，尋逮至，亦被殺，惟周官走免。

是獄慘死者凡十八人，其後定國奉王入雲南，始疏請褒卹有差。【考異】據南略、三藩紀事諸書有李頎，而十八人不數林青陽，以青陽之殺在後也。平觀察云：「頎，宜興人。宜興有三忠祠，謂頎與其族人用楫、來年，先後死難，見國朝人文集中。」據此，則連青陽爲十九人。不知明史何以遺之。附識于此。

5 夏，四月，明李定國兵至雷、廉，遣將攻陷羅定、新興、石城、電白、陽江、陽春等縣。

6 六月，明李定國遣將攻梧州，不克。

7 冬，十月，明李定國陷高明，進圍新城。城中糧盡，殺馬爲食。我平南王尚可喜、靖南王耿繼茂率師往援，次三水。靖南將軍珠瑪喇等亦至，合兵進擊，大敗之。定國走新會，據險以拒。

8 十一月，明桂王改安隆州爲府。

9 十二月，大兵克新會，李定國大敗遁去。

10 明鄭成功寇漳州，守將劉國軒降于成功，十邑皆下。遂略泉州，不克而還。

是秋，大清遣人招撫成功，其弟（芝豹）〔渡〕請降，成功卒不受命。

11 是歲，明桂王復遣其兵部侍郎蕭尹齎血詔，命李定國迎駕。定國感泣奉命，遣人約鄭成功會師以圖興復，成功乃遣兵由海道赴粵。

順治十二年（乙未、一六五五）

1 春，正月，明鄭成功寇仙遊，半月，陷之。

時成功雄視海上，改所部爲七十二鎮，自置官屬，稱桂王敕授之，又改中左所爲思明府。

2 二月，明李定國自新會遁走，大兵追擊，及于興業縣境，又蹙之橫州江，屢敗之。定國焚橋走，我軍追躡之，乃率殘兵自賓州走南寧。于是廣東高、雷、廉等三府、三州、十八縣及廣西梧州等二州、四縣悉平。

3 夏，五月，孫可望遣劉文秀、盧明臣、馮雙禮等率衆六萬，船千餘艘，分兵由常德攻岳州武昌，而文秀自留兵攻常德。大兵設伏邀擊，大敗之，獲其戰艦。明臣赴水死，雙禮被重創走，降其將四十餘人。文秀遁還貴州。

4 明鄭成功遣其戎政司馬陳六御寇舟山，陷之。

初,定西侯張名振卒于南田,遺言以所部歸兵部侍郎張煌言,至是復取舟山,以六御爲總制,守之。【考異】成功寇舟山月分,黄氏行朝録及三藩紀事俱同,航海遺聞作八月,或者以五月攻,八月陷,未爲誤也。惟謂張名振以成功之師克舟山,則似誤矣。南略及全氏二張碑文,皆言「名振自長江之師歸,是年卒于南田,遺言以所部歸煌言」,則時取舟山者乃煌言及六御,而主之者鄭成功也。雖遺聞所載,名振祭母招降及其卒皆有月日可據,而諸書于再陷舟山之役,絶不涉名振一字。況全氏定西碑出自張煌言之女所述,于名振頗有曲筆。若其有再復舟山之功,焉有不述及之!而其敘煌言之受代,本末昭然。即謂名振死于乙未,或牽連並記之詞,而其在再取舟山之前則無疑也。今仍據三藩紀事及全氏碑文書之。

5 冬,十月,大清以舟山之叛,逮降將馬信、張弘德等,命都統宜爾德爲寧海大將軍,率師討鄭成功。

6 是歲,明魯王移居金門。

順治十三年(丙申、一六五六)

1 春,二月,明李定國奉桂王奔雲南。

先是定國敗于南寧,將由安隆奉王入滇,孫可望偵知之,使白文選趣王移黔。文選雖爲可望用,然心不直其所爲,因以情告王曰:「姑遲行,候西府至。」——西府,謂定國也。至是定國由間道達安隆，文選歸之，遂扈王西行。

三月，王至雲南。時守滇者爲劉文秀、王尚禮、王自奇、賀九儀，文秀數怨可望，遂私迓定國，共扈王入滇，居可望署中。改雲南爲滇都，封定國晉王，文秀蜀王，文選鞏昌王，尚禮等皆封公。令文選還黔慰諭可望，可望銜其貳于定國也，悉奪其所部兵，羈之軍中。然以妻子在滇，未敢遽與王爲難也。

2 明桂王復命中官馬吉翔入閣辦事。

先是李定國至滇，即捕吉翔及其家人，令部將靳統武收繫，將殺之。吉翔日媚統武；定國客詣統武，吉翔復媚之；因相與譽吉翔于定國而微爲辨冤。定國召吉翔入謁，即叩頭言：「王再造功，千古無兩。吉翔幸望見顏色，死且不朽，他是非何足辨也！」定國乃大喜。吉翔因日詔定國客，令說定國薦己入內閣，遂與定國客蟠結，盡握中外權，龐天壽亦復用事。

定國與劉文秀時詣二人家，光禄少卿高勣、御史鄔昌期患之，合疏言：「二王功高望重，不當往來權倖之門，恐滋奸弊，復蹈秦王轍。」疏上，定國、文秀遂不入朝。吉翔激王怒，命杖勣、昌期各一百五十，除名。定國客金維新走告定國曰：「勣等誠有罪，但不可有殺諫官名。」定國偕文秀入救，乃復官。

3 夏，五月，明鄭成功援粵，師失利歸，斬其將蘇茂。六月，成功部將黃梧以海澄叛成功，降于我大清。

初，成功以施琅之去憾茂，至是因援粵敗歸，殺之，梧亦以敗罰鎧甲五百。諸將以茂罪不至于死，有後言，成功乃厚養其妻孥，自爲文祭之，擬之漢武之殺王恢，諸葛武侯之殺馬謖。時梧守海澄，受罰不平，遂叛降我大清，封梧爲海澄公。

4 秋，七月，大兵再下舟山。

八月，戊戌，渡横水洋，明總督陳六御、蕩胡伯阮進迎戰，不利。辛丑，進以舟師扼横水洋，忽南風大發，王師張兩翼薄之，進大舟膠淺不得脱，與部將劉永錫赴水死。——永錫，明誠意伯之裔孫，時所稱「郁離公子」者也。六御及降將張弘德往救不及，自刎死。

【考異】阮進，「進」，諸書或作「駿」。而賜姓本末，直作「英義伯阮駿」。然證之航海紀聞，進以辛卯得脱，丙申之敗，始赴水死，而全氏亦言「阮進再下舟山」，是前後實一人也。駿爲進之從子，而諸書「進」「駿」二字多以同音淆誤，然不云英義伯也，今仍據汪氏遺聞書之。平觀察云：「賜姓本末有陳雪之者，疑即六御字也。諸書稱總督，或稱總制，則以代張名振守舟山擢之耳。」今據書之。城遂陷。明總兵張晋爵，大戰兩日，力竭自刎死。太常卿陳允徵，副使俞師範，被執不屈死。

初，大蘭山寨王翊之敗，明副都御史王江逃入海，江與翊同起師山寨中。翊居西主兵，江居東主餉，時所稱「東、西王」者也。事見順治四年。爲浮屠得免。後魯王在金門，江復來謁，張名振請爲監軍。甲午長江之役，江預焉。踰年，鄭成功復取舟山，有鄞人沈調倫者復起四明山中，江赴之。至是大兵再下舟山，慮其據寨相聲援，急攻之，江中流矢卒，調倫被執死。【考異】據繹史，「時有休寧趙立言者，亦以餘衆棲山中，與江山諸生李國楹約取江山，明年元日，立言以三百人攻克之。國楹失期不至。大兵至，立言獨戰，力竭馬蹶，墮水死。其子禎恨國楹，詣其家，欲刃之。官兵掩至，乃與國楹同受執伏法。」又據東華録將軍宜爾德奏清大蘭山寨，「明總兵王良樹、毛光祐、沈爾序等皆敗，斬之」，蓋與調倫等同起事之人，附識之。

5 是冬，明鄭成功寇閩安鎮，陷之，復犯福州，轉掠浙江温、台等郡。

順治十四年（丁酉、一六五七）

1 春，正月，明鄭成功遣其將甘煇、周全斌犯寧德，我梅勒章京阿克襄力戰墜馬，手刃數人，没于陣。

2 是春，明桂王遣張虎送孫可望妻子于貴州，可望遂謀叛王，其黨方于宣趣可望僭號犯闕。而是時部下諸將多不直可望，願歸李定國，于是馬進忠等説可望，以白文選爲大將，可望從之，釋文選于繫中，令統諸軍犯雲南。可望親行，留馮雙禮守貴州。

3 秋，八月，明鄭成功寇台州。

4 九月，孫可望率兵犯滇都，明李定國、劉文秀率師禦之，次于曲靖，戊午，至三岔河，與可望夾水而陣。白文選以輕騎奔定國，可望師潰，遣其將張勝、馬寶由間道襲滇都，而自將勁卒擊定國。戰方合，其將馬惟興先走，一軍瓦解，可望狼狽奔回。定國恐會城有失，遣文秀、文選追可望，而自引兵先還，遇張勝于渾水塘，禽而殺之。勝約王尚禮爲内應，至是聞勝敗，懼而自經；馬寶自歸于定國，得免。勝之襲滇也，桂王中書朱斗垣奉敕至曲靖，中途遇勝，被執不屈死。——斗垣，故大學士天麟子也。

定國還師，王遂削可望封爵。

5 冬，十月，川賊孫可望降于我大清。

可望敗，奔貴州，馮雙禮紿言追兵將至。可望見人心已散，遣其將程萬里詣我軍納款。可望行至沙子嶺，明總兵楊武追襲，幾殆，賴我軍馳援方免，可望遂挈妻子至長沙來降。雙禮截其子女玉帛，與劉文秀同歸雲南，桂王封雙禮慶陽王，而馬進忠首發是謀，亦封漢陽王，馬惟興等以先歸功，俱進爵爲公。【考異】孫可望之降，行在陽秋書于是年十一月十五日，蓋據其抵長沙之月日也。南略及貳臣傳皆書之十月，今從之。

可望既降，明年入京師，詔封義王。越三年，可望竟以病死。

順治十五年（戊戌、一六五八）

1 春，正月，明桂王自滇都遣漳平伯周金湯、中官劉國封齎敕印航海至廈門，封鄭成功爲延平郡王，賜尚方劍，便宜行事，晋兵部右侍郎張煌言爲左侍郎兼翰林院學士。

于是成功謀北伐，規取江南，部署諸將，以煌言監其軍。時大兵遷舟山之民，煌言復還軍翁洲，我江南總督郎廷佐數以書招之，不從。

2 夏，四月，孫可望舊將王士奇、關有才叛，明李定國討平之。時内難方靖，而大兵已入貴州矣。

初，定國既敗可望兵，自以無他患，武備漸弛。光禄少卿高勣、郎中金簡進諫曰：「今内難雖除，外憂方大，而我酣歌漏舟之中，熟寢爇薪之上，能旦夕安邪？二王老于兵事，何泄泄若此！」定國愬之桂王，王欲杖二臣以解之，諸臣皆争不可，移時未決而敗問踵至，定國始逡巡引罪，二臣獲免。

劉文秀之追可望于貴陽也，收潰卒三萬人，屯守邊陲，定國聞而忮之，召之還，並召諸將之在邊者，文秀在滇鬱鬱而卒。定國又以平士奇等不及外援，遂及于敗。

3 五月，大清兵克貴州。

時我靖寇大將軍宗室羅託等由湖南、平西大將軍吴三桂由四川、征南將軍趙布泰等由廣西分兵三路入黔，明李定國遣部將劉正國、楊武守三坡、紅關諸要隘以防蜀，馬進忠守貴州。我楚師自鎮遠入粵，遂盡下南丹、那地、獨山諸州，會于貴陽。援兵不至，進忠遂棄會城遁，貴州平。

4 六月，我軍克遵義，明劉正國敗于三坡，自水西奔回雲南。

5 秋，七月，丙申朔，明桂王拜李定國爲招討大將軍，賜黄鉞，戒師期。

初，明故大學士文安之走川東，依劉體仁以居，時十三鎮之兵潰散食盡，分據川、湖間，耕田自給，川中舊將王光興、譚弘等附之，衆猶數十萬，乃令安之督川東諸軍襲重慶，不克。

6 明鄭成功、張煌言會師，大舉北上。甲辰，次羊山。山故多羊，相傳其下有龍宮，犯之則風濤立至。至是軍士不戒，殺羊烹之，方熟而颶風大作，碎船百餘，明故義陽王溺焉，乃還治軍于翁洲，不果行。【考異】羊山之失風，諸書或系之辛卯，或系之乙未。此據賜姓本末及全氏張尚書碑，在是年七月。

7 冬，十月，詔安遠大將軍信郡王鐸尼統楚、粵、蜀三路之師，會于平越府之楊老堡，戒期入滇。明李定國與馮雙禮等扼雞公背，圖侵貴州，使白文選守七星關立營，聲言攻遵義以牽制蜀師。

8 十二月，我蜀師出遵義，趨天生橋，由水西直取烏撒，文選懼，棄關走霑益州。粤兵至盤江，敵據險沈船，不得渡，泗城土知州岑繼禄獻策，從下流潛師宵濟，遂入安隆，定國使其將吴子聖拒戰，潰走，定國以全軍據雙河口，大兵擊破其象陣，又連敗之羅炎、涼水井，定國大營妻子俱散失，諸將各敗走不相顧，定國撤寨遁歸。丁丑，敗問至。桂王將出奔，行人任國璽獨請死守。王集諸臣議，定國是國璽言，不敢執，乃曰：「前塗尚寬，今暫移蹕，捲土重來，再圖恢復未晚也。」王遂走永昌。

順治十六年（己亥、一六五九）

1 春，正月，乙未，大清兵自普安州入雲南省城，克之。永昌警報日至，二月，丙子，桂王走騰越。

先是，永昌之行，白文選自霑益追及李定國，定國留之斷後，至玉龍關。至是大兵追擊之，文選戰敗，由右甸遁走木邦。大兵遂克永昌，渡潞江。定國設伏于磨盤山，我軍覺之，分精甲先襲其伏，明總兵王璽死之。定國不能支，退走騰越，遣總兵靳統武率兵四千從王。

時李國泰、馬吉翔輜重多，恐遭劫奪，趣王夜走南甸，兵馬過處，火光燭天，右轉左旋，天明仍在故處。辛巳，桂王復自騰越出奔，統武棄王，仍歸定國。

丁亥，王入緬甸之囊木河，緬人勒從官盡去兵器，方許入境。越日，次蠻莫，緬人以四舟迎王，從官皆自覓江舟，隨行者六百四十餘人，陸行者自故岷王子而下九百餘人，期會于緬甸。【考異】是年，桂王曆閏正月，即大清二月也。明史桂王傳所記正月日分，證之諸書，似皆在明之閏正月。又參考諸書月日，大清曆二月壬戌朔，明曆似是癸亥朔，相差一日，今悉據我大清曆月日。

時昆明諸生薛大觀，聞王入緬甸，太息曰：「不能背城一戰，君臣同死社稷，顧欲走蠻邦以求苟活，不重可羞耶！」謂其子之翰曰：「吾不惜七尺軀爲天下明大義，汝其勉之！」之翰曰：「大人死忠，兒當死孝。」大觀妻楊氏、之翰妻孟氏相謂曰：「彼父子能死忠孝，我兩人顧不能死節義邪！」侍女瑣兒方抱幼子，曰：「主人皆死，何以處我？」于是五人同赴黑龍潭死，其僕亦殉之。次日，諸屍相牽浮水上，幼子在侍女懷中，兩手堅抱如故。大觀次女已適人，避兵山中，相去數十里，同日赴火死。【考異】見輯覽，參之殉節錄，妻則楊氏，媳則孟氏也。而其次女同日殉難事，殉節錄亦遺之。

2 三月，己酉，明桂王次緬甸之井亘。「亘」，或作「梗」。明故黔國公沐天波等從，謀奉之走戶、臘二河，不從。會緬人邀大臣過河面議，以冊寶視神宗時差小，疑之，天波出黔國公印比對，同，乃信，仍請王敕關上毋納漢兵。【考異】明史作二月十八日，似沿明曆書之。今仍據諸書系之三月。

3 李定國之敗于潞江也，踰險求王，知王已至緬，不敢深入。聞白文選在木邦，就之謀，定國欲擇邊境屯集作後圖，而文選以王左右無重兵，請身入捍衛，意不合。定國遂自引所部由孟定府過耿馬，抵猛緬，孟艮不附，定國發兵滅之，據其地。文選率兵由間道迎王，行至阿瓦，不得耗。時去王所在僅六十里，寂無知者，文選遂去。

4 桂王之入緬也，從臣之陸行者求王不得，中途遇緬人，疑其有陰謀，發兵圍之，明通政使朱蘊金、中軍姜承德、副將高陞、皇親馬九功、千户謝安祚、向鼎忠、范存禮、温如珍、李勝、劉興隆、段忠等俱及于難。其餘多被掠爲奴，有自殺者，惟岷王子十八人流入暹羅國。

5 夏，五月，甲子，緬人復以舟迎明桂王。明日，王發井亘，行三日，至阿瓦，緬酋所居城也。又五日，至赭硜。緬人置草屋居王，以竹爲城，從行諸臣，或短夾跣足，與緬婦相貿易爲笑樂，大爲緬人嗤。【考異】行在陽秋，「二月十八日，王至井亘。」蓋用明曆，連閏月計之，大清曆則三月也。大清曆閏三月，則自五月後與明曆同。惟三藩紀事記桂王以三月二十三日至阿瓦城，誤也。行在陽秋、也是録皆云「五月初五日發井亘」，與明史桂王傳同。井亘至阿瓦約三日程，若據三藩紀事，則當云發自阿瓦。況阿瓦爲緬城，王至阿瓦，即送之赭硜，豈容王在緬城逗留一月餘耶。今據正史。

6 癸酉，明鄭成功率兵十萬大舉入寇，兵部侍郎張煌言會師于天台。

戊寅，次崇明，煌言曰：「崇明爲江海門户，有懸洲可守，先定之以爲老營。尚有疎虞，進退可依也。」不聽。

六月，丁酉，次丹徒。壬寅，泊焦山，張煌言請以所部爲前軍向瓜洲。

時大兵于江之上流設木城，又于金、焦兩山間以鐵鎖橫江——所謂「滾江龍」者也。譚家洲岸，皆以西洋大礮守之。成功遣水師提督羅蘊章募善泅水者斷滾江龍，遂以十七舟徑渡譚家洲，洲守礮者亦走，木城潰。

丙午，成功督其將甘煇、翁天祐等直擣瓜洲，克之，我操江朱衣祚被禽，城守左雲龍没于陣。

成功遂南渡攻鎮江，而令煌言以偏師由水道薄觀音門。癸丑，成功克鎮江，我漕督亢得時赴援，兵敗，死之。

丁巳，煌言次觀音門，而是時我江督郎廷佐、嚴守江寧，檄蘇松總兵梁化鳳入援。會大兵征黔之師凱旋，聞信，倍道而至，于是城守益堅。

成功之克鎮江也，中軍提督甘煇進計曰：「瓜、鎮爲南北咽吭，斷瓜洲則山東之師不下，據北固則兩浙之路不通。公第坐鎮此，南都可不勞而定矣。」不聽，遂率師薄金陵。

7 秋，七月，庚申朔，明張煌言以哨卒七人襲江浦，克之。癸亥，鄭成功水師至。

時蕪湖以降書聞，成功語煌言曰：「蕪湖爲江、楚往來之道，請公往扼之。」煌言慮成功年少恃勇，欲留軍中，與之共下江寧而後發，辭之不得。乃率所部至蕪湖相度形勢，議一軍出溧陽以窺廣德，一軍出池州以遏上流之援，一軍拔和州以規采石，一軍入寧國以通東道，一時大江南北相率來歸。其已下者，徽州、寧國、太平、池州四府，廣德、和、無爲三州，當塗、蕪湖、繁昌、宣城、寧國、南寧、南陵、太平、旌德、貴池、銅陵、東流、建德、青陽、石埭、涇、巢、含山、舒城、廬江、高淳、溧水、溧陽、建平二十四縣。【考異】明史地理志，江南二省並無南寧縣。全氏所記二十四縣，與賜姓本末同，俟考。徽州降使方上謁，而江寧之敗問至。

8 癸未，明鄭成功兵敗于江寧。

先是成功以累捷，見瓜、鎮勢如破竹，謂金陵可旦夕下，遣水師提督羅蘊章招撫三吴；而自率中軍甘煇、余新等由儀鳳門登陸，屯岳廟山，凡八十三營，牽連立屯，安設雲梯、地雷，樹木栅。煇以城中守禦固，恐難猝拔，不聽。新鋭而輕士卒，樵蘇四出，營壘一空。先一日，爲成功生辰。諸將卸甲飲宴，我大兵偵得之。總兵梁化鳳先以千騎來薄，爲新所敗。不設備。其夜五鼓，化鳳由儀鳳門穴城出，軍皆銜枚疾趨，突襲新營，新敗，爲我所禽，成功亟令翁天祐馳援，不及。我軍以步卒數千直擣中堅，而以騎兵數萬繞山後出其背，前後夾擊。成功大敗，諸營各潰走不相顧，乃麾軍急退。煇且戰且走，力竭，死之。

方成功在山上聞敗，使其參軍潘庚鍾立已蓋下指麾，而自下山催水師爲援。比至江心，諸軍悉潰，成功駕舟出海，庚鍾督戰至死，不去其蓋，卒中矢没，部下陳魁、林勝、藍衍、萬禮等皆戰没。

是役也，成功、煌言所過城邑，士民迎降，倒戈相應。比捷聞，奉旨悉免屠戮，東南遂定。【考異】江寧之役，三藩紀事系之八月，據奏報月日也。東華録載郎廷佐奏捷疏云：「自六月二十六日鄭逆逼犯江寧，七月二十日登陸，二十三日我軍出剿，次日五鼓出師，大敗之。」二十三日壬午，次日則癸未也，此與賜姓本末及全氏張煌言傳月日相符，今據之。

9 八月，張煌言在蕪湖聞敗，猶欲持久以觀變。會我江督郎廷佐復以書招煌言，煌言峻詞拒之，廷佐乃發舟師以扼煌言歸路。

煌言以下流已梗，議由九江直趨鄱陽，招集故楊、萬諸家子弟以號召江、楚。乙未，次銅陵，遇大軍，奮擊，相持，忽礮聲遠震，煌言軍潰。有勸之入焦湖者，而慈溪義士魏耕，以「入冬水涸，不如舍舟趨英、霍山寨，招集義旅以爲後圖。」煌言乃焚舟登陸，士卒願從者尚數百人。比至，英、霍皆已受撫，不納。甫次英山，度東溪嶺而追兵至，煌言以賂解散，始得脱。至安慶，由樅陽出江，渡黄溢，抵東流之張家灘，陸行建德、祁門山中。至休寧，買棹入嚴陵，又改而山行，自東陽、義烏以達天台。

成功聞煌言至，資以兵，使駐天台。遣人告敗于滇中，仍進煌言兵部尚書。

10 癸卯，明桂王在赭踁。

緬人以中秋日大會群蠻，其酋欲誇示諸國，請明黔國公沐天波過河，令椎髻跣足，用臣禮見，天波不得已從之。歸泣告衆曰：「我所以屈辱者，懼驚憂主上耳。否則彼將無狀，我罪滋大。」行人任國璽與禮部侍郎楊在劾天波屈節于夷，疏留中不發。

時太監龐天壽已死，李國泰代爲司禮，與馬吉翔表裏爲奸，奏言：「大臣有三日不舉火者」，王不應。吉翔、國泰復以語激王，王怒，乃擲御寶，令碎之，典璽李國用叩頭不敢奉詔，吉翔等竟鑿之散給諸臣。國璽乃集宋末大臣賢奸事爲一書以進，吉翔銜之，王覽止一日，國泰即竊去。國璽又疏論時事三不可解，中言「禍急然眉，當思出險。」吉翔不悅，即令國璽獻出險策，國璽憤然曰：「時事至此，猶抑言官使不言邪！」

11 是月，大清兵克四川。

初，明大學士文安之襲重慶，會川將譚弘、譚詣殺譚文，安之欲討二人，二人懼，率所部降于我大清，諸鎮遂散，安之亦卒。至是我軍進取川南，克敘州、馬湖二府，總兵杜之香以成都降，全川底定，于是獻忠餘孽之擾蜀者亦盡矣。

是役也，明宗室朱聿鎔死之。

12 九月，明鄭成功還師攻崇明，不克，鎮將王起鳳中礮死。

冬，十月，還島，哭甘煇而後入，曰：「我早從煇言，不及此！」立廟祀之。

13 十一月，大清兵克沅江。

初，明桂王之走永昌也，道過沅江，土知府那嵩與其子燾迎謁，供奉甚謹，設宴皆用金銀器，宴罷，悉以獻，曰：「此行上供者少，聊以佐缺乏耳。」比王走緬甸，李定國據孟艮，是年三月事，見上。遣使號召諸土司，嵩亦于沅江起兵應之。至是城破，嵩登樓自焚，合門死之，其土民亦多巷戰死。

14 是歲，明桂王大學士郭之奇，以雲南陷走入交趾，交夷縛送廣西，諭降不屈，與明總兵楊祥俱死之。【考異】行在陽秋尚有光澤王儼鐵同時被執死。

順治十七年（庚子、一六六〇）

1 夏，五月，甲子，我大清兵攻廈門，將軍達素、總督李率泰等以大船出漳州，小船出同安，而檄碣石總兵蘇利、南洋總兵許龍等會師島上，討鄭成功。

時成功令其右虎衛陳鵬守高埼，遏同安之師，鄭泰出浯嶼，遏廣東之師，自勒諸部遏海門以禦漳州之師。至是大兵之入漳者乘風出海門，成功令五府陳堯策傳令諸將，碇海中流，候中軍號礮迎敵。令甫下，漳船猝至，諸將莫敢先發，明閩安侯周瑞爲我軍所乘，與堯策俱死之。日向午，東風轉盛，成功自手旗起師，風吼濤立，我軍失利退。其出同安趨高埼者，陳鵬密投降，約爲内應，我軍涉水争先。而鵬裨將陳蟒不預謀，見事急，麾部下迎擊，士卒皆以爲鵬令也，鼓譟乘之。我兵退，陷于淖而潰。成功殺鵬，擢蟒爲右虎衛，代之。

許龍、蘇利後二日始至，知兩路功不成，遂還，達素回福州自殺。

2 九月，明桂王將白文選自木邦至錫箔，進攻阿瓦，索桂王不得。阿瓦有新、舊二城，新城爲緬酋所居，文選急擊之。城且破，爲緬人所給，退兵十里，城中守禦復固，反爲所敗。文選乃引兵就李定國于孟艮，謀合兵赴阿瓦。

3 是歲，明兵部尚書張煌言移師林門，尋軍于桃渚，見大軍兩道之師皆失利，勸鄭成功乘此以收桑榆之捷。而成功謀取臺灣以休士，煌言氣益沮。

順治十八年（辛丑、一六六一）

1 春，正月，丁巳，我大清世祖章皇帝崩于養心殿，遺詔以皇三子爲皇太子，是爲我聖祖仁皇帝。己未，即皇帝位，以明年爲康熙元年。

2 三月，明桂王久居赭硜，從官資用盡竭。錦衣趙明鑑謀竊王世子以出，爲馬吉翔等所沮。李定國以三十餘疏迎王，俱不達。白文選密遣人告王，言「不敢速進者，恐有他害，必得緬人送出爲上策」，王即以書答之。文選乃陰造浮橋，將迎王，爲緬人所覺，事不果。【考異】白文選遣人賫奏迎桂王，諸書皆系之三月，行在陽秋以爲三月二十八日，今系之三月。

3 明鄭成功取臺灣。

臺灣本海中一荒島，明崇禎間，成功之父芝龍爲海盜，嘗屯聚，招饑民數萬人開墾，遂成沃土，以其衣食之餘，納租鄭氏。厥後芝龍就撫，遂棄之，尋爲大西洋荷蘭所據。至是成功自江寧敗歸，有説之取臺灣者曰：「臺灣城堅，其門户爲彭湖。彭湖地勢低下，海舶至此必易舟入，故險而易守。且城中紅夷不過千餘人，餘皆鄭氏所遷居民也。」成功乃定計取之以爲老巢。

行至彭湖，由鹿耳門進。而鹿耳門水淺沙膠，海道紆折，僅容數武，必易舟而後可入。成功至，突遇水漲，徑以海舶直薄城下，城堅不受礮。臺民復獻計曰：「城外高山有水貫城濠而過，城中無井泉，所飲惟此，若塞其水源，城不攻而自潰矣。」從之，紅夷遂遁，成功遷居，據其地以自王。

時成功雖東下，而大兵慮其招煽沿海之民，于是有遷界之役，徙同安、海澄一帶沿海居民八十八萬于内地。

張煌言方入閩，嘆曰：「棄此數十萬生靈而争紅夷乎！」復以書遺幕客羅子木挽成功，謂「軍有進寸，無退尺，今入臺，則將來兩島恐并不能守，是孤天下之望也。」不聽。煌言遂自閩歸。

4 夏，五月，明李定國、白文選復會師阿瓦，使人入緬求明桂王。緬人不許，以象兵與定國戰，定國前隊稍失利，文選引兵横擊之，緬人大敗，退保新城，然終不肯出王。定國、文選復議以舟師攻之，遣人于上流造船，爲緬人所焚，移兵洞烏。未幾，文選兵潰，走錫箔，定國亦引還。

5 秋，七月，明桂王從官黔國公沐天波等遇害于緬甸。

時緬酋弟殺兄自立，欲盡殺桂王從臣，乃遣人告王，謂「緬俗貴詛盟，請與天朝諸公飲咒水。」馬吉翔、李國泰邀諸臣盡往，至則緬人以兵圍之，令諸臣以次出外，出輒殺之。于是天波、吉翔、國泰及華亭侯王維恭、綏寧伯蒲纓、將軍魏豹、都督馬雄飛、吏部侍郎鄧士廉、禮部侍郎楊在、御史鄔昌期、任國璽、光禄少卿高勣，兵部郎中金簡等凡四十二人皆被殺，惟都督同知鄧凱以傷足不行獲免。緬人復以兵圍王所居，其左右被殺及自縊者，不可勝數，惟存王與其宮眷二十五人而已。【考異】行在陽秋書殺從臣事于是年六月十九日，而也是録恰作「七月十九日」。鄧凱身預其役，以足疾獲免，其所記似得其實，故輯覽亦據之。然是年大清曆閏七月，或明曆閏在前，作六月十九日者，亦似別有所據，今但據本朝曆書之七月，不系日。○從臣遇害者四十二人，據繹史所記，尚有王啓隆、王自京、龔勳、陳謙、吴承爵、安朝柱、任子信、張拱極、劉相、宋宗宰、劉廣寅、宋國柱、丁調鼎、鄧居詔、王祖望、裴廷謨、楊生芳、潘璜齊、應巽、郭璘、張宗伯，中官尚有李茂芳、楊宗華、楊强益、李崇貴、沈由龍、周某、盧某、曹某等，合輯覽所記，正得四十二人之數，與行在陽秋大略相同。而陽秋則云三十餘人，蓋沐天波、魏豹、王啓隆等，又別書也。此外又有松滋王、吉王及其妃，皇親姚文相、黄華宇、熊惟賨、馬某、秦某、趙明鋒、王大維、王國相、吴承允、朱文魁、鄭文遠、李既、白浚雲、尹秩、朱議添、吴某、嚴某及劉、楊二貴人，内官陳國遠等，則所云，「左右被殺及自縊」之等也。又三藩紀事所載，有姜承德之妻楊氏、馬吉翔女俱自縊死，吴承爵妻某氏，先縊子女，乃自縊，王啓隆妻吴氏、妾周氏俱自縊，齊環妻某氏，抱子赴水死，附識于此。

6 冬，十一月，癸未，大清逆臣吴三桂與我定西將軍内大臣公愛星阿等率師征緬。

初，明桂王竄入緬甸，三桂欲因之以爲功，因有「渠魁不翦，三患將生」之疏，言：「李定國、白文選等引潰卒窺我邊防，患在門户；土司反覆，一被煽惑，患在肘腋；投誠將士，聞警生心，患在腠理；惟剿盡根株，斯一勞永逸。」乃命率勁旅，並頒敕印于雲南諸土司，檄緬人禽王自效。至是會師于木邦，明李定國先奔景線，白文選據錫箔。憑江爲險。

大兵自木邦晝夜行三百餘里，臨江造筏將渡，文選復奔茶山。我總兵馬寧等率偏師追之，及于孟養，文選遂降。

大兵直趨緬城，先遣人傳諭緬酋，令執送桂王由榔，不則兵臨城下，後悔無及。

7 十二月，丙午朔，大兵至緬城，緬酋懼，戊申，遣數十人至桂王所，連坐擁之去，並其眷屬送軍前，大清兵遂奏凱班師。

大清康熙元年（壬寅、一六六二）

1 夏，四月，明桂王由榔至雲南，奉旨免俘獻，逆臣吴三桂以帛進，王及世子遂遇害，或曰「三桂以弓弦縊之。」是日，天晦冥，風霾大作，王太妃王氏先不食卒。王妃、公主皆送京師，詔禮部贍之别室，並撥宫女二人隨侍。明統遂絶。【考異】桂王遇害，野史所載，有以爲三月十八日及二十八日者，有以爲四月十五日及二十五日者。明史本傳則但書四月，亦以傳聞之異，闕其日分也。證之逆臣傳，事在四月，即三桂所奏報者，則三月蓋至滇之月也。今不書日。

2 明桂王被執，明沅江總兵皮熊聞之，走避水西，絶粒七日不死。吴三桂遣人執至，背立不順命，積十三日不食，始瘖，越日乃絶，戮其屍。熊女夫趙黔被執，令具供，書絶命詞以進，並見殺。明都督鄧凱請薙髮爲僧，許之，遂入昆陽普照寺以終。

3 六月，明故晉王李定國走猛臘，聞阿瓦消息，遣人入車里、暹羅諸國乞兵，圖興復。事未集，聞桂王遇害，慟哭祈死，至是遂卒，子嗣興降于我大清。

4 明鄭成功既據臺灣，以是年五月卒，子經嗣。

5 冬，十一月，故明監國魯王以海卒于臺灣。

王既去監國號，己亥之秋，奉桂王手敕復之，鄭成功遷之彭湖，已，復迎還金門，又展轉于南澳，及成功取臺灣，將往依之。是年，閩南遺臣聞滇中之變，謀復奉王監國，而成功已先數月卒。至是王亦卒，明之諸舊臣禮葬之。【考異】三藩紀事言「王將之南澳，鄭成功使人沈之海中」，此蓋據奏報之文，得之傳聞者。故輯覽亦據之。而明野史所記魯事，皆書魯王之卒于是年十一月辛卯，全氏張煌言碑文，言「成功死，閩中遺老謀復奉魯王監國，貽書來商。公喜，擬上詔書一通。又以書約成功子經」云云。是成功之卒，魯王固無恙也。又言「閩中問久不至，公悒悒日甚。壬寅十一月，魯王薨于臺，公哭之」云云。全氏之族母即張尚書之女，從問監國故事，宜得其詳，必非徒據野史也，今據書之。

康熙二年（癸卯、一六六三）

1 冬，十月，大清兵克金門、廈門。

先是鄭成功卒，經在廈門，守將黃昭等奉成功弟襲理臺事。及經聞訃，自稱招討大將軍，將入臺，昭等謀奉襲拒經。經將周全斌率兵力戰，射殺昭，衆始解甲退。經遂入，又搜其伯父泰與昭交通書，復以計殺之。于是諸將離心，泰之子纘緒、弟鳴駿及部下蔡鳴雷、陳輝等皆先後投誠于我大清，而紅毛亦修臺灣之怨，紅毛即荷蘭。願爲前鋒。時大師方鋭意南征，我靖南王耿繼茂、總督李率泰率投誠諸軍，合荷蘭之夾板出泉州，提督馬得功出同安，黄梧、施琅出漳州，分道進攻，（成功）〔經〕遣全斌禦之。得功先至，戰于島上，没于陣。已而我軍大集，全斌師潰，退守銅山。我軍遂取兩島，全斌降。

2 十二月，大清兵克川東，十三鎮舊將劉體仁、郝永忠、袁宗第、李來亨等皆先後敗死，總督洪淯鰲及明宗室東安王盛蒗皆死之。

康熙三年（甲辰、一六六四）

1 秋，七月，丙午，明兵部尚書張煌言被執于南田之懸嶴。

方煌言自閩還，復軍林門，所如不得志。洎聞魯王卒，遣使祭告，遂散其軍。懸嶴在海中，荒瘠無人，山南有汊港，可通舟楫，而其北爲峭壁，乃結茅焉，從者惟參軍羅子木，門生王居敬，侍者楊冠玉，將卒數人，舟子一人。

初，煌言在浙，浙督趙廷臣及中朝所遣安撫使各以書招煌言，皆不從。煌言之航海也，倉猝不能盡室行，有司係累其家以入告。我世祖以煌言有父，宥勿籍，而令其父以書諭煌言，煌言復書曰：「願大人有兒如李通，弗爲徐庶，兒他日不憚作趙苞以自贖。」其父亦弗强也。壬辰，煌言父以天年終，大吏又强煌言之妻及子以招煌言，煌言不發書焚之。己亥，始籍其家，然猶令鎮江將軍善撫其妻子，弗繫也。

至是浙提督張杰懼煌言終爲後患，期必得之，乃募得煌言故校，使居翁洲之補陀爲僧以蹤跡之，得其所居在峋壁山上，乃以夜半出山之背，攀藤而入，暗中執煌言並子木、冠玉、舟子三人，越二日，送之寧波。

杰遣肩輿迓之，待以客禮，居數日，送之杭州。將渡江，得無名氏詩于舟中。有云「此行莫作黄冠想，静聽先生正氣歌」，煌言嘆曰：「此王炎午之後身也！」浙督繫之獄中，勸之降，卒不屈。九月，乙未，赴市，遥望鳳皇山一帶，曰：「好山色。」賦絶命詞，挺立受刑，子木等三人殉焉。煌言妻董氏，子萬祺，先三日戮于鎮江。鄞人萬斯大等經紀煌言喪，葬之南屏之麓，子木等三人祔焉。

2 鄭成功、張煌言之死也，浙、閩已定。而鄭經以二島既失，遁入臺灣，慮紅夷外鬨，不遑内渡。時朝廷方授施琅爲靖海將軍，以降將周全斌、楊富副之進討，會阻風罷兵。六年，琅入京，復陳進兵事宜，朝議寢之。七年，詔大臣明珠、蔡毓榮赴漳招諭，經請如海外琉球、朝鮮事例，不報。

十一年，吳三桂據滇、黔、蜀以叛。十三年，耿精忠據福建，執我總督范承謨以叛。——精忠即耿仲明之孫，繼茂之子，與三桂及尚之信皆封王，時所稱「三藩」者也。既叛，攻閩，欲求援于鄭氏，許以漳、泉二府給之，與之合從。經大喜，亟遣將渡海而西，精忠旋背盟。而閩中故多鄭氏舊部曲，于是海澄總兵趙得勝與其屬劉國軒、廣東潮州總兵劉進忠皆叛降于經，經遂自取漳、泉、潮三郡，我海澄公黃芳度死之。——芳度，梧子也。精忠及在粵之尚之信皆訴于三桂，三桂令之信割惠州與經盟，申畫疆界，然不獲成。十四年，五月，經復汀州。

九月，大師入閩，精忠降，導我康親王及貝子之師攻鄭氏。是時鄭氏奄有泉、潮、漳、韶、惠、汀、興、邵八郡之地，十二月，大兵復邵武。十五年，正月，復興化，趙得勝死之，遂以次復惠、潮，十六年，復漳、泉，于是經八郡之地盡失，遁入廈門。我貝子傅拉塔卒于軍，以貝子賴塔代之。

十七年，經復出。是春，復擾沿海，連下城堡十餘。我師屢失利，退入海澄，經將劉國軒圍之三匝，城中糧盡，遂陷。官軍三萬餘，馬萬匹，我提督段應舉、總兵黃藍等皆死焉。

六月，詔罷總督郎廷相，擢福建布政使姚啓聖，爲兵部右侍郎代之，以按察使吴興祚爲巡撫，總兵楊捷爲提督。

時劉國軒下漳平、長泰，分兵略南安、惠安、安溪、永春、德化諸邑，勢張甚。七月，圍泉州，號稱十萬。啓聖乃請盡復前徙之沿海居民，開修來館，以官爵、銀幣餌來歸者。大布方略，分道出師，復平和、漳平等縣，而總兵林賢等復敗經水軍于定海。九月，國軒解泉州圍，並力攻漳州，我師連破其十六營，誅其將鄭英、劉正璽、吴潛等，斬首四千級，生禽一千二百餘人，國軒泅水遁奔海澄。

十八年，國軒據海澄，負險與廈門、金門、海壇相首尾，官軍持久不得下。啓聖請復設水師提督，以總兵萬正色爲之，令攻二島。十九年正月，正色以舟師攻島，逼海壇，鄭氏戈船將朱天貴以所部樓船三百卒來降，遂復海壇。啓聖厚拊天貴，以爲親將，連破其十九寨。國軒棄海澄入廈門，正色進兵逼之，國軒乃棄廈門、金門，奉經走臺灣。

是年，八月，我貝子賴塔復以書招經，許如琉球、朝鮮故事。經報書，請如約，惟欲留海澄爲互市公廨，啓聖力持之，議遂格。

二十年，正月，經死于臺灣，其長子克𡒉，曾監國，應嗣，有譖以爲乳婢出者，經母董氏遂襲殺之，以經次子克塽嗣爲延平王，幼弱不能涖事，事皆決于侍衛馮錫範，鄭氏遂衰。啓聖上書言：「鄭氏子少國亂，時不可失」，以施琅習海道，請用爲提督。

初，琅之降也，即任以提督水師，有言其貳于鄭氏者，遂不復用，水師亦罷。至是啓聖復設水師，請改萬正色爲陸路提督，琅統水師以圖大舉。

二十二年六月，將出師，啓聖欲候北風直取臺灣，琅欲乘南風先取彭湖，奏言：「彭湖不破，臺灣無取理；彭湖失，則臺灣不攻自潰。請以戰艦三百，水師二萬，獨任討賊，而督臣留廈門濟師。」從之。

時國軒嚴守彭湖，師駐港口，舟不得泊。我軍次七罩灣，水駛石惡，適潮漲石没，舟乘以進。國軒沿岸築壘，環二十餘里，間壘立礮，會颶風夜發。我師失利。時國軒自率衆二萬泊牛心灣，而別屯萬兵于雞籠嶼相犄角。琅乃分三路，以五十艘出牛心灣，五十艘出雞籠嶼以分敵勢，而自督五十六艘分八隊攻其中堅，又于每路中復各分三隊，不列大陣，惟約以五艘攻其一艘。將戰，黑雲四起，諸軍懲前失，不敢進；忽雷鳴風定，七艘突入，縱火焚敵舟，遂大敗之，國軒突圍逸。官軍乘勝進臺灣，至鹿耳門，膠淺不得入，泊海中十有二日，潮不至。忽大霧潮漲，水高丈餘，舟師浮而入。臺人皆駭曰：「鄭氏得臺灣，鹿耳門漲；今復然，天也。」八月，錫範、國軒等以鄭克塽詣軍門降，繳上成功所受明延平郡王招討大將軍金印敕書，籍土地户口府庫軍實以獻，臺灣平。

鄭氏自成功傳三世，凡割據三十有八年。臺灣既定，朝議以其孤懸海外，易藪賊，欲棄之，專守彭湖。施琅以爲：「天下形勢，在海而不在陸；陸之爲患有形，海之藪奸莫測。臺灣雖一島，實腹地數省之屏蔽。棄之則不歸番，不歸賊，而必歸于荷蘭，恃其戈矛火器，又據形勝膏沃爲巢穴，是藉寇兵而資盜糧也。且彭湖不毛之地，不及臺灣什一，無臺灣則彭湖亦不能守。」聖祖仁皇帝獨是其言，乃收其地；設總兵，置臺灣府，諸羅、臺灣、鳳山三縣，西爲彭湖廳。其後分諸羅北彰化爲縣，又北爲淡水廳。初設巡臺御史，旋改兵備道總兵，轄水陸兵八千，彭湖副將水師二千，其後復增兵額萬有四千，稱重鎮焉。

論曰：「招討始終爲唐」，此亦蒼水面譽之詞，以釋頒詔之怨而已。其始奉隆武正朔，繼奉永曆正朔，而卒不奉魯王者，以魯王之近在閩、浙耳，其意實欲雄據一方，觀望以爲進退。若使徼幸事成，其心固不可測度也。

若煌言者，其始終爲魯之純臣歟！自奉迎監國後，支持十九年，委蛇于幹弱尾大之側，轉徙于蠣灘鰲背之間，中歷黄、王之交鬨，熊、鄭之强死，屠、董諸君子之大獄，零丁皇恐，有人所不能堪者。卒也以張名振之跋扈而能使之委心任事，兩入長江，以鄭成功之桀驁而能使之悔過迎王，共圖大舉。洎乎金陵敗歸，漏刃破膽，而百折不回之志，猶復徘徊閩、浙，以冀收效桑榆。聞鄭成功之將入臺灣，則苦口勸之；

聞閩中之復奉監國，則引領企之；直至魯王之死，灰心奪氣，始散其軍，其亦可爲流涕者矣！

若夫南田被執，在寧有肩輿之迓，入浙無桎梏之加，其可以求死者亦自易易，而恐委命荒郊，志節不白。故煌言之授命杭城，與文信國之就刑西市，先後同揆。而明史不爲之立傳，寧毋貽劉道原失之瞠眼之譏乎！

殘明自福王以後，遺臣之死事者，楚、粵則何騰蛟、瞿式耜，浙、閩則錢肅樂、張肯堂，而煌言殿其後，遂以收有明二百七十年賸水殘山之局，其所繫豈淺鮮哉！